人力资源管理实操
从新手到高手

畅销
升级版

张鹏彪　主　编
段友富　副主编

中国铁道出版社有限公司
CHINA RAILWAY PUBLISHING HOUSE CO., LTD.

内 容 简 介

本书从人力资源管理的实际工作出发，分别介绍了人力资源管理的概念与作业原理、招聘管理、劳动关系管理、绩效管理、薪酬管理、员工培训、人事档案的作用与管理、社会保险的作用与作业流程、人力资源的相关制度、eHR 系统 10 个方面的情况，同时详细介绍了人力资源在实际工作中遇到的问题及解决办法。

本书采用"工作流程图（表格）＋基础理论＋疑难问题解答＋HR 必知＋案例分析"的结构，在写作过程中尽量避开传统、理论的人力资源专业知识，结合笔者的实际工作，将多年的操作和经验与读者分享。

书中案例全部来自中国人力资源开发网站的真实案例，读者不仅可以在书中找到答案，还可以与实战派专家在线进行面对面咨询，更可帮助读者从一名 HR 新手快速进阶为高手。

图书在版编目（CIP）数据

人力资源管理实操从新手到高手:畅销升级版/张鹏彪主编.
—2 版.—北京：中国铁道出版社有限公司，2019.9（2020.1 重印）
ISBN 978-7-113-26057-6

Ⅰ.①人… Ⅱ.①张… Ⅲ.①人力资源管理 Ⅳ.①F241

中国版本图书馆 CIP 数据核字（2019）第 149346 号

书　　名：	人力资源管理实操从新手到高手（畅销升级版）
作　　者：	张鹏彪　主编　段友富　副主编

责任编辑：王　佩		读者热线：010-63560056	
责任印制：赵星辰		封面制作：MXK DESIGN STUDIO	

出版发行：中国铁道出版社有限公司（100054，北京市西城区右安门西街 8 号）
印　　刷：三河市宏盛印务有限公司
版　　次：2015 年 2 月第 1 版　　2019 年 9 月第 2 版　　2020 年 1 月第 2 次印刷
开　　本：700mm×1000mm　1/16　印张：28.5　字数：512 千
书　　号：ISBN 978-7-113-26057-6
定　　价：69.80 元

编 委 会

主　编：张鹏彪

副主编：段友富

编委会成员：刘　晨　管　奇　万勇华

再版说明

　　本书首版自上市三年来，获得了许多人力资源从业者的大力支持，畅销十二万余册，期间收到了读者大量的建议与反馈。此外，本书还得到了人力资源专业学科教师、学生和初学者的肯定，在多所高校被选为了专业学习的辅材。2018 年末，应出版社要求，对本书进行修订，对于不适合的内容进行删减，对于新内容进行增补，以满足广大读者的需要。

　　"近年来，我国人力资源服务业快速发展，服务产品日益丰富，服务能力进一步提升，服务体系基本形成。据人社部统计，截至 2016 年底，全国约有各类人力资源服务机构 2.67 万家，从业人员 55.3 万人，行业全年营业收入 1.18 万亿元（同比增长 22.4%），连续保持了近几年 20%左右的高增长态势。到 2020 年，产业规模达到 2 万亿元。"

（注：摘自人社部《人力资源服务业发展行动计划》）。

　　2017 年 9 月 29 日，人力资源社会保障部下发了《人力资源服务业发展行动计划》（人社部发〔2017〕74 号），这是我国人力资源服务、产业经济发展、社会变革转型的一个非常重要的标志性文件。人力资源产业属于现代服务业（第三产业），人力资源服务业的快速发展，说明社会（市场）对人力资源服务需求正在急剧扩张。

　　2018 年，中国改革开放四十年，基于土地、物资、资金等生产要素的市场化管理水平已相当成熟，而基于人才、信息、知识、文化等智力层面软性内容的现代化管理，尚需很长的路要走。对于从事企业经营的高级管理者、人力资源从业者来说，也同样面临巨大的挑战，那就是基于知识、信息、人才、组织、环境、文化等管理水平，尚存在较大的差距，尤其是中小民营企业，许多还在原始初级阶段。然而在企业的管理中，这些智力软性内容发挥的作用却越来越大，人才领先、制度领先、文化领先越来越成为竞争力领先的关键要素。各大城市之间的人才争夺战，充分体现了人才领先的城市经营理念。

学会跨界资源整合，善于运用外部智库，通过引进第三方人力资源服务机构，帮助企业快速解决问题形成市场竞争优势，已经成为人力资源管理的重要内容。通过引进招聘外包、派遣外包、业务外包，解决了大量生产型、服务型企业的劳动力供应、用工规范、风险防范问题；通过引进猎头猎聘服务，为企业快速寻找到紧缺人才，突破了发展的瓶颈；通过引进人力资源涉税服务，为企业员工提供个税税前筹划服务，增加了员工合法收益，提升了员工企业凝聚力。

2018年9月26日，中国江西人力资源创新发展论坛在南昌举行；10月23日，浙江人博会召开；11月12日，宁波创新大赛举行；12月15号，重庆人力资源产业博览会召开。由于自身工作的需要，笔者有幸参与了许多跨区域的人力资源大型活动，对人力资源管理的理解也有了全新的高度。靠着"互联网＋资本＋产业＋跨界"的创新模式，人力资源服务领域与企业人力资源管理正在发生翻天覆地的变化，让我们共同接受和参与这个新时代的大变化吧！

编者

2019年5月

前　言

本书的源起

当今社会是一个充满竞争的时代，企业之间的竞争围绕着各种资源展开。在诸多的资源中，人力资源之间的竞争显现得越来越突出。从早期的土地、原材料、产品与技术，之后的资金与品牌，到现在的人才与团队，已经成为企业打造核心竞争力的首要任务。也正是在这种竞争环境下，国内的人力资源管理水平也得到了快速发展。

就人力资源管理而言，企业老总与 HR 负责人都知道人力资源管理的重要性，但许多企业老总与 HR 负责人对人力资源管理的理解差别很大。笔者曾经服务于一家中国 500 强集团化企业，经常与总裁进行 HR 工作上的沟通，他只要听到 HR 管理的"六大模块"就有点反感，他说："那些所谓的职业经理人根本不懂什么是企业的人力资源管理，只是拿书本上学到的知识来糊弄企业罢了。"的确，许多大型企业比较成功的人力资源负责人，大多数都不是人力资源专业科班出身，他们都是在企业中经过十几年的摸爬滚打，通过自身的实践累积、摸索和学习，才对企业人力资源的管理有了较好的把握。

由于企业的行业属性、规模和所属区域环境等差异，加上人力资源管理涉及模块（选、育、用、留、训）的复杂性和多样性，使得人力资源管理者在企业的价值体现总是滞后于其他资源的管理。笔者在近 18 年的人力资源高级管理职业生涯中，先后经历了国有企业和集团化人力资源服务机构、上市公司（多元化产业集团）等单位的工作，接触了不同类型的企业总裁、总经理，加上经常参加国内各种 HR 沙龙活动，开办培训与讲座，对当前企业人力资源管理的现状有较深入的了解。

对于从事人力资源工作的初学者来说，始终困扰他们的有以下问题：

人力资源管理的困惑——如何解决企业差异与专业结合问题？

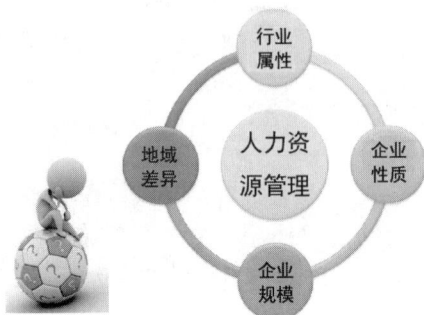

人力资源管理的困惑——如何解决模块专业性与系统性问题？

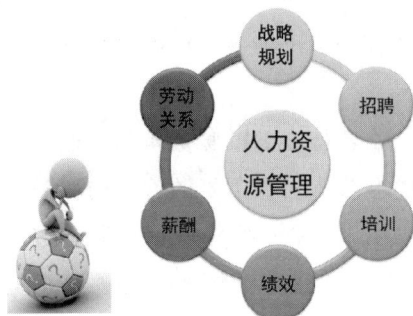

人力资源管理的困惑——如何解决个人多种能力与素质问题？

人力资源管理的困惑——如何能不自卑，不自负，却又不失目标追求！

琴书诗画，达士以之养性灵，而庸夫徒赏其迹象
山川云物，学人以之助学识，而俗子徒玩其光华
——《菜根谭》

**人力资源从业者：上识老板之思想与财富，中受职业
经理人之能力与专业，下触基层人员之平淡与清贫。**

为此，在一次人力资源沙龙活动中，几位志同道合的同人一起沟通了这些问题，大家不约而同地萌发了合编一本人力资源管理实操手册的想法。经过几次沟通，在出版社相关人员的关心与帮助下，我们利用工作之余，经过近一年的时间，编写了这本《人力资源管理实操从新手到高手》。

本书特点

本书在写作过程中尽量避开传统、理论的人力资源专业知识，结合笔者的实际工作经验，将多年的操作和经验与读者分享。主要体现在如下几个方面。

（1）表格、图表的设计：涉及工作流程及分类明确的地方，提供了易读、操作性强的工具和方法。

（2）疑难问题：关于工作中经常遇到的困惑，提供了切实可行的解决方法。

（3）案例分析：案例来源于笔者的亲身经历，并深入研究成功企业的做法。

（4）HR 必知：作为人力资源管理者，除了需要掌握必要的知识技能，还需要熟悉一些管理常识。

本书共分 10 章，分别对人力资源管理实务操作进行了详细描述，每章均设置了案例分析与疑难问题解答。

读者对象

本书适合人力资源管理专业的毕业生、从事人力资源岗位工作不久的初学者以及企业的高层管理者，希望在他们工作面临困惑的时候，能为他们提供一些建议和更有效的解决方法，从而快速提升自己的认知水平与作业能力。

当然，由于作者中有近 20 年人力资源高级管理经验的从业者，有些观点较为深入，在某些方面也突破了理论与专业人力资源管理的基本知识，剖析了企业经营与人力资源管理之间紧密的关系，所以也适合企业的高级管理者，

尤其是值得总经理在实际经营过程中加以参考。

参编人员

本书由张鹏彪担任主编，段友富担任副主编、参编人员还有刘晨、管奇、万勇华。其中第 1、3 章由张鹏彪负责编写；第 2、4、5 章由刘晨负责编写；第 6、9 章由管奇负责编写；第 7、8 章由段友富负责编写；第 10 章由万勇华负责编写。

本书以上编写人员，大家来自不同的行业与企业，利用工作之余来完成写作，加上各自有不同的角度和专业经验上的限制，相互之间的观点表达、写作技巧、写作风格等各有不同，所以会存在许多不足之处，敬请读者批评指正。

编者

2019 年 5 月

目　录

第 1 章

人力资源管理的概念与作业原理

1.1 初识人力资源管理

1.1.1 企业管理的核心价值与作用

企业是一个通过合法途径去追求利润价值的商业机构，是市场经济环境下重要的社会组织。由于我国推行市场经济的时间很短，许多企业领导开始并没有明确的目标，只是凭着一股冲劲、执着打拼出了一片天地，而当企业发展到一定阶段（瓶颈产生）的时候，才开始认真思考企业的管理问题。

企业管理（Business Management）是根据企业的预期目标（利润、品牌、竞争能力、社会责任等），对人、财、物、产品、客户、社会等各种资源进行有效组织和利用，通过企业成员的相互配合，从而实现商业目标的过程，是目标、计划、组织、实施与监控的循环过程。企业管理是对企业经营活动中"目标设定、计划分解、资源组织、分工实施、监督控制"等一系列管理活动的总称。

1.1.2 企业管理的范畴和重要节点

首先简单介绍一下企业管理的范畴和重要环节。我们通过对多家多种类型企业不同阶段的分析，总结出企业管理的四个重要方面，如果一家企业解决好这四个方面的问题，就能驾驭好资源、客户和市场关系，形成良性可持续的发展。当然经营处在不同阶段，四个方面的要求也各有不同。

商业模式：企业通过资源的投入，提供产品给客户，完成收入、支出和利润，从而形成产品和资金流特征，通俗讲就是通过什么样的商业模式实现盈利。商业模式是通过盈利模式与竞争策略加以体现的，如果一家公司的商业模式是成熟的，就可以得到生存和发展。

管理模式：企业的经营活动是围绕生产、研发、销售和服务来开展的，由于受到竞争和资源的约束，管理就必不可少，通过制度与体系化建设来形成管理模式，可以不断降低运营成本，形成竞争优势。而人力资源管理的难点在于如何围绕"责权利"这一整体，解决"分工""合作"与"授权"问题，这就需要发挥人力资源的组织设计、授权体系的职能作用。

利润分配模式：要充分发挥管理的作用与功效，重点是解决"责权利"

的统一，形成凝聚、稳定、拼搏的企业团队。而在"责权利"中，最难解决的就是"利"的分配问题。如何设计利润对社会、客户、员工、核心团队、股东的公平公正分配，需要制订一套符合企业发展需要的分配体系。

企业战略模式： 当企业有了成熟的商业模式、管理模式和利润分配模式后，企业就能长期可持续扩大规模和累积利润，高层管理者也就能从日常的事务工作中脱离出来，去思考企业的未来与产业布局，通过团队梯队培养、产业链延伸、产业扩张等布局，从而提升企业的可持续发展能力，形成企业的战略模式。

表 1-1 为管理的几个重要节点和企业资源的层级关系。

表 1-1　管理的几个重要节点和企业资源的层级关系

营利模式与竞争策略	**企业战略模式**——战略目标与战略管理	制度建设与管理系统建设
	可持续发展能力——价值观、企业文化、品牌、产业布局	
	利益分配模式——薪酬与激励体系	
	客户市场（销售与回款）	
	研发、生产、服务	
	管理模式——分工与授权体系	
	资源组织与管理（人、财、物、信息）	
	商业模式——经营目标与流程体系	
	产品、技术	

① 创业初始阶段：创业者在努力与拼搏中探索成熟商业模式的同时，完成了原始积累。

② 规范管理阶段：随着组织（团队成员与组织层级）扩大，协同协作内容增加，需要建立标准化的内部作业沟通体系（流程、制度、权限、分配等），从而降低内耗与成本，提高协同效益。

③ 战略发展阶段：以经营（业务）管理推进企业发展的目标达成后，为使企业能够良性持续运营，企业需要设计自身战略规划，从而进入规模扩大、品牌提升、战略布局的扩张阶段。

一切事皆由人完成。在规范内部管理的过程中，最重要的是提升企业的人力资源管理。人力资源管理的目的就是要形成管理的统一控制与业绩的不断扩大，这两个方面一个是自上而下，另一个是自下而上，相互支撑又相互制约。

人力资源管理的核心价值与作用如下（见图 1-1 和图 1-2）。

① 形成自上而下的控制体系，提高团队的执行力，实现控制目的。

② 完成自下而上的业绩目标，提高一线的战斗力，实现经营目标。

③ 打造凝聚统一的企业文化，减少内部沟通损耗，实现团队专注。

④ 建立规范系统的企业制度，降低内部沟通成本，实现竞争优势。

十年人力资源管理的体会

控制：自上而下，贯彻执行

| 高层决策 | 管理层团队 | 基层成员 |

业绩：自下而上，一线原则

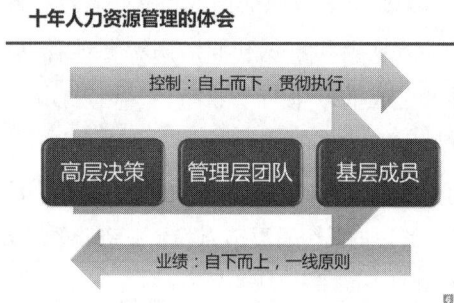

图 1-1　管理控制与业绩完成是企业管理过程中的两个矛盾痛点

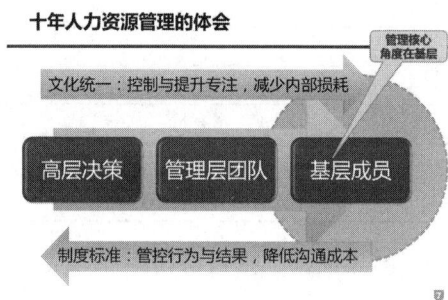

十年人力资源管理的体会

管理核心角度在基层

文化统一：控制与提升专注，减少内部损耗

| 高层决策 | 管理层团队 | 基层成员 |

制度标准：管控行为与结果，降低沟通成本

图 1-2　文化控制、管理标准化是提升基层业绩的最终解决之道

1.2　人力资源管理的各个模块与功能

人力资源管理是根据企业经营的需要，对内、外部人力资源的获取、分配使用、保持与提升、开发和优化的一系列专业化管理活动，这些管理活动必须符合"**实现企业经营目标**"的根本要求。

现在比较流行的人力资源管理六大模块如图 1-3 所示。

人力资源管理六大模块

| 战略与规划 | 招聘与配置 | 培训与开发 | 薪酬管理 | 绩效与福利 | 劳动关系 |

图 1-3　人力资源管理六大模块

　　根据不同企业的状况，人力资源工作的内容、复杂程度都有较大的差别，但所有的人力资源管理都离不开五个方面的内容：人、事、组织、团队、文化，如图 1-4 所示。

　　人力资源管理针对的对象是企业的员工（个体、群体），管理内容是员工、部门的工作内容（事务）。企业不可能由一个员工组成，内部一定有分工、合作，这就涉及团队管理。所以人力资源管理不仅是单个人员的管理，还包括团队（部门、分子公司）的组织管理。

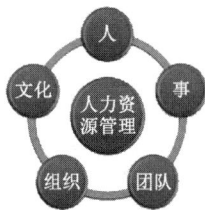

图 1-4　人力资源管理

1.2.1　人力资源规划与组织架构

　　人力资源规划是针对企业某一个时间周期的经营目标与任务，进行统筹规划，使得人力资源管理工作能紧密地与企业的经营目标相连接。许多企业由于经营管理存在随意性，缺乏规划工作，使得人力资源管理工作只停留在"事务"与"灵活"两个层面，这就是我们常说的被动工作局面。

　　要做好人力资源规划设计工作，人力资源部门的最高级管理人员必须直接参与企业经营目标的设定，要对行业的情况非常熟悉和了解，尤其是对行业的"竞争情况""行业特性""业务属性""作业流程""产品技术"等情况比较清楚（业务合作伙伴 HRBP）。否则，人力资源部门无法针对经营目标与业务情况提出与之相匹配的人力资源工作目标与规划；也无法对经营目标进行有效的分解，从而设定合理的组织架构与部门职能；更无法为各个部门找到符合需要的部门绩效目标。

　　人力资源涉及的工作内容始终贯穿整个企业的作业过程：

　　根据整体**"经营目标"**→通过**"目标分解"**→形成生产、研发、销售、服务、运营管理和财务（预算、成本控制、融资、纳税筹划等）审计、行政、人力资源管理等各**"部门目标"**→结合目标进行**"工作分析"**→完成组织与部门**"架构设计"**→进行职数的**"岗位分析"**→形成人力资源日常工作内容。

　　所以，当一个人力资源总监进入自己不熟悉的行业时，需要 2～3 个月的时间去深入了解这个行业的情况（入行），如企业的业务、经营情况等，结合原有的组织架构，快速学习并掌握情况，拿出有效的改进优化方案。

1.2.2　岗位分析与岗位设置

有了具体的工作目标，结合对行业与公司的了解，针对工作内容与作业流程，通过沟通或专业化的流程分割工具，人力资源部门就必须进行岗位分析与岗位设计。

岗位分析主要是对岗位承载的目标、内容进行分析，计算出大概的工作量，通过工作量的评估，设计出岗位的需求。

岗位分析的方法一般有观察、量表等方法。通过对相同岗位人员的跟踪观察记录、量表分解，得出岗位的职责范围、目标、权限、资源需求等内容，以及岗位成本，得出岗位的具体工作内容、职责与权限范围、薪酬成本标准等。如果企业内部没有相同的岗位，那么就必须通过向同类企业学习（标杆参照）或通过工作的分解、分析设计，先尝试设置岗位，然后再进行跟踪、调整，才能明确岗位的职责、目标。

岗位设置有两种方法：①将更多的职责放在一个岗位上，找到能力更强、待遇更高的人去完成；②将较少的岗位职责放在一个岗位上，找能力普通的人去完成。这两种方法根据实际情况去进行操作，如果要求专业化、细分，可以进行岗位分割，用多人去完成；如果工作内容与工作量不大，可以用更少、更综合的人去完成。

1.2.3　人员需求与招聘

有一位资深的人力资源专家曾经说过：在人力资源工作中，最重要的是招聘，最难的也是招聘。因为招到一名合格、合适的人员，将如期完成岗位的职责要求，同时会减少因管理不规范导致的许多麻烦。

从事企业招聘工作的人力资源工作者，只是停留在信息发布、简历收集、面试通知、面试沟通这几个层面上，而不太明白招聘的真实目的和价值意义。

招聘的原则：人岗匹配。充分了解岗位的特点，才是做好招聘工作的前提。

"人、岗匹配"：是HR管理的又一个最基础、最根本、最终极的概念。由于"人"的弹性（可发展、有情绪）与"岗"的动态性（可撤除、可新增），管理者常常无法做到让人与岗位进行有效匹配，许多HR工作者也只是围绕着人或岗位单独开展工作。脱离人的因素设岗，是空中造楼；脱离岗的要素谈人，是水中观月。

"人、岗匹配"原则：岗位目标与岗位人员能力匹配、岗位设计成本与岗位组织价格匹配、岗位人员的工作成果与岗位人员的报酬匹配。

企业需要的是合适的人，而不是最好、最有能力、水平最高的人。这个"合适"就是与我们设计的岗位相符合，所以，如果我们对岗位的属性、工作内容、职责范围、岗位目标不清楚、不了解，是无法做好招聘工作的。当然，我们可以通过用人部门的主管和领导的协助，共同完成招聘工作。

在专业的猎头公司，猎手为了寻找到合适的人才，往往会到企业需求的猎聘岗位上去体验一段时间，了解这个岗位的上下级关系、工作内容与范围、工作目标、要求的知识经验与技能，以及企业的文化氛围等。

招聘的种类：校园招聘、社会招聘、网络招聘、猎头顾问招聘、内部招聘。

招聘的作用与价值：完成企业需要的人员、人才的引进；宣传企业；收集行业信息、竞争信息；向有经验的专业人才进行学习。

1．宣传企业

招聘过程是最好的宣传企业的过程，一定要认真对待每一位前来应聘面试的求职者。求职者由于对工作的渴望，个体与陌生企业环境的接触，在面对企业接待人员尊重的时候，会产生感激之情，从而对招聘企业产生好感。这种情况一方面对人才引进有很大的帮助，另一方面对招聘企业留下了良好的印象，可以帮助企业的扩大宣传。

2．向应聘专业人才学习

由于面试过程中需要深度考查求职者的知识、经验、能力，会要求求职者描述其处理某些问题的技巧、方法、解决方案和实际操作案例等，这是求职者最好的学习过程，我们可以将这个过程比喻为"与高手过招"。现在许多企业都在人力资源部设置了猎聘岗位，公司高级管理人员通过猎聘人员约见外部人才进行当面沟通，一方面可以寻找到需要的人才，另一方面可以向这些人才学习，有些问题的解决方案就是在与外部人才的沟通"过招"中形成的，这是一种非常好的向业界人才学习的常用方法。

3．收取行业信息、竞争信息

招聘的作用不仅仅是人才的引进、学习，还可以获取行业的薪酬信息、业务信息以及竞争信息，只是许多企业的人力资源工作没有将这部分信息进行有效的整理，提供给公司进行经营和决策参考。当今社会市场化程度越来越高，竞争越来越激烈，市场的竞争其实就是信息的竞争，知己知彼方能百战不殆。企业高级管理人员离职之后要有竞业限制，而猎聘却可以通过聘用对手的人才达到经营与管理的快速提升。虽然法律上已经建立了不正当竞争的条文标准，保护企业的合法权益，但如果企业不规范自身的竞业保护制度，就会给竞争对手留下操作的空间。

1.2.4 绩效考核、评估与改进

企业在面对外部压力与股东投资回报要求的时候，必须有一个发动机不断地推动企业向前运转。如果没有这个推动力，企业在运行一段时间之后，就必然会形成疲态而缺乏动力。

推动企业不断向前的主要动力就是"绩效管理"。

绩效管理是根据企业设定的目标，对组织的各个部门、各个岗位进行有效分解之后，形成"目标、计划、实施、评价、改进"的一个循环体系，我们将这个循环称为 PDCA（见图 1-5）。PDCA 是全面质量管理控制的一种工具，已经广泛地被运用在企业的绩效管理过程中。

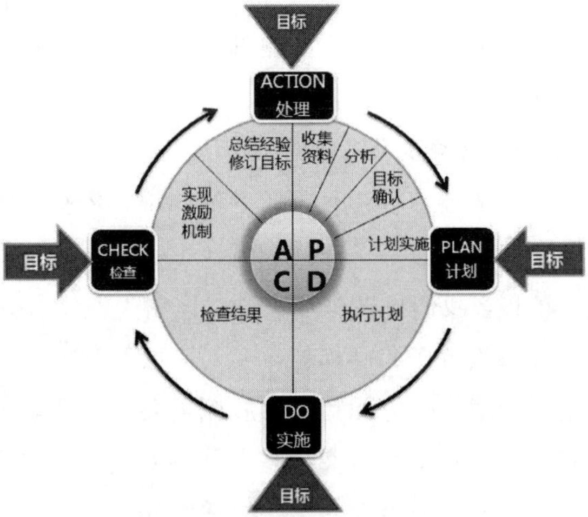

图 1-5 PDCA 的具体内容

绩效管理的作用如下：

（1）帮助找到关键岗位的关键价值指标与目标。

（2）有效推进企业阶段性经营目标的达成。

（3）评估团队不同成员的贡献与价值，作为薪酬分配的依据。

（4）发现团队成员存在的缺点与不足，为团队能力提升提供依据。

绩效管理的难度如下：

（1）没有人愿意被"考核"。

（2）考核只是管理过程中的一种工具，而提升与改进才是管理的目标。

（3）人力资源部不是考核的主体，而是协助各层级负责人将绩效指标与考核过程标准化、专业化。

（4）对绩效管理人员的要求较高，要对行业充分了解，自身的沟通能力强，对公司战略、经营、管理有较好的理解。

1.2.5　薪酬福利、奖罚与激励

薪酬是劳动者向用人单位提供劳动而获得的各种形式的酬劳。

薪酬的原则是：岗位价值贡献与岗位酬劳匹配（人岗匹配原则之一）。

薪酬福利是每个员工都关注的问题，也是提升员工满意度的关键因素之一。公平性和竞争性是维护员工对薪酬满意度的两大原则，公平性可以通过公司的组织、职位系统和评价系统完成。薪酬策略将本企业的薪酬与市场实际水平进行比较，以确定支付薪酬的相应范围。这就必须从外部获取相关的情况，包括熟人问讯、收集候选人薪资信息、个别职位非正规调研等，但是这些信息不具备完整性和系统性。

广义的薪酬除了包括狭义的薪酬以外，还包括获得的各种非货币形式的满足。薪酬由薪和酬组成。在现实的企业管理环境中，往往将两者融合在一起运用。

福利是固定薪酬保健作用的强化，它能减少甚至消除员工的不满意度，提高员工对企业的认同度。这是因为福利反映了企业对员工的长期承诺，在员工的观念中已经把福利视为固定收入的一部分。企业要完善薪酬管理，需要注重岗位评价、薪酬定位和绩效考核三个方面。一览职通车就是结合个人职业发展意愿及对薪酬的要求，为其进行职位推荐，减少求职晋升障碍，解决理性求职的需求，确保求职者在最短时间内实现升职加薪。

企业福利体系如图 1-6 所示。

员工薪酬福利与奖励的设计在于认同个人的努力、激励创新的想法、鼓励杰出的表现，并提倡团队合作。

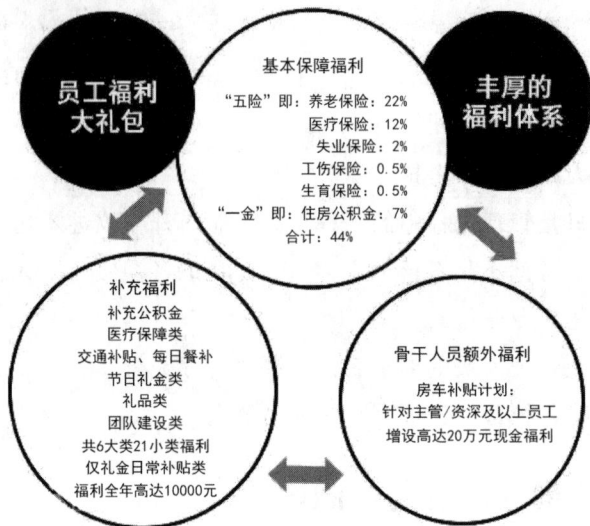

图 1-6　企业福利体系

美国联邦快递的整体薪酬组合如下：

联邦快递提供全面且有吸引力的整体薪酬组合，综合了薪金、福利及优质工作/生活计划。这些计划包含：

调薪	依据个人的绩效表现调薪
奖酬方案	奖励个人及团队的贡献
学费补助方案	补助持续进修和训练课程
有薪休假	提供有薪婚假、产假以及陪产假
退休方案	提供退休的财务保障
保险	提供劳工保险和全民健康保险
团体保险	提供员工的健康保险计划
寄件优惠	提供员工个人寄件优惠折扣
机票折扣优惠	提供机票折扣

在联邦快递，相信成功是源自员工的奉献，因而设立了不同的奖项来庆祝员工的成就，以及他们为公司创造价值的承诺。

五星奖

五星奖是联邦快递的最高荣誉，奖励提升服务、利润并展现团队精神及专业的团队成员。

杰出贡献奖

杰出贡献奖是奖励具有员工领导力、创造力并为支持客户而尽力的员工。

紫色承诺质量奖

紫色承诺质量奖是奖励透过运用质量导向管理工具达成卓越成果，进而促进质量文化的团队。

紫色承诺奖

紫色承诺奖是奖励持续提供外部或内部客户卓越客户服务，并使每一个联邦快递体验完美杰出的团队成员。

Bravo Zulu 奖

Bravo Zulu 源自美国海军的"做得好"的口号，此奖励颁发给提供超越正常工作期许之卓越表现的员工。

人道主义奖

无论是停下工作帮助在车祸中受伤的人或是参与救火的人，联邦快递人道主义奖奖励那些提供卓越表现的团队成员。此奖项奖励旨在表彰员工在他人需要协助时伸出援手并展现善尽基本社会责任的态度。

国家福利：2018 年 8 月 31 日，全国人大十三届常委会第五次会议通过 2019 年 1 月 1 日实行的《关于修改〈中华人民共和国个人所得税法〉的决定》，其中：

第六条 应纳税所得额的计算：

（一）居民个人的综合所得，以每一纳税年度的收入额减除费用六万元以及专项扣除、专项附加扣除和依法确定的其他扣除后的余额，为应纳税所得额。

专项扣除，包括居民个人按照国家规定的范围和标准缴纳的基本养老保险、基本医疗保险、失业保险等社会保险费和住房公积金等；专项附加扣除，包括子女教育、继续教育、大病医疗、住房贷款利息或者住房租金、赡养老人等支出，具体范围、标准和实施步骤由国务院确定。

1.2.6　培训与开发

培训是指企业有计划地实施以提高员工学习与工作相关能力为目的的活动。这些能力包括知识、技能和对工作绩效起关键作用的行为，它是人力资源开发的基础性工作。

培训包含训练和教育两个方面。训练的目的是知其行，教育的目的是知其然，它必然涉及员工的理解、感觉和态度。因此，教育有时也叫作开发。

培训是回报率最高的投资。投入与回报之比为 1∶63，即每投入 1 美元的培训费用，就能产生 63 美元的价值，这是摩托罗拉大学校长闫晓珍女士在一次大学演讲时给摩托罗拉公司培训"投入产出比"算的一笔经济账。培训很贵，但是不培训更贵。《财富》杂志分析，培训是世界 500 强企业实现战略目标的重要手段。

在传统意义上，培训侧重于近期目标，重心是提高员工当前工作的绩效，从而开发员工的技术性技巧，使他们掌握基本的工作知识、方法、步骤和过程。

开发侧重于培养、提高管理人员的有关素质，帮助员工为从事企业的其他工作做准备，提高其面向未来职业的能力，同时帮助员工更好地适应由新技术、工作设计、顾客或产品市场带来的变化。表 1-2 为西方培训观与中国培训观的区别。

表 1-2 西方培训观与中国培训观的区别

西方培训观	培训是为了增加员工的能力 培训是作为竞争的利器 培训是变革的前奏 培训是为了建立企业文化 培训是为了进行人力资本的储备
中国培训观	培训是一种福利、奖励 培训是作为提升的依据 培训往往会增加员工的流失

1.2.7 劳动关系与基础人事（人力资源）管理

劳动关系，从法律意义上讲，是指用人单位招用劳动者为其成员，劳动者在用人单位的管理下提供有报酬的劳动而产生的权利义务关系，是雇员（劳动者）与雇主（我国称用人单位）之间在劳动过程中形成的社会经济关系的统称，见表 1-3。

表 1-3 劳动关系的不同称谓

劳动关系的不同称谓	强调的重点
劳资关系	相对于资本与劳动之间的关系而言，反映的是生产资料的提供者与劳动者之间的关系，突出两者之间的对立地位
劳工关系	更加强调劳工的地位，突出劳动者和雇佣方之间的关系是以劳动为重点和核心展开的
劳雇关系	强调受雇者与雇用者之间的关系，主要是指个体的劳动关系，一般不包括集体的劳动关系
劳使关系	强调技术性意义，减少价值判断，显得中性、温和
雇员关系	从人力资源管理的角度提出的概念。强调以企业为中心，劳动者是企业的雇员，注重个体层次上雇主与雇员的交流，蕴含了和谐与合作的精神
产业关系	泛指产业及社会中管理者与受雇者之间的所有关系，强调劳资双方及其相关组织在工作场所和在整个社会的相互作用

劳动关系管理包括劳动合同管理、劳动纪律管理和员工奖惩、劳动定额与定员管理、工作时间与休息休假管理、考勤管理以及劳动争议管理等。图 1-7 所示为桑德沃劳动关系管理理论模型的分析框架。

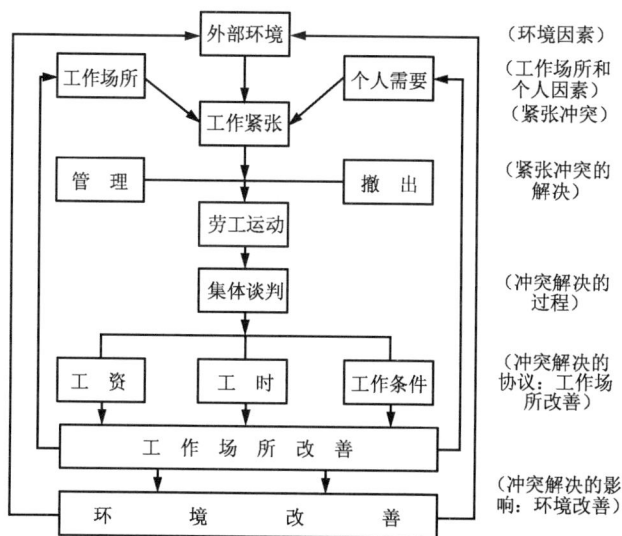

图 1-7　桑德沃劳动关系管理理论模型的分析框架

在劳动力市场中，企业与劳动者都是享有经济主权的市场主体。企业是用工主体，劳动者是劳动主体。劳动的社会形式的趋同性使得劳动关系成为经济社会最普遍、最基本的社会关系，如图 1-8 所示。

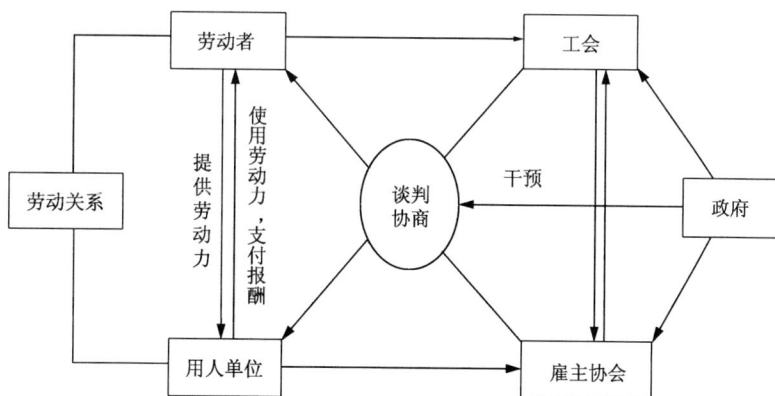

图 1-8　劳动关系各主体间的关系

1.2.8 战略人力资源管理

所谓战略就是企业在"时间"与"空间"上的规划和布局。

时间：未来某个时间段（3～5 年）。

空间：竞争方向、竞争目标、竞争领域。

战略人力资源是根据企业的战略而制定和开展的。战略人力资源管理起源于 20 世纪 80 年代，《人力资源管理：一个战略观》（Devama, Fombrum & Tichy，1981）是战略人力资源管理产生的标志性文章，作者提出企业战略与人力资源关系，指出组织有效运作的 3 个核心：使命和战略、组织结构、人力资源管理。

战略人力资源主要包括：

（1）将人力资源视为获取竞争优势的首要资源，把人视为资产或者投资，而不是成本费用。

（2）强调通过人力资源规划、政策及具体实践，可以达到获取竞争优势的人力资源配置。

（3）强调获取竞争优势的人力资源配置，能够与企业战略垂直匹配，并能与内部各种活动匹配。

（4）强调所有人力资源活动皆为一个目的，即达到企业目标。

具体表现在：战略人力资源是建立在传统人事管理、人力资源的日常管理都比较成熟的基础上，开始规划与企业战略关联的未来人力资源的配置问题，例如：梯队建设，围绕企业战略的人才需求规划和人才培训计划；人力资源提升，员工学历提升、岗位资格认证、学习型组织打造等。

1.3 企业人力资源管理的几个重要问题

1.3.1 企业管理管的是什么

不论什么样的企业类型与规模，都要有人力资源管理。

企业是由一群人组成的为客户提供产品、解决方案的价值转换链，是符合国家法律法规的经营实体。在这个价值转换的链条中，完成客户需求满意、股东投资回报、员工生存发展和社会责任等功能，如图 1-9 所示。

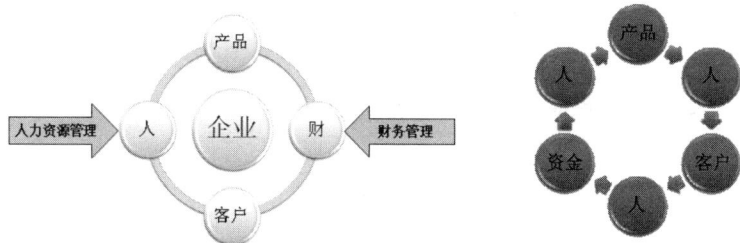

图 1-9　企业管理

企业的经营与管理活动必然涉及两个要素："人""财"。只要企业生命在延续，就必须围绕"人""财"两个方面开展活动。大多企业的企业领导在"人"与"财"这两个方面往往更加重视"财"这个要素。但"财"的管理也是由人去完成的，而选择、评价、调整这个岗位的人往往是人力资源的工作内容。所以，一个企业的企业领导什么时候重视"人"和"人力资源管理"，那他就明白了"人、团队、组织"是构建企业的灵魂与血脉，他才对企业和企业管理有了正确的理解，因为做"企业"与做"生意"是不同的，如图 1-10 所示（《大学》：有德斯有人，有人斯有土，有土斯有财，有财斯有用！）。

图 1-10　"人"与"财"

财务管理的专业教学与研究的历史比较长远，全国有 7 所综合性的财经大学（上海、西南、东北、中央、天津、山西、江西），培养了大量的财会、财经、财政、金融、国际贸易专业的人才。在民间，早就有账房先生这个"岗位"。财务管理的对象——资金，是具体化、标准化、数字化的资源，所以管理的复杂程度相对"人"而言难度较小。

因为"人、财"这两个要素在企业管理过程中都显得非常重要，但"财"也是通过人来进行管理的，所以事由"人"做，钱由"人"管，人是一切企业活动事务的根本，人没安排好，事与钱都管不好。

企业经营如图 1-11 所示。柳传志著名的管理三要素："搭班子、定战略、带队伍。"其中搭班子在定战略之前，其实就是找到有共同理想与愿望的领导层与决策层人员；定战略，就是确定企

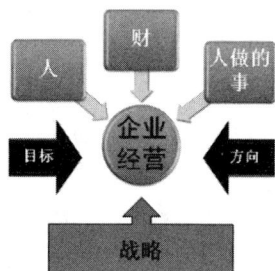

图 1-11　企业经营

业的方向与目标；带队伍就是做好团队管理，做好组织、团队和人力资源管理。这三个要素中，"搭班子""带队伍"是人力资源管理的内容。

所以，没有一个企业的企业领导会放松对人的管理。因此，所有的企业都有人力资源管理，无非是谁承担了这个管理的责任与职责，我们通常会说"企业领导是企业人力资源管理的第一责任人"。

1.3.2　谁在负责人力资源工作

部门负责人？人力资源部？

由于市场竞争与信息时代两大特征，现代企业的经营活动要求高效、直接，管理活动专业化、精细化。而作为人力资源管理者，由于"人"的重要性，其首要任务是如何取得企业总经理的充分信任（让他相信，你会像他那样理解与重视人力资源的管理），其次就是通过自身的努力，将人力资源管理的职能从领导者身上剥离出来，由专业化的职能部门（人力资源部）去承载与完成。

事实上，企业的总经理、部门负责人、人力资源部都是人力资源管理的重要成员，他们共同对一个企业的人力资源管理承担着重要的工作，只不过由人力资源部将人力资源工作专业化、标准化。

1.3.3　人力资源管理的对象是什么

人力资源管理的对象既是企业的"人"，也包括人"所做的事"，所以 HR 管理既对事也对人。

通常人们会讲"对事不对人"，这是在日常生活中与人沟通的技巧。但在企业的管理过程中，凡讲"事"必涉及"人"，谈"人"就必涉及这个人所能"承担的事"。因此企业的人力资源管理就是对"人"及

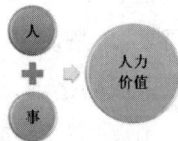

这个人所做"事"的管理，从而达到经营的目标，既对人也对事，是通过评估"人所做的事"而评价"人的能力与价值"。

比如：招聘，就是为企业找到适合的人来完成需要承担的工作。

什么是适合的人？完成什么样的工作？

这就是通常讲的"人"与"岗"匹配的原则。如果一个从事招聘的人不清楚岗位的内容与特点，怎么可能做好招聘工作呢？

岗 ？ 人

招聘是基于岗位的事务范围来甄选对象的；对员工的评价，是基于这个员工的工作成果、价值贡献来判断的；企业"任人唯亲"是基于忠诚来评价的，其核心还是针对事情的风险进行评估的；管理用人之道，围绕"用人所长，避其所短"，是基于人的能力在具体事务上的处理体现来进行判断的。

所以人力资源管理，既是针对人，同时也是针对人所承担的事。

除此之外，人力资源管理也是对"经营目标与组织承载力建设"。

管理的最终目的是推动企业经营目标的有效达成，人力资源管理也不例外。如果不能帮助企业达成经营目标（可有可无），就不是真正意义上的人力资源管理，只能是人事（人力资源事务）工作。

人力资源管理是针对"人"与"事"，同时又是针对"一群人"和"各种事"。这里的"一群人"不是社会群众，而是有共同的方向与目标，需要进行分工与合作，通过内部协调与沟通的"团队"与"组织"，如图 1-12 所示。

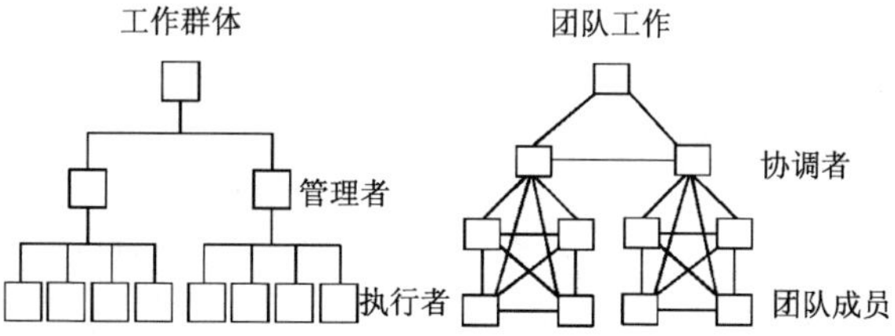

图 1-12　团队与组织的管理

"团队""组织"的管理，存在个体性与统一性的问题，需要开展向心力、凝聚力建设。而人与人之间的个体差异、经验差异、心理差异，使得人与人之间在紧密相处的同时又相互排斥。企业经营目标往往是整个团队多个目标的同时推进，管理过程会有局部与系统、个性与整体、横向与纵向、开拓与控制的相互矛盾。

因此，企业人力资源管理必须从系统的角度出发，从组织特性和整体目标进行统一思考，解决管理与经营目标之间的矛盾与问题，在人力资源事务性工作做好的同时，努力建设好"组织"的均衡性、统一性，解决氛围、向心力、文化的问题，从而降低内部消耗和沟通成本，提高团队的运行效率。从这个角度来讲，人力资源管理就是"经营目标与组织承载力建设"，如图 1-13所示。

图 1-13　人力资源管理

1.3.4　人力资源工作者的素质要求

人力资源管理具有内部"服务"与"监督推进"两个重要职能，贯穿着企业管理的各个层次、各个部门，管理层次多、幅度大，对从业人员的综合素质、能力、知识面和情商都有较高的要求，如图 1-14 所示。

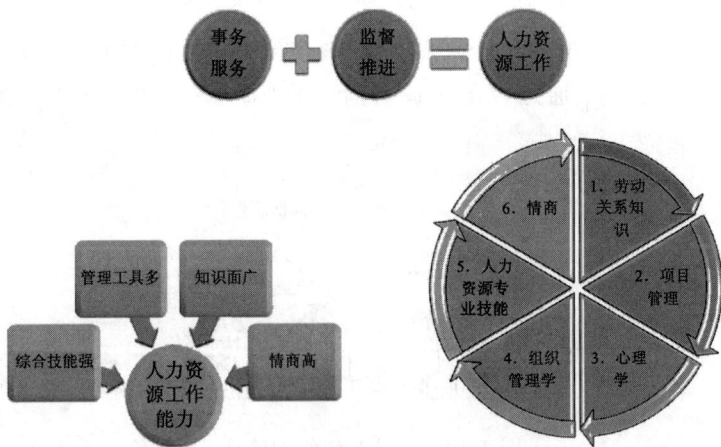

图 1-14　人力资源管理者素质模型

在企业管理中，有两条重要的资源管理线：人力资源管理和财务管理。这两条管理线始终贯穿企业的经营与管理，贯穿企业的过去、现在与未来，贯穿企业的股东、干部和员工，贯穿内部管理与外部沟通的整个过程。而人力资源管理的对象是"人"和"团队"、"人所做的事"和"团队要达到的目标"，因此不仅要求专业性强、实用性高，而且沟通范围广、层次多，所以对从业者要求非常高，具体如下。

综合技能：公文写作、语言表达（演讲、授课）、内外协调、项目管理、活动组织能力等。

知识面：人力资源、心理学、沟通管理、组织行为、项目管理、社会科学、相关法律（劳动法、劳动合同法、社保保险法、工伤保险条例、妇女儿童权益保护法等）知识等。

管理工具：流程重组 BPR、六西格玛、职业锚、5S 管理、目标管理（SMART）、分析工具（SWOT）、时间与计划管理（5W2H）、目标分解（鱼骨图）、计划管理（甘特图）等。

情商：情绪控制、意志坚定度、忍耐力、专注力等。

人力资源从业者，上识企业领导之财富与辛劳，中受职业经理人之能力与压力，下触基层人员之勤奋与清贫。如何能不自卑、不自负，却又不失目标追求？如何在"服务与监督""财富与清贫""专业与综合""自信与自卑"的冰火两重天中完成自我修炼的升华？

1.3.5 人力资源做哪些工作

大多数工作在企业基层的人力资源人员，包括专员、主管、助理、经理等，工作内容一般都是从实际需要出发，帮助企业解决以下问题。

（1）普通岗位的招聘：制订简单的岗位招聘信息，在人才网站进行发布，收集网上应聘者提供的个人简历或者参加人才市场中介机构的招聘会；中、大型企业组织年度大学毕业生校园招聘，分别在固定的时间、固定的学校、提供一定数量的岗位统一完成。

（2）为入职员工办理入职手续：填写《个人入职情况登记表》，签订《劳动合同》，收集员工的个人资料（学历证书、资格证书、身份证等）等，回答入职员工提出的简单问题。

（3）办理社会保险：去当地社保管理部门提交申请表单，进行人员的增减操作。

（4）考勤、工资报表统计：每个月完成各种统计报表，如考勤、出差、社保、工资等统计报表。

（5）年终完成优秀员工的评选统计工作。

……

对于完成以上各项工作的理由、作业标准、明确目标有的不太清楚：

为什么要这样做？依据是什么？

做到什么程度？目标在哪里？谁来评价？

需要和能花多少费用？

就拿招聘来讲：为什么需要招聘人员？招聘什么样的人？什么时候完成招聘？谁来决定是否符合招聘的要求？这些似乎都与人力资源部门无关。

（1）招聘需求发起的单位，不是人力资源部门。

（2）招聘人员需求，通过用人部门与公司领导决定后，要求人力资源部发布招聘信息，提供应聘面试人选。

（3）面试人员的挑选和确定与人力资源部门无关，合适与否，什么时候入职，基本上由用人部门决定。

（4）对于专业性、技术性比较强的岗位，人力资源部门更无法把握，甚至由用人部门直接招聘。

案例：

背景：有一家20亿元规模的建筑企业，正在从粗放式管理向现代管理转型，需要规划企业的信息化系统（OA、财务、项目等）。为此，需要成立信息部，开始招聘信息化网络和计算机工程技术人员。

现状：由于企业的总经理、高级管理人员和中层干部对于建筑行业的信息化工作内容与标准不了解，无法对这个岗位进行正确的评估与决策，岗位需求的标准无法确定，年龄、学历、知识结构、经验、待遇标准等都不明确，同时人力资源部门对于这个岗位的工作内容、职责范围、工作标准、人员与资金投入同样也不了解。在这种情况下，公司需要招聘信息化工程师，人力资源部门就一直无法落实。

困难：部门的成立在初期阶段不太可能独立运营，必须先挂靠到某个职能部门（如行政部），上级是谁、待遇、职责、目标都成为招聘中的问题。人力资源部发布了招聘信息之后，应聘人员的面试工作无法操作，加上高级管理人员对信息化工作不了解，不敢盲目决策，面试了一批人之后，招聘工作就被搁置了。

结果：最终招聘工作不了了之，信息化的工作并没有得到有效开展，企业继续沿用原有的信息作业模式。

当然，在大多数大型企业、集团公司、多元化企业，由于经历过了多次的企业变革与产业升级，人力资源工作专业化程度相对较高，管理涉及的广度与深度较大，人力资源工作模块化相对比较清晰，并建立了相关部门。

（1）人事管理中心：对员工的入离职、档案、工号、社保、调动、技术职称、户口等社会关系和企业关系进行统一管理。

（2）企业商学院：负责企业内部人员、人才、高级干部的培训、培养，主要有新员工培训、校园招聘培训、专业技能提高培训、中高级管理培训和外派培训（短、中、长期）等，开展企业内部培训师、专家队伍的建设。其中以深圳华为技术有限公司的内部任职资格体系为代表，突出解决了员工持有外部职称、从业资质和内部任职资格标准的有效结合，形成了内部良好的学习氛围（学习型组织的建立）。有的企业还针对员工的学历提升和技术职称、从业资格等考试进行统一的组织和安排，提高人员的知识层次和整体水平。

（3）薪酬与绩效评估中心：针对企业各个单元（分子公司、部门），通过专业化的工具对各项工作进行目标设定、跟踪推进、结果评估，形成优胜劣汰、赛马竞争机制，从而推动企业业绩的发展，同时公平、公正、合理地评价员工的贡献价值，设计有效的薪酬体系与激励方案。

（4）招聘中心：负责校园招聘、社会招聘、人才储备、高层次人才猎寻等，通过网络、公开招聘会、媒体及机构合作等，开展人才的招聘工作。

（5）员工文化中心：通过有目标、有计划、有系统地布置与安排，解决员工的业余学习、爱好、身体健康、家庭生活等各项服务，增加员工对企业的凝聚力与向心力。

已经形成结构化、模块化管理体系的企业，一个人力资源新手只能从事某一模块专业的事务工作或层次较低的综合事务工作，而对于整体的人力资源管理作业流程及关键结点还是无法把握。一旦自己变换企业和调整岗位，又要适应新的环境与工作内容，基本上得从头开始，最终得到的只是局部的事务性工作经验，无法达到系统化的高度，始终不明白"为什么要做、做了有什么好处、如何做才有效"。

因此，人力资源管理人员必须要弄明白：

为什么要招聘，需要招聘什么样的人，招聘的人是否合适？

为什么要做培训，如何有针对性地设计培训课程，一年培训费用多少才比较合适？

如何做好编制管理，各部门人员编制计划设置多少比较合理？

薪酬标准如何设计更有利于企业的运行与发展？

……

1.4 【案例分析】华为在发展阶段的人力资源管理特点

【案例背景】

深圳华为技术有限公司是当今民营企业中的佼佼者，在30年的发展历程中，其快速发展时期（1995～2003年）人力资源管理的特点值得许多中国企业去学习与借鉴。

华为公司发展的三个历程：

以企业领导人为先锋的团队创业阶段（1996年以前）。

以借用外脑为工具的规范化、体系化为管理系统建立阶段。

以国际化布局全面进军全球通信市场的战略阶段。

1. 以企业领导人为先锋的团队创业阶段

20世纪90年代，中国许多民营企业的创业其实是在探索中国企业的发展与管理道路。后来成功的企业都有一个共同特点："企业的创始人能够冲锋在前，通过'仁、义、信'来凝聚人心，通过'传、帮、带'来辅导团队成员。"中国传统文化中的"仁、智、理、义、信"一直成为中国人的人格标准，而在企业初创时期资源严重缺乏的情况下，以生存为基本目的，艰难地追求一点微薄利润，所用的管理方式方法必须是非常的直接、简单、有效。所以一个成熟的企业领导者都知道，中国式人力资源管理，那就是"以义来凝聚团队的心、以带来辅导年轻成员"。

什么是义？义就是讲义气，就是同心、共利和相互帮助。当一个领导者与大家吃住在一起，不分高低与贵贱，甚至领导者还冲锋在最前面的时候，团队的其他成员就没有任何理由不努力、不奉献了。

与此同时，领导者冲锋在一线的时候，将了解和掌握到的各种经验及时与团队成员进行分享，以"传帮带"的方式来带领大家如何跟随着共同前进。

这个"仁、义、信"与"传、帮、带"就是当时中国民营企业人力资源管理的特点，同样的那个时代，"海尔""联想"等企业的领导者也用同样的方式在谱写中国市场经济发展的新篇章。恰恰是这种简单、直接、有效的方式，使得中国的企业在当时改革开放之初能够快速追赶"规范化"管理的西方企业。

那么究竟华为的"垫子文化"是怎样产生的？

垫子文化：1989 年，华为在深圳南油深意大厦开始创业。由于资金紧张，公司在办公区隔出几间"宿舍"。为了节约成本、凝聚人心，公司领导号召大家紧密地团结起来，以简单的方式——"垫子"来解决休息问题，新员工都可以免费领到毛巾被、床垫，很多研发员工干脆就住在机房，不分白天黑夜，自觉拼命工作，差不多以办公室为家。华为的"垫子文化"就是这样慢慢形成的，当时在深圳的许多企业都有这样的文化，也都倾向于提倡这样的文化。

同时，华为在创业时期，任正非也扛着设备到全国去销售，许多工作都直接深入前线，如招聘、培训、销售，并与员工一起经常加班。华为员工持股的产生，与创业时期的资金短缺也有着直接关系。然而，员工内部持股，结合内部有效压力传递机制，反而是华为通过人力资源有效管理而快速成长和超越竞争对手的最大核心竞争优势。

2．以借用外脑为主的规范化、体系化为管理系统建立阶段

1995 年华为销售额达到 15 亿元。随着市场地位的提升，华为结束了粗放式管理的创业时代，进入了高速发展阶段。

然而，创业时期涌现的一大批个人英雄，随着公司的转型，许多已经无法跟上企业快速发展的步伐。管理水平低下的问题也逐渐暴露出来，成为制约公司发展的瓶颈。华为当时所面临的是整个中国企业面临的一个普遍问题：职位越做越大，工资越升越高，免掉或降低职位，都意味着彻底的失败。因此，选择什么样的变革模式，尽量减少对员工心理造成的冲击，是解决问题的关键。

华为的"集体大辞职"是在什么样的背景下发生的呢？

两件大事：

（1）1996年初集体大辞职：市场部所有正职干部，从市场部总裁到各办事处主任，都必须提交两份报告，一份是述职报告，另一份是辞职报告，采取竞聘方式进行答辩。公司根据其表现、发展潜力和企业发展需要，批准其中的一份报告。"集体大辞职"，就是让大家全部"归零"，体现了起跑位置的均等；而竞聘上岗，则体现了竞争机会的均等。这次竞聘考核，大约30%的干部被替换下来，表面来看，这是华为市场部的一次重大变动，而公司真实用意却是——华为人力资源体系建设正式开始。

因此，在1996年，公司邀请外部咨询公司做了绩效考核的解决方案，建立了一套以绩效目标为导向的考核机制，将业绩考核纳入日常管理工作中。具体包括：

① 把考核作为一个管理过程，通过不断的"PDCA"循环过程使业务工作与考核工作紧密结合起来。

② 工作绩效的考核侧重在绩效的改进上，工作态度和工作能力的考评侧重在长期表现上。

③ 公司的战略目标和顾客满意度是建立绩效改进考核指标体系的两个基本出发点。在对目标层层分解的基础上确定公司各部门的目标，在对顾客满意度节节展开的基础上确定流程各环节和岗位的目标。

④ 绩效改进考核目标必须是可度量且重点突出的。指标水平应当是递进且具有挑战性的。有了这套考核机制，奖金的分配自然有了公平的依据。

华为的薪酬考核部也就以二位一体的形式运作起来。

（2）销售人员奖金如何分配：有两名销售员分别被派往上海和乌鲁木齐。在乌鲁木齐销售得很成功，而在上海销售量只有很少。按照以前业绩分配政策（销售越多奖金越多），乌鲁木齐销售员可以获得巨额奖金，而上海销售员只会获得很少的象征性奖金，这是否公平？由于两人面临的市场竞争压力截然不同，这种现象将严重打击部分市场压力大、层次高区域销售员的工作积极性。华为认识到，销售业绩只是对销售人员考核的一个方面，而市场开拓难易度、客户满意度、人员努力程度、渠道建设等都应是考核的重要标准。

1997年，在华为副总裁孙亚芳的领导下，开始全面引进国际管理体系，包括"职位与薪酬体系"，以及英国国家"职业资格管理体系（NVQ）"，让华为在人才队伍的建设上取得了相对于竞争对手的明显优势。

国际著名的管理顾问公司分别给华为公司的管理提升带来了巨大的帮助，但与此同时，先进的管理工具与理念如何与国内企业的土壤环境进行有效的结合，是摆在华为面前一个非常现实的问题。

解决文化土壤与制度规范的矛盾，使之有效结合并得到提升执行，才能解决企业发展过程中的瓶颈与问题，达到凝聚共识与快速发展的根本目的。为此，1996 年华为开始对企业文化进行全面的大整合、大讨论，与此同时，以彭剑锋为领队的人民大学的多位教授在 1996—2001 年对华为的企业文化、人力资源管理体系建设进行了长达 5 年以上的管理咨询。

3．以国际化布局全面进军全球通信市场的战略阶段

1999 年，华为公司开始布局全球化战略。当年在公司内部就开始吹响了海外市场的号角，通过个人申请、公司评估和培训，将一大批国内营销部的人员派往海外。为配合市场国际化的进展，华为不断推进产品研发的国际化。1999 年，华为成立印度研究所。2000 年之后，又在美国、瑞典、俄罗斯建立研究所，通过这些技术前沿的触角，华为引入了国际先进的人才、技术，为总部的产品开发提供了支持与服务。

【案例总结】

华为从 1995 年到 2002 年，通过人力资源体系化的建设，建立了华为特有的企业文化，这些优秀的文化特点，一直深深地影响着中国的民营企业。"危机意识、以客户为中心、快速响应机制、狼性销售、内部竞争淘汰机制"，最大限度地释放了员工的能量与团队的战斗力。

"垫子文化""狼性销售""基本法"是其发展时期企业文化的典型代表，这些优秀企业文化的建立，正是通过人力资源体系化的建设，使得在制度层面、管理层面、文化层面，很好地解决了发展过程中的瓶颈，突破了中国民营企业发展的困惑，通过激活团队，走上了长期可持续发展的道路。

华为人力资源开发五大模型：以素质模型为核心的潜能评价系统；以任职资格标准为核心的职业化行为评价系统；以 KPI 指标为核心的绩效考核系统；以经营检讨及中期述职报告为核心的绩效改进系统；以提高人力资源管理者责任为核心的绩效管理循环系统。

在华为发展时期，其人力资源管理的特点如下。

（1）通过企业《基本法》的建立，突出人力资本的价值，牵引企业人力资源体系的建立，从文化层面上解决了价值认同的问题。

> 我们强调人力资本不断增值的目标优先于财务资本增值的目标。

> 具有共同的价值观和各具专长的自律的员工，是公司的人力资本。

> 不断拓宽员工的眼界，不断提高员工的专长与协作技巧，以及对人的能力的有效管理，是公司财务资本和其他资源增值的基础。

- 各部门管理者有责任记录、指导、支持、激励与合理评价下属人员的工作。
- 负有帮助下属人员成长的责任。
- 下属人员才干的发挥与对优秀人才的举荐，是决定管理者的升迁与人事待遇的重要因素。

（2）通过功能定位和体系建设，确定了人力资源在企业经营管理中的价值与地位，形成了人力资源管理体系，如图 1-15 所示。

（3）从人力资源管理的基础与根源着手，解决了经营、组织、岗位、个人的平衡关系，如图 1-16 所示。

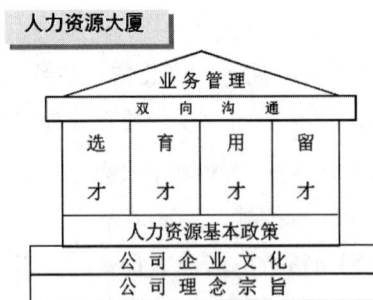

图 1-15　人力资源管理体系　　图 1-16　职位说明书（任职资格）的作用

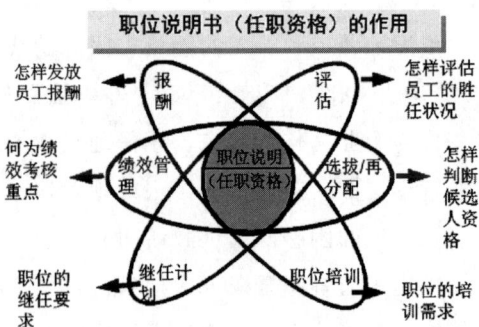

（4）解决了阻碍企业长期可持续发展的核心问题——企业利益分配原则的建立，如图 1-17 所示。

薪酬包的组成

		任职资格	绩 效	工作态度	发展潜力	品 格
保障要素	工 资	★	★	√		
激励要素	奖 金		★	√		
发展要素	股 票	★	★	★	★	★

- 短期回报　　　　奖金、工资（固定收入）
- 长期回报　　　　配股（风险收入）
- 职位越高收入中风险收入所占比重越大

图 1-17　薪酬包的组成

（5）确定了薪酬分配的基本原则：任职资格（能力）、绩效评估（结果）、薪酬分配（回报），如图 1-18 所示。

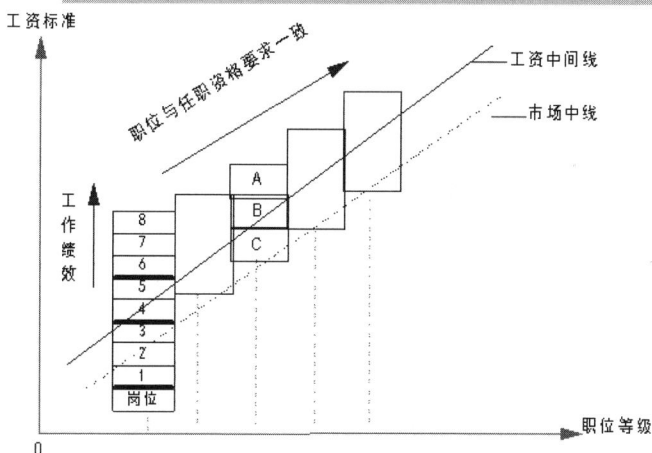

图 1-18　任职资格、绩效评估与薪酬分配的关系

（6）内部任职资格体系解决了学习型组织的建立、长期奋斗和员工职业规划问题，如图 1-19 所示。

（7）从人力资源管理技术层面上，解决了结果管理与过程管理的关系问题，如图 1-20 所示。

图 1-19　任职资格体系

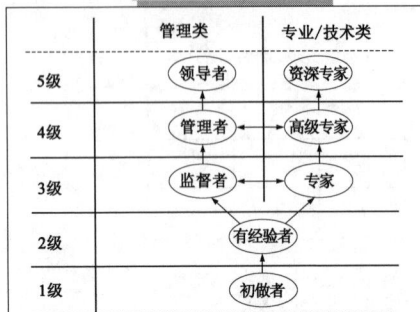

图 1-20　绩效的含义

（8）从人力资源管理技术层面上，形成了结果、改进、提升的绩效管理循环，如图 1-21 所示。

图 1-21　绩效管理的两类循环

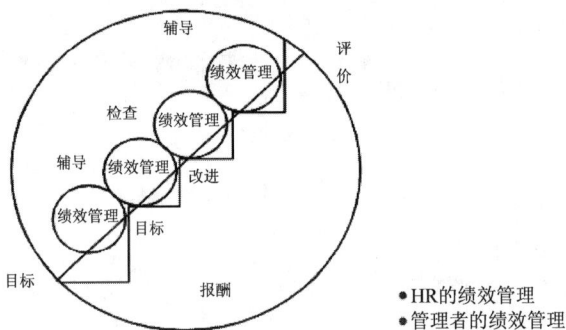

当然，华为人力资源管理的最大特点是，公司的最高决策层意识到人力资源管理对企业发展的重要性，通过"人力资源战略委员会"，充分发挥了人力资源管理在企业经营过程中的重要性，通过人力资源自身团队的建设、资源的投入、组织地位的提升等各种手段，使得人力资源管理能真正发挥其功能。

2019 年，全球对华为将有着崭新的看法，激烈的国际竞争环境将再次锻造伟大的企业，历史将证明华为的再一次辉煌。

第 2 章

招聘管理

2.1　招聘工作规划

为了避免人力资源长期处在随意、突发的工作状态，应将招聘工作规范化、常态化，并建立起公司编制管理制度，以减少由于随意性导致的工作成本增加，也方便了人才招聘的常态化，以便长期储备公司需要的人才。

规范的编制管理制度，一般包含人员编制汇总表和岗位说明书两方面内容。同时在编制管理规划阶段，关于人员招聘的流程也必须清楚，才能有效实施编制的管理控制。

（1）××公司的编制汇总表（编制管理案例），见表 2-1。

表 2-1　XX 公司人员编制汇总表

序号	部门		姓名	职务/岗位	编制/人	现有人数	缺编人数	急需招聘	发展储备	说明
1	公司领导									
2										
3	行政人力总监									
4	行政人力部	行政								
5										
6										
7		人力								
8										
9		档案								
10		信息								
11										
12	财务总监									
13	计财部	财务								
14										
15		融资								
16										
17		投资控制								
18	审计部									

续表

序号	部门	姓名	职务/岗位	编制/人	现有人数	缺编人数	急需招聘	发展储备	说明
19									
20	投资部								
21									
22									
23	工程部								
24									
统　　计									

注：集团实际在编人数____人，共计编制____人，在编____人，缺编____人，急需____人，储备____人。

编制管理并非是僵化的管理手段，而是将人员的增减、调整变化纳入流程化管理，以避免沟通障碍和增加管理成本。

许多中小企业由于长期形成的随意管理习惯，不愿导入较规范的作业流程，从短期来看，灵活快速应变的管理方式似乎更能适应外部环境的变化；但从长期来看，随着业务的发展和组织的扩大，随意性的管理方式就成为发展的巨大阻碍，如同内部分子无规则的运动形成了巨大的内耗一样。

（2）岗位说明书的编写，见表 2-2。

表 2-2　岗位说明书的编写

职位名称	人力资源总监	所属部门		直属上级	总经理
薪金标准		填写日期			

职位概要：

规划、指导、协调公司的人力资源管理与组织建设，最大限度地开发人力资源，促进公司经营目标的实现和长远发展。

工作内容：

◆全面统筹规划公司的人力资源战略。

◆建立并完善人力资源管理体系，研究、设计人力资源管理模式（包含招聘、绩效、培训、薪酬及员工发展等体系的全面建设），制定和完善人力资源管理制度。

◆向公司高层决策者提供有关人力资源战略、组织建设等方面的建议，并致力于提高公司的综合管理水平。

◆塑造、维护、发展和传播企业文化。

◆组织制订公司人力资源发展的各种规划，并监督各项计划的实施。

◆为公司主管以上的管理者进行职业生涯规划设计。

续表

职位名称	人力资源总监	所属部门		直属上级	总经理
薪金标准		填写日期			

◆及时处理公司管理过程中的重大人力资源问题。

◆完成总经理临时交办的各项工作任务。

任职资格：

教育背景：

人力资源、管理或相关专业本科以上学历。

培训经历：

◆受过战略管理、战略人力资源管理、组织变革管理、管理能力开发等方面的培训。

经验：

◆8年以上相关工作经验，3年以上人力资源总监或人力资源部经理工作经验。

技能技巧：

◆对现代企业人力资源管理模式有系统的了解和实践经验积累，对人力资源管理各个职能模块均有较深入的认识，能够指导各个职能模块的工作。

◆具备现代人力资源管理理念和扎实的理论基础。

◆熟悉国家、地区及企业关于合同管理、薪金制度、用人机制、保险福利待遇、培训等方面的法律法规及政策。

◆熟悉办公软件及相关的人事管理软件。

◆较好的英文听、说、读、写能力。

态度：

◆具有战略、策略化思维，有能力建立、整合不同的工作团队。

◆具有解决复杂问题的能力。

◆很强的计划性和实施执行的能力。

◆很强的激励、沟通、协调、团队领导能力，责任心、事业心强。

工作条件：

工作场所：办公室、出差。

2.2 招聘流程

一般情况下招聘流程如图2-1所示。

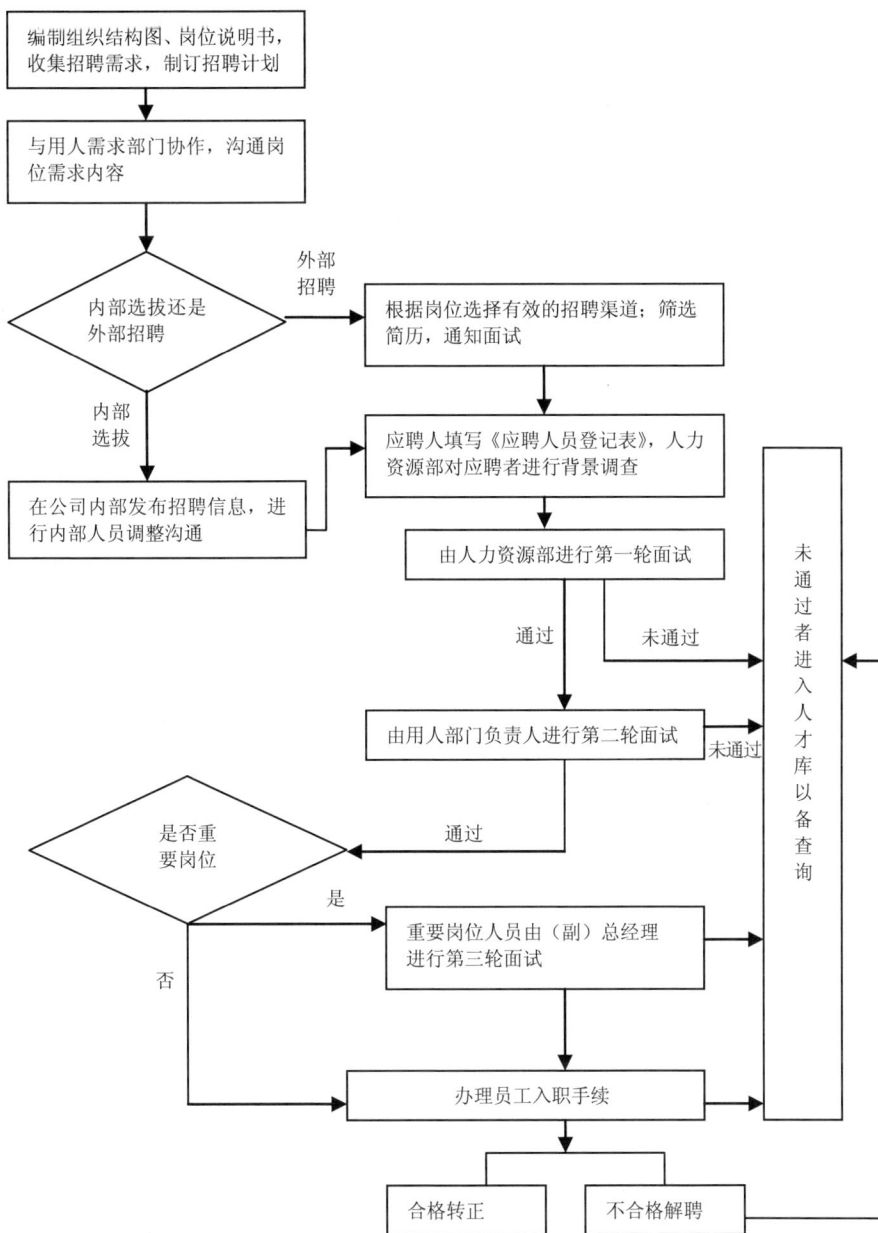

图 2-1 招聘流程

2.3 招聘需求的确定

我们常常会遇到这样的情况：

财务部经理:"请帮我招聘一名成本会计,要得急,企业领导已经同意了。"

品牌部经理:"最近部门工作量加大了许多,快点帮忙招个文案编辑。"

后勤部经理:"最近张姐家里有事离职,水电统计工作没人管了,赶紧帮忙招个水电统计人员。"

作为从事人力资源工作的你,应该怎么办?

(1)公司的用人需求计划表

首先,必须确认招聘岗位需求的合理性。如果公司管理比较规范,有人员编制管理制度,在编制范围内的计划需求和正常人员流动形成的岗位空缺,你可以进行下一步;如果不在编制管理范围内或无编制管理,那么你需要与用人部门确认招聘需求。

填写招聘需求表,表格案例见表2-3。

表2-3　XX公司用人需求计划表

申　请　日　期:

申请部门			申请人		编制人数		现有人数	
需求人员说明	岗　位		岗位职责					
	薪　资							
	人　数							
	学　历							
	专　业							
	性　别							
	年　龄		需求理由					
	身　高							
	工作经验							
	工作地点							
	到岗时间							
用人部门负责人意见								
相关部门意见								
人力资源部意见								
总经理批示								

备注:① 请详细填写岗位职责和需求理由,以便于招聘工作的顺利进行。

　　　② 如需要扩编,须经报人力资源部核准及报总经理批准。

① 要求相关领导签字确认,以避免上下级观点态度不一致情况的发生。

②　招聘原则：人岗匹配。在招聘需求表中必须清楚了解，岗位对人才的需求标准与企业给出待遇之间的合理关系，否则会出现招不到人或招到不合适的人的情况发生。

③　当出现招不到人或应聘人员不合适的情况，应该立即与用人部门进行沟通，再次确认、修改和补充招聘需求表中的要求。

④　确认招聘需求表是否需要相关管控领导的同意，避免内部沟通出现矛盾与问题（比如，企业的老总是否同意某部门增加新的人员）。

（2）招聘信息的内容

招聘信息内容包括：

①　企业的基本情况介绍。

②　需要招聘岗位的名称。

③　招聘岗位的职能。

④　相关任职资格要求。

⑤　薪酬待遇（包括福利、津贴等）。

⑥　工作环境与工作时间。

⑦　特殊要求。

2.4　招聘渠道

2.4.1　招聘渠道种类

（1）内部招聘：也称内部梯队建设（内部培养），是指有计划地在公司内部进行人才梯队的培养建设，是获得后续人才的稳妥途径，也应当成为最重要的途径（在公司内部找到合适的人在未来担任本岗位工作）。

（2）内部推荐：由员工推荐富有潜力的内、外部人才。

（3）外部推荐：通过朋友、同业介绍。优点：对应聘者了解比较充分，招聘成本较低，周期短；缺点：避免组织内部人际关系复杂化。

（4）招聘网站：本地区人才招聘网站、全国性招聘网站，如智联招聘、前程无忧、中华英才网、猎聘网等。

（5）报纸媒体：当地发行量大的大众报纸、杂志等媒体。优点：有非常大的广告宣传作用；缺点：需要登载数期以上才有较好效果，成本高。

（6）现场招聘会：适合当前岗位空缺和人才需求数量较多的中、基层岗位和高校毕业生的招聘。

（7）猎头及中介机构：猎头机构适合高级人才的招聘，需要支付较高的成本费用。一线操作工人的招聘可通过政府人才服务机构协助完成，比如，省市劳动力市场、乡镇劳动就业保障所等。

（8）高校招聘会：针对当年毕业的大学生做好人才储备工作，需要与学校保持长期的联系，成本相对较低，人员供应量较大。缺点：毕业才能就业，学生多向选择。应尽量提前，上浮 20%的招聘需求并与学生签订三方就业协议书。

2.4.2　招聘方式的选择

所有企业都会选择人才招聘网站完成日常招聘工作，效益较好的大企业、集团企业会选择报纸、电视等媒体开展招聘工作。高校招聘针对需求较大的大学生储备使用，注重人才建设的集团化企业也非常重视一年一度的大学生招聘工作。

（1）日常招聘工作，一般选择本地人才招聘网站，以年付费方式完成。

（2）大学生招聘工作，应提前到上一年的 9 月份开始启动，联系与自身结合紧密的高校完成，可以是专门高校供需见面会，也可以是企业独立的专场招聘宣讲会。

（3）中高端人才招聘工作，一般通过猎头、猎头网站、同业及朋友推荐完成。

（4）大批量的一线用工（操作工、服务员等）可以通过纸质媒体进行宣传招聘，宣传的周期一般需要达到一周以上，才会有较好的招聘效果。

（5）由本地人力资源中介公司组织的现场招聘会，是宣传企业和人才招聘的良好方式，可以定期参加现场招聘会。

2.4.3　选择招聘渠道时应注意的几个问题

（1）人才招聘网站：可以通过按照条件搜索简历的方式，获取适合本岗位求职者的信息，搜索下载简历根据付费情况有一定限制，需要合理利用。

（2）现场招聘会：需要制作好企业的宣传资料（彩页、易拉宝、横幅等），以展示良好的企业形象，吸引求职者现场的关注。

（3）高校招聘会：投入成本比较高，需要充分的前期准备，招聘效果比较难以把握，主要原因是优秀的学生一般都有目标企业，并且简历多向投放比较突出，现场宣讲需要有吸引力，同时应与学校就业处共同完成签订就业三方协议，以确保学生在毕业后能及时到企业报到。

（4）报纸、电视等媒体招聘：投入成本高，前三期效果差，关注对象是求职者的家人和不能上网而又急于找工作的求职者。

2.5　校企招聘

2.5.1　与指定校方取得联系

联系各高校主要是要确定宣讲时间、场地、宣传方案、报价。

（1）可联系的组织如下：

① 高校就业指导中心、勤工俭学中心。

② 学生社团、协会等校园民间组织（民间组织和勤工俭学比较不靠谱，一般是要收钱的）。

③ 校内各院、系学生会。根据所招专业，联系相关专业院系的就业相关老师，由他们在院系页面上发布公司信息或者通过邮件或者短信息形式通知学生到场，或者直接推荐学生。

（2）联系几个合作组织，进行约谈（原则：选择能保证人数和过程的、院校知名社团、院校中大型学生会组织）。

社团的优势：学生社团宣传活动能直接深入学生中，对宣传的过程可控性较强。

社团的弊端：学生的责任意识不强，可能会出现教室审批的问题、场地出现变动、宣传力度不够等。宣传期间必须做到严格的跟踪监督，以保证结果。

就业或勤工俭学中心优势：官方宣传有威信，可用的宣传渠道广泛。场地审批有保障，并且一般不收取场地费。

就业或勤工俭学中心弊端：只对大四毕业生做宣传，对解决兼职作用甚微。

因此，有些时候可选择"就业中心+社团组织"这样的合作方式。

2.5.2　如何高效招聘实习生、应届毕业生

要想高效招聘实习生、应届毕业生，前期准备阶段和宣讲实施阶段至关重要。

1．前期准备阶段

要做好以下几步才宜联系校方。

（1）根据本年度招聘计划确定本年度校园宣讲高校名单，根据高校学生质量选择院校。

（2）高校调研

① 根据高校名单前往各高校进行宣传品的调研；确定宣传用品的风格和定位。

② 了解各高校层次、宣传品张贴发放地点、宣传渠道（就业指导中心）及效果调查、学生关注重点等。

（3）确定宣传用品：各种类型宣传品统一风格，塑造公司正规大企业形象。如易拉宝、海报、简历夹、传单、带有 Logo 的小礼品、条幅。其中易拉宝、条幅固定不变，可循环使用；海报、传单根据宣讲会的内容进行修改，每次宣讲会的海报和传单都有所区别。

（4）制作与主题相匹配的宣讲内容，凸显主题。

（5）确定每所院校的宣讲人，将宣讲 PPT 交予宣讲人并与主讲人沟通宣讲时间、院校。

2．宣讲实施阶段

（1）确定时间及场地的前期调研。

网络：①校园建筑分布情况（主要教学楼、寝室楼分布、既往活动的举办地点）；②学校活动举办时间；③社团组织。

宣讲会前两周，至少去各高校 2～3 次进行实地考察（海报张贴的地方），通过各种渠道了解：①学校的既往宣讲会情况；②社团、系组织及内部人员的联系方式；③校园建筑结构，受关注的场地；④学生普遍的作息时间，什么时候比较愿意听讲座；⑤学校能不能张贴海报，哪些地方学生经常看。

联系学校的就业中心、勤工俭学处，排除大型活动和避免集中的课程再决定场地和时间。

（2）制作宣讲会高校合作协议书并签订。

包含：

① 宣讲时间。

② 宣讲地点。

③ 宣传周期。

④ 整体费用。

⑤ 根据到场人数或宣传力度制订的奖惩方案。

（3）准备宣传用品及宣讲设备、宣讲现场人员安排。

① 宣传用品：印刷易拉宝、海报、传单、宣传册、条幅及其他现场礼品。

② 宣讲现场设备。

③ 宣讲现场人员安排。

宣传物品明细

1．大容量 U 盘 1 个

2．电脑 1 台

3．胶带 2 卷

4．相机（电池）1～2 部

5．剪子 2 把

6．白版笔 6 支

7．条幅 2 条（外场、内场）

8．大头针 1 盒

9．食品、水

10．10 米插线板 1 个

11．装简历的袋子 2 份

12．装礼品的箱子 1 只，现场礼品、海报、宣传笔

13．胶棒 1 个

（4）校内宣传。

挂横幅，张贴海报。前期预留两个星期。在开宣讲会的当天要张贴两次，上午一次，下午一次（针对宣讲会是在晚上召开）。

3．发宣传单

现在一般高校是开宣传会当天在人流密集的地方发宣传单。例如：

① 自习室（发一些书签、礼品，发一些简单的，一定要小）。

② 寝室发，每天晚上就寝之前。

人员：每场的前三天开始发宣传单，每天安排两人。

① 五点半或根据各学校的习惯，在学生下课出教学楼的时候发。

② 食堂、寝室楼外、校园里发三分之一。

③ 看一下海报的存活率（每个星期都要抽出 1～2 天自己去看）。

4．了解 BBS 的版块、内容

至少提前一周在各个版块发帖，根据各版块特点来发起不同的话题。安排专人负责校园 BBS 的发帖和管理工作。

范例：

论坛管理应急方案

1．置顶帖

每天关注，回答留言问题

2．不能置顶帖

每天必须顶帖，保证帖子保持在第一页。

注意：各学校论坛情况不同，请参照备注中的版规操作，以免被封帖、删帖。

3．遇到尖锐或反面话题帖

解决方案：不需要正面回答，多发各类正面话题帖。

4．被禁言、删帖、封 ID

发帖人在操作中一定要遵守各论坛版规，尽量避免出现以上情况。

5．校外 IP 无法发文

联络校园兼职，由在校老师帮忙发帖。负责人起到监督作用，每天至少查看一次，确保有帖存在。

通过一切能找到的人脉，联系校班级辅导员、班长这类能够组织人员的人，帮助宣传。

联系勤工俭学处、就业中心，看能不能有些辅助的宣传。

海报张贴：①寝室的宣传栏；②校园的宣传栏。

5．宣讲现场

按照人员安排各司其职，保证现场秩序有条不紊。

范例：

宣讲会当天工作安排

1．组长：总协调。

2．员工 A：设备的调试以及文件的复制（电脑、移动硬盘的携带）、DV、支架一副、拍照（以及后期的保管）。

标准：宣传篇（如果还没到开场时间就放完了，要保证及时衔接上）、PPT 的顺利播放；DV 要稳稳地架到场后的合适位置，保证主讲人能在画面的中央清晰可见；相机要捕捉到人员最多、最精彩的瞬间。

续表

3. 员工 B：（根据现场情况安排 1～2 名员工）安排展台前答疑、结束后的咨询、监督展台同学的工作、结束后简历的整理工作。

标准：要对同学的提问做到热情、细致、耐心讲解，保证每位咨询的同学都能填简历。

4. 员工 C：迎宾工作、引位、现场秩序的总维护。

标准：热情大方、面带微笑，保证到场同学每一个座位都是有效的。

5. 社团同学 1：展台前发放传单。

6. 社团同学 2：室内海报的张贴、室内/外条幅的悬挂。

7. 社团同学 3：室内海报的张贴、室内/外条幅的悬挂。

8. 社团同学 4：门口礼物发放。

9. 社团同学 5：门口礼物发放。

10. 长期兼职 1：装礼盒。

11. 长期兼职 2：装礼盒。

2.6 网络招聘

网站种类：本地、全国、行业、高级人才四大类。

各人才网站汇总分析见表 2-4（具体信息以网站提供内容为准）。

表 2-4　各人才网站汇总分析

网站名称	www.51job.com 前程无忧工作网	www.jobsdb.com 中国人才热线	www.jobcn.com 卓博人才网	www.chinahr.com 中华英才网	www.job88.com job88人才网
服务价格及折扣优惠	全年联网： 7 200 元，企业只能查询工作地点为广州的求职资料，发布职位 120 个、下载 480 份，企业可以查询全国各地的求职资料，发布职位 240 个，下载简历 240 份 一个月联网： 900 元，可发布 20 个职位，下载 60 份简历 备注： * 办理半年以上联网服务赠送一次《前程无忧》8×8 规格报纸广告	全年联网： 3 600 元，发布职位不限，下载 1 800 份简历 一个月联网： 600 元，发布职位不限，下载 100 份简历 备注： * 对办理 600 元以上的招聘企业，在服务期内赠送《新资本》杂志 * 对在优惠期内（9-11 月）办理全年联网的企业，送价值 200 元皮包一个，以及多送两个月的联网服务，即 14 个月	全年联网： 4 500 元，发布职位不限，下载 2 400 份简历 一个月联网： 600 元，发布职位不限，下载 100 份简历 900 元，发布职位不限，下载 500 份简历 备注： * 办理 900 元一个月的联网服务，可多送客户一个月，即买一送一 * 全年最低优惠 8 折，即价格为 3 600 元	全年联网： 3 500 元，发布 200 个职位，下载 1 800 份简历 一个月联网： 500 元，发布 20 个职位，下载 20 份简历 备注： * 办理全年联网服务，最低折扣 9 折	全年联网： 3 800 元，发布 500 个职位，下载 1 800 份简历 一个月联网： 500 元，可发布 30 个职位，下载 100 份简历 备注： * 全年联网服务价格最低为 2 000 元 * 对办理全年网的客户，赠送 MP3 一台
业务范围	企业方面： 网络招聘、猎头服务、校园招聘、企业内训、人事外包、人事测评、办公室用品及耗材的销售 求职者方面： 网络求职、猎头服务、个人培训	企业方面： 网络招聘 求职者方面： 网络求职、个人培训	企业方面： 网络招聘、企业内训、校园招聘 求职者方面： 网络求职、个人培训	企业方面： 网络招聘、校园招聘、人才租赁、猎头服务、企业内训、人事代理 求职者方面： 网络求职、个人培训	企业方面： 网络招聘、猎头服务、企业内训、人事测评 求职者方面： 网络求职、个人培训

续表

网站名称	www.51job.com 前程无忧工作网	www.jobsdb.com 中国人才热线	www.jobcn.com 卓博人才网	www.chinahr.com 中华英才网	www.job88.com job88人才网
人才库特点	人才资料涉及全国各地，范围广，人才资料素质比较高，以白领人士及中高层管理者为主。人才库里的资料查询服务分为两种： 只能查询某一地区的人才资料（如只可查询广州地区的人才资料） 可以查询全国各地的人才资料。查询企业办理的服务的权限根据企业办理的服务而定 目前人才库优势：市场营销类、管理类、IT类	人才库分国内及海外，招聘企业只要办理相关的服务便可以查询到海外的人才资源 国内人才库除深圳人才资料较多外，其他地区人才资料比较少 目前人才库优势：生产制造类、市场营销类、IT类	1. 以东莞、广州为主的人才较多，但人才素质一般，以生产技术类人员为主 2. 目前人才库优势：生产制造类、管理类	1. 以北京地区的人才为主，广东地区的人才很少，人才素质比较高 2. 目前人才库优势：管理类、财务类、IT类	1. 人才库以深圳地区的人才为主，广州地区人才资源非常少，基本在广州无任何优势可言，人才库资料一般 2. 目前人才库优势：文职类
招聘企业特点	招聘企业特点： 招聘企业性质：以知名外企及大中型民营企业为主，在全国各地设立19个站点，招聘企业遍布全国各地	招聘企业特点： 招聘企业性质：综合性 企业招聘范围： * 以深圳地区为主 * 以IT行业居多	招聘企业特点： 招聘企业性质：以港台日资企业多 企业招聘范围： * 以东莞地区为主 * 生产制造业为主	招聘企业特点： 招聘企业性质：以民营企业、私营企业居多 * 以北京地区为主 * IT行业较多	招聘企业特点： 招聘企业性质： 以综合性行业为主 企业招聘范围： 以深圳地区为主

续表

网站名称	www.51job.com 前程无忧工作网	www.jobsdb.com 中国人才热线	www.jobcn.com 卓博人才网	www.chinahr.com 中华英才网	www.job88.com job88人才网
优点	1. 该网站除网络招聘外，还与全国各地的媒体合作，发行《前程无忧》报纸，不但提高了网站的招聘效果，也大大提高了网站知名度 2. 企业办理服务的手续相当严格，企业须提交加盖企业公章或企业执照副本或企业复印件的营业执照副本复印件，为企业开通账号。企业再提交相关资料后，网站再由专人通过有关途径审核该营业执照的真伪，这样能够防止非法中介利用网络从事违法行为 3. 企业在发布新职位时，都必须经过网站专人审核才能发布，这样能够避免某些公司在网络乱发布职位，影响公司的声誉	对办理招聘服务的企业，在服务期内，赠送由该网站发行的《新资本》杂志，网站不限制企业的职位发布数量及账号在线录入人数 网站前身为 www.cjol.com，于2002年与以香港特别行政区为总部的 www.jobsdb.com 合并，合并后以后者 www.jobsdb.com 命名。目前该网站除国内 4 个站点外，在海外附设 11 个站点，并在当地设有办事处，因此招聘企业通布全球各地，以东南亚地区为主。企业在账号过期后，一个月内还可以进入账号查询以往存储的人才资料，一个月后系统自动删除账号。企业登录账号后，在最显眼处显示客户服务人员的联系电话，提醒客户遇到问题随时联络，及时为客户解决问题	该网站不限制企业的在线登录人数。该网站在东莞，因此在东莞制造业（特别是生产制造业），招聘效果很好 由于该网站的招聘企业大多是东莞的台资、港资企业，因此该网站设有繁体字的版本，方便这些企业的使用	由于该网站在北京的知名度比较高，因此无论在北京求职的客户无论是招聘还是求职效果都不错 该网站定期举行的"校园招聘"活动比较成功，参与的企业大多是知名的外企和大型的民营企业。 针对需要寻找兼职工作的求职者，网站增设兼职栏目，免费为求职者及招聘者在上面刊登相关的兼职信息 不限制招聘企业同步在线登录的人数	在深圳有一定的知名度，结合广州创博人才市场提高其网站知名度（但该人才网的规模一般） 投入大量资金做宣传，其宣传包括如下内容： 1. 在广州地区的户外广告 2. 与深圳广播电台合作，每周一至周五晚上 8:30-9:30 的节目，主题"挑战深圳"，现场直播的互动人才栏目 3. 与上海热线、深圳热线、深圳之窗等网站的招聘栏目链接，扩大其网站的影响力

续表

网站名称	www.51job.com 前程无忧工作网	www.jobsdb.com 中国人才热线	www.jobcn.com 卓博人才网	www.chinahr.com 中华英才网	www.job88.com job88人才网
优点	4. 企业办理服务后，网站会定期将有关人力资源方面的资讯发送到客户的邮箱里，使客户在了解最新资讯的同时也感觉到自己受到网站的重视 5. 人才素质及招聘企业的层次比较高，客户反映招聘效果和求职效果都不错 6. 企业的资源管理系统健全 7. 定期邀请企业会员和非企业会员以聚餐的形式与客户交流 8. 网站投入雄厚资金在全国各地作宣传，提高网站影响力				
缺点	网络运行速度比较慢，特别是在企业登录查询人才的界面，需要登录等2~3分钟才能显示出人才资料简历。企业在注册过程比较频琐，企业在账号过期后，不能再进入账号以往所存储的人才资料，给企业带来不便。	企业查询人才的功能太复杂，而且发布职位信息步骤频琐，使用者要花很多时间才能熟悉界面功能。企业登录后在搜索人才资料的功能上，网络速度非常慢，广州地区人才资料比较少。	1. 网站的价格经常变动 2. 东莞的人才资料比较多，其他地区的人才资料很少，导致企业在招聘的范围上有一定的局限，限制了其网站的业务发展 3. 全部站点的运作都是在总部东莞进行的。	1. 对网站资料审核不严格，求职者注册简历完毕后，网站不需要任何验证就通过该份简历 2. 人才库资料以北方为主，而且广东地区的人才资料很少，而且广东地区的简历很多都是失效的。	1. 广州站点无论是招聘信息还是人才库资料很少，导致招聘效果及求职效果较差 2. 企业在账号过期后，不能再查询以往账号里所存储的人才资料，给企业带来不便

续表

网站名称	www.51job.com 前程无忧工作网	www.jobsdb.com 中国人才热线	www.jobcn.com 卓博人才网	www.chinahr.com 中华英才网	www.job88.com job88人才网
缺点	限制企业在线同步在线登录人数，只允许一人登录。企业会员过期后，如不在短期内的续费，原注册的账号及会员资料将被取消，客户以后再续费，必须重新注册相关资料	导致广州地区的企业招聘招聘效果不太好。人才查询的分类太细，使查出来的人才资料很少，影响招聘效果。企业发布招聘信息后，出现求职者乱投简历的现象，企业收到很多与招聘条件不符合的简历。求职者应应企业面试，但很多都失约	企业的招聘信息得不到及时的维护，因此，该网站很多广东省以外的招聘企业信息失去其有效性 4. 企业在账号过期后，不能再查询以往账号里所存储的人才资料，给企业带来不便	与求职者联系不上，因此在广东地区的招聘效果很差 3. 简历注册过程比较烦琐 4. 招聘企业查询人才库条件太简单，导致人才库查出的人才简历与要找的人的简历很多不相符 5. 企业在账号过期后，不能再查询住账号里所存储的人才资料，来不便 6. 广东地区的招聘企业很少，导致广东地区的求职人的求职很少，效果很差 7. 该网站的企业在办理服务时不能及时取得快递发票，因过深圳总部在北京，广州办事处到深圳总部容易导致企业对企业带来不便	3. 该网站总部在深圳，广州的企业在办理服务时不能及时取得发票，需要通过深圳总部快递发票，因此给企业带来不便 4. 在办理服务的过程中，广州办事处的很多问题都需要打电话到深圳总部咨询问，这样容易导致企业对该网站失去信心

续表

网站名称	www.51job.com 前程无忧工作网	www.jobsdb.com 中国人才热线	www.jobcn.com 卓博人才网	www.chinahr.com 中华英才网	www.job88.com job88人才网
售后服务	办理服务后，该网站有 4 次售后服务跟进： 第 1 次：由招聘顾问通知客户账号已经开通，并要求客户尽快填写招聘信息 第 2 次：由招聘顾问了解客户对网络功能的使用情况 第 3 次：由招聘顾问了解客户的招聘效果，对招聘效果不好的企业，由客户服务人员跟进，为企业通过其他途径查询相关人才资料 第 4 次：由招聘顾问跟进即将到期的客户是否续签	办理服务后，该网站有 3 次售后服务跟进： 第 1 次：由招聘顾问通知客户账号已经开通 第 2 次：由客户服务人员跟进客户的招聘效果 第 3 次：由客户服务人员跟进即将到期的客户是否续签	办理服务后，该网站有两次售后服务跟进： 第 1 次：由招聘顾问通知客户账号已经开通 第 2 次：由客户服务人员跟进即将到期的客户是否续签	办理服务后，该网站有两次售后服务跟进： 第 1 次：由招聘顾问通知客户账号已经开通 第 2 次：由客户服务人员跟进即将到期的客户是否续签	办理服务后，该网站只有一次售后服务跟进： 由招聘顾问跟进即将到期的客户是否续签

2.7 纸质媒体招聘的优势与劣势

纸质媒体主要是指报纸杂志，另外传统的招聘媒体还有广播电视。这些传统招聘媒体的优缺点如何，在什么时候使用会有效果，见表2-5。

表 2-5 传统招聘媒体的优缺点

媒体类型	优　点	缺　点	何时使用合适
报纸	标题短小精练，广告大小可灵活选择。发行集中于某一特定的地域，各种栏目分类编排，便于积极的求职者查找	容易被未来可能的求职者所忽视。集中的招募广告容易导致招募竞争的出现。发行对象无特定性，企业不得不为大量无用的读者付费。广告的印刷质量一般也较差	当你想将招募限定于某一地区时；当可能的求职者大量集中于某一地区时；当有大量的求职者在翻看报纸，并且希望被雇用时
杂志	专业杂志会到达特定的职业群体手中。广告大小富有灵活性。广告的印刷质量较高。有较高的编排声誉。时限较长，求职者可能会将杂志保存起来再次翻看	发行的地域太广，固在希望将招募限定在某一特定区域时通常不能使用。广告的预约期较长	当所招募的工作承担者较为专业时；当时间和地区限制不是最重要的时候；当与正在进行的其他招募计划有关联时
广播电视	不容易被观众忽略。能够比报纸和杂志更好地让那些不是很积极的求职者了解到招募信息。可以将求职者来源限定在某一特定的地域。比印刷广告更能有效地渲染雇佣气氛。较少因广告集中而引起招募竞争	只能传递简短的、不是很复杂的信息。缺乏持久性：求职者不能回头再了解（需要不断地重复播出才能给人留下印象）。商业设计和制作（尤其是电视）不仅耗时而且成本很高；缺乏特定的兴趣选择；为无用的广告接收者付费	当处于竞争的情况下，没有足够的求职者看你的印刷广告；当职位空缺有许多种，而在某一特定地区又无足够求职者的时候；当需要迅速扩大影响的时候；当两周或更短的时间内足以对某一地区展开"闪电轰炸"的时候
现场购买（招聘现场的宣传资料）	在求职者可能采取某种立即行动的时候，引起他们对企业雇佣的兴趣。极富灵活性	作用有限。要使此种措施见效，首先必须保证求职者能够到招聘现场来	在一些特殊的场合，如为劳动者提供就业服务的就业交流会、公开招聘会上布置的海报、标语、旗帜视听设备等。或者当求职者访问组织的某一工作时，向他们发送招聘宣传材料

网络媒体和纸质媒体招聘的对比见表 2-6。

表 2-6　网络媒体和纸质媒体招聘的对比

招聘方式	费用比较	信息覆盖范围	有效期	工作量	招聘成效
网络招聘	根据所选择服务的不同，费用从几百元到几千元不等	不受地域限制，针对目标地区甚至全国范围，日浏览量 1 800 万	页面广告最少一个星期，数据库信息最少一个月	个性化搜索引擎分门别类，觅才有道，简单高效	海量求职简历，同时可以根据企业需要直接搜索合适简历，效果有保证
报纸招聘	按版面大小计算费用，少则上千元，多则上万元	媒体覆盖范围，整份报纸覆盖人数不超过 1 万人	一期报纸（不超过 7 天）	简历管理不方便，需要人工分类，管理麻烦	简历数量和质量没有保证，随机性大，效果不理想，没有补救方法

2.8　猎头公司

现代企业面临着越来越激烈的人才竞争，尤其是高级管理人才的竞争。企业在选择获取高级管理人才的途径时，通过猎头公司的推荐是值得考虑的一条有效途径。但是，猎头行业在国内的兴起时间很短，猎头公司良莠不齐，尤其是最近一两年新开的猎头公司很多，在运作和管理上尚不成熟。选择猎头公司的时候，查看猎头公司的历史背景有助于找到合适的猎头公司。

1．要了解猎头公司擅长的领域

猎头公司对某一领域擅长，可以在最短的时间内提供最适合的候选人。虽然在其他行业人员眼里，猎头是一个行业，但深入了解各个猎头公司，他们所面对的主要客户各不相同，自己的擅长领域也各不相同。猎头公司建立起自己擅长的领域，要基本掌握那个领域的专业知识，要和那个行业的从业人员建立长期联系，要对那个行业的主要公司了如指掌，要对那些公司的特性有相当把握。只有如此，猎头公司才能在最短的时间内搜寻到合适的候选人。

猎头公司面对的行业千差万别，没有哪家猎头公司能说自己对任何行业都非常熟悉。如果哪家猎头公司告诉您他们做所有行业，也许意味着他们哪行也不精通。

可以要求猎头公司提供曾经做过本行业内的哪些客户、哪些岗位，可以和猎头公司的顾问讨论某些岗位的工作职责、薪资行情等，以便了解他们对本行业的熟悉程度。

2．要和负责某项业务的顾问面谈

猎头公司的背景固然重要，顾问的自身素质也非常重要。客户在委托之前，要了解某顾问主要从事的行业、做过哪些客户、顾问的沟通能力如何、对人事知识和相关法律法规的掌握程度等。顾问只有对某行业非常熟悉，才能和某行业的候选人建立良好的关系，才能熟悉某行业的特性，在面试候选人时才能有良好的把握。为什么有时候猎头公司推荐了很多候选人，总感觉和企业的要求差了一点，就是因为顾问对岗位的把握能力上有差距。

顾问的沟通能力也是关键。猎头顾问只有具有良好的沟通能力，才能深入了解客户的情况和其真正需求，并将客户情况准确地传达给候选人，才能深入了解和把握候选人的优缺点，才能获得候选人的信任。

猎头顾问对人事知识和相关法律法规的深入了解，能够给候选人在离职和录用过程中提供专业帮助，能够为人才的顺利流动提供有益的指导。猎头顾问的专业知识能够为候选人在职业发展方面提供有益的指导，对某些工作机会的取舍提供咨询，能有效地加强猎头顾问和候选人之间的合作关系。并且顾问的知识和技能有时候也能为企业人事工作人员提供中肯的建议和咨询，帮助人事工作人员了解竞争对手的情况和人才供给状况，这是人事工作人员不可忽视的一项财富。

3．要了解猎头公司的运作流程

现在有很多号称猎头公司的其实是中介公司，他们也许会告诉你他们拥有多少万份人才资料，在你委托他们招聘职位后，他们会在资料库中查询资料，有可能连基本的面试都没有就将候选人推荐给你。真正的猎头公司会在详细了解公司背景、岗位职责内容和招聘要求后，划定存在潜在候选人的猎取范围，与相关候选人联系，经过严格的面试筛选后将合适的候选人推荐给企业。猎头公司并不一定需要庞大的资料库，但一定要有良好的猎取流程，才能保证在猎取过程中没有遗漏，保证候选人都是具有针对性的。

2.9　现场招聘

现场招聘的优势在于招聘方和求职方可以面对面地交流。对于一对一的交流而言，效率较高，同时其投入的成本较高。参加现场招聘的目的有：招聘所需人员，这是参加现场招聘最主要、最直接的目的；通过海报内容、招聘人员、所带资料，间接达到宣传公司雇主品牌的目的。

随着网络及其他招聘渠道的兴起，现场招聘的效果比往年差，但是作为一种传统的招聘渠道，在招聘高峰期仍有明显优势。校园招聘的高峰期一般为 9～12 月，社会招聘的高峰期一般为 3～4 月。总部参与的现场招聘主要以 3～4 月为主。其他时段的现场招聘效果及性价比比较差，不建议参与。

2.9.1 现场招聘的前期工作准备

（1）在考虑是否参与现场招聘的时候，要根据公司需要招聘的岗位类别、数量、人员要求、岗位薪资、潜在候选人的来源等相关信息，再结合以往经验，预估参与哪些场次的招聘会能招到合适的求职人群。其次，由于现场招聘一般情况下都会有不菲的费用，所以总部一般考虑在招聘需求量大、时间紧急或者招聘高峰期的情况下进行。

（2）根据前面的招聘需求，需要了解当地的人才市场信息，如人才定位、场地价格、招聘效果等相关信息。如广州主要有几大人才市场：①南方人才，在广州是名气最大的人才市场，分为华普大厦和精典大厦，精典大厦主要针对的人群是管理类职位及其他办公室类职位，高峰期招聘效果相对较好，收费较高；华普大厦相对于精典大厦针对的人群较为低端，主要也是办公室类职位，收费稍低，效果一般。②新市人才市场，主要是针对厨师、操作工、清洁阿姨、客服人员等类似岗位，招聘效果较好。

如果是校园招聘，则需要了解全国高校信息，根据公司的人才定位确定相应的高校，后期联系和了解其他相关信息。高校人才市场分为专场招聘会和大型招聘会。高校定期会有大型的招聘会，由高校或者教育厅类的机构举办，一般费用不高或者免费。

（3）确定参加相应场次的现场招聘后，需要了解价格、时间、配套服务（如是否提供相关宣传、海报设计和制作、餐点等）、缴费时间、场地位置、联系人、发票开具等相关信息。确定参加此场现场招聘后，要尽量提前预订场地，如在年后高峰期，一般是年前就会预订相应的场地和场次。一般情况下，建议和举办方的业务人员保持良好的沟通，以便其提供相应的信息，尤其是对方可以协调到位置好的摊位，因为招聘位置会对招聘效果造成很大的影响。

（4）除了招聘会位置因素外，现场面试官团队也是影响招聘效果的重要因素之一。现场面试官团队主要包括两个部门人员：人资部及用人部门主管。在选择面试官的时候，主要标准为在公司有一定资历，对业务及招聘岗位职责熟悉，并具备较丰富面试经验的面试官，并且要求面试官在参与现场的形象、输出信息等方面有统一专业的认识。

（5）关于人才市场海报，海报上内容的设计、公司介绍、排版、底色的设计都具有技巧性。一般而言，针对校园招聘的海报，需要突出公司实力、培养晋升途径和薪资。社会招聘则需突出公司实力、岗位、薪资。对于人才市场海报，一般海报制作归人才市场负责，则需要了解其尺寸、像素高低、是否包含设计。

（6）招聘人员需要提前确定，一般确认两次。由于现场招聘会一般在两周前已确认时间，那么就需要与预选范围内的面试官进行时间沟通，以便落实各场次对应参与的面试官。落实后以邮件方式提前告知。第二次是在招聘会日期前一天当面或电话确认，以防人员变动及变动后相应的时间协调，确保落实。

落实的事项除了参与人员，还有到达时间、现场分工、现场流程、招聘岗位内容等，以便在应聘人员较多的时候工作从容不乱。要提前向招聘人员讲解相关注意事项，如着装、对应聘者下一步安排，如何介绍公司及岗位、拒绝应聘者术语、问题库、简历标识等统一口径，统一对外输出，同时给予应聘者专业、热情、实力的积极形象。

（7）提前准备一些必要物品和宣传资料，如企业宣传易拉宝/X展架、宣传单页、公司宣传册或者报纸介绍等。宣传单页是海报的一种补充，一方面海报尺寸有限，内容也有限；另一方面，现场人多的时候可以直接派发给求职者以增加人气及吸引力。在现场如能播放宣传片，则携带笔记本电脑、音箱、投影仪、电源插座。

2.9.2 现场招聘过程中的注意事项

（1）建议在招聘现场对应聘者开放的时间上提前半个小时进场，找到展位，准备好相应资料的摆设。

（2）一般面试官团队由人资部及用人部门主管组成，那么在现场的面试分工中，一般以用人部门主管负责其所需招聘岗位以及其他业务性质关联度较高的岗位，其他岗位初步面谈由人资成员负责。

另外需要注意的是，因为现场人流量大，所以在面谈时要多关注对求职者输出公司信息及岗位信息，以便给其留下深刻印象，具体面谈问话不宜过细。

（3）一般在左上角标识应聘岗位、处理标识（如"√"表示复试，"×"表示不合适）。在右下角标识对其简单评价、复试时间等，以便后期统计和安排。针对基础岗位，由于现场人员较多，建议与一个应聘人员的沟通控制在 10 分钟之内。如果可以快速判断不合适的人选，控制在 3 分钟之内即可；如果觉得基本匹配的人选，5 分钟即可；如果觉得特别不错的人选，可适当延长，但是整体控制在 10 分钟左右，以免造成其他应聘人员过长等待。高级管理人员岗位则可根据相关人员进行适当调整。对海报和招聘现场拍照，以便总结，建议海报一张，招聘现场两张。

2.10　简历筛选、电话沟通、面试与人才测评

2.10.1　快速浏览简历的技巧

通过招聘渠道获取的简历，需要快速进行筛选，主要用一些简单的标准或"门槛"除去不符合条件的应聘者简历，以降低招聘时间成本。筛选原则如下：

（1）简历信息是否干净整洁、内容完整、描述详细（高层人才除外）。

（2）简历信息内容与招聘岗位的任职要求是否符合，主要包括学历、年龄、专业、从业经验等。

（3）简历格式样表（案例）见表 2-7。

表 2-7　XX 公司 20XX 校园招聘应聘登记表

填表日期：　　　年　　　月　　　日

应聘类别（多选无效）	□生产管理类 □营销类 □技术品管类 □设备管理类 □财务类 □综合类
期望工作地点（多选无效，仅供参考）	□全国 □东北区 □华北区 □西北区 □西南区 □中南区 □华东区
是否服从调剂	□是 □否

续表

基本信息栏				
姓　　名		性　　别		
最高学历		民　　族		
政治面貌		出生日期		照片
入党日期		籍　　贯		
毕业学校		专　　业		
外语水平		计算机水平	身高（cm）	
身份证号码		手　　机		
家庭固定电话		E-mail		
家庭详细地址		邮　　编		

教育背景　（教育方式有：统招、自考、函授、电大、结业、肄业、在读）				
起止年月	毕业学校	专　　业	职　　务	教育方式

实习或兼职经历　（由最近时间反向填写（倒序）填写）				
起止年月	工作单位	工作岗位/职务	证明人	联系方式

个人荣誉　（包括曾获得的主要奖项及学生干部工作经历等）	
时　　间	项　　目

主要家庭成员				
称呼	姓名	工作单位	政治面貌	职　位

个人是否有亲戚朋友在本集团工作？　　　　□ 无　　　　□ 有

有，则请注明最亲密的一位的基本情况：

姓名	所在公司及部门		与您的关系	
入司后期望的每月工资收入范围（　　　　—　　　　/元） 对于个人收入你的补充说明或其他个人特别的期望：				
遇到紧急情况公司可与何人联系				
这部分信息只是为了方便在遇到紧急情况时同与您有关的某人取得联系，与甄选过程无关。				
姓名	电话	联系地址	工作单位	与您的关系
声明：本人以上所填写的一切均属实、准确，如有不实甘愿接收辞退的处分，并授权集团公司人力资源部调查所填写的真实性。				
填表人签名：				

2.10.2　浏览简历的四大关键点

浏览简历的五大关键点如下。

（1）学历分类和验证：学历分为普通高校统招毕业（博士、硕士、学士）和五大毕业（普通大专、函大、夜大、成大、职大），通过学信网可以查询2000年以后毕业的学历（2元一条验证码）或打电话到毕业学校查阅。

（2）工作经验：考查其在以往工作中掌握的能力，如成功或失败案例描述等。

（3）从事的工作内容与所学的专业是否匹配。对于技术人才必须是专业与岗位符合，而对于综合管理型人才却不太重要，反而跨专业的应用体现了创新和学习能力。

（4）离职原因的描述。职业的变换是正常的，常言道"铁打的营盘流水的兵"，但对离职原因的探究，可以深挖求职者的内心思想、观点，了解冰山下面的内容，以对应聘者进行真实知识、能力和心态的完整考查。

2.10.3　电话面试与沟通要做的准备

电话面试与沟通要做的准备如下。

（1）提前确定沟通的内容。

（2）确认应聘者对招聘岗位的理解。

（3）简单确认简历的内容。

（4）确认应聘人员是否有比较特殊的要求。

（5）沟通面试的时间、地点。

2.10.4　如何进行电话面试

笔者认为，任何一个职位都可以进行电话面试，只不过，如现场招聘的普工、派遣员工、内部推荐员工、转岗、晋升等员工较少使用电话面试，而网络、报刊、邮件、社交网、QQ群、微信、微博等方式获得的应聘者简历，一般都要预先进行电话面试，以了解应聘者的初步意向。这时，相对于人力资源招聘专员而言，应聘者陌生、只有简历、不在公司等，而通过浏览简历，可知该应聘者比较适合某个职位的要求，所以想了解应聘者的一些想法。

1．适合交换哪些方面的问题

这需要从面试官和应聘者两个角度来看。

（1）面试官。电话面试，一般是对着简历上的内容，了解应聘者对职位、公司的了解和兴趣程度，对公司所在地是否喜欢，初步了解应聘者的工作经历、年龄、婚姻、在职否等情况，另外了解其对工资福利的期望值等。同时，根据其声音、语速、语调等推测其心理素质、健康状态等。

（2）应聘者。一般想了解公司的行业、规模、职位待遇、公司地点、职位晋升空间、增编或补员、五险一金、食宿条件等。同时，通过对面试官的语气、表达等判断提供信息的真实性，以决定是否需要进行现场面试。

2．哪些人员可以参与电话面试

一般情况下，人力资源部门负责招聘的人员通常会采用电话面试，但是，HR部门、各部门、公司等领导都可能会与应聘者进行必要的电话面试，一些技术、业务方面的专家或骨干也可以参与进来，其目的都是为了核实某些信息或内容的真实性。

3．电话面试的流程

其实，电话面试的主动发出者一般以用人单位居多，但也可以是应聘者。下面以用人单位招聘专员李小姐对一名欲应聘销售主管的应聘者吴先生进行电话面试为例，说明电话面试的一般程序。

李：您好，我是××公司人力资源部的李小姐，请问是吴先生吗？

吴：您好，是我，有什么事吗？

李：请问您现在接电话方便吗？

吴：可以的。

李：好，谢谢。给您打电话，是因为收到您前几天通过××网站发来的简历，您想应聘销售主管一职，所以，想对您的一些情况进行初步了解，时间大概5分钟左右，可以吗？

吴：好的，请问吧。

李：谢谢！请问您现在是离职还是在职？

吴：离职。

李：谢谢，我们公司是××行业，您了解一些吗？公司在××地方，您愿意来吗？

吴：有点了解，愿意来的。

李：谢谢，能否简单介绍一下您的学习和工作经历？

吴：好的，×××。

李：谢谢，您能否简单说下您每天和一个月的主要工作？您销售业绩的主要考核指标是怎样的？

吴：好的，×××。

李：谢谢，那您对工资和其他方面有什么要求？

吴：我对工资的要求是××，希望有五险、包吃住，×××。

李：谢谢您，我会将您的情况向领导反映，如果需要到公司来面试，我会及时通知您的，请保持手机开机，好吗？

吴：好的。

李：谢谢您，再见。

吴：再见。

2.10.5　电话面试注意事项

通过以上电话面试的简单举例，我们不难发现，要提高电话面试效果，达到预期目的，为现场面试打下基础，以下一些事项或技巧是需要留意的。

（1）简历筛选。这要求招聘专员认真核实简历中的所有信息，看是否适合公司对该职位的要求，只有主要条件达到要求才能进行面试。如果是一些次要方面没有达到要求，而主要方面比较优秀的，则需要请示上级领导看是否达到职位要求，以不遗漏任何一个可能适合公司的应聘者。

（2）充分准备。主要包括再次阅读简历，从中提炼所问问题，同时将简历呈现在桌面上或打印出来放在桌子上。

（3）时间安排。一般应当安排在休息时间，比如，午休、下班后、傍晚、周末等。如果要安排在上班时间，最好是上午十点、下午三点左右，不宜安排在上班、下班时间左右。另外，电话面试时长一般不宜超过10分钟，以6分钟左右为宜。

（4）礼貌用语。电话面试，礼貌用语要不离口，遇到对方没听清楚，要有十足耐心重复，这对面试效果很有好处。

（5）语调语速。用相对标准的普通话交流，声音不高不低、不快不慢，让对方听得清、赶得上。

（6）所用电话。最好使用公司固定电话进行电话面试，而不要轻易使用自己的手机联系，以免引起应聘者产生其他想法。

（7）边听边记。这一点要引起重视，不要以为自己记忆力好。如果只听不写，时间长了，面试的人多了，电话面试的内容可能就会记不清了。

（8）后挂电话。面试结束时，一定要等到应聘者先挂电话，自己后挂电话，这是尊重对方、有礼貌的表现，对方会感受到的。

（9）及时处理。对电话面试了解到的基本情况，如果在职权范围内能够自己决定的就要及时决定，不能决定的要及时请示报告，以决定后面现场面试的安排。对暂时不安排现场面试的简历要集中保存，作为公司的人才库，不得随意撕毁或丢弃。

笔者认为，电话面试应当让那些声音甜美、动听、有磁性，对招聘业务熟悉的女性招聘人员来进行。如果没有符合条件的人员，笔者认为，要么培训，要么引进，这也可以在岗位说明书"任职条件"一栏进行明确。

电话面试是招聘面试工作中第一次与应聘者接触，应当给予充分重视，只有安排好、准备好、控制好，最后才可能"效果好"。

2.11 面试与应聘者能力评估

2.11.1 面试官的面试技巧

面试实施：依据岗位要求对候选人进行面试，主要测试候选人的性格、管理能力、专业知识与技能、工作成果、优点与缺点、离职原因等。对于高级管理人员的招聘，建议采用一些科学的测试手段，包括其智力、思维方式、内在驱动力等，也包括管理意识、管理技能。此项工作可外包给专门的测试机构或由人力资源部门自行测试，也可聘请心理学方面的专业人士进行指导。

就具体面试技巧来说，可以使用的面试技巧和工具多种多样，其中结构化面试是必备技能之一，也是较为常用的。

1. 结构化面试

结构化面试也称标准化面试，是相对于传统的经验型面试而言的，是指按照事先制订好的面试提纲上的问题一一发问，并按照标准格式记下面试者的回答和对他的评价的一种面试方式。

面试既是对招聘方的考验，也是对应聘者所有条件的一个良好的测试。如果在雇用应聘者前的面试环节，未对其能力进行准确评估，那么在工作后还是会对其进行评价，这意味着企业招聘费用的提高和员工个人绩效的降低。德国西门子公司有一个全球性的人力资源题库，一个多小时的面试，前 5 分钟测什么，后 10 分钟测什么，都有非常严格的设计，并且最后都有结论。西门子将此称为结构化面试。它的依据是工作的要求，就是看这个职位到底需要一个什么样的人。

2. 无领导小组讨论

无领导小组讨论是评价中心技术时经常采用的一种测评技术。评价者或者不给考生指定特别的角色（不定角色的无领导小组讨论），或者只给每个考生指定一个彼此平等的角色（定角色的无领导小组讨论），但都不指定谁是领导，也不指定每个考生应该坐在哪个位置，而是让所有考生自行排位、自行组织。面试官不参与讨论，只是对每个受测者在讨论中的表现进行观察（可以通过专门的摄像设备），对受测者的各个考察要素进行评分，从而对其能力、素质水平做出判断。

小组讨论一般每组 4~8 人不等，参与者得到相同的信息，但是都未被分配角色，大家地位平等，被要求分析有关信息并提出一个最终的解决方案，通过这样，检测考生的组织协调能力、口头表达能力、辩论能力/说服能力、情绪稳定性、处理人际关系的技巧、非言语沟通能力（如面部表情、身体姿势、语调、语速和手势等）等各个方面的能力，以及自信程度、进取心、责任心、灵活性、情绪控制等个性特点和行为风格。

无领导小组讨论适用于挑选具有领导潜质的人或某些特殊类型的人群（如营销人员）。如今无领导小组讨论的适用对象越来越广，不仅局限于"中高层员工"，如大企业的校园招聘、公务员考试，都在使用无领导小组讨论的技术，大致原则是适用于那些经常跟"人"打交道的岗位，如中高层管理人员、人力资源管理人员、行政管理人员、营销人员等，对于 IT 人员、生产类员工是不适用的。

表 2-8 是无领导小组讨论的评分表。

表 2-8　无领导小组讨论的评分表

语言表达能力	组织领导能力	决策能力	沟通能力	应变能力	个性特征
表述清楚,口齿伶俐,简单易容	控制力,善于控制局面,主动扮演领导角色	处事果断,善作决策,有魄力,统一全局	积极参与小组讨论,能接受不同意见	积极应对考官提问,紧急情况处理	积极驾驭组织,情绪稳定,开朗热情
选手 1 号					
选手 2 号					
选手 3 号					
选手 4 号					
选手 5 号					
选手 6 号					

无领导小组讨论的程序决定了面试是否成功，在其流程的 6 个节点，务必要求主持人清楚并且控场，以求达到最佳效果。

A．主考官介绍会场与讨论事宜。

B．主考官宣读小组讨论内容和要求并分发材料。

C．选手构思发言提纲。

D．自由讨论。

E．确定统一方案并由小组代表发言。

F．评委点评。

3. 情景模拟

目标设置理论认为，一个人的未来行为会在很大限度上受到他的目标或行为意向的影响。基于这个假设，情境模拟面试的目的是给应试者设置一系列工作中可能会遇到的事件，并询问"在这种情况下你会怎么做"，以此来鉴别应试者与工作相关的行为意向。应试者对他将来会怎么做的回答与他将来真实的行为之间有非常高的相关性。所以，情境模拟面试就是通过设置工作中的各种典型情景，让应试者在特定情景中扮演一定的角色，完成一定的任务，从而考查其多方面实际工作能力的一种面试方法。情境模拟面试主要考查应试者的思维灵活性与敏捷性、语言表达能力、沟通技能、处理冲突的能力、组织协调能力、人际关系处理能力等。总体上看，它是一种低成本但很有效的模拟工作相关事件的面试方法。

情境面试的基本内容是：确定能够代表职位的具体活动，使用这些信息设计面试问题，要求求职者回答在具体情境下如何行动。使用情境面试的步骤如下：

（1）利用关键事件法对职位进行工作分析。关键事件描述了实际发生的工作行为，这些行为代表了特别优异或特别拙劣的工作业绩。它是对行为予以描述而不是评价，通过在职者及其主管收集关键事件发生的环境、事件本身及其后果。收集方式有面谈法和问卷法两种。这两种方式都要定义"关键事件"，并提供例子使在职者及其主管集中考虑某些工作活动。通常，一个职位包括几百个事件。评审小组根据行为的相似性，将这些事件归为几类。每类相似的行为就是一个行为维度，可以根据内容对其命名，如专门技术、故障诊断、客户服务等。

（2）检查每个行为维度下的所有事件，从中选择少数最恰当的事件，据此设计面试问题。关于如何挑选恰当事件，不存在一种最佳方式，通常需要考虑那些在面试方面有着丰富经验的主管的意见。挑选多少事件，取决于面试时间长短以及行为维度数目，通常每个维度至少包括两个事件。

（3）改写选择出的事件，使其适合向求职者提问。以下是面试问题示例，通常先要简要描述环境，然后提出问题："你会怎么做？"

举例说明：

● 你的配偶与两个十几岁的孩子因患感冒而卧床。你无法找到亲戚或朋友来照顾他们，但三个小时后就是上班时间，你会如何做？

1．（低）我会留在家里——家庭第一。

2．（中）我会打电话告诉我的主管，向他解释情况。

3．（高）既然他们只是感冒，我将照常上班。

● 一位顾客来店里取回他的手表。他的手表本应在一周前就修好，但现在仍未从修理厂返回。于是，这位顾客非常生气。你会如何处理这种情况？

1．（低）告诉顾客修理厂未将手表送回，让他以后再来取。

2．（中）首先表示道歉，然后告诉顾客将对这个问题进行调查，并尽快反馈调查结果。

3．（高）首先安慰顾客，然后在顾客等待时打电话给修理厂。

● 上一周，你一直从事最耗时的工作（例如，进行复杂的统计工作）。你知道这不是任何人的错，因为你已经按照最优次序完成工作。一天，你接到第四项工作，这又是一项"难做的事"，你会怎么办？

1．（低）把这项工作丢在一边，从事另一项工作。

2．（中）向协调者抱怨，但仍然做这项工作。

3．（高）毫无怨言地接受这项工作，并设法完成。

注意事项：

为每个问题设计量表，以便对求职者的回答进行计分。开发量表的过程需要相关主管参与。主管要么撰写观察到的实际工作行为，要么撰写面试中听到的回答。量表中的各级回答示例必须是大家一致同意的。该量表只能由面试者使用，不能透露给求职者。在对面试结果计分时，面试者以量表提供的回答示例作为参照系，在量表的恰当位置标上"×"号。如果回答示例是经过认真准备的，则求职者的回答通常与这些示例非常接近。通过加总每个量表的分值，即可获得面试总分，也可单独使用每个量表的分值。

2.11.2　面对"面霸"，怎样判断工作能力

这里所说的"面霸"就是时常跳槽的人，他们面试经验丰富，那如何判断其工作能力呢？一般来说这样的面试者常常会掩饰自己的跳槽频率，掩饰自己对具体工作内容的不深入，或者把不属于自己的业绩套用在自己身上。这些常用的"谎言"如何识破，需要我们见招拆招。

用人单位如果用好了压力面试这个工具，将有利于促使应聘者在压力下表现出其本真的一面，进而在很大程度上改善招聘的被动局面。所谓压力面试，就是在面试过程中，面试人员向应聘者提出一些事先设计好的、具有一定困难性、挑战性的非常规问题或设计某种场景，通过追问或质问的方式，有意制造出紧张而有压力的气氛，以此来促使应聘者在压力下表现出自己本真的一面，并通过应聘者在这种特定情境下的表现来测查其深层次的心理素质和个性特征。作为一种特殊的面试方式，压力面试在目前通用的面试方式中显得尤为可贵。当然，它并非适用于所有岗位，通常被用于需要承受较高心理压力的岗位，比如，中高层管理岗位、销售岗位、客服岗位等；否则，如果不分岗位地滥用或在使用中把握不好火候，不仅有可能吸引不到真正的人才，更有可能给企业带来"不尊重人"的恶名。

压力面试的问题有哪些类型？大多数企业对压力面试很有兴趣，但往往设计不出合适的面试问题，也不知道在实施中应该注意规避哪些误区。实际上，通常使用的压力面试问题可分为两大类：一类是提前准备的问题；另一类是根据应聘者的实际情况与回答，现场临时想到的问题。

第一类问题由于经过了招聘人员事先精心的设计与准备，往往具有很强的目的性，并且稳定而可靠。由于是事先精心准备好的，所以面试官在面试过程中也就能占据主动，整个面试也更具结构化和科学性。因此，提前设计的问题属于结构化面试，它更多的是从"匹配"的角度来进行面试；而现场的临时追问是一种非结构化的、随机性的面试，它更多的是从"排除"的角度来进行面试。

设计压力面试问题需从何入手？在设计压力面试问题时，可以从 3 个方面入手：企业的素质模型、招聘岗位的素质模型和简历中存在的疑点。当然这 3 个方面在非压力面试中也都会用到，但压力面试的试题设计则主要是从制造障碍和矛盾、增强问题的针对性和挑战性的角度来考虑的。

具体如下：

第一，在企业的素质模型方面，主要是站在企业的需求层面对应聘者的文化适应性进行考查。毕竟每个企业的文化氛围都不相同，用人政策、用人标准也各有差异，比如，有些企业看重人才的执行力，有些企业则看重人才的领导力与创新能力，而有的企业是以成就为导向来选拔人才。因此，招聘人员要根据企业的实际情况，首先从企业素质模型的角度出发来设计压力面试的题目。

第二，在招聘岗位的素质模型方面，主要是对应聘者的岗位胜任能力进行考查。所以，应根据不同招聘岗位的素质要求来进行设计。但总体原则是，基于岗位素质方面的压力面试题应保持在 3～5 个为最佳。比如某企业要求工程管理人员具有沟通能力、推动能力、管理能力及责任心，则在设计压力面试题时，就应该相应地从这 4 个方面进行考虑。

第三，事先对简历中存在的疑点设计相应的问题，在面试时有针对性地进行压力提问来进一步验证。招聘人员要训练见微知著的本领，要善于从疑点出发，通过精心设计的压力问题提问，来暴露应聘者背后的真实情况。

2.11.3　面试通知单

面试材料：简历、身份证、毕业证原件、职称证原件、健康检查（肝功能、胸透）。要认真检查证件是否真实有效，避免假冒证件和证明材料。

面试记录：详见面试记录表。面试主管均应在面试记录表上签字并及时返还人力资源部。

表 2-9 和表 2-10 分别为面试记录表和面试审批表。

表 2-9　面试记录表

×××求职申请审批表

（社会招聘员工专用）

应聘部门：_____应聘职位：_____填表日期：_____年____月____日

姓　　名		性　别		年　龄		籍　贯		（免冠近照）
出生年月		身　高		体　重		民　族		
文化程度		专　业		职　称		婚姻状况		
家庭地址	省　　　市　　　区（县）　　　镇（街）　　　村							
身份证号码			身份证地址					
E-mail 邮箱				手机：　　　　　　　　宅电：				
邮编号码			联系电话	紧急联系人及联系电话：				
现住所性质请选择：自有住房□；借用亲友住房□；自行租房□；需要公司安排住宿□								
家庭属性：干部□；城镇□；农村□				户口性质：农村□；非农□				

续表

语系选择	请在能听懂的地方语系前打"√"				办公软件水平	1.Office 办公软件：一般□ 熟练□ 2.其他办公软件：_____
	□ 闽语　□ 粤语　□ 川语　□ 客家方言 □ 皖语　□ 鄂语　□ 湘语　□ 壮语					

相关证件	身份证□	毕业证□	职称证□	技术等级证□	本集团内有无亲属或推荐人： 无□ 有□ 亲属：_____ 推荐人：__ 亲属需审批《阳光亲属关系申报表》
	驾驶证□	行驶证□	退伍证□	业务培训证□	

对加班的看法	能否接受有时加班的现象？能 □　否 □ 能否接受商定工资已含加班工资？ 能 □　否 □	能否长期出差或接受异地工作 能 □　否 □
		预计到岗时间　即时□　一周以内□ 其他_____

主要工作经历	请从最近的工作开始描述					
	起止年月	公司名称	职位/岗位	薪资状况	离职原因	证明人及电话

受教育经历	请从第一学历开始填写				
	起止年月	大学/学院/学校	专业/主修	学历/学位/荣誉	证明人及电话

表 2-10　面试审批表

×××求职申请审批表

主要培训	专业技术资格（职称）培训，如果有其他培训，请填写对自己工作最有影响的培训					
	培训时间	培训课程	培训机构或培训师	培训课时	培训证书名称	证明人及电话

家庭情况	请未婚者将父母、兄弟、姐妹等情况填详细，已婚者将配偶及子女情况填详细				
	姓　名	与己关系	出生年月	文化程度	工作单位或家庭住址	职业

续表

姓　名	与己关系	出生年月	文化程度	工作单位或家庭住址	职业

本人郑重声明：以上所填各项资料及所提供相关证照均属真实有效，同意用人单位对其进行核实，如有虚报，愿接受贵公司辞退并且不要求任何经济补偿。

求职人签名：＿＿＿＿＿＿＿　　　年　月　日

以下为面试审批人员填写，求职人员不得填写	
专业水平评价： 综合素质评价： 岗位匹配度评价：	最低待遇：＿＿＿＿＿ 期望月薪：＿＿＿＿＿ 初试负责人：

社会招聘面试流程：详见《招聘管理规程》		
用人部门意见	意见： 岗位名称： □ 拟录用 □ 不录用 □ 备　选　　　　　签字：	归口人力资源意见	意见： 岗位名称： 核定薪资：＿＿＿　级　＿＿＿元/月 □ 拟录用 □ 不录用 □ 备　选　　　　　签字：
产销区域意见	意见： 岗位名称： □ 拟录用 □ 不录用 □ 备　选　　　　　签字：	职能中心意见	意见： 岗位名称： □ 拟录用 □ 不录用 □ 备　选　　　　　签字：
行政与人力资源中心	意见： 岗位名称： 核定薪资：＿＿＿　级　＿＿＿元/月 □ 拟录用 □ 不录用 □ 备　选　　　　　签字：	分管总裁/董事长	签字：

2.11.4　应聘者能力评估

人才测评的 3 个维度：知识+经验、智力+能力、心态+情商。

（1）知识+经验：对求职者所掌握的知识和经验进行了解，可以通过考试，要求应聘者回答专业问题、成功或失败案例，从而对其进行评判。

（2）智力+能力：测试求职者的语言表达能力、文字组织能力、逻辑思维能力、动手敏感能力。

（3）心态+情商：对求职者的心态、社会价值观和情绪控制能力等进行测评。

（4）人才测评可以有固定的测评试题，也可以由测评小组进行评分。

应聘者能力评估表见表 2-11。

表 2-11 应聘者能力评估表
×××面试评价表

应聘职位		部 门		应聘者姓名		面试日期			
评价要素	内 容	说 明						得 分	
岗位硬性指标（40分）	年龄（5分）	26～35 岁得 5 分，36～40 岁得 3 分，22～25 岁得 1 分；22 岁以下、40 岁以上不得招入							
	学历（10分）	第一学历本科得 10 分，第一学历大专或自考成教本科学历得 6 分。大专以下不得招入							
	专业（5分）	人力资源、工商管理或行政管理相关专业得 5 分，其他管理类专业得 3 分，除此以外专业得 0 分							
	工作经历（10分）	从事大中型企业人力资源经理/主管 3 年以上得 10 分，2 年以上得 8 分，1 年以上得 5 分，没有人力资源管理工作经验不得招入							
	职业稳定性（5分）	5 年内在 1 个企业工作得 5 分，2 个企业得 3 分，3 个企业以上不得招入							
	背景调查（5分）	好得 5 分、良得 4 分，中得 3-2 分；原单位评价较差、品行有问题的不得招入							
	小 计								
面试考察（40分）		考察点		很好	较好	一般	稍差	差	
	情绪稳定性（8分）	观察他对过去事件的描述，是否容易情绪激动，也可在出现意外事件时考察他是否比其他人容易产生极端情绪		8～7	6～5	4～3	2～1	0	
	目标意识（8分）	注意考察他做事的过程中坚持努力的程度，以及遇到困难时的态度和反应，是否愿意为实现目标克服重重困难		8～7	6～5	4～3	2～1	0	
	责任心（8分）	考察他对外界的激励的依赖程度，以及在没有其他激励时自主行动的意愿究竟有多大		8～7	6～5	4～3	2～1	0	
	人际协调（8分）	可通过面试中他体现的沟通技巧判断他是否能够很好地采用人际交互策略		8～7	6～5	4～3	2～1	0	
	冲突管理（8分）	注意挖掘他应对负面情绪的态度和方式，有重点地追问他有没有主动调节不良情绪的具体行为		8～7	6～5	4～3	2～1	0	

续表

	小 计	
测试	XG-2：职业性格测试（10 分）性格偏内向不予录用。	
（20分）	ZY-9：人力资源专业测试（10 分）低于 70 分不予录用	
	总 分	

注：总分高于 80 分录用，低于 80 分不予录用。

2.11.5 背景调查

当对候选人达成录用意向后，在录用之前，必须对候选人进行背景调查，以确定候选人提供的关键信息、经验背景是否真实。对于关键岗位人员，还要特别关注候选人在人品、道德、职业素养方面是否有不良记录和一贯倾向，有效规避用人风险。

背景调查的方法：

（1）直接根据候选人提供的原工作单位联系人电话号码，进行电话调查。

（2）通过间接渠道，对候选人原单位的人力资源部进行电话调查。

（3）通过朋友、客户、业内人员进行间接的了解调查。

（4）以某些协会或猎头公司等名义进行虚拟角色调查。

（5）调查的结果要如实地写在背景调查表中，供用人部门参考。

员工背景调查表见表 2-12。

表 2-12 员工背景调查表

简历来源：

姓名：		应聘岗位：		面试时间：	
原工作单位背景调查（从最近查起）					
任职单位 1					
提供信息人姓名		职位		联系方式	
任职时间		任职岗位			
工作表现		有无不良记录或纠纷			
离职原因					
任职单位 2					
提供信息人姓名		职位		联系方式	
任职时间		任职岗位			
工作表现		有无不良记录或纠纷			

续表

离职原因					
任职单位 3					
提供信息人姓名		职位		联系方式	
任职时间		任职岗位			
工作表现		有无不良记录或纠纷			
离职原因					
任职单位 4					
提供信息人姓名		职位		联系方式	
任职时间		任职岗位			
工作表现		有无不良记录或纠纷			
离职原因					
调查结果评估					
调查部门		调查人			
调查人意见及签字		调查人上级意见及签字			

2.12 防范录用风险

2.12.1 录用通知书

录用通知书中一般包括工资待遇、试用期、社保、福利、报到时间等与工作相关的主要事项。但是，关于录用通知书的法律效力和性质，《劳动合同法》未作出明确规定。在很多用人单位眼里，录用通知书不是正式的劳动合同，没有法律效力，在录用通知书的设计、发送和撤销方面都很随意，因此容易引发大量劳动争议。

在录用通知书方面，以下 4 点需要特别注意：

（1）用人单位在发出录用通知书时，应在确定录取该员工的前提下发出。HR应在录用通知书中逐一列明不予录用的除外情形，以保留一定的录用主动权。录用通知书一经发出即具有法律效力，单位不得随意单方面变更其中的内容。

（2）制作录用通知书时要明确应聘者应予承诺的期限，同时明确违约责任。双方就录用通知书达成合意后，应聘者未在通知书规定时间内报到的，公司可要求其承担相应的违约责任，并有权取消该应聘者的录用，另招新人。

（3）录用通知书和体检的先后顺序要特别注意，对应聘者的体检不一定要等到入职时进行，应先让劳动者参加入职体检，在体检合格后再发出录用通知书。这样既可以根据体检结果来确定是否录用员工，也避免了就业歧视。

（4）录用通知书和劳动合同还是有区别的，录用通知书只是单方面表明用人单位的意向，入职后要尽快签订劳动合同。

2.12.2 新录用的员工不作为

新录用的员工如果不作为，也就表明其不胜任岗位无法通过试用期。在这个阶段，除了招聘工作要重新启动外，关于试用期的期限和考核是操作过程中容易出现劳动争议的地方，需要注意。

在试用期，员工不作为可以延长试用期，但是这不是无条件的。首先试用期只能约定一次，不能反复约定。另外，要延长试用期，用人单位需和劳动者协商一致，未经同意延长试用期将承担不利的法律后果。在经过劳动者同意的情况下，试用期的延长不得超过法定上限，而且在操作中必须在之前约定的试用期届满前延长。

在这里有一个企业常用但又最容易违法的地方，就是劳动者在试用期内被证明不符合录用条件而解除劳动合同。这是企业的撒手锏，却常常用不好，以此为由解除劳动合同需要把握以下几点：

（1）合法、清晰和明示的录用条件。单位要以不符合录用条件解除劳动合同，首先必须明确录用条件是什么，没有这个前提和标准，用人单位就很容易丧失以此为由解除劳动合同的权利。

（2）有效的试用期评估考核。单位要以不符合录用条件解除劳动合同，必须举证证明劳动者不符合录用条件。因此，需要科学地设定试用期考核标准和办法，将其和录用条件结合起来。

（3）必须在试用期届满前做出解除决定。如果不在试用期届满前做出决定，试用期一旦届满，劳动者便如期转正，用人单位无权再以不符合录用条件为由解除劳动合同。

2.13 用人部门在招聘工作中的作用

招聘工作解决的是整个企业各个部门人才需要的问题，涉及各种岗位、各种人才。有一位资深人力资源管理专家曾经说过："人力资源工作中最重要的就是招聘，招聘是企业的人力资源入口，像一个人吃东西一样，吃的东西好对身体好，吃的东西不好会大大伤害我们的机体。招到合适的人才，能为企业创造良好的效益，降低成本；招到不合适的人才，将为企业埋下隐患，给后续工作带来麻烦。"

由于涉及的岗位、人才类别比较多，招聘人员比较难以把握人才与岗位的匹配，所以需要用人部门的大力协助，这就需要充分发挥非人力资源经理（主管）在招聘工作的作用。

（1）岗位描述：虽然有岗位描述说明，但对描述的具体操作，招聘人员比较难把握，一个高级招聘经理也无法对企业各个部门的专业非常了解。

（2）用人部门对招聘工作的理解：每个部门的负责人都希望通过人力资源部门招到成本低、能力强、潜质高、用起来顺手的人员，但往往在招聘过程中，招聘人员其实是在人才的知识、经验、能力、素质、岗位提供的待遇、企业环境等多个方面寻找平衡点，这样使得招聘工作与用人部门产生了认知的误差。

（3）人才：每个人都有自己的心灵地图和冰山现象，每个求职者对岗位的需求都有自己的内心理解与诉求，不同的面试官对同一人才的评判又有自己不同的角度与标准，这就容易使用人部门、公司负责人、人力资源招聘人员三个角度对人才的理解产生偏差。

解决以上 3 个问题的关键点就是充分发挥用人部门在招聘过程中的作用。

① 岗位需求需要得到用人部门的完整确认。

② 简历筛选之后，可提供给用人部门进行二次筛选。

③ 面试过程需要用人部门的积极参与。

④ 合格的候选人员需要用人部门进行录用决策，人力资源部门可以拥有否决权。

⑤ 专业知识和专业经验的测评，需要用人部门完成。

2.14 【疑难问题】如何设计高端人才招聘流程

公司高层职位招聘流程如图 2-2 所示。

公司高层职位招聘流程（指副总经理以上职位）

责任人	主要流程	注意事项

岗位上级领导 → 人力增补申请 — 人资部审核人力需求，报总裁审批后启动招聘流程

岗位上级领导/人资部 → 笔试题和测试题拟定 — 岗位上级领导编写专业及管理能力笔试题，人资部编写综合素质测试题

人资部/公司相关人员 → 确定招聘渠道 — 网络、猎聘和内部推荐同时进行

人资部 → 筛选简历

人资部 → 电话、面谈筛查 — 面谈前，招聘主管与岗位上级领导充分沟通，确认具体任职要求

用人部门/人资部 → 初试 — 初试由用人部门经理与人资招聘主管联合面试，各占50%的考评比例

人资总监 → 人资总监面试 — 人资总监综合把关应聘者适应性，决定能否进入复试

人资部 → 应聘者笔试/测试 — 人资部在复试前1天把应聘者笔试题答案交复试小组成员，素质测试在复试前30分钟进行

复试小组 → 复试 — 复试小组分工：
1. 岗位上级领导负责面试工作经验和管理能力，权重30%
2. 专家/顾问/相近职位领导负责面试专业能力，权重30%
3. 公司领导负责面试经营能力和企业文化适应性，权重40%

事业部高层岗位
复试小组：
1. 董事长或总裁
2. 岗位上级领导
3. 相近职位领导

总部高层岗位
复试小组：
1. 董事长
2. 总裁
3. 专家/顾问
4. 公司/事业部领导

人资总监/人资部 → 深入面谈/定薪 — 人资总监与录用者深入面谈，明确相互要求和基本薪酬，然后人资部与其定薪，填写定薪通知单

人资部 → 背景调查 — 调查前任单位HR部经理、上级领导及职位继任者

人资部 → 办理入职手续

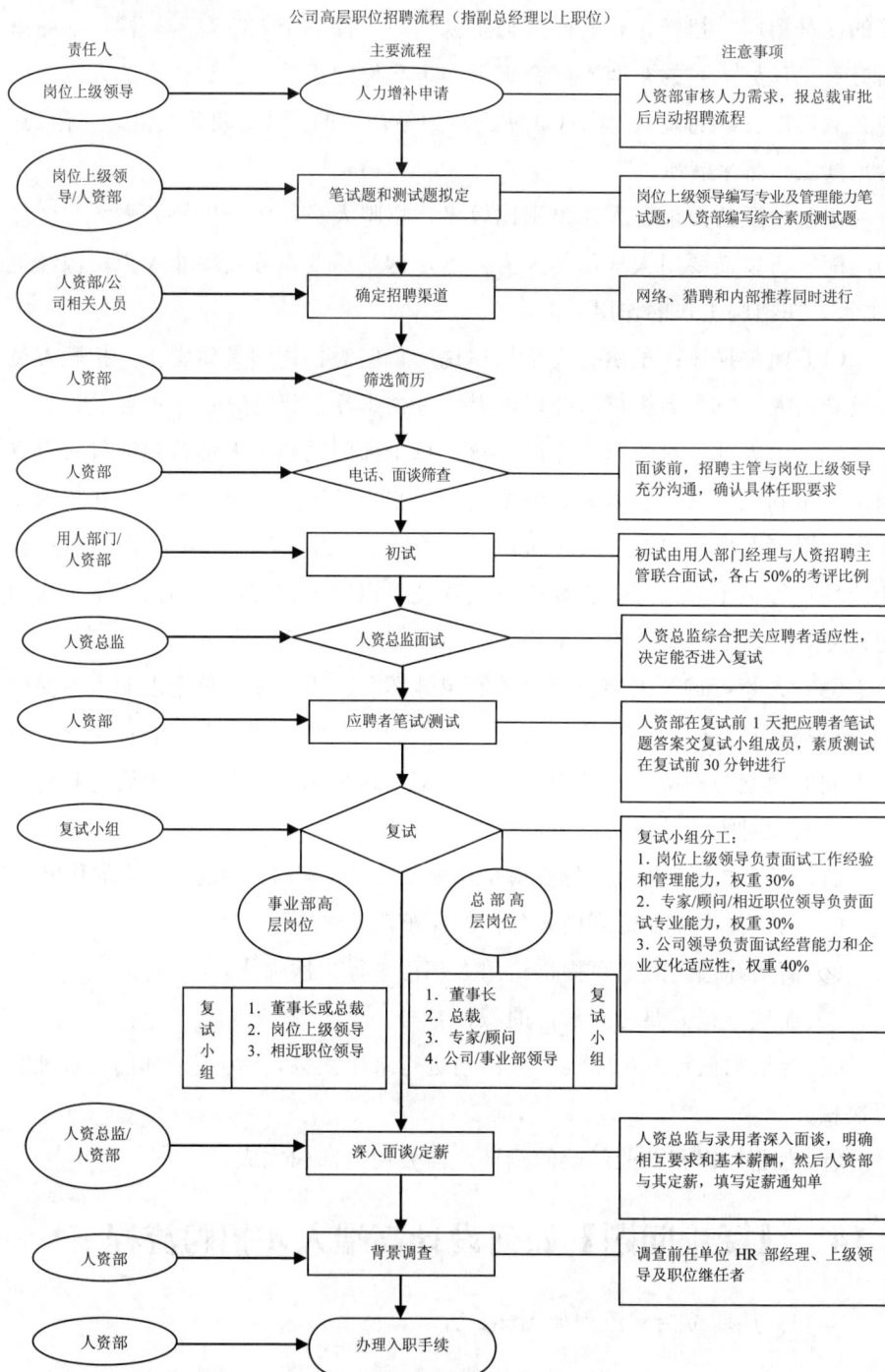

图2-2 公司高层职位招聘流程

背景资料：某公司是一家集房地产开发、大型装饰工程及照明工程于一体的集团化运作企业，现就如何规范高级人才招聘流程以提高招聘效率出现了困扰。为提升招聘的效率，需进行流程设计的梳理。

可以从以下 5 个方面展开：

● 流程设计三要素。

● 行业高端人才特性。

● 前期准备阶段设计。

● 面试实施阶段设计。

● 面试结束阶段设计。

1．流程设计三要素（责任人、事件、相关说明，可用 5W1H 进行分解）

● 责任人就是描叙清楚谁来做。

● 事件就是描叙清楚做什么。

● 相关说明就是描叙清楚所用表单、注意事项分别是什么。

这是通用的流程设计中应该包含的要素。

2．行业高端人才特性（素质高、专业性强、人才量稀缺性、受尊重与自我实现要求高）

3．前期准备阶段设计

（1）人力增补需求申请

不同的用人需求由不同的层级来审批。

（2）笔试题

专业部分由岗位领导编写，人资部编写性向测试题。

可根据公司需求进行测试模块选择。

（3）招聘渠道方面

人才网站、内部员工推荐、同行推荐、猎头服务。

在成本许可的情况下，渠道越多越好。

（4）筛选简历

筛选简历的依据主要包括：担任职务、岗位职责、工作成绩、个人素质。

4．面试实施阶段设计

包括：电话面试筛选、初试、公司情况介绍、人资分管领导面谈沟通、应聘者笔试/测试、复试。

（1）电话、面谈筛选前要充分沟通

● 确认关键必备任职资格 3～5 项。

● 确认关键工作职责 3～5 项。

● 招聘的紧急程度和时间。

（2）初试阶段

填写面试评价初试表，打分，给出初试意见。

（3）公司情况介绍

主要介绍企业的优势、职位前景、效益、长期发展、管理水平等，但不可过分吹嘘。

（4）人资分管领导面谈沟通

文化适应性把关。

（5）应聘者笔试/性向测试阶段

人资部在复试前一天把应聘者笔试题答案交复试小组成员，素质测试在复试前 30 分钟进行。

（6）复试阶段

小组面试，平行面试，四维度测评，结构化问题。

● 经营能力和企业文化适应性。

● 面试工作经验和管理能力。

● 面试专业能力。

● 从业务部门角度了解面试者对业务和行业的了解。

5. 面试结束阶段设计

包括 3 个环节：深入面谈与定薪、背景调查、办理入职手续。

（1）深入面谈

跟踪服务，强化加盟意识，明确相互要求和基本薪酬，拟订定薪通知单并审批。

（2）背景调查

从前任人资部经理、前任岗位继任者、前任上级领导 3 个方面调查。

相关表单：

● 人员需求申请表。

● 专业笔试/性向测试题。

- 初试表。
- 复试表。
- 结构化面试题库。
- 背景调查表。
- 定薪通知单。

2.15 【案例分析】从宝洁公司看招聘细节

曾经有一位宝洁的员工这样形容宝洁的校园招聘:"宝洁的招聘实在做得太好,在求职这个对学生比较困难的关口,第一次感觉自己被当作人来看,就是在这种感觉的驱使下,我应该说是有些带着理想主义来到了宝洁。"

宝洁的校园招聘程序

1. 前期的广告宣传

派送招聘手册,招聘手册基本覆盖所有的应届毕业生,以达到吸引应届毕业生参加其校园招聘会的目的。

2. 邀请大学生参加其校园招聘介绍会

宝洁的校园招聘介绍会程序一般如下:校领导讲话,播放招聘专题片,宝洁公司招聘负责人详细介绍公司情况,招聘负责人答学生问,发放宝洁招聘介绍会介绍材料。

宝洁公司会请公司有关部门的副总监以上高级经理以及那些具有校友身份的公司员工来参加校园招聘会。通过双方面对面地直接沟通和介绍,向同学们展示企业的业务发展情况及其独特的企业文化、良好的薪酬福利待遇,并为应聘者勾画出新员工的职业发展前景。通过播放公司招聘专题片、公司高级经理的有关介绍及具有感召力的校友亲身感受介绍,应聘学生可以在短时间内对宝洁公司有较为深入的了解和更多的信心。

3. 网上申请

从 2002 年开始,宝洁将原来的填写邮寄申请表改为网上申请。毕业生可以通过访问宝洁中国的网站,单击"网上申请"来填写自传式申请表及回答相关问题。这实际上是宝洁的一次筛选考试。

宝洁的自传式申请表是由宝洁总部设计的,全球通用。宝洁在中国使用自传式申请表之前,先在中国宝洁的员工中及中国高校中分别调查取样,汇合其全球同类问卷调查的结果，从而确定可以通过申请表选拔关的最低考核标准。同时也确保其申请表能针对不同文化背景的学生仍然保持筛选工作的相对有效性。申请表还附加一些开放式问题，供面试的经理参考。

因为每年参加宝洁应聘的同学很多，一般一个学校就有 1 000 多人申请，宝洁不可能直接去和上千名应聘者面谈，而借助于自传式申请表可以帮助其完成高质、高效的招聘工作。自传式申请表用电脑扫描来进行自动筛选，一天可以检查上千份申请表。宝洁公司在中国曾做过这样一个测试：在公司的校园招聘过程中，公司让几十名并未通过履历申请表这一关的学生进入下一轮面试，面试经理也被告之"他们都已通过了申请表筛选这关"。结果，这几十名同学无人通过之后的面试，没有一个人被公司录用。

4．笔试

笔试主要包括 3 部分：解难能力测试、英文测试、专业技能测试。

（1）解难能力测试。这是宝洁对人才素质考查的最基本的一关。在中国，使用的是宝洁全球通用试题的中文版本。试题分为 5 个部分，共 50 小题，限时 65 分钟，全为选择题，每题 5 个选项。第一部分：读图题（约 12 题）；第二和第五部分：阅读理解（约 15 题）；第三部分：计算题（约 12 题）；第四部分：读表题（约 12 题）。整套题主要考核申请者以下素质：自信心（对每个做过的题目有绝对的信心，几乎没有时间检查改正）；效率（题多时间少）；思维灵活（题目种类繁多，需立即转换思维），承压能力（解题强度较大，65 分钟内不可有丝毫松懈）；迅速进入状态（考前无读题时间）；成功率（凡事可能只有一次机会）。考试结果采用电脑计分，如果没通过则被淘汰。

（2）英文测试。这个测试主要用于考核母语不是英语的人的英文能力。考试时间为两个小时。45 分钟的 100 道听力题，75 分钟的阅读题，以及用一个小时回答 3 道题，都是要用英文描述以往某个经历或者个人思想的变化。

（3）专业技能测试。专业技能测试并不是申请任何部门的申请者都需经过该项测试，它主要考核申请公司一些有专业限制的部门的同学。这些部门如研究开发部、信息技术部和财务部等。宝洁公司的研发部门招聘的程序之一是要求应聘者就某些专题进行学术报告，并请公司资深科研人员加以评审，用以考查其专业功底。对于申请公司其他部门的同学，则无须进行该项测试，如市场部、人力资源部等。

5. 面试

宝洁的面试分两轮。第一轮为初试，一位面试经理对一个求职者面试，一般都用中文进行。面试人通常是有一定经验并受过专门面试技能培训的公司部门高级经理。一般这个经理是被面试者所报部门的经理，面试时间为 30~45 分钟。

通过第一轮面试的学生，宝洁公司将出资请应聘学生来广州宝洁中国公司总部参加第二轮面试，也是最后一轮面试。为了表示宝洁对应聘学生的诚意，除免费往返机票外，面试全过程在广州最好的酒店或宝洁中国总部进行。第二轮面试大约需要 60 分钟，面试官至少是 3 人，为确保招聘到的人才真正是用人单位（部门）所需要和经过亲自审核的，复试都是由各部门高层经理来亲自面试。如果面试官是外方经理，宝洁还会提供翻译。

（1）宝洁的面试过程主要分为以下四大部分。

第一，相互介绍并创造轻松的交流气氛，为面试的实质阶段进行铺垫。

第二，交流信息。这是面试中的核心部分。一般面试人会按照既定的 8 个问题提问，要求每一位应试者能够对他们所提出的问题作出一个实例的分析，而实例必须是在过去亲自经历过的。这 8 个题由宝洁公司的高级人力资源专家设计，无论应职者如实或编造回答，都能反映其某一方面的能力。宝洁希望得到每个问题回答的细节，高度的细节要求让个别应聘者感到不能适应，没有丰富实践经验的应聘者很难很好地回答这些问题。

第三，讨论的问题逐步减少或合适的时间一到，面试就引向结尾。这时面试官会给应聘者一定时间，由应聘者向主考人员提几个自己关心的问题。

第四，面试评价。面试结束后，面试人立即整理记录，根据求职者回答问题的情况及总体印象做评定。

（2）宝洁的面试评价体系。宝洁公司在中国高校招聘采用的面试评价测试方法主要是经历背景面谈法，即根据一些既定考查方面和问题来收集应聘者所提供的事例，从而来考核该应聘者的综合素质和能力。

宝洁的面试由 8 个核心问题组成。

第一，请你举一个具体的例子，说明你如何设定一个目标然后达到它。

第二，请举例说明你在一项团队活动中如何采取主动性，并且起到领导者的作用，最终获得你所希望的结果。

第三，请你描述一种情形，在这种情形中你必须去寻找相关的信息，发现关键的问题，并且自己决定依照一些步骤来获得期望的结果。

第四，请你举一个例子说明你是怎样通过事实来履行你对他人的承诺的。

第五，请你举一个例子，说明在完成一项重要任务时，你是怎样和他人进行有效合作的。

第六，请你举一个例子，说明你的一个有创意的建议曾经对一项计划的成功起到了重要的作用。

第七，请你举一个具体的例子，说明你是怎样对你所处的环境进行一个评估，并且能将注意力集中于最重要的事情上，以便获得你所期望的结果。

第八，请你举一个具体的例子，说明你是怎样学习一门技术并且怎样将它用于实际工作中。

根据以上几个问题，面试时每一位面试官当场在各自的"面试评估表"上打分。

打分分为 3 等：1～2 分（能力不足，不符合职位要求；缺乏技巧、能力及知识）；3～5 分（普通至超乎一般水准；符合职位要求；技巧、能力及知识水平良好），6～8 分（杰出应聘者，超乎职位要求；技巧、能力及知识水平出众）。具体项目评分包括说服力/毅力评分、组织/计划能力评分、群体合作能力评分等项目评分。在"面试评估表"的最后一页有一项"是否推荐栏"，有 3 个结论供面试官选择：拒绝、待选、接纳。在宝洁公司的招聘体制下，聘用一个人，须经所有面试经理一致通过方可。若是几位面试经理一起面试应聘人，在集体讨论之后，最后的评估多采取一票否决制。任何一位面试官选择了"拒绝"，该生都将从面试程序中被淘汰。

6. 公司发出录用通知书给本人及学校

通常，宝洁公司在校园的招聘时间大约持续两周，而从应聘者参加校园招聘会到最后被通知录用大约为一个月。

2.16 【HR 必知】免费招聘网站列表

表 2-13 所列为一些免费招聘网站。

表 2-13 免费招聘网站列表

NO	网站	网址	备注
全国信息发布网站	赶集网	www.ganji.com	每天免费发一条，刷新一条，查看简历 10 份
	易登网	www.edeng.cn	免费，每天能发布一条信息
	列表网	www.liebiao.com	免费，可发布全国，每天可发两条信息
	58 同城网	www.58.com	免费发布，每天可免费下载 15 份简历，不能异地发帖
	百姓网	www.baixing.com	免费
	HR 快乐网	www.hrcool.cn	免费
全国招聘网站	百才人才网	www.baicai.com	免费发布和收取
	第一英才网	www.00105.net	免费
	工作我就爱网	www.job592.com	免费
	中国 HR 网	www.ch-hr.com	免费
	去工作网	www.7work.net	免费，可发布全国
	招工找工网	www.51zgzg.com	免费，可发布全国
	聚贤招聘网	www.6688hr.com	免费，可发布全国
	智联人才招聘	gz.zhaopin.hk	免费，可发布全国
	中华人才热线	www.960rc.com	免费，下面有全国各地人才热线网站
	九才招聘	www.job999.com	免费，可发布全国
	易才网	searchjob.job1998.com	免费
	卓比人才网	www.jobif.com	免费
	百度人才	rencai.baidu.com	免费
	66 人才网	www.66rencai.com	免费
	好人才网	www.hrcai.com	免费
	369 人才网	www.job369.com	免费
	九七人才招聘网	www.97rc.com	免费
	兼职信息网	www.jz211.com	免费
	大京九人才网	www.job7733.com	免费
专业人才招聘网	美容人才网	www.mr198.com	免费至 2013 年，可发布 3 个岗位，查看 5 份简历
	设计人才网	www.chdajob.com	免费
	中国创意设计人才网	hr.visionunion.com	免费
	红动中国·设计人才	www.redocn.com/company/1112551	免费

续表

NO	网站	网址	备注
	中国设计网·人才	rc.cndesign.com	免费
上海	上海人才热线	www.shanghairc.com	不收费，查看有限
	大上海人才	www.dshrc.com	每天可免费查看 20 份简历
	应届毕业生网	www.yjbys.com	免费
	华东政法大学在线招聘	job.ecupl.edu.cn	免费
	上海电机学院	career.sdju.edu.cn/	免费
	上海交大就业网	www.job.sjtu.edu.cn	免费
	上海人才招聘网	www.jobzph.com	免费 1 年，仅 30 份简历
	上海营业员招聘网	www.yingyeyuan.com	免费
	上才网	www.jober.cn	免费
	上海招聘会信息网	www.zhaopinhui-sh.com	需申请免费发布
北京	北京人才热线	www.beijingrc.com	免费
	燕京人才网	www.yanjingrc.com	免费，每天能查看 10 份简历
	北京热线网	www.bjrexian.com/space-uid-767.html	免费发贴
苏州	苏州招聘工网	www.szzgw.net	免费
	苏州兼职网	www.91jianzhi.com.cn	免费
	苏州百姓广场	baixing.sz.js.cn	免费
天津	天津爱特招聘网	www.109job.com	免费
	天津信息港	www.dazhigu.com	免费
	津沽人才网	www.jingurc.com/	免费，每天能查看 10 份简历
河南	中原人才网	www.zhongyuanrc.com	免费
广州	广州人才市场	guangzhou.800528.com	免费，广州地区
	广州信息港	020.gzgov.net/	免费，广州地区
重庆	重庆人才网	www.cqjob.com	免费
四川	天府人才网	www.job20.com	免费
	川蜀人才网	www.chuanshurc.com	免费
	成都人才网	www.rc114.com	免费
	雾都人才网	www.wudurc.com	免费

第 3 章

劳动关系管理
（劳动合同、入职
与离职管理）

导读：阅读本篇之前，提醒广大读者，根据本人多年的经验，许多年轻的 HR 干部，偏重招聘、绩效、薪酬、培训与发展等工作，忽视了劳动关系工作的重要性。劳动关系是 HR 工作的源头与根本，如果不以劳动关系为基础，那么就会出现许多漏洞，甚至严重影响经营活动。树立合理的劳动关系管理理念，需要企业、HR 工作者、劳动者、社会（政府）四方共同建设合法、公平并与企业相适应、稳健的劳动关系。从劳动关系管理角度出发，会使 HR 工作者从根源上找到解决经营、发展与管理之间的最有效的平衡点。

劳动关系工作重点：劳动合同管理、各项制度建立与运用、社保与落实、档案（劳动过程中关键材料的收集与保存）。

劳动关系：从法律意义上讲，是指用人单位招用劳动者作为其成员，劳动者在用人单位的管理下提供有报酬的劳动而产生的权利和义务关系（劳动关系中单位一方有"用工单位"和"用人单位"两种。劳务派遣用工方式，与劳动者签订劳动合同一方称"用人单位"，使用与管理劳动者一方称"用工单位"。一般情况"用人单位"是指与劳动者签订劳动合同的法律主体）。

事实劳动关系：指无书面有效劳动合同（或以口头形式）形成的劳动关系。事实劳动关系合法地位，确认了劳动关系不依赖书面合同的存在而存在，扩大了劳动保护范围，对不签定劳动合同的雇主有了更大约束，用人单位招用劳动者作为成员就构成事实劳动关系（包括未依法签订劳动合同的情形），事实劳动关系不影响劳动关系相关法律法规的执行。事实劳动关系的确认须提供形成劳动关系的事实依据，如入职登记表、工卡、考勤记录、内部纪要和文件、工资表及银行转贴、同事证明、照片视频等影像资料，以及报销等财务凭证、社保关系等，如图 3-1 所示。

图 3-1　事实劳动关系

3.1 劳动合同及适用范围

我国《劳动法》（为便于叙述，本书对论及的法律名称均使用简称）（1995年1月1日实施）第十六条第一款规定，劳动合同是指劳动者与用人单位之间确立劳动关系，明确双方权利和义务的协议。

根据协议，劳动者进入企业、个体经济组织、事业组织、国家机关、社会团体等用人单位，成为该单位的一名成员，承担一定的工种、岗位或职务工作，并遵守所在用人单位的内部劳动规则和规章制度；用人单位应及时安排被录用劳动者工作，按照劳动者提供的劳动数量和质量支付劳动报酬，并且根据劳动法律、法规的规定和双方签订劳动合同的约定提供必要的劳动条件，保证劳动者享有劳动保护及社会保险、福利等权利和待遇。

适用范围

用人单位包括：境内企业（国有、民营、外资、三资、合资等）、个体经济组织、民办非企业单位等组织，以及国家机关、事业单位、社会团体等。

《劳动合同法实施案例》（2008年9月18日实施）进一步明确。

用人单位包括：

（1）境内企业（国有、民营、外资、三资、合资等）、个体经济组织、民办非企业单位。

（2）会计师事务所、律师事务所、基金会等其他依法登记注册成立的单位。

（3）国家机关、事业组织、社会团体。

（4）用人单位设立的分支机构，依法取得营业执照或者登记证书的，可以作为用人单位与劳动者订立劳动合同。

（5）用人单位设立的分支机构，未依法取得营业执照或者登记证书的，受用人单位委托可以与劳动者订立劳动合同。

劳动者包括：

（1）年满16周岁，且尚未享受基本养老保险待遇或退休金的人员。

（2）国家机关、社会团体招用除公务员和参照公务员管理人员以外的劳动者。

（3）公务员和参照公务员管理的人员、农村劳动者（乡镇企业职工和进城务工、经商的农民除外）、现役军人、家庭直接雇佣保姆，以及已享受基本养老保险待遇或领取退休金的人员等不适用劳动合同法。

【**案例 3-1**】某公司将内部食堂承包给了在公司工作多年的王某去打理，公司和王某都考虑到相互了解，所以解除劳动合同，签订了一份承包合同，食堂自负盈亏，风险由王某个人承担。承包半年，王某因地面湿滑不小心摔断了脊椎，王某要求公司承担医疗费用，公司认为王某自己承包了食堂，而且有承包协议，所以不应该由公司承担。于是王某将公司告上了劳动仲裁法庭。最后，仲裁认定，公司与王某是事实劳动关系，公司应当承担王某的医疗费用，并按规定承担伤残带来的后续费用。

【**案例 3-2**】"关于企业内部个人承包中保险待遇问题的复函"

劳险字〔1992〕27 号／劳动部

四川省劳动厅：你厅在《关于职工与单位签订承包合同发生伤亡后保险待遇如何处理问题的请示》（川社险[1992]6 号）中反映：长江航道局宜宾地区办事处与其职工（司机）签订"汽车承包合同"，并经当地公证处公证。该合同规定，职工每年向单位上交一部分利润，并负担"本人及他人伤残亡及后遗症等项费用"。在承包期内，发生了翻车事故，由此引发伤残职工保险待遇如何保障的问题。对此问题的处理意见，我们征得中华全国总工会、最高人民法院的意见，现答复如下：企业与职工个人签订承包合同，是企业内部经营管理的一种方式。企业经营机制的转变，并未改变企业和职工的劳动关系，也未改变承包者的职工身份，因此企业应按照国家现行政策保障职工的社会保险权益。企业单位在"承包合同"中将伤残亡风险推给职工个人，这种做法不符合我国宪法的职工社会保险的政策规定。

【**案例 3-3**】个人保险代理关系是否属于劳动关系。

张某（具备保险代理人资格）与某保险公司签订《个人代理保险合同》和《客户服务专员人身保险代理合同》，合同对双方的权利和义务进行了约定，主要包括考勤管理、培训管理、奖惩管理、考核晋升管理等。后因张某考核不达标，保险公司与之解除保险代理合同。张某向劳动争议仲裁委员会提出仲裁申请，劳动仲裁委经仲裁后认为双方存在劳动关系。保险公司对仲裁裁决不服，诉至法院，要求确认双方之间不存在劳动关系。自 2008 年 1 月 1 日起，为了避免劳务纠纷，各大保险公司纷纷与保险代理人签订了劳动合同。

这三个案例有几个共同的特点：

● 一方是用人单位（法人主体），另一方是个人主体。

- 用人单位对个人提出具体要求（内容、过程、成果）。
- 个人的工作内容是用人单位的一个功能组成部分。
- 甚至用人单位对个人的工作时间、工作场所、工作内容都提出了具体要求。

个人承包是指用人单位将其经营管理权部分或全部交由自然人，由该自然人自主经营、自负盈亏的一种经营管理方式。《劳动合同法》出台之后，个人承包在各单位出现大量的转变（建筑业除外），单位在使用承包的时候，都要求承包方必须是法人主体（在工商注册的合法机构），这样能够解决事实劳动关系存在的法律风险问题。

3.2 劳动合同管理

3.2.1 管理流程

劳动合同的管理如图 3-2 所示。

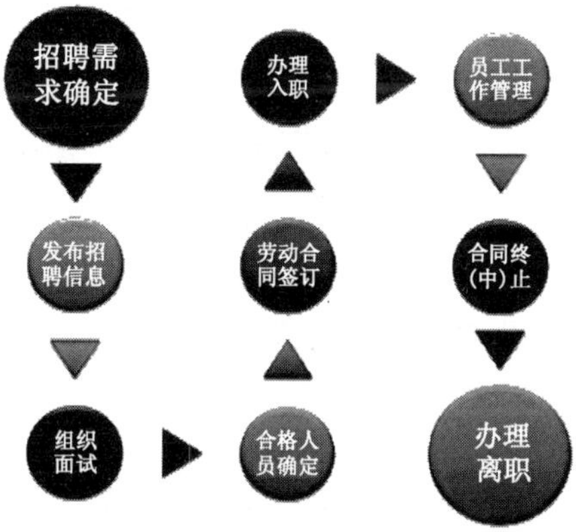

图 3-2 劳动合同的管理

3.2.2 招聘需求确定

许多劳动纠纷的产生，究其根源通常都是双方对岗位职责、岗位内容、岗位目标等工作关系理解产生偏差而导致的。尤其在中小企业，由于企业领导决策的随意性，开始并没有认真考虑岗位的标准，导致招聘到的人员素质或高或低，与岗位的要求不匹配。

所以，明确的招聘需求（岗位说明书、职责范围、岗位目标等），能够使

"人"与"岗"进行有效的匹配，这样企业与员工都能达到较好的满意程度，如图 3-3 所示。

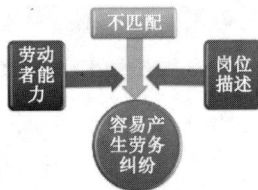

图 3-3 "人"与"岗"进行
有效的匹配

提醒：一名合格的人力资源管理者，必须经常与公司领导进行沟通，从企业的经营角度与 HR 的专业特点出发，明确需要招聘岗位的"定位"——岗位职责、目标，也就是职位说明书的内容。

1．招聘信息发布

招聘信息发布属于"合同邀约"阶段，相当于用人单位将一个用工合同对社会进行发布，让应聘者参与。

信息发布必须注意《劳动合同法》第二十六条。

第二十六条规定下列劳动合同无效或者部分无效：

（1）以欺诈、胁迫的手段或者乘人之危，使对方在违背真实意思的情况下订立或者变更劳动合同的。

（2）用人单位免除自己的法定责任、排除劳动者权利的。

（3）违反法律、行政法规强制性规定的。

对劳动合同的无效或者部分无效有争议的，由劳动争议仲裁机构或者人民法院确认。

发布招聘信息应避免：违法内容（如加班超时）、就业歧视内容（如梦职业歧视）、虚假内容。如果发布的信息虚假、违法、免责，就会在劳务纠纷发生后成为劳动者举证的依据。

案例：

XX 公司聘用通知书

先生/女士：

人事行政部高兴地通知您，欢迎加入××公司部门，任职_____位。

经与您协商，入职日期暂定于_____年___月___日（最后到岗日期待定），试用期为两个月，根据工作表现可以提前，但不能短于一个月。您的职责与待遇如下：

1．工作时间：周一至周六

上午：8:00～12:00 下午：13:30～17:30（冬）   14:00～18:00（夏）

2．上班的第一天，请您认真研读人事行政中心为您准备的公司相关制度，它将和您以后的工作有着密切的关系。

3．公司将在您的月工资中按劳动法规定代扣出您的个人所得税的个人缴纳部分及其他国家规定的有关保险等费用。

4．公司为员工提供午餐和晚餐。

5．转正后可享受社会养老保险和医疗保险，公司将从工资中代扣个人应缴部分。

---

6. 您有义务对您的薪资内容和公司信息保密，不得将其告知第三方。

7. 聘用解除：试用期间，无论您还是公司（经相关部门签批）都可以在任何时间、以任何理由解除聘用关系，但需提前 7 日通知对方。试用期满转正后则需提前一个月通知对方。

8. 办公地点：但公司可根据业务要求安排您在公司的其他办公地点或公司下属机构工作。

9. 如您接受本聘书，请签字后交人事行政部。

我们非常高兴您能加盟××公司，若有任何疑问，请随时向人事行政部提出。

员工签字：

日期：

                                   ××公司行政人事部年月日

这份《聘用通知书》存在以下几个方面的问题。

第 1 条——工作时间：6 天工作制违反了《劳动法》《劳动合同法》规定，超过了每周 44 小时的工时，需要补发加班工资。

第 7 条——聘用解除：根据《劳动合同法》规定，只有在解除条件成立的时候才可以解除劳动关系（第二十一条：在试用期中，除劳动者有本法第三十九条和第四十条第一项、第二项规定的情形外，用人单位不得解除劳动合同。用人单位在试用期解除劳动合同的，应当向劳动者说明理由）。解除劳动关系的提前时间：一般情况劳动者提前 30 天，试用期内提前 3 天（第三十七条：劳动者提前三十日以书面形式通知用人单位，可以解除劳动合同。劳动者在试用期内提前三日通知用人单位，可以解除劳动合同）。

第 5 条——社会保险：社会保险包括医疗保险；劳动者从入职当天开始，用人单位就应当为其缴纳社会保险。

2．办理入职

- 核对、收集劳动者应聘材料（如学历证书复印件、身份证复印件、相关资格证书复印件、个人照片、个人健康体检报告等）。
- 填写入职登记表。
- 组织学习公司相关规章制度（需要签字确认）。
- 领用办公用品、办理员工工卡等。

注意事项如下。

规章制订告知：用人单位依法制定完整、细致的内部管理规章制度，是避免劳务纠纷的重要条件。《劳动合同法》第三十九条规定，劳动者有几种情形之一的，用人单位可以解除劳动合同，其中根据"（二）严重违反用人单位的规章制度的"这一条规定，用人单位解除劳动关系不需要支付补偿金。

健康体检报告：由医保部门指定或认可的医疗机构进行体检，可防止带病入职的情况发生。

入职登记表：最后应该加一栏说明，并由劳动者签字。具体如下。

入职约定：

1. 在不违反国家法律前提下，本人愿意遵守公司各项规章制度；

2. 本人愿意按公司要求提供各项合法的个人情况证明，并授权公司做出有关本人的各项查询；

3. 本人愿意加盟贵公司任职，愿意服从公司工作分配与调动；

4. 本人确认"入职登记表"所填报一切内容均真实、准确、有效，并承诺如有隐瞒及虚假，本人愿意接受公司解除劳动关系、赔偿公司损失的处理，并承诺无权追究公司任何责任。

入职人签名：_____   填表时间：_____年____月____日

3．劳动合同拟定

《劳动合同法》第十七条规定，劳动合同应当具备以下条款：

● 用人单位的名称、住所和法定代表人或者主要负责人。

● 劳动者的姓名、住址和居民身份证或者其他有效身份证件号码。

● 劳动合同期限。

● 工作内容和工作地点。

● 工作时间和休息休假。

● 劳动报酬。

● 社会保险。

● 劳动保护、劳动条件和职业危害防护。

● 法律、法规规定应当纳入劳动合同的其他事项。

劳动合同除前九条规定的必备条款外，用人单位与劳动者可以约定试用期、培训、保守秘密、补充保险和福利待遇等其他事项。

3.2.3 合同种类和劳动合同期限

《劳动合同法》第十二条规定，劳动合同分为固定期限劳动合同、无固定期限劳动合同和以完成一定工作任务为期限的劳动合同。

1．固定期限劳动合同

由于《劳动法》（1995年1月1日实施）中有关劳动合同的部分存在用人单位签订合同短期化情况（一年一签，合同到期终止不需要支付补偿金，每年签订一次），因此，为避免劳动合同短期化，为稳定和谐社会打下良好基础，《劳动合同法》设定了两个内容解决劳动合同短期化现象：①劳动者在本企业连续工作满十年或两次签订劳动合同的，如果劳动者提出要求则必须签订无固定期限劳动合同；②合同到期之后，如果是用人单位不同意续签劳动合同，则用人单位必须支付补偿金。所以，第一次劳动合同的期限设定就显得非常重要。

一般高职位的，劳动合同期限设定较长，低职位的劳动合同期限较短。

合同期限设定技巧如下。

对于基层岗位、主管和经理级职位（年龄在 22～32 岁），建议设定 3～5 年合同期限；

对于总监以上职位，建议设定 5 年以上合同期限。

2．无固定期限劳动合同

许多用人单位害怕无固定期劳动合同，其实在《劳动合同法》出台之后，已经没有必要了。《劳动合同法》第十四条规定，"无固定期限劳动合同，是指用人单位与劳动者约定无确定终止时间的劳动合同"，所以，无固定期劳动合同并非永久性劳动合同。所谓"不确定终止时间"是指"随时"，只不过必须在终止条件成立的时候才可以解除劳动合同。终止解除条件主要依据《劳动合同法》第三十九、四十、四十一、四十二条。其中根据"第四十六条"规定，按照第三十九条解除劳动关系，用人单位不需要支付补偿金。所以对《劳动合同法》第三十九条的合理运用，是用人单位的合法正当权益。

3．以完成一定工作任务为期限的劳动合同

主要是针对以完成单项工作任务为期限，以项目承包方式完成任务为期限，因季节原因临时用工，其他双方约定的以完成一定工作任务为期限的劳动合同。以完成一定工作任务为期限的劳动合同，可以分段多次签订，不需要签订无固定期限劳动合同，但《劳动合同法实施条例》第二十二条规定：以完成一定工作任务为期限的劳动合同因任务完成而终止的，用人单位应当依照劳动合同法第四十七条的规定向劳动者支付经济补偿。

4．工作时间、报酬、社保

这三项必填项目在实际操作中，用人单位都会遇到不适应的地方。例如：工作时间与考勤制度的问题；用人单位内部保密薪酬的问题；社保缴纳不规范的问题等。

工作时间："按照用人单位依法制定的考勤制度执行"（考勤制度不得违反国家相关工时的法律法规）。

社会保险：可以填写"依照国家和地方法规缴纳社会保险"，对于有社保特殊要求的人员（如高级管理人员），可以在合同中另行约定。

薪酬待遇：对于有完整的薪酬结构、公开薪酬标准的用人单位，可以在合同中填写具体的薪酬结构与薪酬数额。而对于保密薪酬的用人单位，可以通过一张"定薪、调薪单"来替代。

员工定薪审批表（适用于保密薪酬企业）					
个人基本资料	姓名		出生年月		
	任职部门			现任岗位	
	毕业学校				
	专业			学历	
	拟调整（定）薪资标准	月固定工资		月（年）奖	
		补助标准：			
		执行时间：			
调（定）薪理由（工作业绩等）：					
部门主管签名：					
一级领导审批 签名：			日期：		
二级领导审批 签名：			日期：		
最终审批 签名：			日期：		
员工签名确认：					

社会保险缴纳应注意的问题如下。

（1）由于员工在试用期内流动比较大，许多企业都实行员工转正后开始缴纳社保，建议"员工转正后，从入职之日起开始缴纳社会保险"。

（2）员工主动书面提出不缴纳社会保险申请的，在法律上是无效的。原因是：社会保险是"法定双向强制"缴纳。员工书面提出的申请是建立在违法的前提下，法律不保护违法行为，不采纳违法证据。

（3）为避免员工入职而未投保发生工伤风险，建议在员工入职当月就缴纳工伤保险或及时提供社保缴纳名册给社保机构。

劳动合同模板：

劳 动 合 同

合同编号：_____

甲　　方：_____

乙　　方：_____

签订日期：____年____月____日

合同双方当事人基本情况

甲方名称：

类型：（行政机关，事业单位，国有、民营、外资、合资、港澳台企业，会计师或律师事务所，个体经济组织、社会团体、民办非企业单位（如协会）、基金会、其他依法登记注册成立的单位等。

法定代表人（或主要负责人）或委托代理人：

注册地址：

经营地址：

乙方姓名：

性别：

户籍类型（非农业、农业）：

居民身份证号码：

其他有效证件名称：证件号码：

家庭住址：邮编：

本地居住地址：邮编：

户口所在地：省（市）区（县）街道（乡镇）

合同正文

根据中华人民共和国《劳动法》《劳动合同法》及相关法律法规的规定，甲乙双方经平等协商，一致同意签订本合同。

一、劳动合同期限

第一条　本合同期限类型：为以下第____种。

（一）固定期限：合同期限为____年，自____年__月__日起至____年__月__日止。其中，试用期为__个月，自____年__月__日起至____年__月__日止（第一次签订合同填写试用期）。

（二）以完成一定工作为期限：自____年__月__日起至工作任务完成结束时止。其中，工作完成标志为_____。

（三）无固定期限：自____年__月__日起。其中，试用期为个月，自年月日起至年月日止（第一次签订合同填写试用期）。

二、工作内容、工作条件和工作地点

第二条　甲方安排乙方从事（岗位）工作。乙方的工作应达到甲方依法制定的该岗位职责和标准。如果乙方的工作不能达到甲方制订的该岗位工作职责和标准，甲方视乙方为不能胜任本岗位工作，甲方经过调整乙方工作岗位后，乙方仍不能达到调整后甲方制定的岗位工作职责和标准的，甲方将按本合同第三十三条处理。

第三条　根据甲方整体工作计划，甲方可以安排乙方从事甲方下属各分子公司（岗位）工作，乙方愿意服从甲方的工作安排。

第四条　乙方的工作地点为：_____，根据甲方的工作需要，经甲乙双方协商同意，可以变更乙方工作地点。

三、劳动保护和劳动条件

第五条　甲方依法建立健全规章制度，制订劳动卫生安全、生产工艺、操作规程和工作规范。甲方对可能产生职业病危害的岗位，应当向乙方履行告知义务，并做好劳动过程中职业危害预防工作。

第六条　甲方为乙方提供必要的劳动条件及安全卫生的工作环境，并依照企业生产经营特点及有关规定向乙方发放劳保用品和防暑降温用品。

四、劳动报酬

第七条　甲方与乙方沟通确定的劳动报酬，通过乙方填写的《定、调薪审批单》执行标准。

1. 乙方的报酬在试用期内为月薪（见《定、调薪审批单》附件），转正后甲方根据乙方的工作能力及表现重新确定报酬，甲方可以根据乙方工作业绩调整乙方报酬。

2. 根据甲方工作需求或乙方实际工作能力，对乙方工作岗位调整后，其工资参照同岗位、同工种、同职务的标准执行。甲方根据本企业经济效益状况和当地生活物价变动情况适当调整乙方工资。

3. 甲方于每月____日前以法定货币支付乙方工资，如遇休息日应提前支付。

4. 甲方生产任务不足使乙方待工的，甲方支付乙方的月生活费为元或按乙方固定工资70%标准发放（不低于当地最低工资标准）。如乙方在待工期间到其他单位兼职，须书面征得甲方同意，并将乙方每月生活补贴调整为_____元可兼职，否则视乙方违反配合同，应当退还甲方发放的生活费并承担甲方经济损失。当乙方接到甲方复工通知时，应该在五个工作日内返回甲方报到，否则甲方将根据考勤制度对乙方进行处理。

五、劳动纪律

第八条　乙方应遵守甲方依法制定的规章制度：严格遵守劳动卫生安全、生产工艺、操作规程和工作规范，爱护甲方财产，遵守职业道德，积极参加甲方组织的各项培训，提高思想觉悟和职业技能。

第九条　乙方违反劳动纪律和规章制度，甲方或下属分子公司可给予纪律处分，属于严重违反规章制度的，甲方有权解除本合同。

第十条　乙方违反《劳动合同法》的规定解除劳动合同，或者违反本合同约定的保密义务或者竞业限制，给甲方造成损失的，应当承担赔偿责任。

六、工作时间、休假及请假

第十一条　工作时间

1. 甲方根据乙方的岗位，确定乙方执行下列第__种工时制度：

（1）标准工时制度。

（2）不定时工时制度或综合计算工时制度（__（月、季、年），综合计算工时不得超过__小时）。

2. 乙方因岗位变动后，其工时按新岗位的工时制度执行。

3. 实行标准工时制度的，甲方安排乙方延长工作时间或者在休息日、法定休假日工作的，应依法安排乙方补休或支付相应工资报酬。

第十二条　乙方享有下列休假待遇：国家规定的法定节假日和工休日为有薪假日，节日逢工休日，应当补假。

第十三条　乙方因婚、丧、疾病或者其他正当理由，需请假者，应当提交有效证明，向甲方主管报批后才能休假，休假薪资按甲方的管理制度办理。

七、保险福利待遇

第十四条　甲、乙双方应按国家和本地区社会保险的有关规定缴纳社会保险费用。

第十五条　乙方患病或非因工负伤，医疗等费用按国家规定及甲方《医疗费用管理办法》执行。

八、教育培训

第十六条　甲方根据经营状况及提高乙方工作技能的需要，有权安排乙方进行教育培训；培训期间的待遇按照甲方管理制度办理，乙方应当接受甲方的安排。

第十七条　甲方因生产经营（工作）需要，使用专项培训费用（含学费、交通费、住宿费、考察及培训期间的工资等费用）送乙方参加专业技术培训，培训结束后，乙方应当继续为甲方服务。服务期限由乙方双方共同确定，如乙方违反服务期限的约定，乙方除赔偿专项培训费用总额外，还应当支付未履约期限的违约金____元给甲方。

九、权利和义务

第十八条 在劳动合同签订之前，甲方有权了解乙方与劳动合同直接相关的基本情况，包括但不限于劳动者的学历、履历、资格或任职证书（明）以及以前劳动关系是否解除或终止等，劳动者应当如实说明，并应书面承诺其真实性。若因故意漏报、隐瞒前述基本情况，骗得甲方签订劳动合同，经甲方查出或被原单位追诉的，视为乙方的欺诈行为并导致甲方的严重误解，甲方有权依法申请认定本合同自始无效，由此给甲方造成的损失，应由乙方全额承担。

第十九条 乙方在合同期内，属于其岗位职务行为或主要利用甲方的物质技术条件所产生的所有专利、版权和其他知识产权归甲方所有，乙方无权进行商业性开发。

第二十条 双方签订本合同后，乙方不得在合同期内再受聘其他任何单位从事与甲方相同或类似或有竞争冲突的业务。

第二十一条 乙方必须遵守甲方制定的规章制度、听从指挥、服从分配；严格遵守劳动安全卫生、生产工艺、操作规程和工作规范；爱护甲方的财产、遵守职业道德。

第二十二条 乙方应当无条件保守甲方的商业秘密，不得利用甲方的商业秘密为本人或者其他经济组织和个人谋取不正当的经济利益，不得向任何单位、组织和个人泄露甲方的商业秘密，如乙方违反该项义务，乙方应当按照《商业秘密保护合同》相关规定，赔偿甲方的经济损失和支付违约金给甲方，违约金为甲方工作期间 12 个月工资。

第二十三条 乙方在本合同上签字后即视为甲方已经对本公司的商业秘密采取了必要的保密措施。

第二十四条 除经甲方书面同意外，乙方不得在甲方以外兼职，如有违反，甲方有权辞退乙方，乙方不得主张经济补偿，同时乙方还应当赔偿甲方因此所受到的损失。

第二十五条 乙方办理离职手续时，应将其所占有、管理的甲方知识产权和商业秘密的附着物或样品交还给甲方，否则视为泄露甲方商业秘密。乙方承诺在离职后两年内不得向其他单位、组织和个人提供其所知的甲方商业秘密，否则视为乙方泄露甲方的商业秘密，乙方应当按照《商业秘密保护合同》相关规定，赔偿甲方的经济损失和支付违约金给甲方，违约金为甲方工作期间 12 个月工资。

第二十六条 乙方在离职后两年内不得到与甲方生产和经营同类产品、从事同类业务的有竞争关系的其他用人单位工作，并且不得自己开业生产或者经营同类型产品、从事同类业务；如果乙方违反该约定，应当支付乙方在甲方工作期间 12 个月工资的违约金给甲方（本条适用于公司高级管理人员、高级技术人员和其他负有保密义务的人员）。

第二十七条 甲方可依法自行制定公司管理制度；合同订立时的客观情况发生变化致使合同无法履行，甲方可以根据公司经营状况的需要及时调整本合同及合同附件的内容；但上述规章制度和调整后的合同或者附件内容应公示给乙方。

第二十八条 乙方应保证不隐瞒和欺骗甲方，并已经办妥与原单位的离职或停薪留职手续并且时间不少于本合同期限，保证与原单位没有任何利害关系，否则因此所产生的一切纠纷和责任由乙方自行承担，甲方不承担任何责任；如果甲方由此遭到损失，乙方应当承担全部赔偿责任。

第二十九条 乙方为甲方的服务期自_____年___月___日至_____年___月___日。乙方违反服务期约定的，应承担违约金为：_____。

第三十条 乙方的竞业限制期限自_____年___月___日至_____年___月___日。竞业限制的范围为：_____。乙方违反竞业限制约定的，应承担违约金为：乙方在甲方工作期间 12 个月工资。

十、劳动合同的变更、解除、续订

第三十一条 订立本合同所依据的客观情况发生重大变化，致使本合同无法履行，经甲乙双方协商同意，可以变更本合同相关内容。

第三十二条 乙方有下列情形之一，甲方可以解除本合同：

1. 在试用期内发现乙方不符合录用条件的；
2. 严重违反劳动纪律或规章制度的；
3. 严重失职、营私舞弊，对甲方及下属各子公司利益造成重大损害的；
4. 被依法追究刑事责任的。

第三十三条 下列情形之一，甲方可以解除本合同，但应提前三十日以书面形式通知乙方。

1. 乙方患病或非因工负伤，医疗期满后，不能从事原工作，也不能从事甲方另行安排的工作的；

2. 乙方不能胜任工作，经过调整工作岗位，仍不能胜任工作的；

3. 双方不能依据本合同第十一条规定就变更合同达成协议的。

第三十四条 乙方解除本合同，应当提前三十日以书面形式通知甲方。

第三十五条 有下列情形之一，乙方可以通知甲方解除本合同：

1. 在试用期内提前三日的；

2. 甲方以暴力、威胁或非法限制人身自由的手段强迫劳动的；

3. 甲方不能按照本合同规定支付劳动报酬或者提供劳动条件的。

第三十六条 本合同期限届满，甲、乙双方经协商同意，可以续订劳动合同。若本合同期限届满，甲乙双方均未提出异议，视为本合同的延续。

十一、经济补偿与赔偿

第三十七条 解除劳动合同的经济补偿按劳动部及本地区有关规定执行。

第三十八条 解除劳动合同时，乙方应按规定办理好一切交接手续，如不与甲方办理交接手续，擅自离岗，由此造成甲方及下属各子公司的一切损失，乙方应当承担全部赔偿责任。

第三十九条 乙方违反本合同约定的条件解除劳动合同或解除劳动合同以后泄露公司的商业秘密，对甲方及下属各公司造成损失的，应承担赔偿责任。

第四十条 乙方违反本合同约定的条件解除本合同或由于乙方原因订立的无效合同，给甲方造成经济损失的，应按损失的程度承担赔偿责任。

十二、法律责任

第四十一条 甲方不承担乙方与原工作单位的一切纠纷造成的损失。

第四十二条 乙方因违法、犯罪行为或因过错造成甲方经济损失，乙方应当承担全部赔偿责任。

十三、其他具体事项

第四十三条 因履行本合同发生纠纷，由甲方所在地劳动争议仲裁委员会及人民法院处理。

第四十四条 甲方管理制度、薪酬制度、员工手册等规章制度作为本合同附件，与本合同具有同等效力。

第四十五条 通知和送达：合同各方因履行本合同而相互发出或者提供的所有书面材料，可直接送达对方或以本合同首部所列明的人员、地址送达。一方如果变更相关的联系方式，则必须提前7个工作日通知相对一方。以邮寄EMS或挂号方式的，投邮之日起的第十个工作日视为送达日。

第四十六条 本合同未尽事宜，国家有规定的，按国家有关规定执行；国家没有规定的，甲、乙双方可以协商修订、补充。

第四十七条 本合同一式两份，甲、乙双方各执一份，甲方盖章、乙方签字后生效。

甲方：　　　　　　　　　　　　　　乙方：

　　　　　　　　　　　　　　　　　　　　　　　年　　月　　日

3.2.4　劳动合同的签订

根据《劳动合同法》规定，用人单位必须在一个月内与入职劳动者签订劳动合同，劳动合同签订应注意以下事项。

（1）建议最好是在入职当日签订，以避免纠纷产生。

（2）必须由劳动者本人亲自当场签订，避免代签（通过笔迹鉴定可鉴别）。

（3）签订合同必须用碳素签字笔，保存时间长（通过笔迹鉴定可鉴别）。

（4）劳动合同如果分成多页，必须在每页下面有员工本人签字（页签），或企业需加盖骑缝章，或合同在一张纸上（正反两面）。

（5）劳动合同附件：如保密协议、培训协议、规章制度、岗位合约等。

3.2.5 避免不签订劳动合同的双倍工资、补偿金风险

根据《劳动合同法》规定，入职超过一个月未与劳动者签订劳动合同，责任在用人单位。因此在一个月内如果劳动者不签订劳动合同，应该书面通知其终止劳动关系。

理由：《劳动合同法实施条例》第六条规定：用人单位自用工之日起超过一个月不满一年未与劳动者订立书面劳动合同的，应当依照《劳动合同法》第八十二条的规定向劳动者每月支付两倍的工资，并与劳动者补订书面劳动合同；劳动者不与用人单位订立书面劳动合同的，用人单位应当书面通知劳动者终止劳动关系，并依照《劳动合同法》第四十七条的规定支付经济补偿。

劳动合同签订环节如图 3-4 所示。

规范面试、合同签订，化解用工责任与风险。

1. 招聘宣传：需符合实际、无职业歧视、内容合法；
2. 面试过程：全面掌握应聘者真实情况、与需求岗位匹配；
3. 资格审查：核对应聘者的主体资格（学历、身份、身体状况、专业等）；
4. 履行义务：告知义务；
5. 签订合同：本人亲自、当场签字、如实填写、不得涂改（合同内容合法——制订符合企业自身的各类劳动合同）；
6. 发放合同：将盖章、企业签字、如实填写完整的合同返还劳动者；
7. 职工名册：备查。

注意： 带病入职、找人代签、如何告知、应聘者材料收集、材料个人签字（入职登记表、合法保障承诺等）。

图 3-4 劳动合同签订环节

3.2.6 劳动合同的续签与变更

劳动合同即将到期，如双方无异议，用人单位应该提前三十天以书面形式通知劳动者续签劳动合同。如双方都忘记而未能及时续签的，在上一个案

例"劳动合同模板"第三十六条有约定。如合同中无约定又未能及时续签，产生劳务纠纷之后，企业要承担未续签劳动合同带来的劳务风险。

为了做好合同管理工作，用人单位应当建立劳动合同台账或通过 EHR 劳动合同管理功能，设置提前三十天提醒即将到期劳动合同的续签工作。

劳动合同管理台账

劳动合同管理台账表																				
单位：XXXX																		日期： 年 月 日		
序号	编码	姓名	性别	部门	身份证	年龄	入职时间	毕业时间	毕业院校	专业	联系电话	实际工作岗位	合同岗位	工作地点	合同种类（全日制、非全日制、以完成一定工作量）	是否参保	家庭住址	第一合同期 起 止	变更、解除、终止续订情况	第二合同期 起 止	保存地点	备注

劳动合同续订书

劳动合同续订书

经甲、乙双方协商一致，同意续订年月日签订的劳动合同。续订合同期限为：自_____年____月____日至_____年____月____日止。

甲方（公　章）　　　　　乙方（签字或盖章）

年　　月　　日

经甲、乙双方协商一致，同意续订年月日签订的劳动合同。续订合同期限为：自_____年____月____日至_____年____月____日止。

甲方（公　章）　　　　　乙方（签字或盖章）

年　　月　　日

劳动合同变更书

经甲乙双方协商一致，对本合同做以下变更：

1.

2.

3.

甲方（公　章）　　　　　乙方（签字或盖章）

年　　月　　日

3.2.7 劳动合同的中止、终止和解除

在《劳动合同法》第四章中，对"劳动合同的解除和终止"做了详细阐述。

第三十六条　用人单位与劳动者协商一致，可以解除劳动合同。

注解：虽没有时间约束，但在发生纠纷时，需提供双方签字协商一致的文书，所以建议用人单位协商一致必须签订协议。如果用人单位先提出协商，则用人单位需要支付补偿金。

第三十七条 劳动者提前三十日以书面形式通知用人单位，可以解除劳动合同。劳动者在试用期内提前三日通知用人单位，可以解除劳动合同。

注解：劳动者只需要提前三十日书面通知用人单位，即可在三十日后任何时候解除劳动关系。而在试用期，可以不需要书面通知，提前三日即可。此条用人单位不必支付补偿金。

第三十八条 用人单位有下列情形之一的，劳动者可以解除劳动合同：

（一）未按照劳动合同约定提供劳动保护或者劳动条件的；

（二）未及时足额支付劳动报酬的；

（三）未依法为劳动者缴纳社会保险费的；

（四）用人单位的规章制度违反法律、法规的规定，损害劳动者权益的；

（五）因本法第二十六条第一款规定的情形致使劳动合同无效的；

（六）法律、行政法规规定劳动者可以解除劳动合同的其他情形。

用人单位以暴力、威胁或者非法限制人身自由的手段强迫劳动者劳动的，或者用人单位违章指挥、强令冒险作业危及劳动者人身安全的，劳动者可以立即解除劳动合同，不需事先告知用人单位。

注解：这条叫"用人单位过错"，《劳动合同法》的立法特点就是体现"谁犯错谁负责"的原则，必须支付补偿金。

第三十九条 劳动者有下列情形之一的，用人单位可以解除劳动合同：

（一）在试用期间被证明不符合录用条件的（需提供不符合录用条件证明）；

（二）严重违反用人单位的规章制度的（用人单位需有详细规章制度，并证明劳动者知晓）；

（三）严重失职，营私舞弊，给用人单位造成重大损害的（用人单位需有重大损害的定义）；

（四）劳动者同时与其他用人单位建立劳动关系，对完成本单位的工作任务造成严重影响，或者经用人单位提出，拒不改正的（兼职不被允许，但用人单位必须提供证据）；

（五）因本法第二十六条第一款第一项（以欺诈、胁迫的手段或者乘人之危，使对方在违背真实意思的情况下订立或者变更劳动合同的）规定的情形致使劳动合同无效的；

（六）被依法追究刑事责任的。

注解：这条叫"劳动者过错"。但用人单位必须提供证据，证明劳动者存在过错。这就提醒从事劳动人事管理的 HR 们，必须在日常工作中建立制度、明确标准、保留考核奖惩等纸质资料，建立完整的劳动合同档案管理。

例如：

1．如何证明劳动者在试用期内不符合录用条件？

答：岗位的录用条件必须合法、明确、详细，最好还有劳动者本人的签字（在岗位录用书上签字）。

2．当劳动者违反单位规章制度时，如何体现"严重"的标准？

答：用人单位必须下发"严重违反规章制度"的明确详细文件，并组织员工学习。

案例：2007 年 6 月 29 日《劳动合同法》出台，7 月 27 日中石化通过了《安全生产十条禁令》。

2007 年 7 月 27 日，集团公司将《中国石油化工集团公司安全生产禁令（试行）》印发各企事业单位。这是集团公司贯彻落实科学发展观，坚持安全发展，坚持以人为本，坚持从严治企，减少一般事故，防止和避免重特大事故发生的重要举措。

《禁令》根据《中华人民共和国安全生产法》和《中华人民共和国劳动法》等有关法律法规和集团公司安全监督管理规定制定，禁令主要内容是：

一、严禁在禁烟区域内吸烟、在岗饮酒，违者予以开除并解除劳动合同。

二、严禁高处作业不系安全带，违者予以开除并解除劳动合同。

三、严禁水上作业不按规定穿戴救生衣，违者予以开除并解除劳动合同。

四、严禁无操作证从事电气、起重、电气焊作业，违者予以开除并解除劳动合同。

五、严禁工作中无证或酒后驾驶机动车，违者予以开除并解除劳动合同。

六、严禁未经审批擅自决定钻开高含硫化氢油气层或进行试气作业，违者对直接负责人予以开除并解除劳动合同。

七、严禁违反操作规程进行用火、进入受限空间、临时用电作业，违者给予行政处分并离岗培训；造成后果的，予以开除并解除劳动合同。

八、严禁负责放射源、火工器材、井控坐岗的监护人员擅离岗位，违者给予行政处分并离岗培训；造成后果的，予以开除并解除劳动合同。

九、严禁危险化学品装卸人员擅离岗位，违者给予行政处分并离岗培训；造成后果的，予以开除并解除劳动合同。

十、严禁钻井、测录井、井下作业违反井控安全操作规程，违者给予行政处分并离岗培训；造成后果的，予以开除并解除劳动合同。

员工违反上述禁令，造成严重后果的，对所在单位直接负责人、主要负责人给予警告直至撤职处分；对违章指挥、违规指使员工违反上述禁令的管理人员，给予行政警告直至撤职处分；造成严重后果的，予以开除并解除劳动合同。员工违反上述禁令或管理人员违章指挥、违规指使员工违反上述禁令，导致发生上报集团公司重大事故的，按照《中国石化集团公司安全生产重大事故行政责任追究规定（试行）》对企业有关领导予以责任追究。

第四十条　有下列情形之一的，用人单位提前三十日以书面形式通知劳动者本人或者额外支付劳动者一个月工资后，可以解除劳动合同：

（一）劳动者患病或者非因工负伤，在规定的医疗期满后不能从事原工作，也不能从事由用人单位另行安排的工作的；

（二）劳动者不能胜任工作，经过培训或者调整工作岗位，仍不能胜任工作的；

（三）劳动合同订立时所依据的客观情况发生重大变化，致使劳动合同无法履行，经用人单位与劳动者协商，未能就变更劳动合同内容达成协议的。

注解：用一个月工资可替代提前三十日的条件，叫"代通知金"，此条用人单位必须支付补偿金。

第四十一条　有下列情形之一，需要裁减人员二十人以上或者裁减不足二十人但占企业职工总数百分之十以上的，用人单位提前三十日向工会或者全体职工说明情况，听取工会或者职工的意见后，裁减人员方案经向劳动行政部门报告，可以裁减人员：

（一）依照企业破产法规定进行重整的；

（二）生产经营发生严重困难的；

（三）企业转产、重大技术革新或者经营方式调整，经变更劳动合同后，仍需裁减人员的；

（四）其他因劳动合同订立时所依据的客观经济情况发生重大变化，致使劳动合同无法履行的。

注解：此条被称为"经济性裁员"，是企业良性经营的一种有效措施，但必须依照法律法规开展。主要体现在"提前三十日""向工会或全体职工说明""经向劳动部门报告"三个方面，在确保劳动者利益的同时，又保障了企业的稳健经营。

第四十二条　劳动者有下列情形之一的，用人单位不得依照本法第四十条、第四十一条的规定解除劳动合同：

（一）从事接触职业病危害作业的劳动者未进行离岗前职业健康检查，或者疑似职业病病人在诊断或者医学观察期间的；

（二）在本单位患职业病或者因工负伤并被确认丧失或者部分丧失劳动能力的；

（三）患病或者非因工负伤，在规定的医疗期内的；

（四）女职工在孕期、产期、哺乳期的；

（五）在本单位连续工作满十五年，且距法定退休年龄不足五年的；

（六）法律、行政法规规定的其他情形。

注解： 此条保护"弱势劳动者"的合法权益，只针对第四十、四十一条。对于第三十九条，当弱势劳动过错时（严重违反企业规章制度、欺骗、试用期不符合录用条件等），并不予以保护。

第四十四条　有下列情形之一的，劳动合同终止：

（一）劳动合同期满的；

（二）劳动者开始依法享受基本养老保险待遇的；

（三）劳动者死亡，或者被人民法院宣告死亡或宣告失踪的；

（四）用人单位被依法宣告破产的；

（五）用人单位被吊销营业执照、责令关闭、撤销或者用人单位决定提前解散的；

（六）法律、行政法规规定的其他情形。

注解： 解释终止劳动合同的 6 种情况。HR 在制定内部管理制度的时候，必须按照法律的描述制定，否则就会有漏洞。如将"终止"描述成"中止"，那么就可能造成法条的无法引用。

第四十五条　劳动合同期满，有本法第四十二条规定情形之一的，劳动合同应当续延至相应的情形消失时终止。但是，本法第四十二条第二项规定丧失或者部分丧失劳动能力劳动者的劳动合同的终止，按照国家有关工伤保险的规定执行。

注解： 当劳动合同期满，在职业病康复期、职业病医学观察期、三期（孕期、产期、哺乳期）、工伤规定医疗期、连续工龄 15 年距法定退休年龄不足 5 年，不适用合同期满终止条款。

第四十六条　有下列情形之一的，用人单位应当向劳动者支付经济补偿：

（一）劳动者依照本法第三十八条规定解除劳动合同的（用人单位过错的）；

（二）用人单位依照本法第三十六条规定向劳动者提出解除劳动合同并与劳动者协商一致解除劳动合同的（用人单位先提出协商并达成一致的）；

（三）用人单位依照本法第四十条规定解除劳动合同的（职工患病不能胜任、职工能力不能胜任、合同发生重大变化三种情况）；

（四）用人单位依照本法第四十一条第一款规定解除劳动合同的（经济性裁员）；

（五）除用人单位维持或者提高劳动合同约定条件续订劳动合同，劳动者不同意续订的情形外，依照本法第四十四条第一项规定终止固定期限劳动合同的（劳动合同期满，用人单位不同意续订的）；

（六）依照本法第四十四条第四项、第五项规定终止劳动合同的；

（七）法律、行政法规规定的其他情形。

注解：用人单位需要支付补偿金主要有以下几种情况：

（1）用人单位过错——第三十八条；

（2）用人单位先提出协商并达成一致——第三十六条；

（3）经过两次（含）以上换岗，职工患病不能胜任、职工能力不能胜任——第四十条；

（4）劳动合同发生重大变化——第四十条（如因城市规划需要，工厂迁移）；

（5）经济性裁员——第四十一条；

（6）劳动合同期满，非劳动者提出不续订合同的——第四十四条；

（7）用人单位被吊销营业执照、责令关闭、撤销或用人单位决定提前解散的——第 44 条。

第四十七条 经济补偿按劳动者在本单位工作的年限，每满一年支付一个月工资的标准向劳动者支付。六个月以上不满一年的，按一年计算；不满六个月的，向劳动者支付半个月工资的经济补偿。

劳动者月工资高于用人单位所在直辖市、设区的市级人民政府公布的本地区上年度职工月平均工资三倍的，向其支付经济补偿的标准按职工月平均工资三倍的数额支付，向其支付经济补偿的年限最高不超过十二年。

注解：本条所称月工资是指劳动者在劳动合同解除或者终止前十二个月的平均工资。《劳动合同法》取消了高额经济补偿金，最高限额为：$12 \times 3 \times$ 当地上年度职工月平均工资。

第四十八条 用人单位违反本法规定解除或者终止劳动合同，劳动者要求继续履行劳动合同的，用人单位应当继续履行；劳动者不要求继续履行劳动合同或者劳动合同已经不能继续履行的，用人单位应当依照本法第八十七条规定支付赔偿金。

第八十七条 用人单位违反本法规定解除或者终止劳动合同的，应当依照本法第四十七条规定的经济补偿标准的两倍向劳动者支付赔偿金。

3.3 入职管理

入职过程，是劳动者与用人单位建立劳动关系的重要过程。一个新人开始到一家企业，大脑记录内容是一片空白，如果能给新人留下良好的入职印象，对该劳动者在企业有个好的职业过程会有很大的帮助。

3.3.1 入职流程

入职流程如图 3-5 所示。

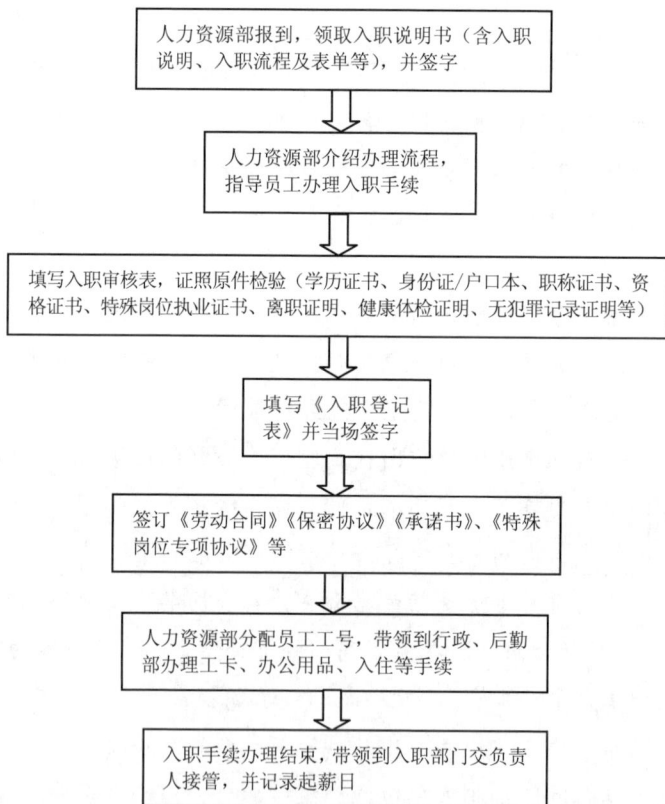

图 3-5　入职流程

入职表单如下：

员工入职审核表

员工姓名：　　　办理时间：_____年_____月_____日

聘用部门：　　　聘用岗位：

约定到岗时间：　　　年　月　日					实际上岗时间：　年　月　日	
试用期时间：　　　年　月　日至　　　年　月　日						
员工入职手续办理情况	制度与文化测试成绩	优	良	及格	差	审核或说明
	入职办理事项	入职登记表填写				人事专员审核： 签字：　　　　　年　月　日
		学历证复印件				
		身份证复印件				
		劳动合同签订				
		商业秘密保护合同签订				
		员工承诺书签订				
		健康体检报告				
		照片 4 张				
		工号、工卡办理				
用人部门负责人意见： 签字：　　　　　时间：						
人力资源部负责人意见： 签字：　　　　　时间：						
分管领导审核意见： 签字：　　　　　时间：						
总经理审批意见： 签字：　　　　　时间						

新员工入职登记表

基本资料：

姓名		性别		籍贯		婚否		
出生年月		民族		健康状况		政治面貌		照片
最高学历		毕业学校						
毕业时间		专业				职称		
户口所在地				身份证号码				
家庭住址				家庭电话				
E-mail				手机号码				
紧急联络人	姓名：		联系方式：		联系地址：			

家庭主要成员：

姓　名	关系	就业状况	工作/学习/家庭地址	联系电话

续表

工作经历（请从最近工作经历写起）:

时　间	服务单位名称	职务详称及主要职责	证明人及电话

教育及培训（本表学历指大专及以上学历，请先写最高学历；培训也请先填最近的）:

摘要　科目	期　间	专业或培训课题名称	院校/培训机构简称	获得证书
学历一				
学历二				
到本职前重点培训项目				

入职约定：

1. 在不违反国家法律前提下，本人愿意遵守公司各项规章制度；

2. 本人愿意按公司要求提供各项合法的个人情况证明，并授权公司做出有关本人的各项查询；

3. 本人愿意加盟贵公司任职，愿意服从公司工作分配与调动；

4. 本人确认《入职登记表》所填报一切内容均真实、准确、有效，并承诺如有隐瞒及虚假，本人愿意接受公司解除劳动关系、赔偿公司损失的处理，并承诺无权追究公司任何责任。

入职人签名：　　　　　填表时间：　　年　　月　　日

3.3.2　入职注意事项

（1）健康证明：为避免带病入职与体检作假，用人单位应要求劳动者在入职前在规定的医院（建议是社保指定定点医院）进行入职体验；

（2）证书查验：学历毕业证书可通过学信网查验，或劳动者毕业学校电话、函件、传真查验；

（3）离职证明：上一个工作单位的离职证明，可避免劳动者受竞业限制约束和双重劳动关系等法律风险；

（4）企业规章制度告知：可以通过新员工培训、规章制度自学与测试、员工手册发放等，以公文下发、会议及纪要、个人签字等方式，让员工知晓企业各项规章制度。

（5）员工工作档案建立：入职登记表、劳动合同、身份证复印件、相关证书复印件、员工照片、保密协议、岗位合约（绩效）、任命书、奖惩记录、培训记录、考勤记录、职务变化记录、薪酬变化记录、岗位变化记录、个人工作材料（工作报告、总结、说明、检讨）等。

（6）入职培训：组织新入职员工开展公司介绍、组织架构及人员情况、公司的企业文化、薪资福利、人事规章制度、财务相关制度（出差、报销、借款）的培训，让员工快速了解企业。

3.4 离职管理

3.4.1 离职流程

离职管理流程如图 3-6 所示。

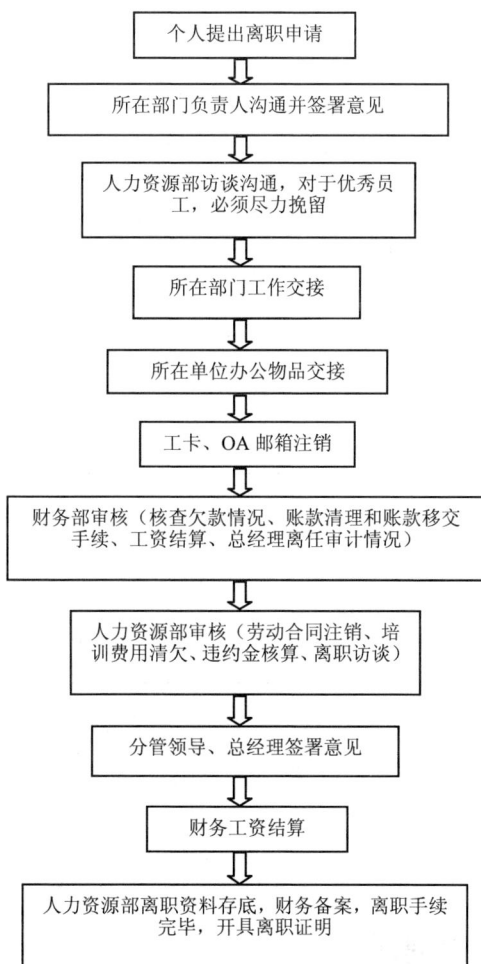

图 3-6　离职流程

3.4.2 离职表单

离职表单见表 3-1。

表 3-1 员工离职审批表

姓　　名		部门及岗位		到岗时间	
停职时间		家庭住址		联系电话	
本人申请 辞职原因			本人申请签名：　　　　时间：		
所在部门 意见			部门负责人：　　　　时间：		
工作移交及费用清欠	工作项目、物品、资料移交	接交人签名：		监交人签名：	
		（另附详细工作交接清单一份）			
	人力资源意见	1. 工卡、OA 及邮箱注销： 2. 劳动合同是否注销： 3. 培训费用清欠。 　　　　　　　　　签名：　　　　时间：			
	财务清欠情况	应收账款清理情况： 其他债权债务清理情况： 　　　　　　　财务主管签字：　　　　时间：			
	行政清欠	办公用品： 办公设备： 其他： 　　　　　　　行政主管签字：　　　　时间：			
分管领导意见			签名：　　　　时间：		
总经理意见		（中层以上由总经理审批）　　签名：　　　　时间：			
薪酬结算			薪酬主管签名：　　　　时间：		
知晓并确认：本人与公司所有有关工资、奖金、加班、补偿等情况均已清算完毕，确认不存在其他争议。					
（办理完毕）离职人签名：　　　　　　　　　　　时间：					

3.4.3 工作交接清单

工作交接清单见表 3-2。

表 3-2　工作交接清单

序号	交接内容	备注

移交人：　　　　　接交人：　　　　监交人：

时间：　　年　　月　　日

3.4.4　员工离职面谈表

员工离职面谈表见表 3-3。

表 3-3　员工离职面谈表　　　　　年　　月　　日

姓　　名		部门及岗位		到岗时间	
停职时间		家庭住址		联系电话	
离职的真正原因					
对公司最不满意之处					
认为公司哪些方面需要改进					
如果有可能是否愿意回到公司工作					

注：本面谈由人力资源部与离职人进行。

本人（签字）：　　　　面谈人（签字）：

时间：　　年　　月　　日

3.4.5 劳动关系解除种类

（1）辞职：劳动者因个人原因辞去工作，须提前30日书面通知用人单位，可解除劳动关系。

（2）辞退：劳动者不能胜任岗位工作，经下岗培训换岗后仍不能胜任工作的，用人单位提前30日通知可解除劳动关系。

（3）开除：劳动者因严重违反规章制度、违法犯罪行为、严重失职营私舞弊造成重大损害等情况，用人单位可要求劳动者自通知日起离开，离职交接手续可由专人监督办理。

（4）自行离职：未办理任何请假、离职、休假等手续而自行离开工作岗位超过公司规定时间的（如旷工多少天以上），按自行离职处理。劳动者自行离职，用人单位可追诉由于劳动者缺岗而造成的各种损失。

3.4.6 辞退及辞职原则

（1）应本着合作共赢的原则，控制员工流动过快。

（2）工作成绩优秀员工辞职，单位主管、人力资源部应积极加以疏导和挽留。

（3）员工辞职、辞退以不影响正常工作为前提，工作交接，财物手续齐全、完备，并保证不泄露公司的机密。

（4）员工确实因不能胜任现工作岗位，且不能从事其他岗位工作的才可提出辞退；部门主管应与辞退员工详细说明辞退原因。

3.4.7 离职应注意事项

（1）辞职报告必须由本人亲笔签字提交给部门负责人，部门负责人必须妥善保管好。

（2）离职申请表必须本人填写，按规定逐级审批。

（3）离职涉及经济补偿的，应该签订一份离职协议，注明经济补偿、劳动关系解除和有无纠纷等说明。

（4）离职时需要进行竞业限制的，必须签订竞业协议书，竞业协议及竞业补偿金最好在入职时就洽谈并签订好协议。

（5）离职办理最好由人力资源部实行一站式管理，不要由离职人员自行办理，高级管理人员和关键人员的离职手续由人力资源部指定专人亲自办理。

（6）移交手续内容如下：

① 工作移交：原岗位保管及办理中的文件、资料等，列入"员工离职交接清单"，移交指定交接人，并应将正在开展的工作、已办而未结案的事项等交接清楚。

② 物品移交：领用设备、工具、办公用品等需交还，应移交指定交接人或指定部门。

③ 接交人：移交时由直属主管指定交接人交接。

④ 监交人：移交过程由直属主管监交，并在"员工离职交接清单"签字确认，发现问题及时更正，如离职者正式离职后发现财物、资料等有亏欠未清，应由单位（部门）主管负责追索。

⑤ 财务审计：凡从事经营管理岗位的高级管理人员人员离职，必须进行财务审计后方可办理财务结算，并由财务审计人员出示审计报告，确保公司财务安全。

⑥ 薪金结算：

a．各种移交手续办妥及财物清欠完毕后，方可办理薪金结算和领取结余薪金。

b．离职薪水结算日期以离职者的上级主管批准、宣布或实质离职日期（以考勤为依据）为准。

c．自行离职从离开之日起无任何工资，其未领部分作为给企业的赔偿予以扣除。

3.5 【疑难问题】如何做好违纪员工的管理

违纪违规：

（1）前提：要有违纪违规的管理制度（建立违纪认定标准）。

（2）员工知晓违纪违规的制度（通过讨论、公告、培训等方式）。

（3）要有违纪违规的过程记录（证据：照片、录音、视频、旁证等）。

（4）要有处理的依据，且处理不能违法（公正、公平、公开）。

（5）要有申诉沟通的渠道（公平保证）。

（6）建议处理部门与监督部门分开，可以缓解矛盾。

（7）安抚情绪，避免无理取闹，较大事件应提前加强与当地政府相关职能部门的沟通。

根据薪酬制度，处罚员工后，当月收入不得低于当地最低工资标准。

重点：做好违纪违规的行为预防，成本最低，损失最小，达成双赢。

图 3-7 所示为员工违纪违规的处理过程。

重点提示：在劳动关系管理工作中，"制度建设"对于 HR 来说显得越来越重要。《劳动合同法》第三十九条第二款明确规定，"劳动者严重违反用人单位的规

图 3-7　员工违纪违规的处理过程

章制度的"，用人单位可以解除劳动合同。根据第第四十六条规定，向劳动者支付经济补偿金，不包括第三十九条，从而得出结论：当劳动者"严重违反用人单位规章制度"的，用人单位与其解除劳动关系不需要支付补偿金。所以"严重违反用人单位规章制度"成为了处理劳动者违纪违规、造成企业损失、防范劳动者违规风险的最有效措施。

《劳动合同法》自 2008 年 1 月 1 日实施。2008 年 1 月 5 日月，中华人民共和国国务院第 516 号令第 17 项，废止了《企业职工奖罚条例》，其内容被被《劳动法》《劳动合同法》代替。《企业职工奖罚条例》于 1982 年 4 月 10 日公布并实施，是我国市场经济环境下对国有、大集体企业建立管理制度的依据与标准。之所以将其废止，是因为这部条列已经不能适应市场经济企业管理的需要，同时与《劳动法》《劳动合同法》相关内容产生冲突。这部条列废止，意味着有关员工的《奖罚管理制度》的制定权由企业依法自行完成，研究《企业职工奖罚条例》，对于现代人力资源管理将有着非常重要的现实操作意义。

《企业职工奖惩条例》废止后，为充分体现"奖罚分明"的原则，用人单位可以通过多种方法对劳动者行使管理权，调动劳动者的主观能动性和提高劳动者的工作积极性：

1. 用人单位在规章制度中，可建立"月季度奖金或年终综合考评奖金"管理办法，将"考勤、生产、安全、品质、劳动纪律"等多个方面，采用计分制完成考核。

2. 根据《（原）劳动部关于贯彻执行〈中华人民共和国劳动法〉若干问

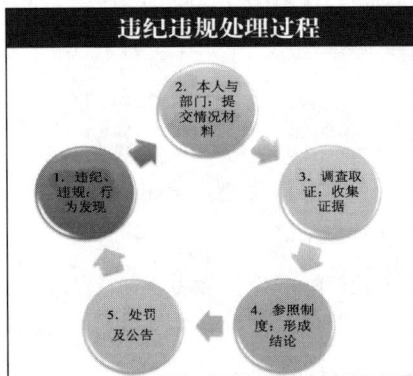

题的意见》，"在劳动合同中,双方当事人约定的劳动者在未完成劳动定额或承包任务的情况下,用人单位可低于最低工资标准支付劳动者工资的条款不具有法律效力"。所以，根据"法不禁止则可行"的原则,用人单位依法制定科学的劳动定额，在规章制度规定或劳动合同中约定当劳动者超额完成定额时给予奖励，没完成定额时可酌情扣减工资(不得低于当地最低工资标准)

3．合理使用企业的管理权有益企业发展和社会稳定。《劳动合同法》实施后，还没有对企业规章制度进行修改的单位，应尽快完善管理制度，以适应依法管理的制度需要。制定符合行业与用人单位自身需要的"严重违反用人单位规章制度"条款，是 HR 必须认真对待的一项关键工作。

3.6 【HR 必知】及时清理企业劳动关系管理过程中隐藏的风险

用人单位为了避免劳动关系的风险，使得劳动关系良性发展，企业必须对劳动关系管理过程中可能存在的问题、隐性的风险进行及时处理。

（1）针对国家法规政策的出台与调整，应及时修订企业的管理制度（如由于个税法、社保法、社保入税等政策，企业应及时修订内部管理制度，以保证内部管理制度与国家政策法规不冲突）。

【案例 3-1】《中国石油化工集团公司安全生产禁令》（同 **3.2.7** 章案例）

（2）劳动关系管理中最好能做到一事一清（事事清）：针对任何可能存在未知风险和争议发生的事情，都可通过制度签字、表单签字、通知签字、邮件发送、快递及挂号送达签收等方式进行证据保全。

【案例 3-2】

在双方签订的《劳动合同》中可约定"乙方（劳动者）应对于甲方（用人单位）按月支付的劳动报酬及时进行核查。乙方（劳动者）对劳动报酬有异议的，应当在工资发放（转入其银行账户）起 10 日内向人力资源部以书面形式提出，逾期未提出异议的，视为劳动者确认甲方（用人单位）已及时足额支付乙方劳动报酬。

（3）定期梳理劳动关系，做到至少每年进行一次清理（年年清）：根据用人单位依法制定的《员工手册》或规章制度，每年年底在发放年度奖金（年度绩效工资、奖金、提成）的同时，对当年度颁布修订的规章制度、员工工作情况、工资发放、加班休假等情况进行统一的确认。

【案例 3-3】

年度奖金发放的时候，可以拟定一份协议或备忘，如员工有异议可提出。

一、公司 20××年度颁布、修订的规章，本人均已知晓并确认同意。

二、本人在 20××年遵守公司各项制度，无任何违规行为，并确认与公司无任何争议发生。

三、本人 20××年度工资劳动报酬均已领取，无未结清款项，所有法定假期均已休息完毕。

四、本人签收到 20××度年终奖金_____元。

乙方（劳动者）签字：

（4）在关键节点时间进行劳动关系的梳理（签约清）：在合同到期续签、变更劳动合同、征求员工续签意见、员工离职等劳动合同情况产生重大变化时，通过双方签字确认在此之前的劳动关系无任何争议或不再追究；确认除双方另有约定外，在此之前相关的劳动报酬、加班工资、年度带薪年休假等均已结清。

【案例 3-4】

合同续签意向书

劳动关系存续期间相关事宜确认：

1. 此前劳动关系存续期间是否有劳动争议等未了事宜？

□ 否

□ 是，并请详细说明情况：

2. 此前劳动关系存续期间是否有尚未结清的劳动报酬、加班工资与带薪年休假等？

□ 否

□ 是，并请详细说明情况：

乙方（劳动者）签字：

（5）解除劳动关系时清理（离职清）：双方可通过签订"离职确认书或备忘录"，来确认劳动关系是否存在问题。

【案例 3-5】

解除劳动关系协议书

甲乙双方就劳动关系解除相关事宜，经友好沟通协商一致，达成以下备忘：

1. 双方协商一致，同意解除劳动关系，××××《劳动合同》自本备忘签字后予以解除。

2. 经乙方（劳动者）确认，甲方（用人单位）给予员工一次性补偿____元（含未结清所有工资）。

3. 双方确认不存在其他争议。

乙方（劳动者）签字：

第 4 章

绩效管理

4.1　什么是绩效管理

绩效管理是以绩效考评制度为基础的人力资源管理的子系统，它表现为一个有序的复杂的管理活动过程。绩效管理是识别、衡量和开发员工个人和团队绩效，并且使这些绩效与组织目标保持一致的一个持续过程。

绩效考评与绩效管理的区别见表 4-1。

表 4-1　绩效考评与绩效管理的区别

绩效考评	绩效管理	绩效考评	绩效管理
判断式	计划式	结果	结果与行为
评价表	过程	人力资源程序	管理程序
寻找错处	结果导向、问题解决	威胁性	推动性
得—失（Win-Lose）	双赢（Win-Win）	关注过去的绩效	关注未来的绩效

绩效管理首先是管理，而不是人力资源部的专利，它涵盖管理的所有职能：计划、组织、领导、协调、控制。同时，绩效管理也是一个持续不断的交流过程，该过程由员工和他的直接主管之间达成的协议来保证完成。绩效管理不仅强调工作结果，而且重视达成目标的过程。在这个过程中，绩效管理经过设定目标、辅导、评价、反馈等阶段，从而使所得到的工作结果更好地为决策者提供管理依据。

4.2　为什么需要绩效管理

1. 组织需要（见图 4-1）

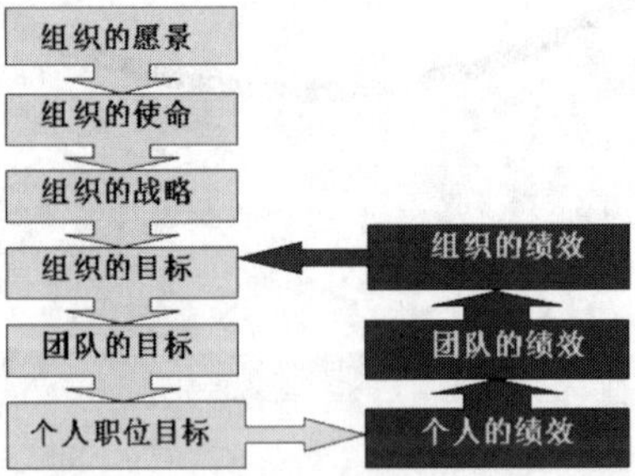

图 4-1　组织需要

2. 管理者需要

组织需要绩效管理，组织的管理者同样需要通过绩效管理手段达到以下具体的管理目的：

- 组织目标的传达。
- 组织目标的分解。
- 传达对员工的工作期望，以及各项工作的衡量标准。
- 了解信息：工作计划、项目执行情况、员工状况。
- 及时发现问题并纠正绩效偏差。

3．员工需要

作为绩效管理的执行层面，员工同样需要通过绩效管理达到绩效的提高，具体表现在以下几个方面：

- 明确自己的绩效责任与目标（做什么、为什么做、结果是什么）。
- 参与目标、计划的制订（组织的要求、目标必须达成的理由）。
- 寻求上司的支持与所需资源（责权、费用、工具、渠道等）。
- 及时获取评价、指导与认同（好不好、是否满意、如何改进偏离）。
- 获取解释的机会（消除误解、解释原因）。

4．绩效管理的分类

绩效管理可以从多个角度进行分类，本书从客观和主观两个方面，将绩效管理按照操作单元和表现形式进行分类。按照操作单元划分，绩效管理可以分为组织绩效、团队绩效、个人绩效；按照表现形式划分，绩效管理可以分为以素质为基础的绩效管理、以行为为基础的绩效管理、以结果为基础的绩效管理。同时通过对绩效管理主观、客观两个层面的了解，可以形成如图 4-2 所示的基本的绩效管理体系。

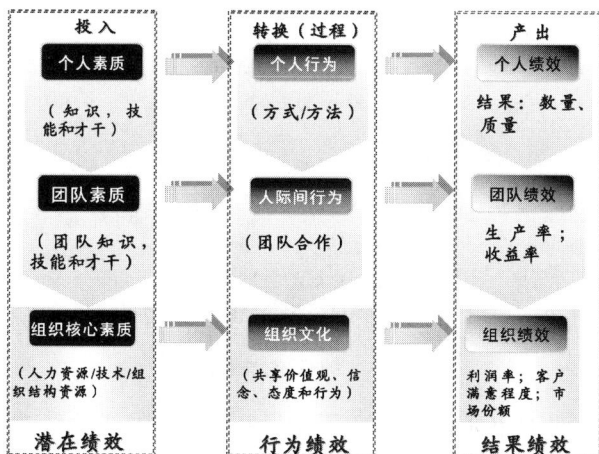

图 4-2　绩效管理体系

在以上绩效管理体系中，对以表现形式进行划分的绩效管理模式，以下细节需要注意：

（1）建立以素质为基础的绩效管理模式，需要依据企业战略确定组织的核心专长和技能，同时寻找产生高绩效的员工，组建高绩效的工作团队，才能持续不断地开发员工的内在潜能。这种绩效管理模式的适应工作有很高的自主性、工作结果很难被量化的工作岗位（如知识型员工、研究型科学家、客户服务员工、健康照顾工作者），他们没有确定的工作任务，属于流动性工作，工作要求自我管理，工作行为不受监督、观察，因而潜在态度被视为和绩效结果同等重要，如服务部门工作和感性工作（歌手、艺术家之类）。

（2）以行为为基础的绩效管理方式，关注的是正确做事的方式方法（达成目标/结果的方法）以及职业化行为（职业化行为标准、职业化工作程序、有效率的工作方法），与结果相比，行为可以更有效、更精确地被度量。

（3）以结果为基础的绩效管理，关注战略、目标与结果，与行为相比，工作成果能够更有效地被度量。

5. 绩效管理的流程和重点

绩效管理不是简单的任务管理，它特别强调沟通、辅导及员工能力的提高；绩效管理不仅强调结果导向，而且重视达成目标，促进员工实现工作目标和个人和谐发展的过程。绩效管理与其他管理一样，有其规范、有效的管理流程，而且绩效管理是一个完善的闭循环管理过程，如图4-3所示。

图4-3 绩效管理的流程

由于绩效管理的核心思想在于不断提升组织和员工的绩效，因此绩效管理的辅导实施阶段和应用开发阶段是绩效管理闭循环的重点，如图4-4所示。

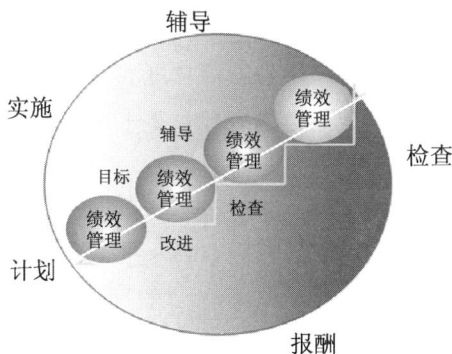

图 4-4　绩效改进循环

6．绩效考评的方法

绩效考评是一种结构化的制度，更多关注的是具体的操作技术，常见的绩效考核方法包括 BSC、KPI、360 度考核、目标管理考核等。

综合平衡记分卡（the Balanced Score Card）是美国哈佛商学院 Robert S. Kaplan 与 David P. Norton 提出的。根据 Gartner Group 的调查资料，到目前为止，在《财富》杂志公布的世界前 1 000 位公司中，有 40%的公司采用了综合平衡记分卡，88%的公司提出综合平衡记分卡对于员工绩效方案的设计和实施是有帮助的。目前综合平衡记分卡正在被我国部分企业接受，并且逐渐开始实施。

企业关键绩效指标（Key Performance Indicator，KPI）是通过对组织内部流程的输入端、输出端的关键参数进行设置、取样、计算、分析，衡量流程绩效的一种目标式量化管理指标，是把企业的战略目标分解为可操作的工作目标的工具，是企业绩效管理的基础。KPI 可以使部门主管明确部门的主要责任，并以此为基础，明确部门人员的业绩衡量指标。建立明确的、切实可行的 KPI 体系，是做好绩效管理的关键。关键绩效指标是用于衡量工作人员工作绩效表现的量化指标，是绩效计划的重要组成部分。

KPI 法符合一个重要的管理原理——"八二原理"。在一个企业的价值创造过程中，存在着"80/20"的规律，即 20%的骨干人员创造企业 80%的价值；而且在每一位员工身上"八二原理"同样适用，即 80%的工作任务是由 20%的关键行为完成的。因此，必须抓住 20%的关键行为，对之进行分析和衡量，这样就能抓住业绩评价的重心。

360 度反馈评价具有全面性的特征，评价者来自不同层面的群体，对被评价者的了解更深入、更全面，得到的信息更准确。但是 360 度反馈评价应当以胜任特征模型为依据，使用范围有限，更多应用于素质测评，不能替代业绩评价。

4.3 导入绩效管理的程序

要导入完整的绩效管理，必然要完成绩效管理的闭循环，同时清楚每个节点上的操作难点，找到行之有效的方法，才能朝着规范管理的目标不断前进，如图 4-5 所示。

图 4-5　导入绩效管理的程序

1．绩效计划阶段

绩效计划阶段要明确绩效考核目标以及衡量绩效目标的标准，如下图所示。在这个过程中，找到目标是重点，设定 KPI 及其标准是关键细节。

如何找到绩效目标呢？绩效目标的来源一般包括以下 3 个渠道。

（1）公司战略和部门目标

通过公司战略和部门目标来确定绩效目标的方式是典型的自上而下的方式，如图 4-6 所示。

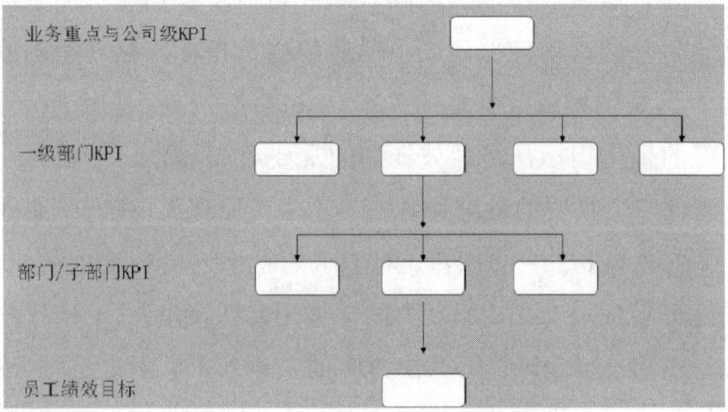

图 4-6　公司战略和部门目标

（2）应负责任

应负责任描述一个岗位在组织中所扮演的角色，即此岗位对组织有什么样的贡献、产出。应负责任依附于岗位，相对比较稳定，除非职位本身从根本上发生了变化。

举例：应负责任与绩效目标之间的关系，见表4-2。

表 4-2　A 地区销售部经理的应负责任、衡量标准（KPI）与绩效目标

应负责任	衡量标准	2019 年度绩效目标
1. 销售策略 　为了不断提高市场占有率，达到公司的销售额和利润指标，制订销售策略	市场占有率、销售额、利润	1. 市场占有率提高 10%
2. 销售目标 　为了完成北方地区的销售任务，制订销售计划，合理调动资源，严格控制价格体系，监督完成销售任务	地区销售总数	2. 地区销售额完成 8 000 万元，挑战目标为 1 亿元
3. 渠道建设 　为了提高所属区域渠道的质量与数量，制定各区核心渠道计划，了解渠道客户的要求，提高渠道复合化	渠道的数量、质量	3. 新开辟三家合作伙伴
4. 利润 　为了达到利润目标，提高销售额，控制价格和销售费用	利润额	4. 销售费用减少 8%
5. 风险控制 　为了降低风险，定期检查各区库存、欠款、租赁的情况并及时进行处理	准备金率	5. 回款目标完成率为 80%

（3）内、外部客户需求

举例：人力资源部秘书，见表4-3。

表 4-3　人力资源部秘书涉及的内、外部客户

涉及的内、外部客户	主要职责与内容
人力资源总监	协助人力资源总监处理日常事务，包括文件编辑、信函处理、客人接待、差旅安排
部门员工	协助人力资源部内部员工处理相关事务，包括文具领用、会议安排、问题咨询
IT 部、财务部	协助公司 IT、财务部门管理部门资产和信息文档，解决 IT 疑问，协助宣传 IT、财务知识

一般而言，员工才是最了解自己所从事的工作的人，员工本人是自己的工作领域的专家，因此在制订工作的衡量标准时应该更多地发挥员工的主动性，更多地听取员工的意见。对于主管担心的上级任务不能得到很好的执行

和对任务挑肥拣瘦的问题，完全可以通过主管与员工的沟通来说服员工接受并转变成自己的承诺。而且员工在得到上级尊重的同时往往也会基于尊重、感激、理解、服从等因素而接受上级安排给的任务，不同的只是把告知的任务下达方式变成参与性的任务下达方式而已。

2．绩效辅导阶段

绩效辅导阶段的关键是信息收集，同时设立好反馈渠道。

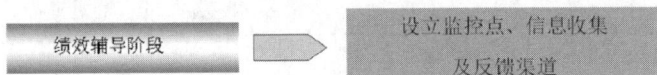

绩效辅导阶段	→	设立监控点、信息收集及反馈渠道

在绩效辅导阶段，主管一定要有耐心，因为收集信息和资料的积累需要时间和技巧。

（1）信息收集的主要目的

● 数据可以提供绩效评价的事实依据。

● 提供改进绩效的有力依据。

● 有助于诊断员工的绩效。

（2）持续的绩效沟通

绩效管理强调员工与主管的共同参与，强调员工与主管之间形成绩效伙伴关系，共同完成绩效目标的过程，如图 4-7 所示。这种员工的参与和绩效伙伴关系在绩效辅导阶段主要表现为持续不断的沟通，同时在进行沟通之前必须明白沟通的意义。

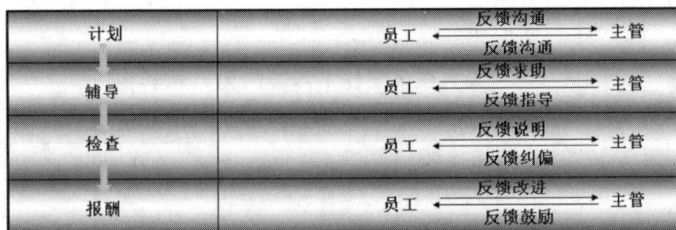

计划	员工	反馈沟通 → 反馈沟通 ←	主管
辅导	员工	反馈求助 → 反馈指导 ←	主管
检查	员工	反馈说明 → 反馈纠偏 ←	主管
报酬	员工	反馈改进 → 反馈鼓励 ←	主管

图 4-7　持续的绩效沟通

① 绩效沟通的意义

对于主管的意义：

● 通过沟通帮助下属提升能力。

● 及时有效的沟通有助于主管全面了解被考核员工的工作情况，掌握工作进展信息，并有针对性地提供相应的辅导、资源。

- 及时有效的沟通有助于主管客观公正地评价下属的工作绩效。
- 有效的沟通有助于提高考核工作的有效性，提高员工对绩效考核、对与绩效考核密切相关的激励机制的满意度。

对于员工的意义：

- 及时有效的沟通有助于发现自己上一阶段工作中的不足，确立下一阶段绩效改进点。
- 以有效沟通为基础进行绩效考评是双方共同解决问题的一个机会，是员工参与工作管理的一种形式。

② 绩效沟通的方式

绩效沟通可以是正式的也可以是非正式的。正式的绩效沟通方式可以是定期书面的报告，比如月度总结；也可以是定期的由经理级以上参加的会议，比如月度例会、年度例会；还可以是一对一的正式面谈。

（3）绩效辅导方法

在绩效辅导阶段，根据员工的能力和状况不同，所采取的绩效辅导方法也是不同的，可以分别采用具体指示、方向引导、鼓励的方式进行辅导，如图 4-8 所示。

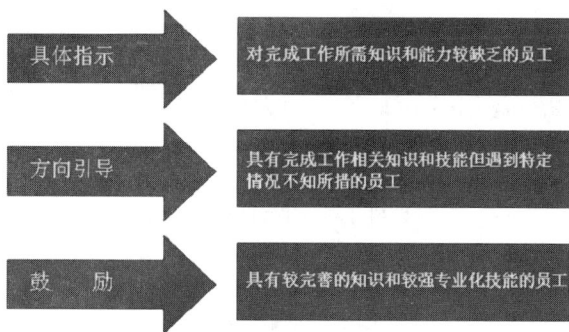

图 4-8　绩效辅导方法

同时在具体的辅导过程中，以下 6 个方面的内容也应该尽量做到位：

- 了解员工的工作进展情况。
- 了解员工所遇到的困难。
- 帮助员工清除工作的障碍。
- 提供员工所需要的培训。
- 提供必要的领导支持和智力帮助。
- 将员工的工作表现反馈给员工，包括正面的和负面的。

3．绩效考评反馈阶段

绩效考评反馈阶段，需要考评者和被考评者对考核目标达成一致，然后根据工作结果找出差距，以明确下阶段目标和改进目标。

绩效考核及反馈阶段 ➡ 考核者与被考核者共同对照考核目标与工作结果，找出差距，明确下阶段绩效目标和改进目标

（1）在绩效考评阶段的主要目的就是提高绩效考评的准确性。绩效评价通常会有不少的误区，我们必须在这个阶段找到解决办法，否则绩效考评将无法继续或者失去作用。在此我们详细列出绩效考评阶段常犯的错误及修正方法，以便大家在实际操作中灵活使用。

① 平均趋势（见图4-9）

平均趋势
（中庸之道）

说明：
考核者不愿或无法确定区分被考核者间的实质差异，使得体现不出差异，也就没有绩效改进

改进方法：
强制比例分布法
对比法

图 4-9　平均趋势

② 晕轮效应（见图4-10）

晕轮效应

说明：
是指考核者对被考核者的某项工作进行评价时，受到对被考核者整体因素的影响。如以往工作表现好，评估给予较高的评价

改进方法：
增加评估次数或作不定期的评估

图 4-10　晕轮效应

③ 刻板影响（见图 4-11）

图 4-11　刻板影响

说明：
是指考核者对被考核者的评价，受到被考核者所属社会团队性质的影响。

改进方法：
实施交叉评估或参考同事评估

④ 极端倾向（见图 4-12）

图 4-12　极端倾向

说明：
是指考核者将业绩评价定在两个极端的倾向，不是失之过宽就是评定太严

改进方法：
统一标准、唯一考核者、考核比例分布与团队业绩挂钩，强制比例法和对比法

⑤ 类似误差（见图 4-13）

图 4-13　类似误差

说明：
是指考核者对和自己相似特征及专长的被考核者给予较高评价，同我者必佳

改进方法：
交叉评估或加大客观指标如财务性指标的权重

⑥ 不适合替代（见图 4-14）

不适合替代

说明：
是指考核者在评估过程中选择不当考核标准来替代。如以年资、热心程度、整洁等非关键因素作为考核标准，或以个人主观观点代替客观标准（记录、工作成果等）作为评价标准

改进方法：
严格执行KPI指标考核和关键行为指标考核的考核方法

图 4-14 不适合替代

⑦ 近期影响（见图 4-15）

近期影响

说明：
是指考核者在评估过程中受被考核者近期的工作表现强烈的左右，考核前的表现影响考核结果

改进方法：
以客观事实作为考核依据，对考核过程进行记录，如关键事件法

图 4-15 近期影响

因为有上述考评误差的发生，在绩效考评阶段为了保证考评的公正，公司员工绩效评审系统以及公司员工申诉系统的建立必不可少。

公司员工绩效评审系统可由经营班子牵头组成，其主要功能有以下 4 点：

● 监督各个部门的领导者，有效地组织员工的绩效考评工作。

● 针对绩效考评中存在的主要问题进行专题研究，提出具体的对策。

● 对员工考评结果进行必要的复审复查，确保考评结果的公平和公正性。

● 对存在严重争议的考评结果进行调查甄别，防止诱发不必要的冲突。

公司在人力资源部应建立一个工作小组，全面负责员工的申诉接待和调处工作，其主要作用有以下 3 点：

● 允许员工对绩效考评的结果提出异议，他们可以就自己关心的事件发表意见和看法。

● 给考评者一定的约束和压力，使他们慎重从事，在考评中更加重视信息的采集和证据。

● 减少矛盾和冲突，防患于未然，将不利的影响降到最低限度。

考核申诉流程如图 4-16 所示。

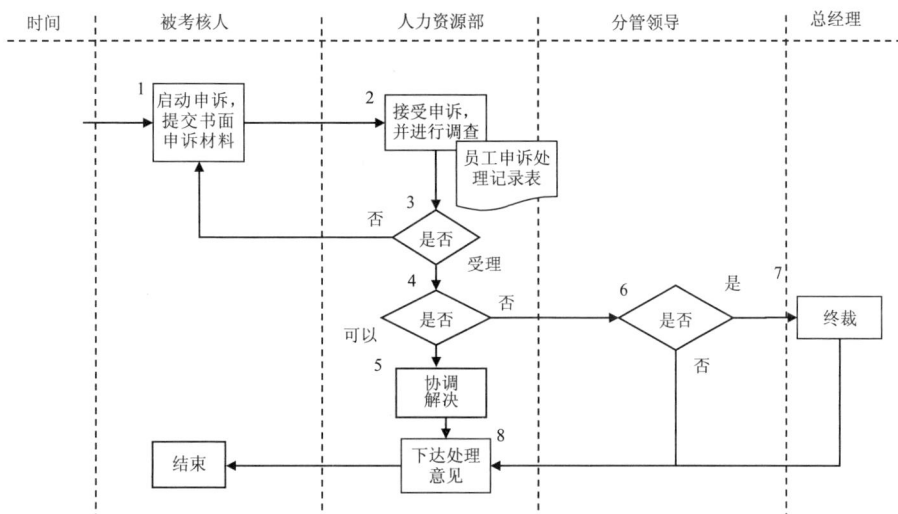

图 4-16　考核申诉流程

员工申诉处理记录表见表 4-4。

表 4-4　员工申诉处理记录表

申诉人姓名		部　门		职　位	
申诉事项					
申诉内容					
沟通过程	时间		方式、效果		接待人	
	时间		方式、效果		接待人	
	时间		方式、效果		接待人	
处理记录	问题简要描述					
	调查情况					
	建议解决方案					
	协调结果					
经办人					
备　注					

（2）在绩效反馈阶段，对于绩效考评结果的反馈，也就是主管对员工的绩效情况进行评价后，必须与员工进行面谈沟通。这个环节是非常重要的。绩效管理的核心目的是不断提升员工和组织的绩效水平，提高员工的技能水平。这一目的能否实现，绩效面谈和反馈起了很大的作用。

① 可以通过图 4-17 了解绩效反馈的流程。

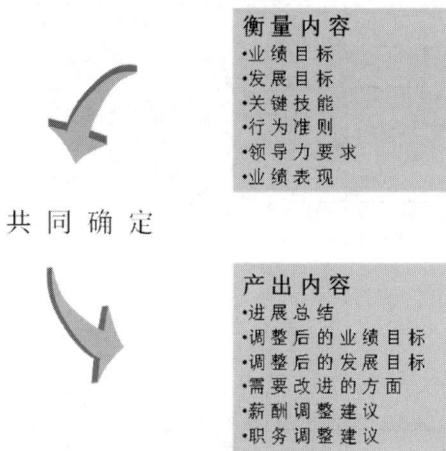

衡 量 内 容
- 业 绩 目 标
- 发 展 目 标
- 关 键 技 能
- 行 为 准 则
- 领 导 力 要 求
- 业 绩 表 现

共 同 确 定

产 出 内 容
- 进 展 总 结
- 调 整 后 的 业 绩 目 标
- 调 整 后 的 发 展 目 标
- 需 要 改 进 的 方 面
- 薪 酬 调 整 建 议
- 职 务 调 整 建 议

图 4-17　绩效反馈的流程

② 要完成上述流程，绩效反馈需要有步骤的进行，具体步骤如下：

● 营造一个和谐的气氛。

● 说明讨论的目的、步骤和时间。

● 根据每项工作目标考核完成的情况。

● 分析成功和失败的原因。

● 考查工作表现。

● 评价员工在工作能力上的强项和有待改进的方面。

● 讨论员工的发展计划。

● 为下一阶段的工作设定目标。

● 讨论需要的支持和资源。

● 签字。

③ 在绩效反馈阶段，作为考核者的主管，有责任去帮助和引导员工共同对照考核目标与工作结果，找出差距，明确下阶段绩效目标和改进目标。在这个过程中，主管需要做好以下 3 个关键步骤：

● 综合收集到的考核信息，公正、客观地评价员工。

● 经过充分准备后，就考核结果向员工面对面反馈，内容包括肯定成绩、指出不足及改进措施、共同制订下一步目标/计划等。反馈是双向的，主管应注意留出充分的时间让员工发表意见。

提示：该阶段是考核者和被考核者双方都比较紧张的时期。

④ 绩效面谈作为绩效反馈的主要形式被广泛采用，主管通过绩效面谈要达到以下效果才能算是有效的绩效面谈：

● 使员工清楚组织对自己工作绩效的看法，共同分析原因，以便在以后的工作中不断改进绩效、提高技能。

● 沟通：就一些具体问题或思想与主管进行交流。

● 共同确定下一绩效管理周期的绩效目标和改进点——下一个循环的绩效计划。

● 使员工参与到绩效评价中，提高员工对于绩效管理制度的满意度。

⑤ 具体绩效面谈的流程如图 4-18 所示。

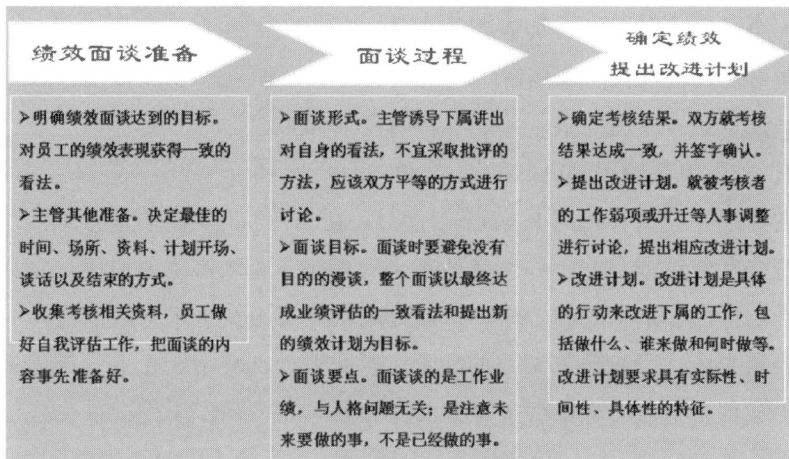

图 4-18　具体绩效面谈的流程

⑥ 在具体的绩效面谈中，需要掌握相应的技巧。

面谈技巧如下。

适合的地点：安静并保密。

时间：最长 90 分钟。

时间分配：评估者：30%～40%；被评估者：60%～70%。

有效程序如下。

● 陈述：被评估者自我评估意见。

- 告之意见：使用汉堡包技术（好消息—坏消息—好消息）给出你的意见。
- 倾听解释：被评估者自我评价。
- 更正：使用系统事件记录，让被评估者相信你的评估是公正的。
- 跟进：对每一个表现不好的方面，就补救措施达成一致。
- 总结：给出总体评估。

⑦ 在绩效面谈中难免发现员工的错误，为了纠正员工的错误和避免主管在沟通引导中发生错误，纠正错误可以参照以下 9 个步骤进行。

- 获得事实：什么时间？哪个人或部门？错误的发生频率与危害程度？
- 选择合适的时间/地点，避免在其他人面前纠正某团队成员错误。
- 面谈的重点放在错误所产生的影响上。
- 不要羞辱，要了解导致错误的背景。
- 告知如何改进并提供个人帮助。
- 制订改进的行动计划并定下复查的周期。
- 面谈后，定期检查具体表现。
- 对任何进步提出表扬。
- 设定新的改进期限，并定下新的复查时间。

4. 总结改进阶段

在经过了绩效管理的 P—D—C 之后，在 A（ACT）的阶段，绩效总结改进就是确认组织或员工工作绩效的不足和差距，查明产生的原因，制订并实施有针对性的改进计划和策略，不断提高企业员工竞争优势的过程。

一般来说，影响员工绩效的因素包括企业外部环境、企业内部因素、个人体力条件、个人心理条件 4 个方面，如图 4-19 所示。

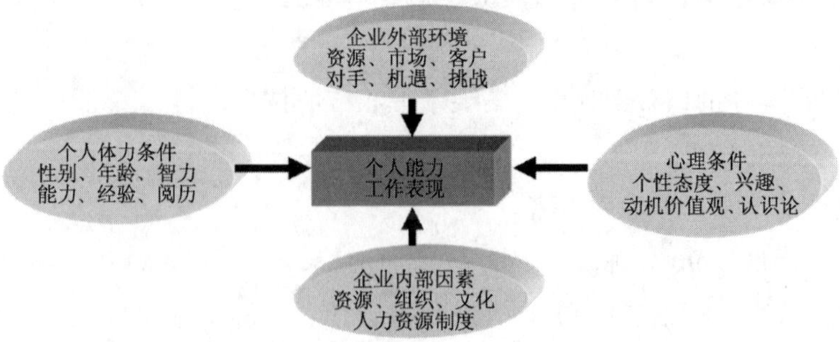

图 4-19 影响员工绩效的因素

我们通过找差距、查原因、想办法 3 个步骤，可以初步解决问题。举例来说：
×××公司某员工绩效诊断如下。

知识	技能
✓ 缺乏管理知识和经验 ✓ 缺乏时间管理知识	✓ 缺乏管理技能 ✓ 缺乏商业谈判技能 ✓ 分不出工作优先顺序
态度	外部障碍
✓ 喜欢技术工作，不愿放弃 ✓ 考虑管理岗位的不稳定性 ✓ 个人发展方向不明确	✓ 工作负担过重 ✓ 属下员工培训不够 ✓ 外部用户的压力

诊断出该员工绩效差距之后，上级主管应着手制订解决策略。

知识	**发展解决方法**	技能
安排适当的脱产培训 ✓激发其自我启发式学习		在职训练：经常给予管理辅导和鼓励 ✓增加其参加商业谈判的机会
✓讲明确责任划分并选出重点 ✓分析工作要素，明确相互关系 帮助认识个人潜力，分析职业发展方向		✓检查、精简、重新组合 ✓安排其属下参加正式或非正式培训 ✓管理者充当其与外界的缓冲器
态度		外部障碍
	管理解决方法	

在具体制订解决策略方面，主管应明白以下要领和注意事项。

解决策略要领如下。

● 如果存在外部障碍，考核者应该首先在本人权限范围内，最大限度地
排除它们，或尽可能减少其影响。

● 如果存在态度问题，考核者必须在解决发展问题之前解决态度问题。
态度问题不解决，一切预期变化不可能发生。

注意事项如下。

● 不能用解决发展问题的方法来处理管理问题。

● 发展解决方法应以在职训练和自我启发为主，脱产培训为辅。

● 考核者应该在与被考核者的讨论中，对解决方法达成共识，这样他们
才会全身心地投入。

5．应用开发阶段

绩效管理和考核结果可以运用在企业和人力资源管理的多个方面，如
图 4-20 所示。

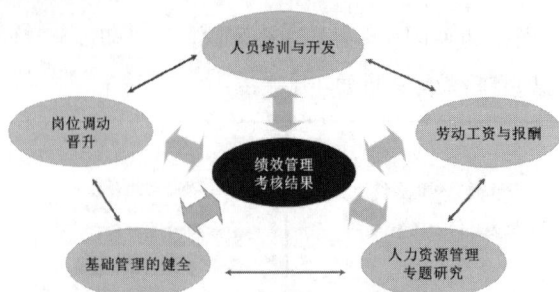

图 4-20　绩效管理和考核结果

（1）在人员培训和开发方面的应用

绩效考评为评价个人优缺点和提高工作绩效提供了一个反馈的渠道。通过分析累积考核结果的记录，发现员工群体或个体与组织要求的差距，从而及时组织相关的培训教育活动。工作态度上的落后分子，须参加公司适应性再培训，接受文化培训重塑自我。对于员工能力上的不足，可组织有针对性的培训活动，开发员工潜力，提高其工作能力。

（2）在劳动工资与报酬方面的应用

① 考核结果用于年度工资额的调整：对绩效较差的员工，体现负向的，下调其下年度的工资，如扣减其下年度工资额的 5%～10% 等。

② 工资的定期调资：依据年度的考核结果，决定工资是否调级及调级的幅度，如图 4-21 所示。

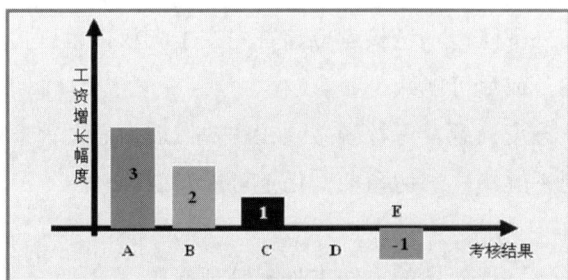

图 4-21　工资增长幅度

（3）在岗位调配与晋升方面的应用

通过连续的绩效结果分析，以任职资格标准为杠杆，不论员工的绩效结果轨迹如何不规律，也可以找到进行岗位调配和晋升的依据。通过分析累积考核结果的记录，发现员工工作表现与其职位的不适应性问题，查找原因并及时进行职位置换。

例如能级较高的员工，由于个人爱好或其他原因不能适应现有职位，能力没有充分发挥；或能级较低的员工，逐渐不能胜任现有职位，但可以胜任较低序列职位。对这两类员工可参照个人选择，有组织、有计划地将其置换到新的职位，真正做到人适其事、事得其人。

如图 4-22 所示，如何晋升调配一目了然。

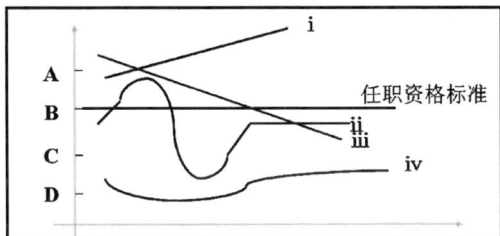

图 4-22　连续的绩效分析

（4）基础管理的健全与完善

绩效管理涉及企业管理的各个部门、各个方面，同时具有全员性和全面性，对企业管理具有推动和促进作用。另外，绩效管理的标准来源于工作岗位分析，加强绩效管理有利于促进企业基础工作的健全和完善。

4.4　绩效指标的分解与设定

绩效指标即 PI（Performance Indicator）。在绩效管理中，我们需要寻找的目标不仅仅是 PI，而是 KPI（Key Performance Indicator，关键绩效指标）。在关键绩效指标的分解和设定方法中，常用的 KPI 设计方法一般有 3 种。

一种是依据关键成功要素（KSF）法，属于内部导向方法，也称为基于企业愿景与战略的成功关键设计法。作为一种自上而下的 KPI 设计方法，KSF 在现在中国的中小企业中被广泛采用。

另一种是综合平衡记分卡（BSC），该方法对组织的深度、广度都有一定的要求，同时也是在绩效考评层面运用平衡计分卡理念的具体操作，实用性不高，因此在本章最后稍作介绍。

还有一种外部导向方法——标杆基准法（Benchmarking），由于各企业所处发展阶段、自身状况、面临环境等不同，不可一味模仿，因此在这里不做详细讨论。

1. KSF 法分解与设定 KPI 详解

（1）KSF 方法的作用

KSF 方法在中国广大中小企业中使用是有变形的，因为很多中小企业并没有所谓的企业愿景和战略。在实操过程中，企业和人力资源部往往将年度业绩指标代替了企业愿景和战略，形成了缩减版的 KSF 方法。

基于 KSF 方法的原理，我们先对企业愿景和战略分解进行了解，如图 4-23 所示。

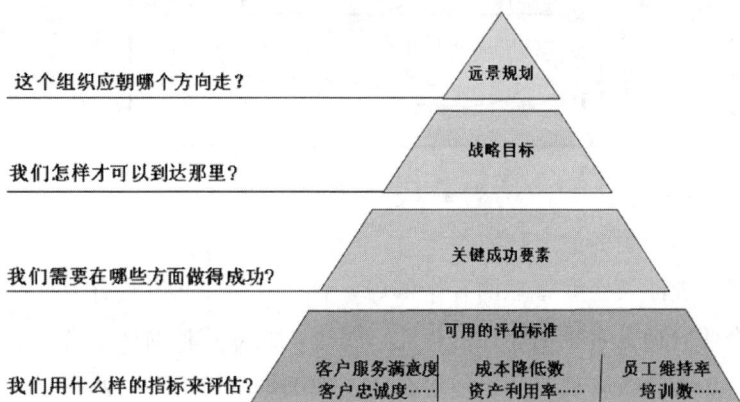

图 4-23　KSF 方法的原理

具体来说，用关键成功要素（KSF）与关键绩效指标（KPI）导引并监控是否正在完成目标，使用 KSF 与 KPI 使得目标可以计量并因此可以有效控制目标的执行。关键成功要素（KSF）是对战略成功起决定性作用的某个战略要素的定性描述，而关键绩效指标（KPI）则是对 KSF 进行定量的标准工具，如图 4-24 所示。

图 4-24　目标、KSF 与 KPI 的关系

（2）目标、KSF、KPI 是什么（见图 4-25）

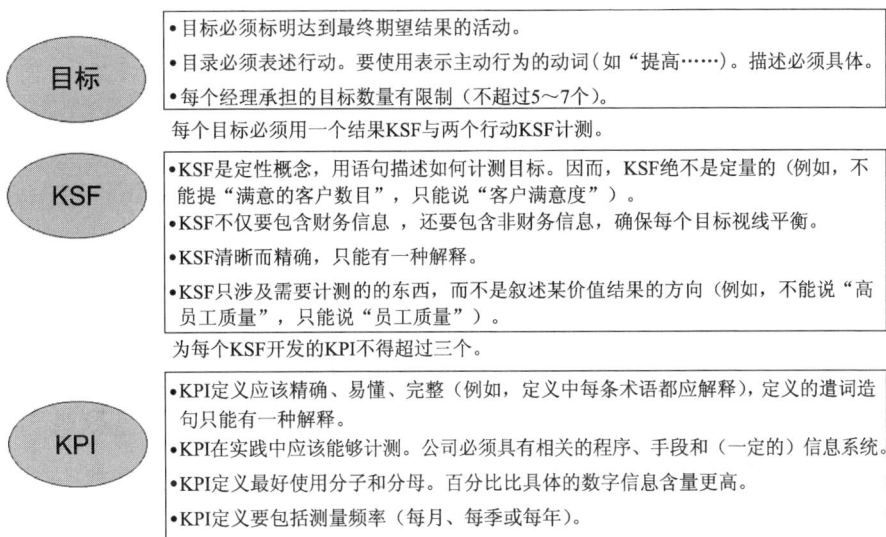

目标	• 目标必须标明达到最终期望结果的活动。
	• 目录必须表述行动。要使用表示主动行为的动词（如"提高……"）。描述必须具体。
	• 每个经理承担的目标数量有限制（不超过5~7个）。

每个目标必须用一个结果KSF与两个行动KSF计测。

KSF	• KSF是定性概念，用语句描述如何计测目标。因而，KSF绝不是定量的（例如，不能提"满意的客户数目"，只能说"客户满意度"）。
	• KSF不仅要包含财务信息，还要包含非财务信息，确保每个目标视线平衡。
	• KSF清晰而精确，只能有一种解释。
	• KSF只涉及需要计测的的东西，而不是叙述某价值结果的方向（例如，不能说"高员工质量"，只能说"员工质量"）。

为每个KSF开发的KPI不得超过三个。

KPI	• KPI定义应该精确、易懂、完整（例如，定义中每条术语都应解释），定义的遣词造句只能有一种解释。
	• KPI在实践中应该能够计测。公司必须具有相关的程序、手段和（一定的）信息系统。
	• KPI定义最好使用分子和分母。百分比比具体的数字信息含量更高。
	• KPI定义要包括测量频率（每月、每季或每年）。

图 4-25　目标、KSF、KPI 定义

（3）关键因素的选择

关键成功因素可以从企业策略目标引申而来，如图 4-26 所示。

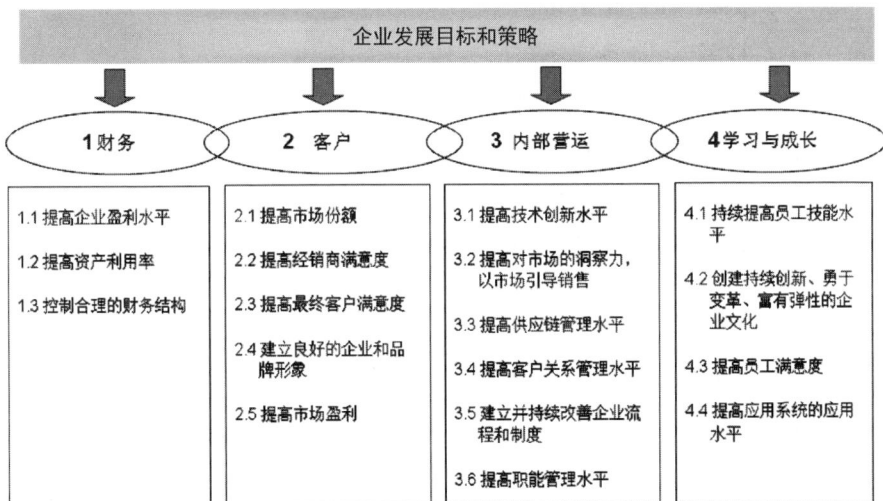

图 4-26　企业发展目标和策略

　　正如 KSF 与 SF 的不同在于 K（关键），KPI 的重点也是 K。以业绩方面的 KPI 为例，选择关键业绩指标必须配合业务的关键成功因素。那么如何从众多的业绩指标中选出关键业绩指标呢？具体如图 4-27 所示。

选择业绩指标必须配合业务的关键成功因素

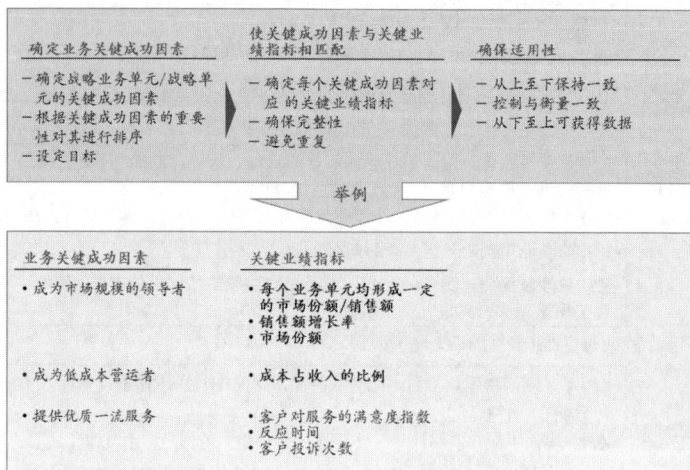

图 4-27　从业绩指标中选择关键业绩指标

（4）成功关键分析法选择 KPI

常用的提取考核项目和内容（KPI 等）的方法是通过鱼骨图进行 KPI 分解，所以这个方法也可以叫作成功关键分析法。这个方法分为以下 3 个步骤：

第一步，进行鱼骨图分析，寻找企业成功的关键要素，即确定企业 KPI 维度，明晰获得优秀业绩所必需的条件和要实现的目标。

第二步，进一步分解，对模块进行解析和细化，即确定 KPI 要素。KPI 要素为我们提供了一种"描述性"的工作要求，是对维度目标的细化。

第三步，确定 KPI。对于一个要素，可能有众多用于反映其特性的指标，但根据 KPI 考核方法的要求，为了便于考核人员的实际操作，我们需要对众多指标进行筛选，以最终确定 KPI 及其评价标准。

通过举例分析，我们对于每一个操作步骤进行详细的了解和认识，最终可以运用在实际工作中。

【案例】

某集团公司成立于 1988 年，截至 2000 年，工业总产值已达 220 亿元，经过 8 年的快速发展，目前已经建立了良好的运营组织和技术平台，其中很多专利已经达到世界先进水准，目前在职人员 4 000 余人，其中博士、硕士、高级工程师、高级管理人员已经占职工总人数的 40%以上，主要研发队伍人数 1 200 人，已经连续三年在行业团队竞争排名中第一，仅 1996 年已经排名行业 26 位，近年来发展尤其迅速，其组织目标和业务重点如下所示。

战略目标/使命：成为专业行业的第×名，通过技术创新，低成本制造为目标客户提供快速服务，采用市场领先形式，获得高利润与增长

1. 进行战略研讨与目标明确，使团队中关键岗位人员认可团队使命与目标
2. 提炼出组织目标要点：**技术变革与创新，市场领先，客户服务，制造优秀**
3. 确定业务重点在通过技术变革与创新带动团队其他目标的实现
4. 根据资源配给百分比拟定权重：**30%、25%、10%、8%**

在根据上述情况确定了组织目标和业务重点后，我们开始具体的分解和 KPI 确定。

① 鱼骨图分析企业 KPI 维度

举例：某公司的战略目标分解示意图如图 4-28 所示。

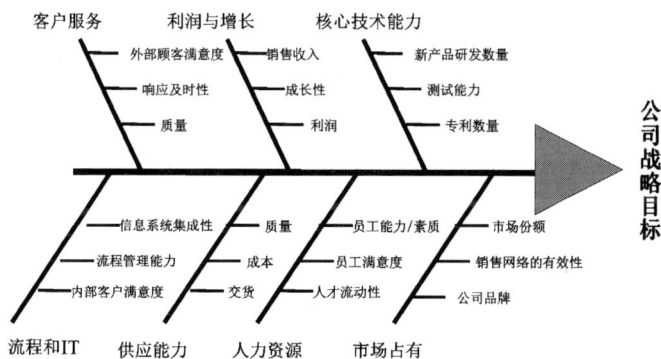

图 4-28 某公司的战略目标分解示意图

② 细化模块确定 KPI 要素

明确 KPI 要素，要确定 KPI 相关的定义、策略、目标和手段，我们以"技术创新"这个 KPI 要素为例，如图 4-29 所示。

在明确了具体的策略目标和手段之后，要根据关键绩效指标的确定原则和衡量要点对其进行定义并确定标准。在这个过程中，关键绩效指标的确定原则和衡量要点是关键，下面以关键业绩指标为例进行介绍。

关键业绩指标的确定原则如下。

● 重要性原则：对整个公司的整体价值和业务重点的影响。

● 可操作性原则：指标必须有明确的定义和计算方法，以及数据来源。

● 可控性原则：该指标有明确的责任人，并有较大的控制力。

● 关联性原则：指标之间有一定的关联性。

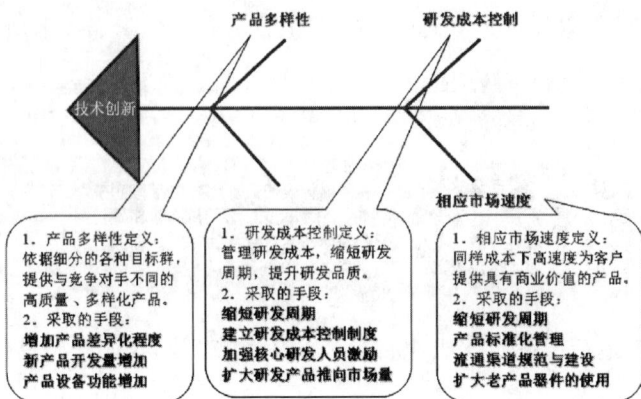

图 4-29　某公司战略目标分解细化示意图

- 量化管理原则："不能衡量它，就不要管理它。"

关键业绩指标的衡量要点如下。

- 该指标可量化吗？是否有可信的衡量标准？
- 该指标是否与战略有关联，是间接还是直接？
- 该指标的责任人容易明确吗？
- 该指标名称是否是量化的表现形式（比率、绝对数量等）!
- 分解维度：质量、数量、成本、时效 4 个方面。

③ 确定具体的 KPI

根据上述关键绩效指标的确定原则和衡量要点，继续以"技术创新"为例，将指标提取名称规范化，指标标准要求量化后，可以得出如图 4-30 所示的 KPI 及其评价标准。

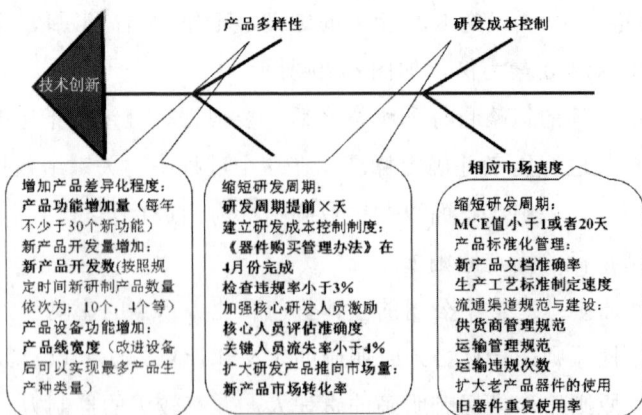

图 4-30　某公司战略目标分解细化确定 KPI 示意图

2．关键绩效指标的选择依据

选择关键绩效指标的时候要注意以下 3 个方面。

第一是有效性，就是要求所设计的指标能够客观地、最为集中地反映要素的要求。

第二是可量化，所设计的指标应该尽量能够量化，能够评价出来，尽量避免凭感觉，不能主观判断的影响。

第三是易测量，计算过程尽量简单，用容易计算的指标来进行衡量。

看到这里，大家应该觉得非常熟悉吧？的确，这 3 个方面与我们常说的 SMART 原则有异曲同工之处。SMART 作为目标管理原则运用在绩效管理方面，主要落实在选择设定绩效指标这个环节。

在这里，我们温习一下 SMART 原则：S 代表具体（Specific），是指绩效考核要切中特定的工作指标，不能笼统；M 代表可度量（Measurable），是指绩效指标是数量化或者行为化的，验证这些绩效指标的数据或者信息是可以获得的；A 代表可实现（Attainable），是指绩效指标在付出努力的情况下可以实现，避免设立过高或过低的目标；R 代表现实性（Realistic），是指绩效指标是实实在在的，可以证明和观察；T 代表有时限（Time-bound），是指注重完成绩效指标的特定期限。基于这几个因素，在选择 KPI 的时候，本书更强调了有效性、可量化、易测量的实操要求。

同时基于实操性的要求，我们在选择关键业绩指标时，可以依据以下 8 个问题的结果做出选择，如图 4-31 所示。

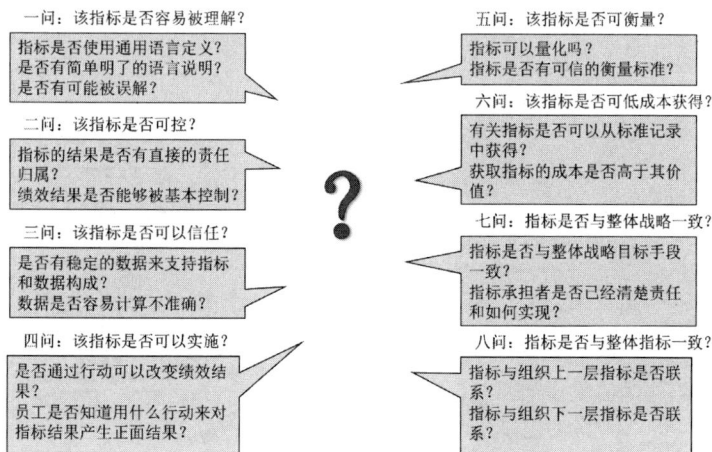

图 4-31 根据问题的结果作出选择

3．如何制订具体岗位的 KPI

绩效管理能真正落实的关键，是如何制订具体岗位的 KPI，在这个环节有相当多的细节需要注意。

下面以具体的业务部门岗位 KPI 制订为例。

（1）指标分解

根据业务部门的关键绩效指标自上而下进行指标分解到人，如图 4-32 所示。

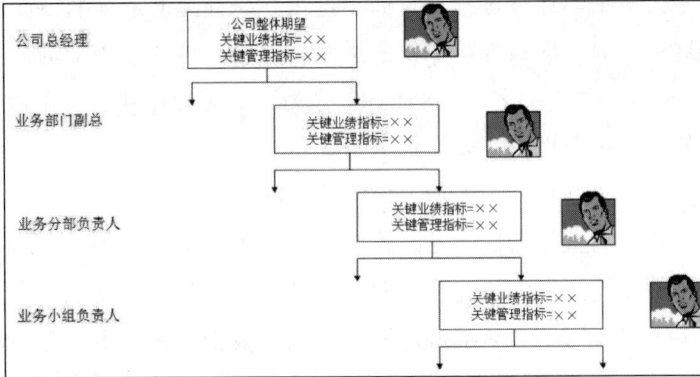

图 4-32　业绩指标分解示意图

（2）分解和确定目标的流程

分解和确定目标本就是一个互动的过程，既然是互动，就必然有质询和讨论。这个流程虽然简单，其必要性却不言而喻，我们可以根据业绩指标的分解，来看一看具体流程中的关键点，如图 4-33 所示。

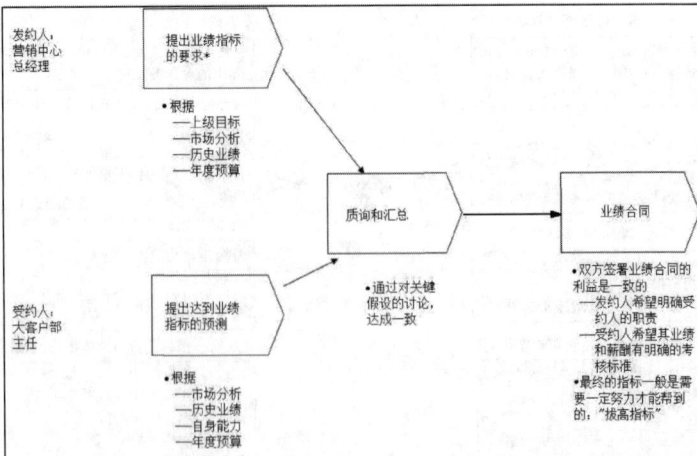

图 4-33　业绩指标分解及确定目标流程

在上述流程中，对于关键假设的讨论达成一致，是整个流程的核心。因为不论基于任何理由，没有经过讨论，后期很可能产生不必要的矛盾；而如果不能达成一致，发约人和受约人的方向不同，合力必然减小，最后的业绩合同即使签署了，也基本不太可能达成最终目标。因此，和相关的领导、工作人员讨论是一个重要步骤。仅在讨论中发现问题是不够的，必须在讨论中提出解决问题的方案，这才是达成一致的关键。

（3）绩效指标沟通讨论会

在讨论和达成一致的过程中，会议的形式是比较适合的形式。在绩效指标沟通讨论会议中，通过上下坦诚的谈判，最终确定各层面的目标，是会议的根本目的。因此，在计划和组织该类型会议时，需要积极地引导。我们以会议流程为例详细说明，如图 4-34 所示。

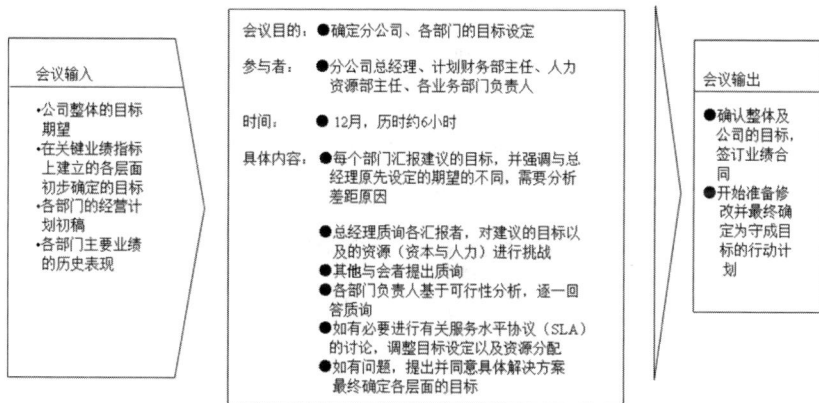

图 4-34　会议流程

如果我们在讨论中发现某一些指标并未层层分解，那么该怎么处理呢？必须层层分解，我们要列出这些指标，并且找到或者制订出涉及的流程和工作，寻找相关的部门来承担该指标。一般情况下，未能层层分解的指标都是非业务指标，所以寻找相关的部门一般都是相关的职能部门，这是一个处理经验的问题。比如，一个指标牵涉多个部门，但是责任划分并不清楚，又该如何处理呢？我们可以通过权重的横向比较，用大权重明确主要责任，小权重明确次要责任，这样就清楚了。

（4）KPI 指标分解的原则

在具体沟通中，讨论如何具体分解 KPI 到部门、到个人，有 3 个实操性的原则需要注意，如图 4-35 所示。

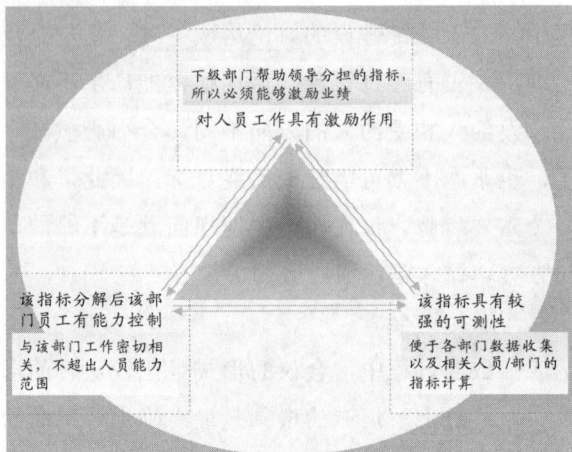

图 4-35 KPI 指标分解的原则

（5）指标权重、KPI 计算及数据来源

① 在指标的权重设定方面，确定各指标权重要根据工作性质和内容而调整。例如，基于对企业基本结构的了解，一般前端与后端分别是公司收入与成本的主要产生处，财务类指标的考核权重会大于职能部门或支撑部门这些不直接同财务挂钩的部门，如图 4-36 所示。

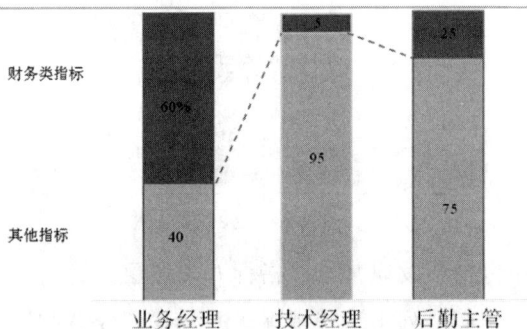

图 4-36 指标的权重设定

② 在 KPI 的计算和数据来源方面：计算公式尽量不要太复杂，如果能直接提取数据为宜，如果有计算，最好控制在 3 个运算流转。数据来源方面，来源于财务部门的数据最为全面完整，在财务部门无法提供数据时，必须要到该数据对应的具体岗位去获得数据。

（6）岗位定性指标如何明确

定性指标需要用分级评估表的形式予以明确。下面以"部门协调能力"等定性指标为例进行介绍。

评估方面	优（100%）	良（75%）	中（50%）	差（0%）
部门协调能力	主动协调相关部门，全面开展各项工作，流程运作非常顺利	能够协调相关部门开展各项工作，流程运作没有严重问题	基本能协调相关部门开展各项工作，流程运作有较少问题	无法协调相关部门开展工作，流程无法运作
政府协调能力	主动、及时地走访政府相关部门，与其沟通融洽，使企业各项工作顺利开展	能按计划与政府相关部门沟通，基本能开展各项工作	基本能与政府相关部门保持沟通，但工作开展不顺利	不能与政府相关部门保持联系，各项工作无法展开
关键岗位人才的培养	注重后辈人才的发掘，有计划、有针对性地提供培训、锻炼机会，定期充实关键岗位人才资源储备库	能够提供后辈人才的培训、锻炼机会，基本能满足关键岗位人才需求	不能按计划地开展后辈人才的培训、锻炼，关键岗位人才培养发展不均衡	不能提供培训、锻炼机会，造成后辈人才的短缺

4.5 绩效考核的周期设定

绩效考核周期一般来说分为 3 类：月度考核、阶段考核、年度考核。具体在哪些周期实施绩效考核，需要根据企业的实际情况做出合理的选择，同时绩效考核结果的应用方向是绩效考核周期设定的主要参考依据。

1．月度考核

绩效考核结果的运用之一就是薪酬发放，现代企业薪酬一般都是按月发放的，因此月度考核是每个企业都会使用的。

月度考核对于个人绩效而言，表现形式往往是月度绩效奖金的发放。在月度考核时，考核个人绩效一般考核 3 个方面的绩效指标，分别是计划类工作绩效指标、日常工作绩效指标、临时指派工作绩效指标。根据公司目标分解和岗位任职资格，基本可以制订出员工月度绩效考核评分表，见表 4-5。

表 4-5 员工月度绩效考核评分表

考核期间：___年___月___日至 ___年___月___日

被考核人			部门		考核人	
序号	指标分类	绩效指标	权重	评分标准及完成情况	评分	加权评分
1	计划工作					
2	日常工作					
3	临时指派工作					

续表

序号	指标分类	绩效指标	权重	评分标准及完成情况	评分	加权评分
4	创新建议或管理新措施					
绩效考核总分						
个人总结：						
直接领导总结：						
员工确认签名				直接领导签名		

　　同时，在月度考核时，具体考核资料和考核分值汇总的时间结点也是月度考核能否正常完成的关键。通过月度考核时间推进表，我们可以抓住时间结点，以保障月度考核的顺利进行，见表4-6。

表 4-6　各级人员月度考核推进表

分类	被考核单位	被考核人	考核人	考核形式	收素材、计划定性部分评分 负责单位	时间	计划定量部分评分 负责单位	时间	月度业绩评分	分值报人力资源部	月度绩效工资发放
业务	十个销售单位	销总(副)	公司总经理	月考	运营部	每月1~4日	运营部	每月19日	每月20日	每月21日	
	分公司	分总	销总	月考	销售公司行政人事部	每月1~4日	运营部	每月19日		每月21日	
	销售公司	商务经理	销总	月考	销售公司行政人事部	每月1~4日	运营部	每月19日		每月21日	
	分公司	商务代表	商务经理	月考	销售公司行政人事部	每月1~4日	运营部	每月19日		每月21日	
	分公司	业务员	分总	双月考评	销售公司行政人事部提供定性素材	双月结束后次月1~4日	运营部	双月结束后次月22~25日	双月结束后次月26日	每月28日	双月结束后第二个月初5日前
职能	总经理室	副总经理、总助	公司总经理	月考	运营部	每月1~4日	运营部	每月19日	每月20日	每月21日	每月28日
	总部各职能部门	总监(副)	公司总经理	月考	运营部	每月1~4日	运营部	每月19日	每月20日	每月21日	每月28日
	职能二级部门	职能部门二级经理	直接上级	月考	人力资源部	每月1~4日	人力资源部				每月28日
	总部	职能专业人员	直接上级	月考	人力资源部	每月1~4日					每月15日
	销售公司	推广/公关经理	销总	月考	销售公司行政人事部	每月1~4日	运营部	每月19日	每月20日	每月21日	每月28日
	销售公司	行政人事经理	销总/人力资源总监	月考	销售公司行政人事部	每月1~4日	运营部	每月19日	每月20日	每月21日	每月28日
	销售公司	职能专业人员	行政人事经理	月考	销售公司行政人事部	每月1~4日				每月5日	每月15日
	销售公司	会计	行政人事经理/总部财务部	月考	销售公司行政人事部	每月1~4日				每月5日	每月15日
	分公司	职能专业人员	分总	月考	销售公司行政人事部	每月1~4日				每月5日	每月15日

2. 阶段考核

　　阶段考核是什么？什么情况下需要阶段考核呢？前提是我们需要对企业的实际情况和需求有深入的了解。笔者所经历过的一个民营医药企业，在行业内的产品竞争力极强，因此销售不是问题，反而回款是重点。在这个前提下，由于医院的回款周期一般是 6 个月，为了缩短回款周期，公司将回款周期的目标定位在 4 个月。那么在整个绩效指标体系中，商务和业务的回款成为重点 KPI，因此人力资源部员工根据需要将全年考核分为 3 个周期。月度考核重点考核销售量，年度考核强调定性指标的完成情况，阶段考核考核回款率，一年考核 3 次，第三次与年度考核合并执行分开计算，并设立阶段考核奖金，与销售回款挂钩，极大地提高了业务和商务的工作积极性，同时也侧面调整了业务结构，使得优良客户占比提高了 13%。

　　阶段考核是常用考核周期中相对特殊的时间段，因此，在执行阶段考核时，必须注重时间结点的把握。表 4-7 为各级人员阶段考核推进表。

表 4-7　各级人员阶段考核推进表

分类	被考核单位	被考核人	考核人	考核形式	收素材、计划定性部分评分		计划定量部分评分		阶段业绩评分	面谈完成及能力态度评分	阶段总评分	分值报人力资源部	阶段绩效工资发放
					负责单位	时间	负责单位	时间					
直线	十个销售单位	销总(副)	公司总经理	阶段考核	运营部	阶段结束后次月1~4日	运营部	阶段结束后次月20日	阶段结束后次月22日	阶段结束后次月23日	阶段结束后次月24日	阶段结束后次月25日	阶段结束后次月28日
	分公司	分总	销总	阶段考核	销售公司行政人事部	阶段结束后次月1~4日	运营部	阶段结束后次月20日	阶段结束后次月22日	阶段结束后次月23日	阶段结束后次月24日	阶段结束后次月25日	阶段结束后次月28日
	销售公司	商务经理	销总	阶段考核	销售公司行政人事部	阶段结束后次月1~4日	运营部	阶段结束后次月20日	阶段结束后次月22日	阶段结束后次月23日	阶段结束后次月24日	阶段结束后次月25日	阶段结束后次月28日
	分公司	商务代表	商务经理	阶段考核	销售公司行政人事部	阶段结束后次月1~4日	运营部	阶段结束后次月20日	阶段结束后次月22日	阶段结束后次月23日	阶段结束后次月24日	阶段结束后次月25日	阶段结束后次月28日
职能	总经理室	副总经理、总助	公司总经理	阶段考核	运营部	阶段结束后次月1~4日	运营部	阶段结束后次月20日	阶段结束后次月22日	阶段结束后次月23日	阶段结束后次月24日	阶段结束后次月25日	阶段结束后次月28日
	总部各职能部门	总监(副)	医药公司总经理	阶段考核	运营部	阶段结束后次月1~4日	运营部	阶段结束后次月20日	阶段结束后次月22日	阶段结束后次月23日	阶段结束后次月24日	阶段结束后次月25日	阶段结束后次月28日
	职能二级部门	职能部门二级经理	直接上级	阶段考核	人力资源部	阶段结束后次月1~4日	人力资源部	阶段结束后次月20日	阶段结束后次月22日	阶段结束后次月23日	阶段结束后次月24日	阶段结束后次月25日	阶段结束后次月28日
	销售公司	推广经理/公关经理	销总	阶段考核	销售公司行政人事部	阶段结束后次月1~4日	运营部	阶段结束后次月20日	阶段结束后次月22日	阶段结束后次月23日	阶段结束后次月24日	阶段结束后次月25日	阶段结束后次月28日
	销售公司	行政人事经理	销总/人力资源总监	阶段考核	销售公司行政人事部	阶段结束后次月1~4日	运营部	阶段结束后次月20日	阶段结束后次月22日	阶段结束后次月23日	阶段结束后次月24日	阶段结束后次月25日	阶段结束后次月28日

　　阶段考核常用的是季度考核的形式，但是还有一些企业，因为企业所处行业性质和淡旺季的区别，将全年阶段考核分为 3～4 个阶段。比如，林业企业，一般每年 4～10 月是旺季，因此一年分为 3 个阶段考核，1～3 月考核计划性统筹指标，4～10 月考核业绩指标，11～12 月考核定性指标完成情况。

　　企业如果仅仅为了做阶段考核而考核，实在是没有必要。因为月度考核年度总结的模式，基本可以贯穿企业经营的始终。根据实际需要做阶段考核，是为了使绩效考核更加立体从而达到全面考核的目的。但如果企业没有立体的考核需求和能力，又或者说企业领导的思维宽度不够，员工整体对考核的接受理解不足，硬性按阶段考核，浪费精力不说，还可能造成员工的波动，影响企业运营。

3．年度考核

年度考核的结果可应用于岗位调动和晋升、年度人员培训开发计划的制订、年终奖金的发放等多个方面，因此年度考核也是企业必然选择的考核周期。

年度考核结果的运用范围较广，因此在做年度考核时，细节工作必须到位，资料收集、结果汇总以及时间点的把握都是不可忽视的。时间推进可以参照阶段考核时间推进表进行分解，另外可以同类具体岗位月度、阶段、年度考核的差异来了解年度考核指标的方向和着重点。表 4-8 为职能人员考核办法。

表 4-8　职能人员考核办法

被考核人	考核周期	考核维度	权重	考核计算	考核结果用途	考核主体
副总	月度考核	分管部门月度业绩平均分	100%	分管部门月度业绩平均分	作为月度绩效工资的依据	总经理
	阶段考核	公司阶段经营绩效	30%	公司阶段经营绩效×30%+分管部门阶段绩效平均分×60%+工作态度×10%	作为阶段奖金发放的依据	
		分管部门阶段绩效	60%			
		工作态度	10%			
	年度考核	公司年度经营绩效	25%	公司年度经营绩效×25%+分管部门年度绩效×60%+工作态度×5%+能力×10%	作为年终奖、盈余奖发放的依据	
		分管部门年度绩效	60%			
		工作态度	5%			
		能力	10%			
总助	月度考核	月度业绩评分	100%	月度业绩评分	作为月度绩效工资的依据	总经理
	阶段考核	阶段业绩评分	90%	阶段业绩评分×90%+工作态度评分×10%	作为阶段奖金的依据	
		工作态度	10%			
	年度考核	年度业绩评分	80%	年度业绩评分×80%+工作能力评分×12%+工作态度评分×8%	作为年度晋级、年度奖金、盈余奖发放的依据	
		年度工作能力评分	12%			
		年度工作态度评分	8%			
部门经理	月度考核	部门月度业绩评分	100%	部门月度业绩评分	作为月度绩效工资的依据	分管副总、总经理
	阶段考核	部门阶段业绩评分	90%	部门阶段业绩评分×90%+工作态度评分×10%	作为阶段奖金的依据	
		工作态度	10%			
	年度考核	本部门年度业绩评分	80%	部门年度业绩评分×80%+工作能力评分×12%+工作态度评分×8%	作为年度晋级、年度奖金、盈余奖发放的依据	
		年度工作能力评分	12%			
		年度工作态度评分	8%			
职能专业人员	月度考核	月度业绩评分	100%	月度业绩评分	作为月度绩效工资的依据	直接上级
	年度考核	年度业绩评分	75%	（所属一级单位年度业绩评分/100）×个人年度业绩评分×75%+工作能力评分×15%+工作态度评分×10%	作为年度晋级、年度奖金、超毛奖（超利润奖金）发放的依据	
		年度工作能力评分	15%			
		年度工作态度评分	10%			
		月度、年度考核，医药公司财务占70%权重，行政人事经理占30%权重				

4.6　高层管理人员的绩效管理

高层管理人员的绩效管理直接影响企业运营。做得好，企业高效运转，全体人员受益；做得不当，消极效果会成倍放大。高层管理人员的绩效管理，原则上应该抓住关键岗位和关键指标。

1．高层管理人员的定义和职责

在谈高层管理人员的绩效管理时，首先要明白什么是高层管理人员。高层管理人员是指对整个组织的管理负有全面责任的人，他们的主要职责是制订组织的总目标、总战略，掌握组织的大政方针，并评价整个组织的绩效。企业高层管理人员的作用主要是参与重大决策和全面负责某个部门，兼有参谋和主管双重身份。

举例来说，一个多样化的大公司在企业总部和各个部门都有管理人员。

高层管理者包括企业主管、事业部总经理和事业部高层管理团队的其他人员。企业主管包括首席执行官（CEO）、总裁和（或）首席运营官（COO）、负责主要业务部门的执行副总裁（EVP）、负责某一业务部门内部的一组业务分部门的集团副总裁（GVP）。事业部总经理（DGM）是某一业务部门的领导，向企业主管汇报，通常向集团副总裁（GVP）汇报，有时也直接向执行副总裁（EVP）汇报。事业部总经理可能拥有企业副总裁或部门总裁的头衔。在事业部总经理的领导下，事业部高层管理团队由各事业单位或职能部门的领导人组成，而在矩阵型组织中则由这两类领导人共同组成。

就上面的例子而言，高层管理人员的工作职责非常明确：

● 制订公司的任务和战略。

● 确定公司各事业部的任务。

● 按照任务给各部门分配资源。

● 批准各事业部的计划、预算和主要投资。

● 考核各事业部的工作，保证整个公司按照战略规划顺利运作。

另外，根据高层管理人员的工作性质，其上司所提的绩效要求往往是原则性的，而他对下属的指令却必须是具体的、可操作的。同时高层管理人员的工作绩效并不一定和本人努力成正比，受外部制约和偶然因素的影响较大。

2．高层管理人员的 KPI 确定及考核差异

（1）高层管理人员绩效管理关键因素

根据高层管理人员的工作职责和工作性质，我们在确定其 KPI 时，必须以公司的任务和战略为基点，所列高层管理人员的 KPI 都应该是推动公司价值创造的驱动因素或与之直接相关，如图 4-37 所示。

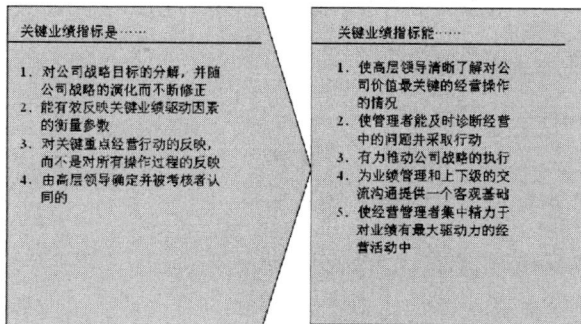

图 4-37　高层管理人员绩效管理关键因素

同时，在高层管理人员绩效结果领域的选择上，有 3 个步骤是必不可少的。

① 问 3 个方面的问题

● 实现战略目标的标志是什么？

● 什么是推进战略最重要的障碍和瓶颈方面？

● 环境/变化的主要压力是什么？

② 跟进选择

● 上述问题答案中最重要的是什么？

● 上述问题答案中最优先解决的又是什么？

③ 分析对战略的驱动关系

通过上述 3 个步骤，结合高层管理人员具体的岗位职责，借助绩效考核工具可以得出其具体 KPI 指标。

下面以财务总监年度 KPI 为例进行介绍（见表 4-9）。

表 4-9　财务部（总监）年度考核表

序号	指标类型	指标	指标定义公式	评分规则及标准	目标值	达标值	得分
1	财务指标	实际部门费用和预算费用的差异	（实际部门费用-预算额）/预算额*100	1) 目标值=0, 得90分 2) 比目标值每提高　百分点, 减　分 3) 比目标值每降低　百分点, 加　分, 最高120分 4) >目标值的　百分点, 不得分; 5) 介于其中按线性关系计算			
2		实际公司费用和预算费用的差异率	（实际费用-预算额）/预算额*100	1) 标值=0, 得90分 2) 比目标值每提高　百分点, 减　分; 3) 比目标值每降低　百分点, 加　分, 最高120分 4) ＞目标值的　百分点, 不得分; 5) 介于其中按线性关系计算			
3		财务管理工作出错次数	本职能工作出错次数	1) 标值=0, 得120分 2) 比目标值每提高　百分点, 减　分; 3) ＞目标值的　百分点, 不得分; 4) 介于其中按线性关系计算 5) 如果出现较大失误, 造成公司财产严重损失的, 本年度考核为0			
4	运营与客户指标	人均销售额计划完成率	实际人均销售额/计划人均销售额*100% 人均销售额=年度总销售额/分管单位人数 分管单位人数=（期初人数+期末人数）/2	1) =目标值, 得90分 2) 比目标值每提高　%, 加　分, 最高120分 3) 比目标值每降低　%, 减　分, 4) 小于目标值的　百分点, 不得分; 5) 介于其中按线性关系计算			
5		财务报表价值评价	具体见公司各类报告质量评价表				
6		重大财务监管事故的发生次数	公司重大财务监管事故的发生次数	1) 目标值=0, 得100分 2) ＞目标值, 得0分			
7		销售公司费用管理	个人费用与公司费用严格分开管理	发生一起扣			
8		涉税事务幅度控制	税率幅度控制	1) 目标值=　, 得100分 2) ＞目标值, 得0分			
9		涉税事务差错幅度控制	涉税事务差错风险幅度控制	1) 目标值=　, 得100分 2) ＞目标值, 得0分			
10	人才培养	储备人才计划完成率	实际储备人才数量/计划储备人才数量*100%	1) =目标值, 得100分 2) 比目标值每提高　%, 加　分, 最高120分 3) 小于目标值的　百分点, 不得分; 5) 介于其中按线性关系计算			
11	本期重点工作完成情况	由直接上级确认	由直接上级确认	由直接上级确认			

（2）高层管理人员考核差异化

① 考核流程差异。通过流程图对比可以看出，高层管理人员因为岗位职责和工作性质的不同，具体考核流程也和一般员工的考核流程有所差异。

副总监以上人员考核流程，如图 4-38 所示。

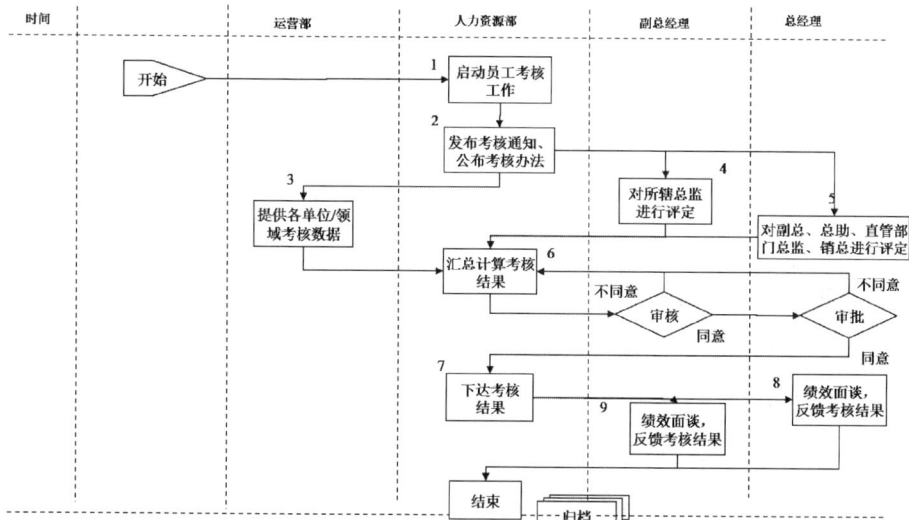

图 4-38　副总监以上人员考核流程

职员考核流程，如图 4-39 所示。

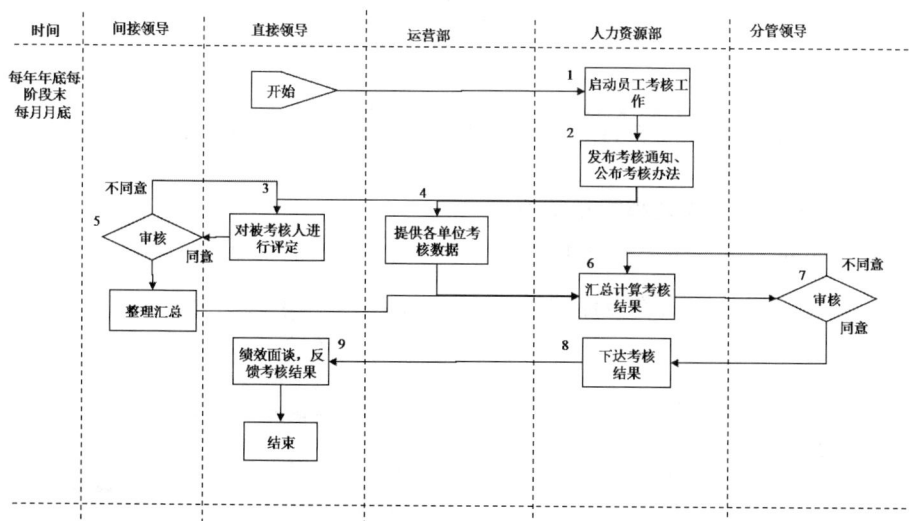

图 4-39　职员考核流程

② 考核结果运用。高层管理人员考核结果的运用与一般职员考核结果的运用完全不同，高层管理人员的考核结果，基本都应用于公司人力资源发展的顶层建设。这项工作在企业往往由董事长亲自负责，但由于其工作繁忙，没有时间做得更深、更细、更系统，一般来说只是抓住了一些主要方面进行构筑。一般情况下只是建立在对高层管理人员的人格信任、辅之绩效考核、对个人及家属的关心等方面，如果要把这项工作做得更加具体、到位，可以按照下面的步骤操作。

由 HRD 负责构筑顶层建设的体系，负责定期或不定期将相关情况汇报董事长。体系内容包括：

- 相关个人档案，包括身体健康情况、学习工作经历、突出业绩详述、重点项目贡献、奖励处分情况、行业特殊技能、家庭成员情况等。
- 负责范围内团队建设和业绩情况。
- 后备人才培养情况。
- 重要事项跟踪情况。
- 创新项目和合理化建议情况。
- 每次与 HRD 或董事长交谈情况记录。
- 其他临时事项情况。

以上所有情况由 HRD 保留电子档案及纸质档案各一份，并进行妥善保存，除董事长及 HRD 外，任何人不能翻看或借阅。

4.7 行政、财务等职能部门的绩效指标设定

1. 职能部门绩效指标设定原则

职能部门岗位职责的设定基于对于公司战略目标和业绩指标的支持，因此职能部门的关键业绩指标的设计以应负责任地完成情况为基础。在职能部门关键业绩指标的设计中，主要考虑职能部门的主要工作以及完成工作的时间、质量和成本三方面的影响因素，如图 4-40 所示。

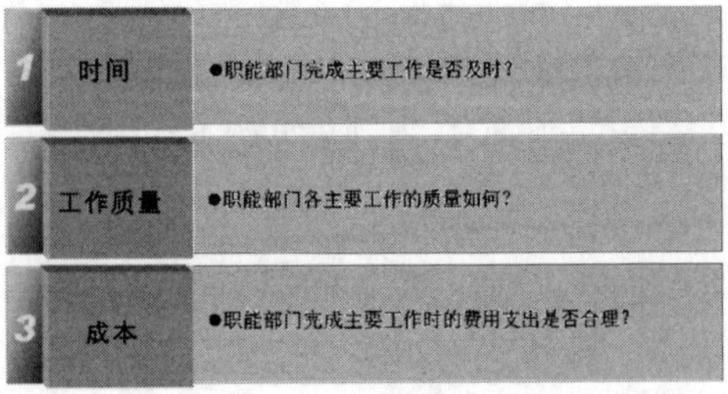

1	时间	●职能部门完成主要工作是否及时？
2	工作质量	●职能部门各主要工作的质量如何？
3	成本	●职能部门完成主要工作时的费用支出是否合理？

图 4-40 职能部门业绩指标关键因素

另外，由于工作性质，职能部门的关键业绩指标有较多定性指标，但也结合一些定量指标的考核，尤其是部门预算/费用的控制。对职能部门的考核输入有部分来自各业务部门及其他职能部门，职能部门要保证其服务能够最大限度地满足其他部门的需求，以保证公司整体运作的最佳效应。

2．职能部门的绩效指标设定方法

根据职能部门人员的岗位职责和工作性质，一般采用以下 3 种方式（见图 4-41）进行其 KPI 的设定：

- 通过员工职务、职能标准来获取绩效考核指标，这是最常用的方式，在一些特殊条件下甚至可以直接将有关条款作为绩效考核指标。
- 召开讨论会，采用头脑风暴等方法征求员工对绩效考核指标的意见和建议。

图 4-41　职能部门业绩指标设定方法

- 参考同行业的绩效考核内容或咨询绩效考核专家。

在实际应用中，应该根据侧重点的不同，灵活应用以上 3 种方式。例如，对职业素质绩效考核指标的设计，应该多从职位、职能要求方面着手；在绩效计划制订中，确定工作任务、目标时，应多征求员工与直接领导的意见；而对工作态度的设定应该多询问直接领导、专家的意见和建议。

除了可量化的考核指标设定外，在对企业职能部门员工工作绩效进行考核的时候，既要考核员工工作最终完成情况，也要考核员工工作态度，这样才能全方位地对员工工作进行衡量。所以将职能部门员工工作绩效分为工作任务绩效和工作态度绩效两类。

（1）员工工作任务绩效

员工工作任务绩效考核的目的是衡量一定时期内员工工作成果，它的意义在于为员工培训、职位晋升、薪酬奖惩、人力资源计划等方面提供可靠的依据。

工作绩效指标的确定与衡量要依据层级负责制的原则，由上下级双方共同商定，并由直接领导负责最终的考核。表 4-10 为任务绩效评分考量表。

表 4-10 任务绩效评分参考量表

评分说明

各项评分取平均值就是任务绩效的评分

	超出目标 120~100分	达到目标 100~90分	接近目标 90~70分	远低于目标 70分以下
工作完成质量和及时性	能提前、出色完成各项计划，工作结果准确，质量优异，无差错	能按时、比较出色地完成各项计划，工作结果质量优秀，偶尔有差错	能按时、按量完成计划，工作结果质量一般，存在差错但没有造成重大损失	计划存在未完成项，工作质量差，存在差错并造成了重大或较大损失
工作的条理性和计划性	能按照计划有条不紊安排工作，工作方法出色	基本按照计划有条理地工作，工作方法合理	基本按照计划工作，工作方法一般	工作无计划性，方法有待改进
工作的创造性	对现有的工作能积极探索提出创造性的改进意见和方法，效果明显	对现有工作的创造性改进有所贡献	对现有工作的创造性改进甚少	基本无创造性，工作按部就班

（2）员工工作态度绩效

具有良好工作素质的员工，如果没有积极的工作态度，只会取得一般的工作绩效。因为外部环境因素而导致工作任务绩效不高的员工，如果对其积极的工作态度进行赞赏，会使员工觉得受到了公正的对待，进而能够提高绩效等级评定的可接受程度；同时工作态度也是衡量员工在完成非计划性、临时性工作任务情况的重要指标。

工作态度的每条绩效考核指标也需要进行细分，并做详细的等级描述，对每一等级赋予一定的等级分数。

对于工作绩效指标的考核，一般采用基于目标导向的绩效考核方式，由员工直线领导进行考核，因为直线领导对员工的工作情况更了解，更容易做出全面、客观的评价。当然，出于对程序公正性的考虑，也可以让员工对自己的工作绩效进行评价。但是这种评价往往不是非常客观，只可以作为综合评价的参考。表 4-11 为工作态度评分参考量表。

3．人力资源部门关键绩效指标的设定

在做人力资源部门 KPI 的设定时，除了把握职能部门 KPI 设定原则之外，还需要明白在绩效管理中各级人员的角色，从而更为精确地确定人力资源部门的 KPI，如图 4-42 所示。

表 4-11　工作态度评分参考量表

评分说明

各项评分取平均值就是工作态度的评分

	超出目标 分120～100分	达到目标 100～90分	接近目标 90～70分	远低于目标 70分以下
积极性	长期坚持学习业务知识；对于额外任务能主动请求动并且能高质量完成；工作中善于发现问题	主动学习业务知识；主动承担一般的额外任务	偶尔主动学习业务知识，有时主动完成一般额外任务	基本上不主动学习业务知识；很少主动请求承担额外任务
协作性	主动协助同事出色的完成工作	能够与同事保持良好的合作关系，协助完成工作	根据同事的请求能够提供一般协助	不能积极响应同事的请求或者协作任务的完成质量较差
责任心	工作有强烈的责任心	工作有较强的责任心	工作有一定的责任心	工作责任心不强
纪律性	能够长期严格遵守工作规定与标准，有非常强的自觉性和纪律性	能够遵守工作的规定和标准，有较强的自觉性和纪律性	基本能够遵守工作规定和标准，基本能够遵守纪律，但有时出现自我要求不严的情况	不能遵守工作规定和标准，经常发生违规情况，自觉性和纪律性差

人力资源部	绩效管理系统的设计者和组织实施者 绩效管理的宣传和培训者
部门管理者	考核制度的细化 （根据部门特色、职能特色）
HR及管理者共同的责任	考核指标的建立 （细化到每个职位）
各级管理者	绩效管理的实施 （计划、交流、观察、评价、沟通）

图 4-42　绩效管理体系中各级人员角色定位

下面继续以本章第三节的例子进行说明。

（1）人力资源部门支持公司目标和业绩指标的关键因素如图 4-43 所示。

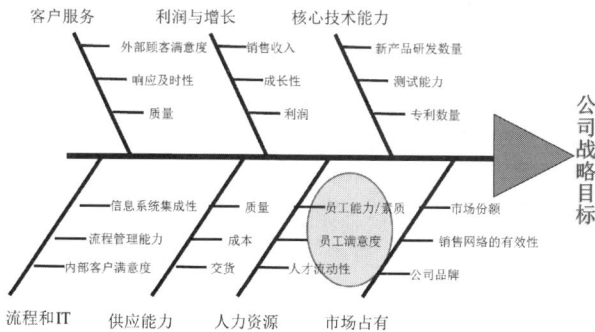

图 4-43　人力资源部指标分解示意图

通过分解可以得出，在公司战略层面，人力资源所支持的关键因素主要是员工能力/素质、员工满意度、人才流动性 3 个方面。

（2）这些关键因素的定义、策略和手段分别是什么。我们通过图 4-44 进行分析。

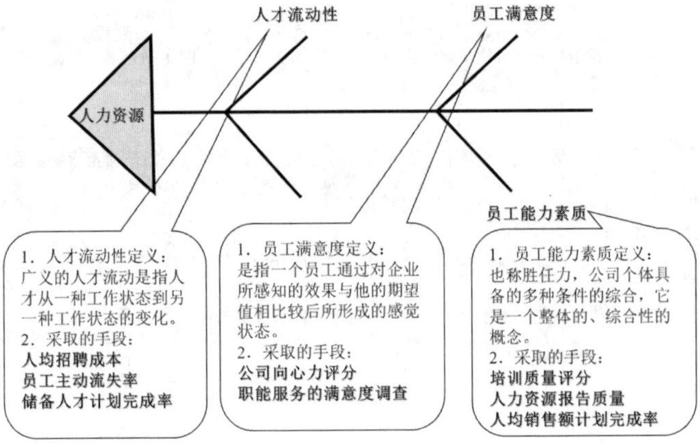

图 4-44　人力资源部指标细化分解示意图

（3）指标名称规范化和指标标准量化得出相应 KPI。

根据上述分解，将具体指标名称规范化后，计算相关权重和设定评分规则，即可得出人力资源部年度 KPI。表 4-12 为人力资源部（总监）年度考核表。

表 4-12　人力资源部（总监）年度考核表

序号	指标类型	指标	指标定义公式	评分规则及标准	目标值	达标值	得分
1	运营与客户指标	人均招聘成本	招聘总成本/录用总人数×100%	1）=目标值，得90分；2）比目标值每提高 百分点，加 分，最高120分；3）比目标值每降低 百分点，减 分；4）<目标值的 百分点，不得分；5）介于其中按线性关系计算			
2		培训质量评分	∑每次培训质量评分／培训次数	评分低于 分，得分为零			
3		员工主动流失率	主动流失的员工数／（期末员工数-本期内新增人数）×100%	1）=目标值，得90分；2）比目标值每降低 %，加 分，最高120分；3）比目标值每提高 %，减 分；4）介于其中按线性关系计算			
4		公司向心力评分	被调查人员对公司向心力评分的算术平均值	1）=目标值，得90分；2）比目标值每提高 分，加 分，最高 分；3）比目标值每降低 分，减 分；4）<目标值的 分，不得分；5）介于其中按线性关系计算			
5		职能服务的满意度调查	全公司员工对本部门工作满意度调查	1）=目标值，得90分；2）比目标值每提高 分，加 分，最高120分；3）比目标值每降低 分，减 分			
6		人均销售额计划完成率	实际人均销售额/计划人均销售额×100%　人均销售额=年度总销售额/分管单位人数　分管单位人数=（期初人数+期末人数）/2	1）=目标值，得90分；2）比目标值每提高 %，加 分，最高120分；3）比目标值每降低 %，减 分；4）小于目标值的 百分点，不得分；5）介于其中按线性关系计算			
7		人力资源报告质量	具体《各种报告质量评价考量表》				
8	人才培养	储备人才计划完成率	实际储备人才数量／计划储备人才数量×100%	1）=目标值，得100分；2）比目标值每提高 %，加 分，最高120分；3）比目标值每降低 %，减 分；4）小于目标值的 百分点，不得分；5）介于其中按线性关系计算			

4.8　【疑难问题】确定 KPI 在实际操作中的步骤

一般来说，确定 KPI 在实际操作中有以下 4 个步骤。

1. 罗列KPI　　2. 筛选KPI　　3. 初选权重　　4. 修改确认

1. 罗列 KPI

在罗列 KPI 时一般根据指标来源来进行分类罗列，而指标来源通常分为 5 类。

（1）价值树指标分解。通过价值树分解所得的指标有助于个人理解自己的 KPI 对公司收入的影响。比如，营销成本、营销周期、应收账款周期等指标均根据价值树进行分解。

（2）岗位工作常规指标。因为与本岗位工作相关的指标可以用来考核该岗位人员的工作完成质量，同时激励该人员的工作积极性。比如，维护成本、预算偏差率、考核工作完成情况均属于工作岗位常规指标。

（3）短期重点指标。是指为配合公司的短期任务完成设定的指标。市场占有率、收入增长率都属于短期重点指标。

（4）集体指标。因为各部门有责任促进公司经营，因此考核总经理的一些财务指标由前后端及主要职能部门共同分担，这些指标可称为集体指标，如收入和关键人才流失率均为集体指标。

（5）防范性指标，也称扣分指标。这类指标是为了杜绝安全事故、重大障碍、重大问题（违规操作）影响企业运作，采用直接从总分中扣分的方法加强管理力，以确保流程正常运作。一般重大事故所包含的具体内容为防范性指标，如资金安全或违规操作次数。

在罗列 KPI 的过程中，一般采用头脑风暴的方式进行，同时根据指标来源分类进行罗列。下面以一个通信公司为例进行 KPI 罗列。

- 财务类指标：公司资本回报率、净营运资产贡献率、营销成本、投资回报率、资产负债率等。
- 经营类指标：大客户收入/总收入、中小客户收入/总收入、个人客户收入/总收入、新产品销售增长、SLA 预测准确率、中小企业客户转为大客户数、客户满意度、新渠道收入份额等。

- 人员管理类指标：销售人员时间利用率、关键人才流失率等。
- 内部管理类（防范性）指标：安全生产（工程安全、网络安全）、重大障碍、投诉率等。

2．筛选KPI

以上指标都是一般通信公司通过头脑风暴方式可以获取的KPI，覆盖面也较全面。接下来开始筛选KPI。那如何筛选KPI呢？可以根据以下5个原则进行初步筛选：

（1）可以筛选掉完全不可控指标，比如资产负债率、SLA预测准确率、安全生产、重大障碍、网络资源利用率，这几个指标完全不在可控范围内。

（2）可以筛选掉完全不可测量的定量指标，新渠道收入份额就属于完全不可能在计划阶段可测量的定量目标，如果以此为KPI，该指标最后的考核结果和实际相去甚远，将毫无意义。

（3）影响不大的指标完全可以筛选掉，如销售人员时间利用率、新产品销售增长都属于影响不大的指标，因为销售的关键是考核销售成果，尤其是销售人员时间利用率这个KPI，几乎不能称为KPI。

（4）另外，重复的、无特别存在价值的指标也不用入选，如收入增长率与营销收入重复，投诉率与客户满意度重复。

（5）还有一类指标属于过时的指标，如资产负债率，计算它对于现在的考核没有实际意义。

初步筛选之后，按照KPI的选择原则可以进行二次筛选，如图4-45所示。

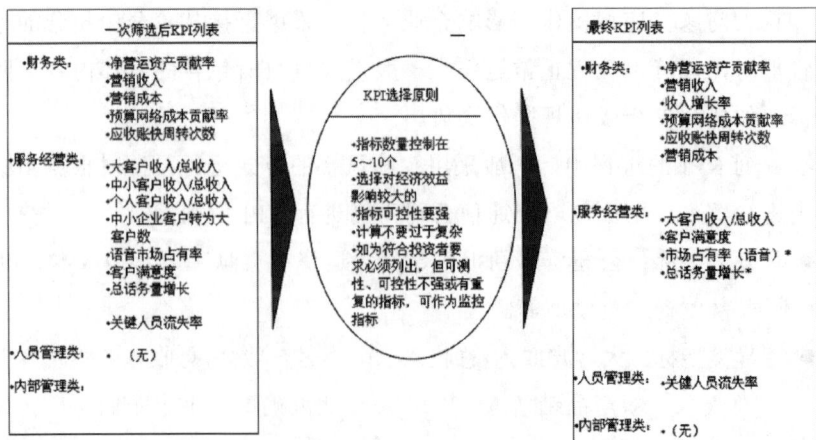

图4-45　KPI二次筛选示意图

3．初选权重

确定了最终的 KPI 列表，下一步就是确定各 KPI 的权重了。确定各 KPI 的权重有以下几个方面的工作要做，过程中要有序，同时有重点注意的细节。

首先确定分类权重，前后端财务分类指标权重要大一些，职能部门财务分类指标权重要稍小一些，否定类指标不给权重。接下来评定各 KPI 对经济效益的影响（主要针对指标分解），然后是评定 KPI 的可控性和可测性，这些一般通过专家评定手段大致估算可以得出。

根据上述评定，可以得出综合评分。按照对经济效益影响权重 60%，可控制权重 25%，可测性权重 15%，对各指标三方面评估结果进行加权得出总分，得分在该指标中所占比例分配分类权重通常权重最小不小于 5%，最大不超过 30%（5%≤x≤30%）。为了简化计算，通常用 5 的倍数（如 23% 调到 25%），对所有权重结果进行调整，如图 4-46 所示。

分类权重	指标类别	具体指标	60% 对经济效益影响	25% 可控性	15% 可测性	加权 得分	权重
70%	•财务类	•净营运资产贡献率	②	②	④	2.3	15%（13.7%）
		•营销收入	④	②	④	3.5	20%（20.9%）
		•收入增长率	—				
		•预算网络成本贡献率	②	③	④	2.55	15%（15.2%）
		•应收账款周转次数	①	②	④	1.7	10%（10.1%）
		•营销成本	①	②	④	1.7	10%（10.1%）
20%	•服务/经营类	•大客户收入/总收入	②		④	2.3	10%（10.3%）
		•大客户ARPU*	②	②	③	2.15	10%（9.7%）
		•客户满意度					
		•市场占有率（语音）*	—				
10%	•人员管理类	•总话务量增长*	③	②		2.9	10%（10.0%）
	•内部管理类	•关键人员流失率					
		•（无）					

权重计算公式

$$指标权重 = \frac{（对经济效益影响×60%+可控性×25%+可测性×15%）×分类}{该类所有指标的总加权得分}$$

图 4-46　指标权重计算调整示意图

根据初定权重的步骤得到的 KPI 及权重，一般还会进行简单的调整，可以得到初选权重。

4．修改确定

在确定了初选权重之后，最后就是扫尾工作——KPI 最后的修改确定。在这个过程中，要将各 KPI 筛选部门制成列表，进行横向比较，然后需要向各部门负责人详细讲解有关指标，并与上级领导再进行一次讨论。另外，在确定了 KPI 以后，还要审核是否支持下级部门的 KPI 设定。这个流程虽然简单，但是依然重要。

● 要确保各部门对此 KPI 负责，且根据责任大小承担相应比例的权重，所以要横向比较并沟通各部门。

● 核查指标、权重是否与原则相悖，以及上级领导指标是否已分解到相应部门，明确该指标计算方法及数据来源，所以要和领导再次讨论。

● 对定性指标确定其详细评估方法，拟定定性指标评估表确保清楚知道下级员工考核指标，并讨论 KPI 设置的权重是否合理，对定性指标评估标准进行确定，确认其指标涵盖了下级部门工作各方面，有利于其推动下级员工工作。

在以上流程完成后，我们可以制订出相对有效的 KPI 指标表，同时将这些指标纳入业绩合同，形成行之有效的业绩合同表，见表 4-13。

表 4-13　业绩合同表

受约人姓名：　　　　　职位：　　　　总经理　　业务部门：　　营销公司	受约人1姓名：　　　　　　　职位：　　　　　　　　受约人2姓名：　　　　　职位：	合同有效期：　　签署日期：

主要业绩考核方面	关键业绩指标（KPI）	单位	权重	目标完成值	实际完成值	业绩分值
财务指标	■净营运资产贡献率	%	10%			
	■收入	元	25%			
	■收入增长率*	%				
	■预算网络成本贡献率	%	15%			
	■营销成本	元	10%			
	■应收账款周转次数	次	10%			
服务/经营指标	■大客户收入/总收入	%	10%			
	■大客户APRU*	元				
	■客户满意度	评分	10%			
	■市场占有率**	%				
	■总话务量增长*	分钟				
人员管理指标	■关键人员流失率	%	10%			

4.9　【案例分析】GE（美国通用电器公司）考核说明

1. GE 绩效考核说明

GE 作为全球领先企业，其绩效考核的核心理念是简单、有效。图 4-47 所示为 GE 绩效考核说明。

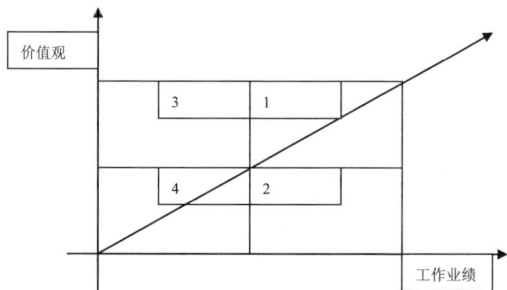

图 4-47　GE 绩效考核说明

说明：

① 当员工的综合考核结果在第四区域，即价值观和工作业绩都不好时，处理非常简单，这种员工只能辞退。

② 当员工的综合考核结果在第三区域，即业绩一般，但价值观考核良好时，公司会保护员工，给员工第二次机会，包括换岗、培训等，根据考核结果制订一个提高完善的计划，3 个月后再根据提高计划考核一次。在这 3 个月内员工必须提高完善自己，达到目标计划的要求；如果 3 个月后的考核不合格，员工必须辞退。当然这种情况比较少，因为人力资源部在招聘时已经对员工做过测评，对员工有相当的把握与了解，能够加入通用公司的都是比较优秀的。

③ 如果员工的综合考核结果是在第二区域，即业绩好但价值观考核一般时，员工不再受到公司的保护，公司会请他走。

④ 如果员工的综合考核结果是在第一区域，即业绩考核与价值观考核都优秀，那他（她）就是公司的优秀员工，将会有晋升、加薪等发展的机会。

通过图 4-47 可以看到，在 GE 的核心理念中，价值观的考核是重中之重，甚至具有一票否决的地位。从这一点我们可以感受到 GE 的绩效管理在设定其管理目标时，是非常精准和聚焦的。

另外，GE 在年终考核时，年终目标考核有 4 张表格。前 3 张是自我鉴定，其中第一张是个人学历记录；第二张是个人工作记录（包括在以前的公司的工作情况）；第三张是对照年初设立的目标自评任务的完成情况，根据一年中的表现、取得的成绩，对照通用公司的价值观、技能要求等，确定自己哪方面是强项，哪些方面存在不足，哪些方面需要通过哪些方式来提高，需要得到公司的哪些帮助，在未来的一年或更远的将来有哪些展望等。原任总裁韦尔奇在当年刚加入通用公司时，就在他的个人展望中表达了他要成为通用公司全球总裁的愿望。第四张是经理评价，经理在员工个人自评的基础上，参考前 3 张员工的自评，填写第四张表格。经理填写鉴定必须与员工沟通，以取得一致的意见。如果经理和员工有不同的意见，必须有足够的理由来说服对方；如果员工对经理的评价有不同的意见，员工可以与经理沟通但必须用事实来说话；如果员工能够说服经理，经理可以修正其以前的评价意见；如果双方不能取得一致，将由上一级经理来处理。在相互沟通、交流时必须用事实来证明自己的观点，不能用任何想象的理由。

通过年终考核 4 张表，我们看到 GE 在管理中非常重视结果，在具体的绩效管理环节处理上非常注意 3 个方面：有事实依据、有效沟通、求同存异。这三点正是绩效管理循环有效运行的基础。

4.10 【HR 必知】综合平衡计分卡

BSC 之所以叫"综合平衡计分卡"，主要是这种方法通过财务与非财务考核手段之间的相互补充，不仅使绩效考核的地位上升到组织的战略层面，使之成为组织战略的实施工具，同时也是在定量评价和定性评价之间、客观评价和主观评价之间、指标的前馈指导和后馈控制之间、组织的短期增长与长期增长之间、组织的各个利益相关者之间寻求"平衡"的基础上完成的绩效管理与战略实施过程。所以我们可以看到，平衡计分卡将战略置于中心地位，使经理们看到了公司绩效的广度与总值。

要了解综合平衡计分卡，就必须了解 BSC 的内部关系。BSC 的内部关系可以用图 4-48 来表述。

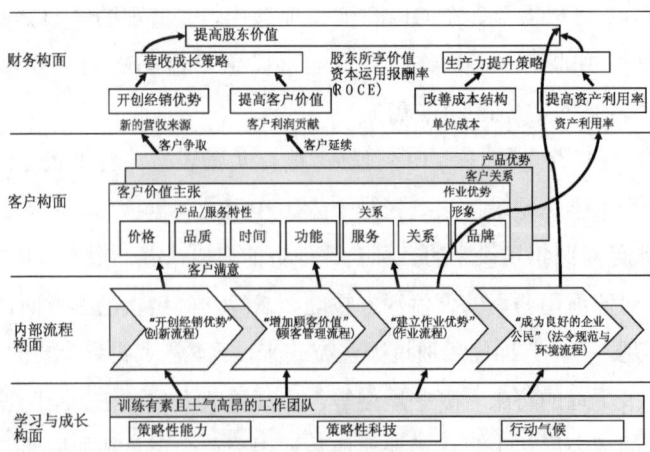

图 4-48　BSC 内部关系

接下来，我们就从财务方面开始逐步分析基于综合平衡计分卡的绩效管理。

1．财务指标

使用 BSC 手段来设定财务指标，我们首先要回答一个问题：我们应怎样满足股东？在这里，财务指标具有双重含义：一方面是从短期的视角对组织已采取行动所产生结果的评价；另一方面从长期来看，它又是其他三方面指标相互驱动、共同指向的结果，因此也是评价个人与组织绩效，进行绩效改进与组织战略变革的出发点。

那么如何设置财务指标呢？我们可以采取自上而下的方式，依循从上至下的顺序，从最上层的财务构面——成长、效率和股东价值开始。

股东价值是任何战略所追逐的目标，企业应选择一个最主要的目标作为其长期成功的象征。一般可选择的指标为：投资回报率（ROI）、资本运用回报率（ROCE）、附加经济价值（EVA）、各种类型的折现现金流量（DCF）等。

成长策略方面可以是从新的市场、产品和顾客开创新的营收来源，又或者是提升现有客户的获利水平。效率提升策略则一般为降低运作成本或提高资产的利用效率。

财务指标可以划分为 4 个不同的类型：股东价值、资产利用、收入增长、成本下降。而从财务角度来说，主要考核提供给股东的最终价值，所以其他 3 个"角度"的目标与考核指标将支持所需达成的财务目标。如图 4-49 所示，我们可以通过主要考核目的，根据高层管理人员的考核需要，分解设定财务指标。

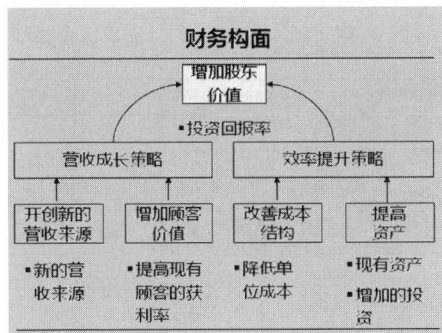

图 4-49　BSC 财务构面

2．客户指标

做好客户指标的设定，首先要知道客户对我们的要求是什么。客户指标的选择应该来自组织参与竞争的客户群体与市场部分，并且包括客户满意度、客户忠诚、回头率、购买率等在内的客户指标都应该是组织战略对应于客户与市场的具体目标。客户指标本身既是形成未来财务绩效的动因，又是组织内部的业务经营过程因素驱动的结果。因此我们总是说要站在客户的角度思考问题，所谓客户角度，是指以客户的眼光来看待企业的经营活动。客户指标可以划分为 5 种类型乃至更多，它们之间的关系可以用图表来说明，如图 4-50 所示。在这些指标中，"客户满意度"这一关键指标会直接驱动其他客户考核指标。

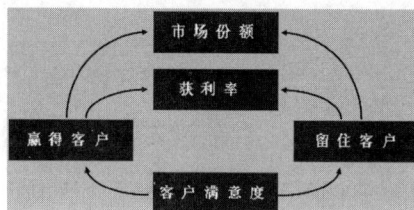

图 4-50　BSC 客户指标构面

在具体设定客户指标的时候，要根据企业提供给顾客的价值定位和目标顾客设计构面。因为不同的价值定位决定了不同的差异化因素，从而决定顾客构面的关键性绩效领域。另外，在企业确定了其价值定位的同时，也确定了企业的目标客户。企业应以目标客户为焦点来考核绩效。在设计客户构面上，可以根据竞争的差异化因素以及基本要求来确定客户指标，如图 4-51 所示。

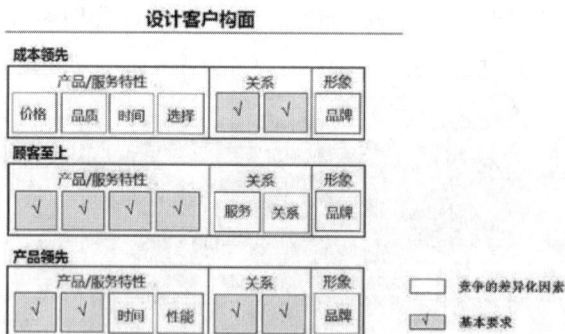

图 4-51　如何设计客户构面

3．内部经营过程指标

在内部的经营过程中，我们必须明白自己擅长什么。内部经营过程指标来自对客户满意度、客户忠诚等有直接联系的业务流程，包括组织拥有的关键技术、核心能力，以及影响产品与服务质量、生产效率的因素等。内部经营过程指标既是影响客户满意的动因，又是组织通过学习与创新推动的结果。

内部经营过程稍加提炼就是内部流程，从内部流程的角度关注能提升企业经营水平的关键流程，简称为对内部流程精益求精。

内部流程指标可以划分为 3 个不同类型，它们之间又互相联系，如图 4-52 所示。

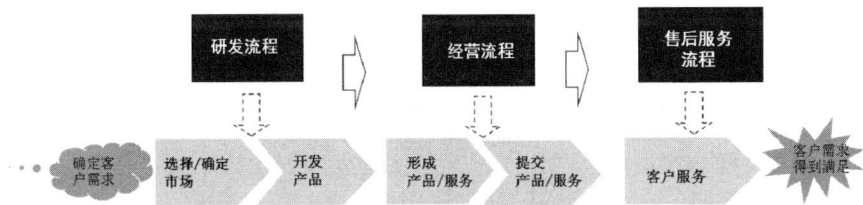

图 4-52　内部指标流程划分类别

这里可以把内部流程指标称为内部运营指标。在设定内部运营指标时，需要明白的是，企业内部流程构面的关键绩效领域设计必须与企业所确定的价值定位保持一致。

采取"产品领先"战略的企业，必须具备领先的创新流程，才能开创具有最佳功能的新产品，并且快速地使该产品上市；采取"成本领先"战略的企业，则强调作业流程的成本、品质、周期时间、卓越的供应商关系，以及供应商及配送流程的速度和效率。这种矩阵关系可以清楚地用图 4-53 来说明。

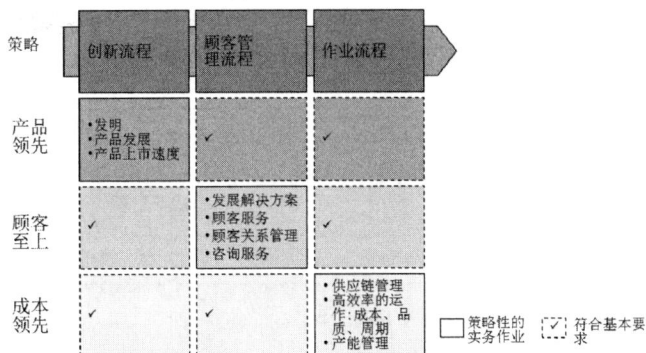

图 4-53　如何设计内部运营指标

4．学习与成长指标

学习与成长指标是个体非常需要的，但同时也是常常感觉最为虚幻的考核指标。要落实这个指标，我们得问问自己：我们如何持续提高能力并创造价值？组织的创新和学习能力与组织的价值创造是直接相关的，前三个方面的指标已经为组织达成战略目标提供了关键要领，而学习与成长指标即成为组织实现前三个方面指标的最有效的推动力量。

学习与发展主要跟踪三个核心考核指标，它们是综合平衡计分卡前述三个方面取得出色成果的基础，分别是员工职业度、员工生产率、员工保留率。员工认同则能留住员工，同时提高生产率。员工技能与核心能力、企业的系统与技术、企业文化都直接影响员工的认同度。作为高层管理人员，要时刻关注这三个核心考核指标。企业为了创造最佳的绩效表现，最终必须依赖在学习与成长构面的无形资产的开发和利用。

学习和成长构面一般包括以下三个主要项目：

- 战略性能力，即工作团队为达成企业战略所必须具备的战略性技能和知识。
- 战略性科技，为实现战略所需的资讯系统、资料数据库、工具和网络。
- 行动气候，也就是在战略的前提下所必需的企业文化转变，以激励、授权及整合工作团队。

通过对这三个主要项目的分解，可以得出最终可以落实的学习与成长指标。而高层管理者或管理团队，在学习与成长构面，对自己的要求要更加精细，如图 4-54 所示。

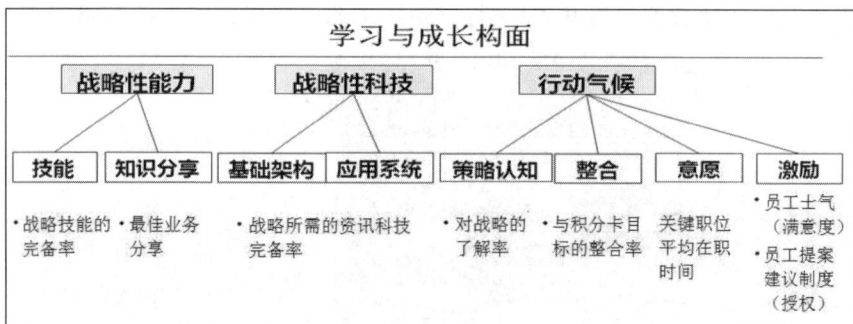

图 4-54　BSC 学习与成长构面

战略也不过是一组因与果的假设，通过 BSC，这种因果关系可以用"如果……那么"举例来表述：

如果我们提高员工的技能，那么产品质量和服务将得到提高；如果产品质量和服务提高，那么按时交货率将得到改善；如果按时交货率得到改善，那么客户忠诚度将得到提高；如果客户忠诚度提高，那么资产回报率将得到改善。

第 5 章

薪酬管理

5.1 薪酬管理的目标与具体工作

5.1.1 薪酬管理的目标

薪酬管理是指企业在组织发展战略的指导下，对员工薪酬支付原则、薪酬策略、薪酬水平、薪酬结构、薪酬构成、薪酬制度等进行确定和调整的动态管理过程。

薪酬管理的具体目标如图 5-1 所示。

由此可见，薪酬管理与绩效管理是企业 HR 管理工作的重中之重，对企业人才的选、用、留有非常重要的作用，牵涉员工乃至企业的绩效与业绩的直接表现。

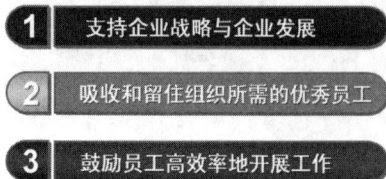

> 1 支持企业战略与企业发展
> 2 吸收和留住组织所需的优秀员工
> 3 鼓励员工高效率地开展工作

图 5-1 薪酬管理的具体目标

绩效管理的核心功能是激励，而激励功能与薪酬管理最为密切。企业要实现预定的战略目标，就应根据该战略目标制定相应的薪酬管理战略，架构企业的薪酬管理框架。

5.1.2 薪酬管理的具体工作

薪酬管理一般包括五个方面的内容，如图 5-2 所示。

1. 薪酬目标管理

（1）战略与薪酬目标

薪酬目标管理，即薪酬应该怎样支持企业的战略，又该如何满足员工的需求，以及如何解决

> 1 薪酬目标管理
> 2 薪酬水平管理
> 3 薪酬体系管理
> 4 薪酬结构管理
> 5 薪酬制度管理

图 5-2 薪酬管理的五个方面

薪酬预算与员工期望的矛盾。薪酬是企业对员工一种最重要、最直接的激励方式，它是企业对员工所做的贡献给予的相应的回报和答谢；它是企业引导员工行为，激发员工积极能动性的一种重要手段，理应为企业的战略服务，理应根据企业的发展状况来制订薪酬方案。

随着经济的发展，信息技术大量应用于企业管理中，越来越多的企业认识到薪酬管理的重要性，也认识到薪酬管理是一种有效辅助企业战略实施的

重要的人力资源管理手段；尤其是在目前人力成本越来越高、员工跳槽频繁、国家经济转型的特殊时期。在薪酬管理框架的战略层面，HR 应考虑的问题有：如何根据企业的战略来制订薪酬管理战略？如何能够使所制订的薪酬管理战略有效地支持企业战略的实现。

制订薪酬战略的六项基本原则如图 5-3 所示。

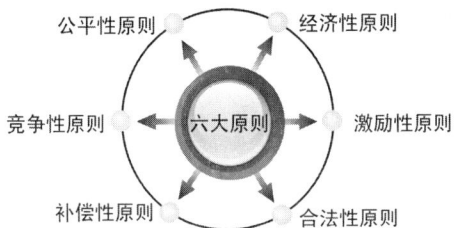

图 5-3   薪酬战略的六项基本原则

（2）预算与目标管理

接下来介绍怎样确定薪酬预算。

首先，企业在建立薪酬福利与激励机制时，需要结合市场、岗位评估结果与员工能力等因素，并参考绩效考核结果，从而将薪酬福利体系与绩效管理及岗位评估联系起来，使薪酬体系达到"对外具有竞争性，对内具有公平性"的良好状态。

其次，企业所建立的薪酬福利体系，需满足的原则之一即"经济性原则"，它强调的是企业提供的薪酬水平须与公司的经济效益和承受能力保持一致。

因此，HR 或公司决策者在做薪酬预算时，要考虑到企业、员工、社会三重因素，必须根据企业的营利能力，员工的岗位等级与能力水平及当地或同行平均工资标准等因素来综合考虑。

薪酬预算的方法一般有以下两种。

① 自上而下法：先由决策者（如企业负责人、总经理、人力资源负责人）决定公司的总体薪酬预算总额，以及加薪的幅度，然后将预算总额分配到每个部门或分公司，各个部门再分配到每一位员工。优点：容易控制整体的薪酬成本；缺点：缺乏灵活性，主观因素多，从而降低预算的准确性。

② 自下而上法：先按定岗定编估算各部门、各岗位的薪酬数量，进行汇总，然后编制出整体预算。优点：灵活性高，提高了部门和员工的满意度；缺点：不容易控制成本，可能存在部门本位主义。

2．薪酬水平管理

薪酬水平管理，即薪酬要满足内部一致性和外部竞争性的要求，根据员工绩效、能力特征和行为态度进行动态调整，包括确定管理团队、技术团队和营销团队薪酬水平，确定公司各子公司和外派员工的薪酬水平，确定稀缺人才的薪酬水平，以及确定与竞争对手相比的薪酬水平。

（1）薪酬市场调查与薪酬水平定位

在年度薪酬计划初步定位之前，必须做市场调查，以确定公司的薪酬水平。它决定了企业薪酬的外部竞争力，对吸引和保留员工将会产生重要的影响，例如，公司营利能力强就可以高于当地同行企业的标准，如果公司盈利水平一般，则尽量与当地同行企业的薪酬水平持平，最好能保持企业的薪酬水平在同行企业的中等偏上水平，这样才能吸引与留住公司优秀的人才。

（2）岗位分析评估与特殊岗位鉴定

岗位分析是对企业各类岗位的性质、任务、职责、劳动条件和环境，以及员工承担本岗位任务应具备的资格条件所进行的系统分析与研究；而岗位评价用来评估各个岗位对企业的重要性及其价值大小，进而确定各岗位的薪酬水平。通过岗位分析和岗位评估，薪酬标准和分配制度的设计才有了客观的依据，从而有效实现贡献与报酬之间的对应关系，确保薪酬系统的内部公平性，例如，一个生产型企业中一名技术人员与一名销售人员的岗位贡献价值是不一样的；同样岗位的一名新进文员与资深文员的能力水平贡献价值也是不一样的。

同时，在此基础上要鉴定公司一些特殊岗位工种及特殊人才，如某些生产型企业资深或稀缺的工程师、拥有专利发明或公司核心技术的人才，可能其贡献价值又是不一样的，那么其特殊岗位或特殊人才的薪酬应当另外考虑。

根据工作内容、工作性质不同，对岗位按性质归类，通常可分为五大类，如图 5-4 所示。

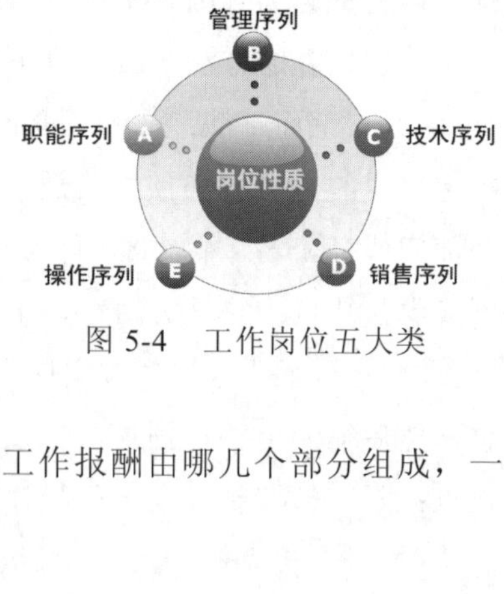

图 5-4 工作岗位五大类

3．薪酬体系管理

（1）薪酬体系构成

薪酬体系是指薪酬的构成，即一个人的工作报酬由哪几个部分组成，一般而言，薪酬包括以下几部分：基本薪酬、奖金、津贴和福利。细的来说薪酬一般构成可分为：基本工资、岗位工资、绩效工资、提成或销售奖金、月（季）奖、工龄工资、加班工资、计件工资、各类补贴（交通费、通信费、餐补、技术津贴及特殊津贴等）、各类福利及年终奖等。

根据图 5-4，工作岗位分为五大类，那么薪酬体系又可分为：管理人员（中高层干部）薪酬体系、职能人员薪酬体系、研发（设计）与生产人员薪酬体系、销售人员薪酬体系、操作人员薪酬体系等。

而薪酬体系管理，不仅包括基础工资、绩效工资、期权期股等的管理，还包括如何给员工提供个人成长、工作成就感、良好的职业预期和就业能力的管理。所以说薪酬管理是一个动态的、系统的工作，与绩效管理同为 HR 管理者的核心工作。

（2）薪酬调整

在薪酬体系的制订和实施过程中，与员工进行及时的沟通、对员工进行必要的宣传和培训都是保证薪酬体系正常运行的重要条件。同时，薪酬管理是一个动态的过程，薪酬可随着企业经营状况和市场环境，以及员工岗位异动或能力提升的变化而进行不断的调整与完善。一般情况下薪酬调整可分为以下四种情况，如图 5-5 所示。

图 5-5　薪酬调整情况

工资普调一般在年底或年初开始执行新一轮的薪酬标准为好；周期性调整是指某一阶段性的薪酬调整；岗位异动是指由于员工的升降或轮换岗而引起的员工薪酬变化；业绩调整是指员工薪酬由于受企业或个人的业绩波动而引起的薪酬调整。很多公司年底在开始设计新一年度的工资标准时，都会适当提高工资总额或按一定比例递增，有的会保持原来水平，极少数企业会出现把工资调低的情况，这种情况不利于企业优秀人才的留存。

某企业薪酬制度规定，公司员工工资每年以 5%的比例递增，结果到了 2013 年，是该薪酬制度实施的第四年，员工工资已远超当地同行企业水平。而 2013 年企业的整体业绩下滑，甚至部分业务线出现严重亏损情况。基于此种情况，公司高层、HR 部门不得不与员工进行沟通，希望大家谅解，最后达成一致，该公司 2013 年员工工资保持 2012 年水平不变。

因此说薪酬可以是动态的，尤其是薪酬中的浮动工资部分、奖金部分，可根据月度或年度实际情况在不违反公司薪酬制度的情况下适当进行调整。

4. 薪酬结构管理

薪酬结构管理，即正确划分合理的薪级和薪等，正确确定合理的级差和等差，还包括如何适应组织结构扁平化和员工岗位大规模轮换的需要，合理地确定工资宽带。

（1）薪酬结构设计

在薪酬水平定位、预算基本确定后，接下来就应该确定一个合理的薪酬结构。薪酬结构是薪酬的重要组成部分，包括薪酬由哪些部分构成，各占多大比例；薪酬分多少层级，层级之间的关系如何。薪酬结构确定应注意两点：一是制订过程要科学合理，二是薪酬之间的差异要合理；其设计思路一般有两种：一种是趋于平等的薪酬结构，另一种是趋于等级化的薪酬结构。

薪酬结构设计首先应确定三个方面的内容，如图 5-6 所示。

其次应明确如何做岗位工资设计、技能工资设计、绩效工资设计及综合工资设计、福利津贴设计等，如图 5-7 所示。由于篇幅的关系，本章后面的内容将会对这几类薪酬结构部分的设计进行简单的阐述，并提供相应模板，供读者参考。

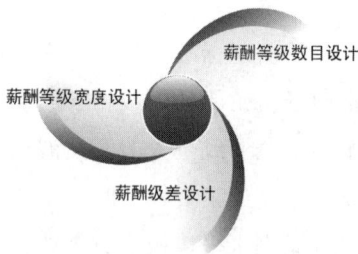

图 5-6　薪酬结构设计　　　　图 5-7　薪酬结构设计的几个部分

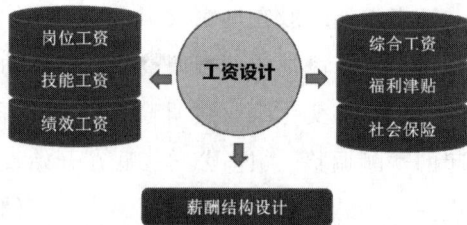

（2）薪酬结构设计如何与绩效考核挂钩

设计薪酬结构时应考虑到以下几个问题：①如何方便以后做绩效？②怎样才能发挥绩效最大化的激励作用，从而规划薪酬结构中基础薪酬部分、浮动薪酬部分、津贴福利部分各占多大的比例？③如何设计与协调各结构组成部分间的关系最为科学？等。

（3）特殊人群薪酬如何设计？加班、病休假工资、计件工资等如何计算？

初级的 HR 对于一些特殊人群的薪酬设计，尤其牵涉高层或员工的股权激励时，常常束手无策；同时，在计算工资时对一些特殊情况的员工工资如何计算比较关心，如加班工资、病休假工资、各类假期工资、外派工资、工伤期工资、社会保险、个人所得税又如何核算等。本章后面的内容将会给大家介绍一些常用的核算方法和工具，供广大 HR 朋友参考。

5．薪酬制度管理

薪酬制度又称工资制度，主要是指企业根据国家法律、政策，结合自身薪酬管理目标和战略而制订的一系列有关工资确定和工资分配及支付方式的规定、准则、标准和方法的总和。

薪酬制度是指导薪酬设计、发放、工资调整的重要依据，也是确保企业薪酬体系科学性、公平性的一项重要举措。

一项完整的工资制度通常包括总则、指导原则、适用范围、责任划分、具体内容、工具表格等。

一般来说，HR 可制定的企业薪酬制度可包括：公司薪酬管理制度、计时工资管理制度、提成工资管理规定、员工福利管理规定、津贴管理规定、工龄津贴管理规定、交通津贴管理规定、出差补贴管理规定、奖金发放管理规定、全勤奖管理规定、年终奖管理规定、优秀员工奖励规定、调薪管理规定、股票期权激励管理规定、员工持股管理规定等。

5.2　简单薪酬体系的设计

5.2.1　薪酬的概念与构成

首先来看一下薪酬的内容有哪些。广义的薪酬由经济性报酬和非经济性报酬组成，我们通常所说的薪酬是指狭义的薪酬，即经济性报酬，如图 5-8 所示。

薪酬的发展趋势日益细化，具体薪酬的结构和组成不断演化，由固定单一的薪资转变为可变的多元化结构，因而产生了薪资结构，如基本工资、岗位工资、绩效工资、奖金、工龄工资、餐补、车贴、房补……

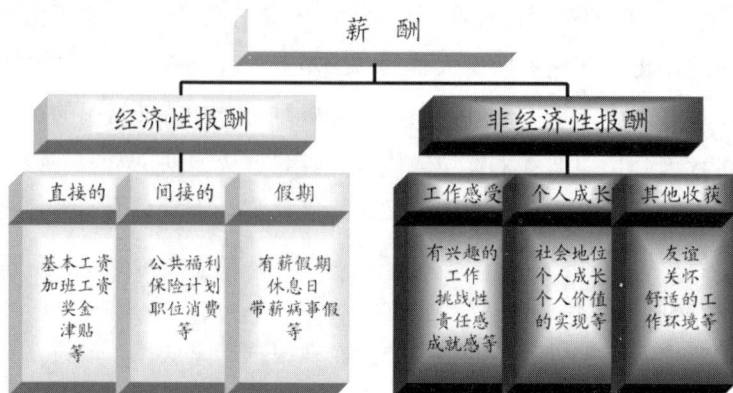

图 5-8　薪酬的内容

薪酬的模式很多，常用的有以下三种，如图 5-9 所示。

职位工资制	依据：根据员工所担任职位的工作内容(价值)发放职位工资，根据工作价值确定每个职位的工资等级范围，根据个人能力确定范围内的具体等级。
	优点：担任什么样的工作就给付什么样的工资，因而能够比较准确地反映劳动的质与量。
	特点：职位工资要求对职位必须有严格的客观的分析，并且在对每一职位进行分析的基础上还要进行分级，即划分职位等级；每一个职位有一个职位工资等级的下限和上限
职能工资制	依据：根据工作能力来决定工作承担者的职能工资。
	优点：突出工作能力对个人工资的重要性，鼓励个人能力的提高，个人能力是决定工资的最主要因素，所以即使不担任某一职位，但其能力经考核评定被认为已有资格担任此项业务，也可以支付与这一职位相对应的工资。
	特点：根据公司员工的构成特点不同，可将相类似职位进行归类，划分出几个大类。每个大类设计出10～20个工资等级。与职位工资相比，不必对每个职位进行范围划分。但每个大类的等级数较多
结构工资制	结构工资制将职位工资制和职能工资制的优点相综合，同时从工作内容和工作能力两个方面对工资等级进行划分，结构工资制目前被许多企业所采用

图 5-9　三种薪酬模式

许多员工都把他们的薪酬看作他们所获得的能够实际带回家的货币的数量。因而在设计薪酬体系时，把薪酬看作"总体薪酬"的概念是十分必要的。总体薪酬不仅包括基础工资，还包括各种附加的报酬（例如，加班工资、生活成本加薪、晋升加薪等）、绩效工资/奖金和各类津贴、福利。

5.2.2　薪酬的作用

伟大的公司需要优秀的人力资源体系来支持，优秀的人力资源体系则需要优秀的薪酬体系。作为企业对员工所付出劳动的回报，薪酬是用以

回报员工对企业所付出的努力、时间、知识、技能、经验和创造的一种
手段，是企业对员工所做贡献的认可，是连接员工和企业的重要纽带。
其主要作用如下。

（1）薪酬能够推动和支持公司战略目标的实现，确立企业的竞争优势。

（2）薪酬能够满足员工需求，激发员工潜能，开发员工能力。

（3）薪酬能调和劳资关系，维护社会公平，推动社会的和谐发展。

5.2.3　薪酬设计与管理的基本框架体系

薪酬设计的基本框架体系如图 5-10 所示，薪酬设计所涉及的理论与技术
全部围绕三个层面展开，即战略层面、制度层面和技术层面。

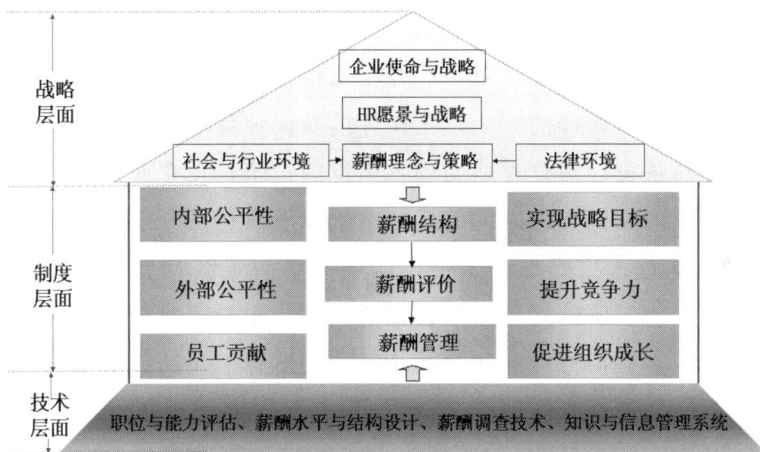

图 5-10　薪酬设计的基本框架体系

由图 5-10 可以看出，薪酬设计包括三个层面：战略层面、制度层面和技
术层面。其中战略层面是构建薪酬设计与管理体系的整体指导思想——企业
战略驱动人力资源战略，进而影响薪酬战略。制度层面是薪酬设计与管理体
系的具体内容与原则。技术层面主要包括构建薪酬设计与管理体系所涉及的
一些具体技术方法等方面，如外部薪酬调查、职位评价和薪等薪级的设计等，
这些内容是薪酬体系设计的基础。没有职位评价，就难以确保薪酬体系的内
部公平性；没有外部调研，就无从谈起薪酬体系的外部竞争性与科学性；没
有薪等薪级设计，就难以在不同员工之间拉开薪酬差距，从而难以发挥薪酬

对员工的激励作用，企业绩效就是空谈。

5.2.4　简单薪酬体系的设计流程

薪酬设计是一个系统工程，每个环节都很重要，其设计方法一般有以下六个步骤，如图 5-11 所示。

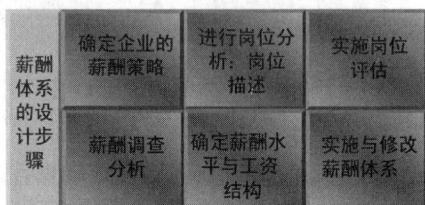

图 5-11　薪酬体系的设计步骤

薪酬策略是薪酬设计的第一步，主要由企业战略与经营状况决定；岗位分析是薪酬设计的基础，对企业各个岗位的分析，可以明确各个岗位的工作性质、所承担责任的大小、工作环境及岗位任职的资格等，为薪酬水平提供客观的依据；岗位评估明确各岗位的价值，使企业内部各个岗位之间及不同企业的相同岗位之间的薪酬水平能够进行公平、客观的比较；薪酬调查分析是为了更好地确定公司薪酬水平的定级及员工对薪酬的满意度；薪酬水平与工资结构是薪酬设计的核心，也是薪酬体系设计成型、出结果的阶段；实施与修改薪酬体系能够使薪酬体系不断完整、升级，使薪酬体系更科学、更合理。

5.2.5　岗位分析

岗位分析是确定完成各项工作所需知识、技能和责任的系统过程。它是一种重要的人力资源管理工具，是薪酬设计不可或缺的基础。在完成工作分析之后要进行组织设计、层级关系设计和岗位设计并编写岗位说明书。岗位说明书是对有关岗位在组织中的定位、工作使命、工作职责、能力素质要求、关键业绩指标以及相关工作信息进行书面描述。

岗位分析的方法有如下几种，如图 5-12 所示。

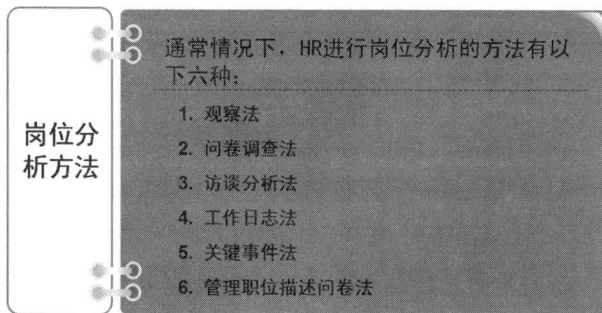

图 5-12　岗位分析的六种方法

1．观察法

观察法是指在工作现场直接观察员工工作的过程、行为、内容、工作能力等，并进行记录、分析和归纳总结的方法。观察法又可分为直接观察法、阶段观察法、工作表演（竞赛）三种。

运用观察法进行岗位分析时，可事先拟写一个观察提纲，也可编制成表格形式，然后在观察过程中形成观察记录，具体见表 5-1。

表 5-1　工作岗位分析观察记录表

基本信息	被观察者		岗　位		所属部门	
	观　察　者		观察日期		观察时间	
记录内容	何时开始工作 工作前的准备工作有哪些 工作的时间与强度怎样 工作期间的工作内容有哪些 工作环境怎样 工作中用到的工具及技术有哪些 工作难度与机械化程度怎样 与内外部的联系怎样 本岗位是否需要别人的帮助与配合 本岗位的价值点主要在哪里 ……					

2．问卷调查法

问卷调查法是根据工作分析的目的、内容等，事先设计一套岗位调查问卷，由被调查者填写，再将问卷加以汇总，从中找出有代表性的回答，以便对工作相关信息进行描述的一种方法。问卷范本见表 5-2。

表 5-2 工作岗位分析问卷调查表

职位名称		职位系列		填 表 人	
部门名称		工　号		填表时间	
直接上级		直接下级		审 核 人	

工作职责 概述	
工作权限	

工作关系	1．内部关系	
	2．外部关系	

工作特征	工作环境	
	出差情况	
	工作时间要求	
	技能要求	
	需用到的设备	
	工作强度	
	危险（害）性	

工作内容	重要性及工作难度	工作量

任职资格项目	本岗位所需的最低标准
学历与职称	
专业知识和技术	
工作经验	
计算机与英语水平	
需接受的培训	
个性特性或性格要求	
领导能力	

续表

策划能力	
营销能力	
人际沟通与合作能力	
文字处理能力	
语言表达能力	
创新能力	
公关与谈判能力	
本岗位应遵守的工作规范或流程	
本岗位考核标准	
可升级、降级或可换岗的职位	
岗位分析结果	例如，可综合得出本岗位的价值大小，是否应该设此岗位；此岗应归为哪个岗位系列、哪个等级等。 （由岗位分析汇总人填写）

3．访谈分析法

访谈分析法是访谈人员通过对某一岗位的访谈对象按事先拟订好的访谈提纲进行面对面的交流和讨论收集岗位信息的一种方法。访谈提纲的示例见表 5-3。

表 5-3　岗位分析访谈提纲表样

岗位分析访谈提纲

被访者姓名：　　　　部门：　　　　访谈时间：

采访者姓名：　　　　审核人：

一、岗位分类

□管理类岗位□销售类岗位□技术类岗位□职能类岗位□操作岗位

二、工作目标与责权利

请用 2～3 句话概括您工作的主要内容，以及要达到怎样的目标

本岗位的主要职责是什么？

本岗位的主要权利有哪些？

三、任职资格

从事本岗位所需具备的学历水平、工作经验、技能要求是怎样的？

如果一个新员工或转岗的员工担任此岗位，您觉得他（她）需要多长时间才能适应此岗位？

担任此岗位需哪些培训与能力训练？

四、工作时间与强度

您正常工作的时间是几点到几点？

续表

平常加班多否？	
平时工作量是否饱和？	
此工作岗位是否有危险（害）性？是否有可能患高职业病倾向？	
工作期间出差多否？	
五、绩效标准与工作结果评定	
衡量本岗位工作成效的绩效标准有哪些？是否可量化？	
您一般实际完成工作的情况与绩效标准之间存在何种差距？	
本岗位工作结果的显现是阶段性的还是长期性的？	
六、工作设备与机器操作	
请您描述工作需要使用哪些设备，并说明使用的频率。	
1．必须使用：	
2．经常使用：	
七、……	

4．工作日志法

工作日志法是通过让员工在一段时间内以工作日记或工作笔记的形式记录日常工作活动而获得有关岗位工作信息资料的方法。

采用该方法时，工作分析人员可事先设计好记录所需的工作日志表，让员工按照要求及时地填写职务内容，按时间顺序记录工作过程，然后进行归纳、提炼、总结，从而获得所需工作信息。工作日志见表5-4。

表5-4 岗位分析——工作日志表

工作内容		工作事项	处理时间	完成情况
每日例行工作	上午			
	下午			
临时交办事项				
本阶段重点工作				
分析结果（由岗位分析汇总人填写）	一、本岗位重点工作内容： 1. 2. 3.			

续表

工作内容	工作事项	处理时间	完成情况
分析结果（由岗位分析汇总人填写）	…… 二、本岗位的价值点在哪里： 1. 2. 3. …… 三、本岗位绩效考核标准： 1. 2. 3.		

5．关键事件法

关键事件法是一种行为分析技术，它要求分析人员、观察人员对被观察者工作过程中的"关键事件"进行详细的记录，借此来考查某岗位员工的岗位差异处或技术难度处，见表 5-5。

表 5-5　关键事件描述记录单

行为者		地点		时间		观察者	
事件发生背景							
行为者的行为							
行为的结果							
关键事件分析结果							
本岗位的核心在哪里							
本岗位的价值在哪里							

6．管理职位描述问卷法

管理职位描述问卷法（Management Position Description Questionnaire，MPDQ）是一种注重工作行为内容研究的技术方法，管理职位描述问卷的分析结果，对评价管理工作、决定该职位的培训需求、管理工作分类、薪酬评定、设计绩效评估方案等人事决策活动具有重要的指导作用。

5.2.6　岗位评估

1．岗位评估的概念与目的

岗位评估是确保薪酬系统达成公平性的重要手段，其目的有两个：一是比较企业内部各个职位的相对重要性，得出职位等级序列；二是为外部薪酬调查建立统一的职位评估标准。常见的岗位评估方法有因素法和点数法、国际标准职位评估系统（ISPES）、海氏职位评估系统（Hay Group）、美式职位评估系统等，无论运用哪一套标准都能得出职位等级序列。

理论上用能力素质模型比较专业，它从胜任岗位工作的角度出发，全面界定了完成某一岗位职责所需的能力素质要求。但企业要建立自己的能力素质模型有一定的难度，在实际操作上可以简化，采用显性的因素评定法，如学历、专业、工作经验、技能、素质等，企业可以根据实际情况确定相关因素。

这一环节有三个目的：一是判断某一员工是否胜任该岗位；二是判断员工对该岗位的胜任程度；三是完成对该员工的薪酬定位。

2．如何做岗位评估

如何来完成岗位评估呢？可按照以下程序操作。

首先是准备阶段，其次是培训阶段，再次是评价阶段，最后是总结阶段。如图 5-13 所示。

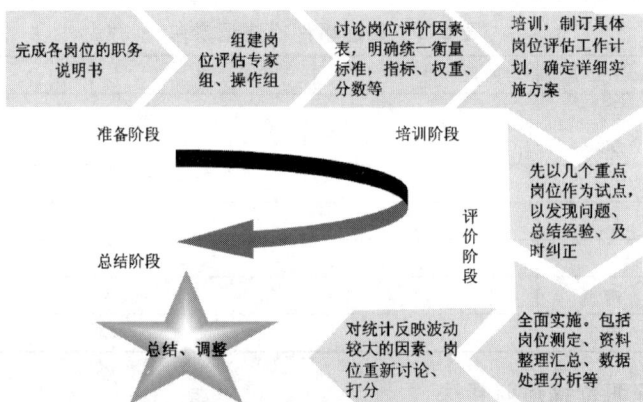

图 5-13　岗位评估的步骤

一是清岗，厘清公司组织架构，确定参加评估的岗位；二是完成职务说明书，通过上面讲的问卷调查法、访谈法、工作日志法等方法进行工作分析，确定每个岗位的责权利、协作关系及任职资格等，形成职务说明书；三是组建评估专家组；四是确定评估方法和评估因素；五是组织参与评估人员培训；六是确定标杆岗位，并进行试打分，通过对标杆岗位打分让评估专家组确定与熟悉岗位评估的流程；七是全面实施评估，最后总结调整，不断修正，以形成标准、科学的评估报告或结果。

常用的岗位评估方法有排序法、分类法、要素比较法和点数法，以及海氏三要素评估法和国际职位评估法。

（1）排序法：具体的操作方式是将企业内所有的岗位全部列出，然后根据企业事先制订的某一要素或某些要素简单地对这些岗位进行排序，列出岗位的相对位置。这种方法只能得出岗位的大体顺序，不能得出精确的结果。

（2）分类法：具体的操作方式是将企业中所有岗位按照事先制订的某一些要素进行分类，先分成几大类别再由几大类分成若干个小类，最后在各个小类中运用排序法将岗位进行排序。分类法示例见表 5-6。

表 5-6 某企业岗位分类（文员部分）

一级文员	工作内容简单，技能要求低，责任轻
二级文员	工作内容简单，技能要求一般，责任一些
三级文员	工作内容复杂，技能要求高，责任较重
四级文员	工作内容复杂，技能要求相当高，责任重

（3）要素比较法：是对各岗位不同的要素进行多次排序，对同一职位进行多次排序，并根据各个要素对所提出的排序进行打分，最后将各个职位的综合排序汇总得出该岗位的序列分值。

（4）点数法：是将各个被评估的岗位按照岗位说明书中所列出的信息提炼出关键的要素，并对每一个要素分配不同的权重，然后对每一要素进行分级，给出每一个级别的分数，最后将该被评估岗位各项得分进行汇总，得出该岗位的最后得分。

在实际的岗位评估操作中，多数情况下是将这 4 种方法进行综合运用，使得出的结果更加准确、更具操作性。

（5）海氏三要素评估法：通过三个方面对岗位的价值进行评估，并且通过较为正确的分值计算确定岗位的等级。其中三要素是：知能、解决问题和应负责任。海氏三要素评估法认为一个岗位存在的关键，就是其要承担一定的应负责任，也就是该岗位的产出。

海氏工作评估系统中的每一个因素又可细分为不同的子因素，如知能因素又可分为知识、技能、工作经验、专业知识技能、人际沟通技能等。

（6）国际职位评估法：在评估岗位中主要有 4 个因素（影响、沟通、创新和知识 4 个因素），10 维纬度，104 个级别，总分 1 225 分。评估结果可以分成 48 个级别。

无论运用何种评估方法,最关键和根本的就是如何提炼和设计岗位的要素。接下来谈谈岗位评估中的要素设计。

一般情况下,岗位评估可分为六大要素,从岗位对组织的影响度和岗位任职复杂度两个维度出发,基于输入、过程、输出的分类,总结六大要素是:知识、技能和经验(输入)、人际关系、工作对象与环境复杂度、指导与解决问题、责权利(过程)及岗位贡献(产出),见表5-7。

表 5-7　岗位评估的六大要素

类　型	要　素
输入	要素一:知识、技能和经验
过程	要素二:人际关系、协作
	要素三:工作环境与强度
	要素四:指导监督、问题解决
	要素五:工作责任、决策管理
输出	要素六:岗位贡献(产量、质量、结果等)

具体打分操作见表5-8和表5-9。

表 5-8　知识、技能因素描述及评分值

等级	内容说明	赋值
1	日常工作知识,上岗前不需要进行培训	10
2	基本的工作规则和操作知识,上岗前需要经过短期和系统的培训	20
3	必须有一定专业知识,或需要积累较多的实践经验	40
4	具有较高的专业知识,实践经验丰富,且需其他专业知识和技能	90
5	需要解决多专业的综合问题,要求具备综合性专家的知识结构	160

表 5-9　协调沟通因素描述及评分值

等级	内　容　说　明	赋值
1	基本上与他人没有沟通协调的事项	10
2	与公司其他部门内部普通人员和外部普通人员的一般往来	20
3	与外部政府机构、团队进行沟通联系,办理相关手续	30
4	与公司各级人员沟通协调,寻求工作上的支持与配合	60
5	对外,代表公司办理重要事项;对内,指导、检查部门工作	120
6	对外,重要场合及重大活动;对内,制订决策及协调全公司活动	180

在关键因素及每项评分标准确定后,在此基础上可形成岗位评估的统一综合型表格并对标准岗位进行试打分,见表5-10。

表 5-10　岗位评估总表

岗位名称：　　　　　部门：　　　　　评估时间：

岗位评估	岗位评估要素	评分	岗位评估	岗位评估要素	评分
输入因素	知识（160 分）		过程因素	工作难度（160 分）	
	专业技能（160 分）			责任轻重（200 分）	
	工作经验（160 分）			协调沟通（180 分）	
	资格证书（120 分）			工作方法（180 分）	
	专业对口（120 分）			问题解决（180 分）	
				工作强度（160 分）	
				工作环境（150 分）	
				管理监督（160 分）	
输出因素	工作职权（180 分）				
	工作结果（240 分）				
	工作业绩（240 分）				

岗位综合评分：

评分者签名：

3．岗位评估中需注意的几个问题

（1）不同岗位应分别打分，如营销总监与工程师在技能要求方面可能不同，不能将两类岗位混在一起打分；而是应该同类进行比较，如销售岗位一个系统，技术人员一个系统。由此可知，不同岗系的岗位不能直接用分数高低来确定其级别的高低，如某一营销主管在沟通与管理方面得分为 1 000 分，而一高级工程师在沟通与管理方面得分可能为 600 分。

（2）打分过程应遵守公平、公正原则。

（3）岗位评估应系统、标准。

（4）岗位评估是不断优化与调整的过程。

5.2.7　薪酬调查

1．薪酬调查目的与内容

薪酬调查主要有三个方面的目的和两大调查方面。三个方面目的如下：

（1）及时调整公司薪酬水平，以吸引与留住优秀人才。

（2）分析调查内部员工薪酬满意度，及时调整薪酬结构，确定员工行为符合企业期望。

（3）评估自身和竞争对手的相对薪酬水平，确定企业薪酬水平在劳动力市场中的相对位置。

由此可知，薪酬调查可分为对外市场或同行的薪酬调查和内部员工满意度调查两个方向。

外部市场薪酬调查包括：市场同行企业名称、人数规模、组织结构、各类人员薪酬情况、福利情况、企业发展阶段、员工个人因素（教育程度、工作经验、工作能力）、薪资构成等。

内部员工薪酬满意度调查包括：员工对薪酬水平的满意度、对薪酬结构（构成比例）的满意度、对福利的满意度、对薪酬调整的满意度、对薪酬支付方式的满意度、员工对工作本身的满意度、员工对职业生涯规划的满意度、员工对工作环境的满意度等。

2．市场薪酬调查

情景：由于公司快速发展，某公司的日常招聘工作越来越忙。人力资源部管经理经过一段时间的跟踪，招聘到一位"市场经理"刘×先生。通过面试，发现刘×先生各方面的条件都非常符合公司的要求，但在谈薪资时，刘先生报价8000元/月，低于此薪酬不做……

8000元，管经理好像被将了一军，公司好像工资标准没这么高……

您认为应该给刘×先生多少工资？为什么？

此情景是负责招聘的HR经常遇到的问题，究竟像刘先生这样的面试者应该发多少工资，他又为什么报价8000元/月？公司的薪酬标准与之不相符时，又该怎么办？

从笔者多年做HR招聘与管理的经验来看，刘先生要求8000元/月或多或少有一定的根据，他要么是根据过去的经验、能力判断，觉得自己值这个价，或者说上一份工作他就是这么多工资；要么面试者对此份工作做了市场调查，发现同行的工资标准差不多是这个数。如果公司的薪酬标准有可灵活性，确实发现面试者非常优秀，可向领导请示，将刘先生这样的人才留住。同时，在设计薪酬时可将某些关键岗位设计成谈判工资，或将岗位设计成宽带薪酬，对于外来有技术、有丰富工作经验的新进员工薪酬可直接向上一职等薪酬靠近。

因此HR在设计与制定薪酬时，也一定要做市场调查，只能这样才能知已知彼，了解同行、了解某岗位的薪酬水平，这样更方便招聘新人、留住老人。那么如何来做市场薪酬调查，又有什么用呢？接下来进行详细介绍。

（1）市场薪酬调查的步骤

对外的市场薪酬调查可分为 5 个步骤，如图 5-14 所示。

1. 确定薪酬调查目的
2. 确定调查岗位及调查内容
3. 确定相关劳动力市场与渠道
4. 薪酬调查结果统计分析
5. 薪酬调查结果应用与修正

图 5-14　薪酬市场调查的步骤

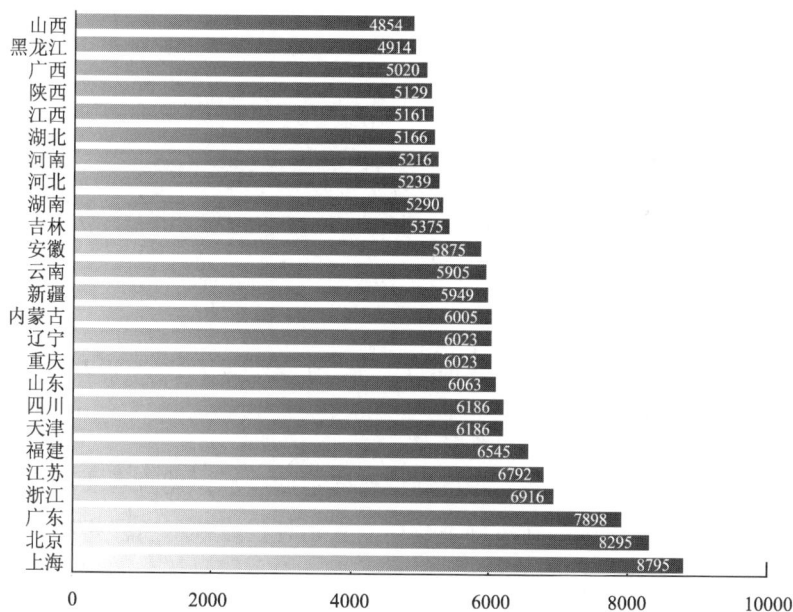

（2）学会薪酬调查数据分析与图表制作

下面几种图为某机构对 2014 年全国范围内 HR 薪酬的市场调查图。

从图 5-15 中可看出，2014 年全国各地区 HR 经理平均薪资为 4 000~9 000 元，上海领跑全国薪资，北京、广东、浙江次之，山西、黑龙江、江西、陕西排在后面。

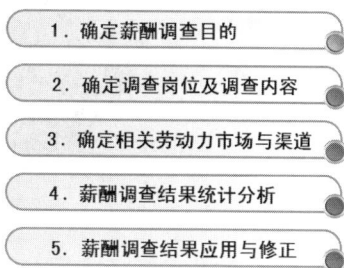

地区	薪资
山西	4854
黑龙江	4914
广西	5020
陕西	5129
江西	5161
湖北	5166
河南	5216
河北	5239
湖南	5290
吉林	5375
安徽	5875
云南	5905
新疆	5949
内蒙古	6005
辽宁	6023
重庆	6023
山东	6063
四川	6186
天津	6186
福建	6545
江苏	6792
浙江	6916
广东	7898
北京	8295
上海	8795

图 5-15　某机构对全国 HR 经理 2014 年薪酬调查结果

从图 5-16 中可看出，全国 HR 人员薪酬构成最多的形式是基本工资+绩效工资+年终奖形式。

从图 5-17 中可看出，全国 HR 从业者的人力资源证书拥有情况，其中没有人力资源证书的占 48.22%。

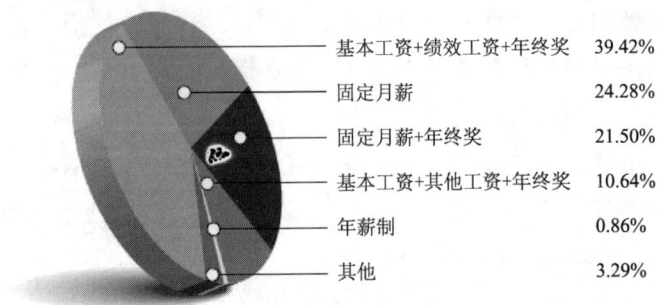

基本工资+绩效工资+年终奖	39.42%
固定月薪	24.28%
固定月薪+年终奖	21.50%
基本工资+其他工资+年终奖	10.64%
年薪制	0.86%
其他	3.29%

图 5-16　某机构对全国 HR 人员工资构成的调查

调查表明，全国近半的 HR 没有任何人力资源证书，专员中拥有国家人力三级的占 25.10%，主管中拥有国家人力二级的占 28.36%，经理中拥有国家人力二级的占 29.93%，总监中拥有国家人力一级的占 24.93%。

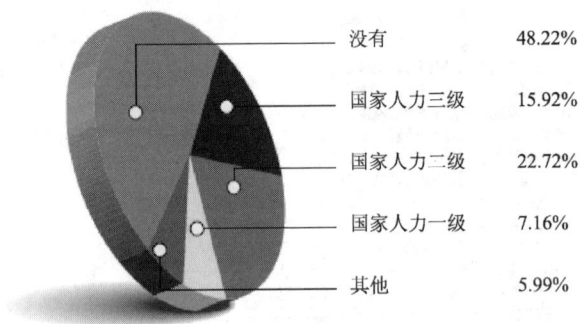

没有	48.22%
国家人力三级	15.92%
国家人力二级	22.72%
国家人力一级	7.16%
其他	5.99%

图 5-17　某机构对全国 HR 人员拥有人力资源证书情况调查

（3）市场薪酬调查结果如何应用

　　首先是调查数据的核查，在市场调查问卷回收后，调查者要对每一份调查问卷的内容进行核算，判断每个数据的真实性，以确保所获得的数据信息真实有效。

　　其次是对数据进行统计分析。一般的分析方法有频率分析法、数据排列法、借助软件分析法。

　　最后是形成薪酬调查报告。在对调查结果分析、汇总的基础上，把同行相同岗位的薪酬调查数据（包括薪资水平、结构组成、奖金、福利等数据）与公司数据作比较，再分析原因，权衡利弊，然后形成分析报告报总经理或董事长，由公司高层领导决定公司的薪酬水平与薪酬预算。

5.2.8　薪酬调查结果的运用

一般来说，薪酬调查结果可应用于五方面：①协助制定薪酬政策；②确定薪酬总额标准；③协助公司薪酬结构分析；④指导公司年度工资调查；⑤指导公司福利、奖金等方案。薪酬调查报告具体如何指导薪酬调整见表5-11。

表 5-11　薪酬调查的运用

员工现有薪资水平	运用策略
1. 远高于市场	加薪时间大大延长，或长时间不加薪
	给这些人员增加工作量，但是不加薪
	如果能力与潜力较佳，可以调任新的与其薪酬相适应的职位或更高职位，但不加薪或少加薪
2. 与市场持平	薪酬基本维持不动，但与社会经济发展同步
3. 远低于市场	缩短加薪周期，找个名头给员工加薪
	减轻工作量，相关工作移交其他人

5.2.9　内部员工薪酬满意度调查

所谓薪酬满意度，是指员工对获得企业的经济性报酬和非经济性报酬与他们的期望值相比较后形成的心理状态。

从广义上看，是员工对其劳动所得的所有报酬的一种态度；从市场角度看，是人力资源价格给员工造成的心理态度；从分配角度看，是企业对人力资源要素的回报是否符合员工心理的期望值。

员工薪酬满意度是一个相对的概念，一般认为超出期望值表示满意，达到期望值表示基本满意，低于期望值表示不满意。

例如：某房地产公司行政经理符女士 2018 年年底收到公司 12 万元年终奖，而以前每年年终奖均在 10 万元左右，所以特别开心。后来发现别的经理都是 13 万~15 万元，只有自己是 12 万元，心情就特别郁闷，工作的积极性大受打击，符女士认为企业领导有意针对她。

由以上例子可以看出，内部员工薪酬满意仅能做参考，HR 千万不能把内部员工薪酬满意度调查报告作为向企业领导提出加薪的借口，因为几乎大部分员工都嫌自己的工资低，都认为自己对公司的贡献要大于公司给付的报酬。

5.2.10　薪酬结构设计

薪酬体系的支付依据可分为四种：依据市场、依据职位价值、依据能力、依据绩效。因而一般薪酬设计可分为四种薪酬设计方式：基于市场的薪酬体系、基于职位价值的薪酬体系、基于能力的薪酬体系和基于绩效的薪酬体系。由于篇幅的原因，本章不再赘述，只介绍薪酬设计的一般方法。

1．岗位工资设计

岗位工资是指以岗位劳动责任、劳动强度、劳动条件、劳动技能评价要素确定的岗位系数为支付工资报酬的根据，工资多少以岗位为转移，岗位成为发放工资的唯一或主要标准的一种工资支付制度。岗位工资制度是一种与现代企业制度相符合的薪酬管理办法，具有较好的分配激励作用。

岗位工资的主要特点是对岗不对人。岗位工资制有多种形式，主要有岗位效益工资制、岗位薪点工资制、岗位等级工资制。但不论哪种工资制，只要称为岗位工资制，岗位工资的比重应该占到整个工资收入的 60% 以上。实行岗位工资，要进行科学的岗位分类和岗位劳动测评，岗位工资标准和工资差距的确定，要在岗位测评的基础上，引进市场机制参照劳动力市场中的劳动力价格情况加以合理确定。

而岗位等级工资制有两种形式：一种是一岗一薪制，另一种是一岗数薪制。

（1）一岗一薪制

一岗一薪制是指每一个岗位只有一个工资标准，凡在同一岗位上工作的员工都执行同一工资标准。这种制度只体现不同岗位之间的工资差别，不能体现岗位内部的劳动差别和工资差别，适用于专业化、自动化程度较高，流水作业、工种技术比较单一，工作物等级比较固定的工种，其示例见表 5-12。

表 5-12　一岗一薪制岗位工资样表

职等	决策层	管理职务	技术职务	业务	工资标准（元）
十一	董事长				12 000
十	总经理				10 000
九	副总				7 500

续表

职等	决策层	管理职务	技术职务	业务	工资标准（元）
八		总监	总工程师		6 000
七		部门经理	高级工程师		4 500
六		部门主管	中级工程师		3 500
五			初级工程师	业务骨干	3 000
四			技术员	中级业务	2 500
三				初级业务	2 000
二				实习业务	1 600

（2）一岗数薪制

一岗数薪制是指在同一岗位内设置几个工资等级，以反映同一岗位不同等级之间的差别，也方便在同一岗位员工的升级，其示例见表 5-13。

表 5-13　一岗数薪制岗位工资示范

岗位	职等	工资等级及岗位工资标准			
		初级	中级	高级	级差
总经理	十	元	元	元	元
副总经理	九	元	元	元	元
总监	八	元	元	元	元
部门经理	七	元	元	元	元
部门主管	六	元	元	元	元

2．绩效工资设计

（1）绩效工资的形式

绩效工资制度的基本特征是将雇员的薪酬收入与个人业绩挂钩。业绩是一个综合的概念，比产品的数量和质量内涵更为宽泛，它不仅包括产品数量和质量，还包括雇员对企业的其他贡献。绩效工资可以将员工工资与绩效表现联系到一起，向业绩优秀者倾斜，可以打破传统企业的平均主义，提高员工工作效率，节省工资成本。

绩效工资的形式主要有计时工资、计件工资、佣金、提成、利润分红、浮动工资等。

绩效工资是建立在可对员工进行有效绩效评估的基础上，关注的重点是"产出"，如销售额、毛利、产量、质量、利润额、招聘到岗率、实际工作效果等。

绩效工资制一般常用的工资结构有：

月工资收入=基本工资+绩效工资×个人考核系数+津贴+福利

月工资收入=基本工资+绩效工资+提成+奖金+津贴+福利

月工资收入=基本工资+绩效工资+计件/计时工资+津贴+福利

月工资收入=基本工资+技能工资+计件/计时工资+津贴+福利

一般情况下，绩效工资计算公式如下：

绩效工资=绩效工资基数×绩效考核系数

绩效考核可划定一定的范围，相应的绩效考核等级（打分或数据结果得出）与相应的绩效考核系数相对应，见表5-14。

表 5-14　绩效考核系数取值

绩效考核等级	绩效考核系数
S（优秀）	115%
A（一般）	100%
B（合格）	80%
C（需改进）	60%
D（不及格）	0%

（2）绩效工资如何设计

绩效工资的主要功能是激励，薪酬专家认为至少拿出工资的 10%或者15%～20%，甚至更多才有激励性。既然绩效工资的主要功能是激励，而激励有可能是正向的，也可能是负向的。因此，绩效工资设计的好坏直接关系到员工工作绩效的表现。如果设计不好，薪酬的激励作用就会丧失，甚至带来相反的效果。

【案例 5-1】某公司过去依据在豌豆包装过程中发现的有虫眼的豌豆数量来支付绩效奖金，但后来员工找到了一个增加自己奖金的办法。通过从家里带来有虫眼的豌豆，并将它们放入待查的豌豆中，然后再找出来，这样他们就可以获得更多的奖金，这样一来，绩效考核就没有达到预期的效果。

【案例 5-2】笔者过去在某销售型企业做 HR，最初我们将销售人员的销售额作为绩效考核指标，而没有考核回款情况；结果销售人员给下面的经销商大量压货，对回款从来不关注。而我们的产品是季节性产品，导致后来几个月的销售业绩非常惨淡。

由此可见，绩效工资的绩效指标设计、比例设计非常重要，它是薪酬的核心，也是薪酬管理中与绩效管理最为密切的部分。

下面介绍三种常用的绩效设计模型，如图 5-18 所示。

（1）高弹性薪酬模型，特点是基本薪酬所占比例很低，绩效薪酬所占比例很高；这种设计优点是激励性很强，员工的收入波动性大，员工缺乏安全感，如常见的保险行业。

（2）调和性薪酬模型，特点是绩效薪酬和基本薪酬各占一定的比例，比较科学适中，这是我们常用的一种模式。

（3）高稳定性薪酬模型，特点是基本薪酬所占比例高，绩效薪酬所占比例很低；这样员工的收入较稳定，安全感强，但缺乏激励，这种模式一般常见于非常稳定的企业。

薪酬模型	高弹性薪酬模型	调和性薪酬模型	高稳定性薪酬模型
特点	绩效薪酬所占比例高。基本薪酬所占比例很低	绩效薪酬和基本薪酬各占一定的合适比例	基本薪酬所占比例很高，绩效薪酬所占比例很低
优点	激励性很强，与员工绩效密切联系	对员工有激励性也有安全感	员工收入波动很小，员工安全感很强
缺点	员工收入波动很大，员工缺乏安全感及保障	须设计科学合理的薪酬系统	缺乏激励功能，容易导致员工懒惰

图 5-18　薪酬设计的三个典型模型

那么究竟基本薪酬、绩效薪酬之间的比例多少比较合适呢？见表 5-19。

表 5-15　三类人员固定工资与绩效工资范围

员工性质	固定工资	绩效工资
上山型（业务人员）	小于 50%	大于 50%
平路型（职能和管理人员）	50%～75%	25%～50%
下山型（技术和研发人员）	75%～88%	12%～25%

接下来介绍两个绩效设计示例。

（1）底薪+提成模式设计（见表 5-16）

表 5-16　底薪+提成模式设计（销售人员）

底薪	月销售额	计提比例
1 800 元	15 000 元以下	按 A 比例提成
	15 000～30 000 元	按 B 比例提成
	30 000 元以上	按 C 比例提成

（2）底薪设计（见表 5-17）

表 5-17　某公司销售人员底薪设计（销售人员）

月销售业绩	底薪标准
3 万元以下	2 000 元
3 万～5 万元	2 500 元
5 万元以上	3 500 元

3．技能工资设计

所谓技能工资，是指以员工个人所掌握的知识、技术和所具备的能力为基础来进行工资报酬的支付。此类工资体系一般适用于生产技术人员、研发人员、财务人员等带技术认证性质的工种。例如，将操作工作分为初级工、中级工、高级工、初级技师、中级技师、高级技师等不同等级，每个等级对应不同的技能工资，见表 5-18。

表 5-18　技能工资设计示例

技能层级	初级工	中级工	高级工	初级技师	中级技师	高级技师
技能工资	100	200	300	500	700	900

4．奖金设计

奖金可分为月奖、季度奖、年终奖，以及其他各项奖，如节约奖、生产奖、质量奖、发明创造奖、合理化建议奖、集体荣誉奖、超额任务奖等。

其中销售类奖金比较常见，如超额奖、销售增长率奖、销售回款奖励等。表 5-19 为某公司销售奖励发放标准。

表 5-19　某公司销售奖励发放标准

销售额	奖金参考数	奖金比例
5 万元以下	0 万元	0%
5 万～8 万元	5 万元	1.5%
8 万～13 万元	8 万元	2%
13 万～17 万元	13 万元	3%
17 万～21 万元	17 万元	4%
21 万元以上	21 万元	5%

说明：低于 5 万元无奖金分配，最高奖金 1.5 万元封顶。

奖金是薪酬中十分重要的组成部分，它根据员工工作绩效进行浮动，因此也称为可变薪酬。根据其支付基础不同，奖金又可分为组织奖励、团队奖励和个人奖励。组织奖励是以组织整体业绩来作为奖励支付基础，团队奖励是以团队整体业绩作为奖励支付基础，个人奖励则是以员工个人业绩作为奖金发放依据。

组织奖励，通常的做法是根据企业的利润指标完成情况确定组织奖励的基数，然后根据其他几个关键指标的完成情况确定能够实际发放的奖金比例。比如，某公司在年初制订的利润目标为 3 000 万元，如果该企业在年终完成了利润目标，全体员工就分享公司利润的 10%，即将 300 万元的利润作为组织奖励的基数。然后，该公司根据其成功关键提炼出其他几个关键指标，包括销售计划的达成率、完全责任事故的控制区率、产品的优良率等。根据这几个关键业绩指标的完成情况确定 300 万元利润分享的实际发放比例。如果这几个关键业绩指标的考核结果达到 S 等（远远超过期望），那么全体员工就能完全获得这 300 万元的奖励；如果达到 A 等（达到绩效期望），那么全体员工就能获得这 300 万元奖励的 90%……随着考核结果的下降，奖金的发放比例逐步降低。

团队奖励是根据组织、团队或者部门业绩来进行奖金分配决策的一种方式。一般有两种不同的模式，即利润分享计划和收益分享计划。

5．福利设计

所谓员工福利，是指对员工生活的照顾，是员工因其被组织雇用及其在组织中的职位而获得的间接报酬，通常表现为延迟支付的非现金收入。一般来说，企业提供福利最主要目的就是发挥它的保障功能和激励作用。保障性福利包括：车补、餐补、通信费、带薪年假、三节福利和国家法定保险，可以让员工没有后顾之忧地工作；激励性一般与绩效的提升有直接关系，如员工持股、旅游、进修教育等，见表 5-20。

表 5-20　某企业设计的福利项目示例

福利类别	福利项目分类	具体福利项目名称
国家法定福利	社会保险	养老保险、医疗保险、工伤保险、生育险、失业险
	住房公积金	住房公积金、补充住房金
	法定休假	法定节假日、带薪年假、产假、陪护假、工伤假
企业自主福利	节日福利	春节红包、端午节福利、中秋节福利
	保险保健福利	商业意外险、免费体检

续表

福利类别	福利项目分类	具体福利项目名称
企业自主福利	教育培训福利	MBA 教育、拓展训练、外派培训、业余大学
	住房交通福利	免费员工宿舍、免费班车、免费餐
	文体娱乐	各类晚会、比赛、公费旅游、K 歌、体育娱乐等
	贷款、分红	员工身股分红，给困难员工无息贷款、子女教育金
	礼物及奖金	生日礼物、结婚礼金、困难金、各类奖励

近几年，很多公司提出弹性福利计划的概念，它是指让员工依照自己的需求，从公司所提供的福利项目中选择或组合属于自己的一份福利套餐，就像在餐厅点菜。这种制度非常强调"员工参与"的过程，但事实上，实施弹性福利制的企业，并不会让员工毫无限制地挑选福利措施，通常公司都会根据员工的薪水、年资或家眷等因素来设定每一个员工所拥有的福利限额。

HR 部门让员工在规定的福利额度内自主选择员工福利套餐，再汇总确定各类福利的总金额。弹性福利设计有几个原则：①员工的福利套餐一旦选定后封存，不得修改或取消；②绝对不能超额，不能累积，也不能转让；③部分福利应受限制，应按额满截止的原则，比如健身卡，每年只能办 300 张，先选先得；④应按职务高低来限定金额和界定范围，如经理级以下不得参与MBA 教育。

5.3 薪酬核算与分配

上一节主要讲解了如何设计薪酬，以及在设计薪酬中应注意哪些问题；本节主要给大家介绍薪酬如何核算与分配，包括工资（平常工资、加班工资、节假日工资、计件工资、综合性工资等）如何核算、社会保险和个人所得税如何扣除、奖金如何分配、各类津贴、福利如何发放等，以及在核算与分配时要注意哪些问题。

5.3.1 员工工资如何核算

1. 员工工资每月应按多少个工作日来计算

在核算工资时，常用的法律法规是原社会和劳动保障部发布的《关于职工全年月平均工作时间和工资折算问题的通知》（劳社部发〔2008〕3 号），以及 2013 年 7 月开始执行的《新劳动合同法》。

关于职工全年月平均工作时间和工资折算问题的通知

一、制度工作时间的计算

年工作日：365 天-104 天（休息日）-11 天（法定节假日）＝250 天

季工作日：250 天÷4 季＝62.5 天/季

月工作日：250 天÷12 月＝20.83 天/月

工作小时数的计算：以月、季、年的工作日乘以每日的 8 小时。

二、日工资、小时工资的折算

按照《劳动法》第五十一条的规定，法定节假日用人单位应当依法支付工资，即折算日工资、小时工资时不剔除国家规定的 11 天法定节假日。据此，日工资、小时工资的折算为：

日工资：月工资收入÷月计薪天数

小时工资：月工资收入÷（月计薪天数×8 小时）

月计薪天数＝（365 天-104 天）÷12 月＝21.75 天

由此可见，标准计算工资的月天数为 21.75 天。有部分公司还在沿用每月按 30 天或按 26 天计算（单休）工资的方法，这样是不合理的。

【案例 5-3】月工资以 30 天算是否合理？

涂鹏鹏于 2018 年 8 月到某公司上班，试用工资为 3 200 元/月，当月共上班 22 天（含周末，不含周末是 15 天），至月底公司发放工资为：3 200÷30 天×15=1 600（元）。请问公司的工资计算方法是否合理？

【案例 5-3 解读】

公司的工资计算方法不合理，应该这样计算：3 200÷21.75×15=2 206.9（元）。

2．公司能否收取员工押金或服装费用

【案例 5-4】熊小姐是某服装商场的导购员，公司向熊小姐收取 300 元的工服押金，每个月扣 50 元的工服钱，待满半年后再将押金退还，工服可不用出钱。如果没满半年，工服钱自己埋单，转正员工按进价埋单，未转正员工按零售价八折埋单。公司这一系列做法是否合理呢？

【案例 5-4 解读】

《劳动法》有明确规定，用人单位不得以任何形式扣压劳动者的财物，所以公司的做法是不合理的。

3．加班工资如何计算

加班工资可按照国家劳动法律法规及当地地方政府法规进行核算。

《中华人民共和国劳动法》

第四十四条 【延长工时的报酬支付】有下列情形之一的，用人单位应当按照下列标准支付高于劳动者正常工作时间工资的工资报酬：

（一）安排劳动者延长工作时间的，支付不低于工资的百分之一百的工资报酬；

（二）休息日安排劳动者工作又不能补休的，支付不低于工资的百分之二百的工资报酬；

（三）法定休假日安排劳动者工作的，支付不低于工资的百分之三百的工资报酬。

因此也就有了以下加班工资的核算公式：

（1）日正常加班工资＝加班工资的计算基数÷21.75×150%

（2）日公休加班工资＝加班工资的计算基数÷21.75×200%

（3）日法定节假日加班工资＝加班工资的计算基数÷21.75×300%

如何确定加班工资核算基数标准是关键。关于加班工资的基数（病假、婚假、陪护假工资计算基数亦同），可以采取以下几种方法来确定：

（1）劳动合同有约定基本工资的，这个基本工资就可以作为加班工资的基数。

（2）以用工劳动合同者工资总额的70%为加班费的基数。

（3）如果没有其他收入，仅仅是劳动合同约定的月薪，那么也可以以月薪为基数，计算加班费。

（4）加班费计算基数不得低于当地最低工资标准。

其他有关规定如下：

江西省企业工资支付暂行规定

1. 职工加班费的基数可以由企业和职工协商来确定，否则企业应按照劳动者本人正常劳动应得的工资确定。企业计算加班工资的工资基数，首先应当按照劳动合同约定的劳动者本人所在岗位相对应的工资标准确定。

2. 如果劳动合同、集体合同没有约定的，职工代表可与用人单位通过工资集体协商确定，协商结果应签订工资集体协议（用人单位经批准实行不定时工作制度的，则不执行上述规定）。

3. 如果用人单位与劳动者无任何约定，假期工资的计算基数统一按劳动者本人所在岗位正常出勤的月工资的70%确定。日工资计算是以基数除以每月平均制度工作天数21.75天。

按以上原则计算的假期工资均不得低于本市标准的最低工资标准，法律、法规另有规定的，从其规定。

【案例5-5】 平时加班、休息日加班如何核算加班工资？

许先生于2018年在某大型IT企业任职，月薪4 500元，三险一金，公司实行标准工时制；4月份由于研发任务重，许先生除了满勤外，还安排了很多加班工作，具体如下：

（1）平时累计加班 26 小时；（2）每周六上班 8 个小时；（3）4 月 4 日清明节加班未休。请问许先生 4 月份的加班工资是多少？本月工资总额是多少？

【案例 5-5 解读】

（1）我们来计算许先生本月平时累积的加班工资：$4\,500 \times 70\% \div 21.75 \div 8 \times 26 \times 1.5 = 706$（元）。

（2）2018 年 4 月有 4 个周六，那么周末加班工资为：$4\,500 \times 70\% \div 21.75 \times 4 \times 2 = 1\,158.6$（元）。

（3）清明节加班工资为：$4\,500 \times 70\% \div 21.75 \times 1 \times 3 = 434.5$（元）。

（4）加班工资总和为：$706 + 1\,158.6 + 434.5 = 2\,299.1$（元）。

（5）本月工资总额为：$4\,500 + 2\,299.1 = 6\,799.1$（元）。

三险一金费用另外再扣除即可。

4．病事假工资如何计算

病事假是企业常见的员工工作形态，因此，学会如何核算病事假工资，是 HR 必须掌握的技能。事假工资容易计算，即请一天事假扣除一天工资即可；而病假工资的计算，首先要确定两个变量，一是病假工资的计算基数；二是病假工资的计算系数。具体病事假工资的计算标准，国家劳动法律法规来做明确规定，但各省市根据有关劳动法律法规精神结合地方实际，做出了一些具体规定。

根据北京市关于病事假工资的有关规定，采取以下方法进行确定。

1．病假工资的基数按照以下三个原则确定：

（1）劳动合同有约定的，按不低于劳动合同约定的劳动者本人所在岗位（职位）相对应的工资标准确定。集体合同（工资集体协议）确定的标准高于劳动合同约定标准的，按集体合同（工资集体协议）标准确定。（2）劳动合同、集体合同均未约定的，可由用人单位与职工代表通过工资集体协商确定，协商结果应签订工资集体协议。（3）用人单位与劳动者无任何约定的，假期工资的计算基数统一按劳动者本人所在岗位（职位）正常出勤的月工资的 70% 确定。此外，按以上三个原则计算的假期工资基数均不得低于本市规定的最低工资标准。

2．计算系数按照以下方式确定：

（1）职工疾病或非因工负伤连续休假在 6 个月以内的，企业应按下列标准支付疾病休假工资：①连续工龄不满 2 年的，按本人工资的 60%计发；②连续工龄满 2 年不满 4 年的，按本人工资 70%计发；③连续工龄满 4 年不满 6 年的，按本人工资的 80%计发；④连续工龄满 6 年不满 8 年的，按本人工资的 90%计发；⑤连续工龄满 8 年及以上的，按本人工资的 100%计发。

（2）职工疾病或非因工负伤连续休假超过 6 个月的，由企业支付疾病救济费：①连续工龄不满 1 年的，按本人工资的 40%计发；②连续工龄满 1 年不满 3 年的，按本人工资的 50%计发；③连续工龄满 3 年及以上的，按本人工资的 60%计发。

病假工资的计算基数和计算系数确定后，便可计算出病假工资的数额。

《劳动部关于贯彻〈中华人民共和国劳动法〉若干问题的意见》

59. 职工在患病或者非因工负伤治疗期间，在规定的医疗期内由企业按有关规定支付其病假工资或疾病救济费，病假工资或疾病救济费可以低于当地最低工资标准支付，但不能低于最低工资标准的 80%。

（1）请事假工资计算公式

月度实际工资＝月工资－月工资÷21.75×事假天数

（2）请病假工资计算公式

非全月病假情况：

月度实际工资＝月工资×（1－1÷21.75×病假天数）+病假工资计算基数×病假工资计算系数÷21.75×病假天数

全月都请病假情况：

月度实际工资＝病假工资＝病假工资计算基数×病假工资计算系数

如有劳动合同约定基本工资的，其中病假工资可按如下公式核算：

病假工资＝基本工资×病假工资计算系数÷21.75×病假天数

【案例 5-6】小陈入职江西某物流公司四年多，担任运营经理一职，劳动合同约定工资月薪为 5 000 元，车补 600 元/月，电话补贴 200 元/月；2018 年 2 月 13～19 日请病假，其余正常出勤。请问小陈的病假工资和当月工资怎么计算？

【案例 5-6 解读】

首先应确定小陈享受病假工资的标准，入职四年多可按本人工资的 80%发放。

其次，确认小陈核算病假工资的基数：5 000×70%=3 500（元），符合法律规定。

最后，2018 年 2 月 13～19 日中，其中 17 日、18 日为双休日，按规定是应该剔除的，相当于共请假 5 天。

我们来核算小陈的病假工资：

5 000 × 70% × 80% ÷ 21.75 × 5 = 643.68（元）。

请病假期间，车补与电话补贴是应该扣除的，那么其工资部分应为：

车补：600（1 － 1 ÷ 21.75 × 5）= 462（元）；电话补贴：200（1 － 1 ÷ 21.75 × 5）= 154（元）。小陈当月实得工资：5 000（1 － 1 ÷ 21.75 × 5）+643.68+462+154 = 5 110.3（元）。

【案例 5-7】聂阿姨在江西某生物公司做厨房后勤工作已一年多，每天只做一顿中午饭，工资 1 800 元/月，没有其他补贴和津贴，2018 年 7 月由于糖尿病住院，休全月病假。请问聂阿姨的工资如何计算？

【案例 5-7 解读】此为休全月病假工资如何核算的案例。

根据规定，聂阿姨入职一年多，病假工资系数可按 60%发放，所以聂阿姨 7 月病假工资为：1 800 × 70% × 60%=756（元）。

又根据规定，月病假工资不得低于当地最低工资标准的 80%，2018 年江西省当地最低工资标准为 1 470 元/月，1 470 × 80%=1 176（元）。

因此聂阿姨 7 月病假工资应为 1 176 元。

5．婚假、陪护假、探亲假、年休假、产假工资如何计算

关于婚假、陪护假、探亲假、年休假、产假等应该按照国家有关法律规定来核算。

原劳动部《工资支付暂行规定》

第十一条　劳动者依法享受年休假、探亲假、婚假、丧假期间，用人单位应按劳动合同规定的标准支付劳动者工资。

（1）婚假、陪护假计算

婚假、陪护假工资计算相对比较简单，按标准核算即可。目前国家法律法规没有统一规定，原劳动部 1980 年规定职工婚丧假 1～3 天，根据有关精神，一般婚假按 3 天计算。随着我国经济形势和人口政策的变化，有关婚假的规定也在发生变化，各省市根据各地实际，制定了有关规定。可参照各地规定的标准计算婚假天数及有关工资数额。

《婚姻法》以及《计划生育条例》的规定

（一）婚假：

1. 按法定结婚年龄（女 20 周岁，男 22 周岁）结婚的，可享受 3 天婚假。

2. 符合晚婚年龄（女 23 周岁，男 25 周岁）的，可享受晚婚假 15 天（含 3 天法定婚假）。

3. 结婚时男女双方不在一地工作的，可视路程远近，另给予路程假。

4. 在探亲假（探父母）期间结婚的，不另给假期。

5. 婚假包括公休假和法定假。

6. 再婚的可享受法定婚假，不能享受晚婚假。

（二）婚假期间工资待遇：在婚假和路程假期间，工资照发。

【案例 5-8】婚假、陪护假的计算。

熊先生在某高校任教，月薪 6 000 元，五险一金；于 2017 年 1 月 1 ~ 10 日休婚假 10 天（属晚婚，且奉子成婚，爱人已待产），1 月 22 ~ 28 日又因爱人生产，请陪护假 7 天（27、28 日春节放假），请问熊先生 1 月的工资如何发放？

【案例 5-8 解读】

首先，2017 年 1 月 1 ~ 10 日中，1 号是元旦，4、5 日属于正常公休，这样熊先生实际计算工资婚假天数为 7 天；所以 1 ~ 10 号婚假工资为：6 000 元 ÷ 21.75 × 1 + 6 000 元 × 70% ÷ 21.75 × 7 天 = 1 627.6 元。

其次，22 ~ 28 日陪护假中，27、28 日是春节（带薪假），实际休陪护假工资计算天数为 5 天，所以 23 ~ 31 日工资为：6 000 元 × 70% ÷ 21.75 × 5 天 + 6 000 元 ÷ 21.75 × 2 = 1 517.2 元。

最后得出 1 月工资合计为：1 627.6 + 1 517.2 + 6 000 元 ÷ 21.75 × 8（11 ~ 22 日计算工资数为 8 天）= 5 351.7 元。

（2）探亲假、年假如何计算工资

① 探亲假工资的计算

探亲假的工资核算标准与婚假、陪护假一样，比较简单。

《国务院关于职工探亲待遇的规定》

第三条　职工探亲假：

（一）探望配偶的，每年给予一方探亲假一次，假期为 30 天。

（二）未婚职工探望父母，原则上每年给假一次，假期为 20 天，如果因为工作需要，本单位当年不能给予假期，或者职工自愿两年探亲一次，可以两年给假一次，假期为 45 天。

（三）已婚职工探望父母的，每 4 年给假一次，假期为 20 天。

（四）探亲假期是指职工与配偶、父、母团聚的时间，另外，根据实际需要给予路程假。上述假期均包括公休假日和法定节日在内。

> **第四条** 凡实行休假制度的职工（例如学校的教职工），应该在休假期间探亲；如果休假期较短，可由本单位适当安排，补足其探亲假的天数。
>
> **第五条** 职工在规定的探亲假期和路程假期内，按照本人的标准工资发给工资。
>
> **第六条** 职工探望配偶和未婚职工探望父母的往返路费，由所在单位负担。已婚职工探望父母的往返路费，在本人月标准工资 30% 以内的，由本人自理，超过部分由所在单位负担。

【案例 5-9】没探亲假合理吗？

李先生 2012 年毕业后去上海工作，当时单位办理了人才引进，李先生非常珍惜现在的工作，来上海工作的四年间一直都没有回四川老家探亲。2016 年李先生想利用春节的机会回家看看，由于路途比较遥远，春节休假时间也不是很长，所以李先生想一并请探亲假，可以在家多待一段时间。但李先生在咨询单位人事之后得到的答复是，因为公司的规章制度里并没有规定过探亲假，所以不能给李先生请探亲假，同时由于李先生只在本单位工作了四年，还没有达到公司规定的休年休假所需的五年工龄的要求。李先生认为探亲假是国家规定的假期，职工有权利享受。

【案例 5-9 解读】 关于探亲假国家是有相关规定的，只是这个规定时间比较早，非国有企业中严格履行该规定的单位也相对较少。国务院 1981 年颁发的第 36 号文《国务院关于职工探亲待遇的规定》已经明确规定：凡在国家机关、人民团体和全民所有制企业、事业单位工作满一年的固定职工，与父亲、母亲都不住在一起，又不能在公休假日团聚的，可以享受本规定探望父母的待遇。该规定自 1981 年颁布以来并未被其他法规取代，亦未被废止，故至今仍应适用。

根据该规定，对于未婚职工探望父母，原则上用人单位每年给假一次，假期为 20 天。如果因为工作需要，本单位当年不能给予假期，或者职工自愿两年探亲一次的，可以两年给假一次，假期为 45 天。李先生应该属于这种情况。

前述假期均包括公休假日和法定节日在内。职工在规定的探亲假期和路程假期内，按照本人的标准工资发给工资。未婚职工探望父母的往返路费，所在单位负担一定标准以内的路费，包括火车硬座、轮船四等舱位、长途汽车费、市内交通费（不包括出租车）以及一天的中转住宿费。已婚职工探望父母的往返路费，在本人月标准工资 30% 以内的，由本人自理，超过部分由所在单位负担。

② 年假的计算

员工享受年假的条件：必须是在工作单位满一年以上。有关规定如下：

《职工带薪年休假条例》（国务院令第 514 号）

第三条 职工累计工作已满 1 年不满 10 年的，年休假 5 天；已满 10 年不满 20 年的，年休假 10 天；已满 20 年的，年休假 15 天。国家法定休假日、休息日不计入年休假的假期。

第四条 职工有下列情形之一的，不享受当年的年休假：

（一）职工依法享受寒暑假，其休假天数多于年休假天数的；

（二）职工请事假累计 20 天以上且单位按照规定不扣工资的；

（三）累计工作满 1 年不满 10 年的职工，请病假累计 2 个月以上的；

（四）累计工作满 10 年不满 20 年的职工，请病假累计 3 个月以上的；

（五）累计工作满 20 年以上的职工，请病假累计 4 个月以上的。

第五条 单位根据生产、工作的具体情况，并考虑职工本人意愿，统筹安排职工年假。

年休假在 1 个年度内可以集中安排，也可以分段安排，一般不跨年度安排。单位因生产、工作特点确有必要跨年度安排职工年休假的，可以跨 1 个年度安排。

单位确因工作需要不能安排职工休年假的，经职工本人同意，可以不安排职工休年休假。对职工应休而未休的年休假天数，单位应当按照职工日工资收入的 300% 支付年休假工资报酬。

【**案例 5-10**】某公司因生产需要不能安排李某等 20 名职工在 2018 年 2 月份休年假，李某累计工作 7 年，2017 年 2 月至 2018 年 1 月平均工资为 3 000 元，其中补贴 200 元。那么公司应补给李某的年休假工资为多少？

【**案例 5-10 解读**】按规定李某的年休假天数为 5 天，其应补的年休假工资如下：

$$（3\ 000-200）÷21.75×300\%×5=1\ 931\ 元$$

（3）产假工资计算

《女职工劳动保护特别规定》（2012 年 4 月 18 日颁布）

第五条 用人单位不得因女职工怀孕、生育、哺乳降低其工资、予以辞退、与其解除劳动或者聘用合同。

第六条 女职工在孕期不能适应原劳动的，用人单位应当根据医疗机构的证明，予以减轻劳动量或者安排其他能够适应的劳动。

对怀孕 7 个月以上的女职工，用人单位不得延长劳动时间或者安排夜班劳动，并应当在劳动时间内安排一定的休息时间。

怀孕女职工在劳动时间内进行产前检查，所需时间计入劳动时间。

第七条 女职工生育享受 98 天产假，其中产前可以休假 15 天；难产的，增加产假 15 天；生育多胞胎的，每多生育 1 个婴儿，增加产假 15 天。

女职工怀孕未满 4 个月流产的，享受 15 天产假；怀孕满 4 个月流产的，享受 42 天产假。

第八条 女职工产假期间的生育津贴，对已经参加生育保险的，按照用人单位上年度职工月平均工资的标准由生育保险基金支付；对未参加生育保险的，按照女职工产假前工资的标准由用人单位支付。

> 女职工生育或者流产的医疗费用,按照生育保险规定的项目和标准,对已经参加生育保险的,由生育保险基金支付;对未参加生育保险的,由用人单位支付。
>
> ### 《上海市女职工劳动保护法办》
>
> **第十八条** 女职工在产假期间的工资照发。按本规定享受的产前假和哺乳假的工资按本人原工资的百分之八十发放。单位增加工资时,女职工按规定享受的产前假、产假、哺乳假应作出勤对待。

由此可见,一般情况下,女职工产假期间的相关待遇为:

①保胎假,工资按病假工资发放;②产前假,哺乳假工资按八成发放;③产假按正常工资发放或领生育生活津贴(通过生育险获得)。

下面通过具体案例来演示产前假、产假如何核算。

【案例 5-11】小邓是在某家电集团工作了近五年的门店店长,底薪 3 500 元/月,车贴 500 元/月,公司根据门店每月销售情况另有提成,年底有分红,每月实际可领工资为 5 000 ~ 8 000 元。2018 年 4 月小邓怀孕,6 月 15 日前往医院住院保胎 15 天,后又返回公司上班,直到 2019 年 1 月 23 日提前请病假回老家待产,并于 2019 年 2 月 8 日顺产一男婴。按国家规定,小邓获产假 98 天,产假到期是 2019 年 5 月 17 日。

请问小邓 2018 年 6 月工资、2019 年 1 月、2 ~ 5 月工资如何核算?

【案例 5-11 解读】本案例较为复杂,我们可作如下分解:

(1)2018 年 6 月工资,1 ~ 15 日属于正常上班,应按正常工资核算,包括提成、车补等;16 ~ 30 日属于保胎,按病假工资核算。

(2)2019 年 1 月 1 日 ~ 22 日属于正常上班,应按正常工资核算(包括提成、车补等);由于产前可休假 15 天,因此 1 月 23 日 ~ 30 日可算作产前假,其工资可按 3 500 × 80% 计算。

(3)2 月 1 日 ~ 8 日可算作产前假,其工资可按 3 500 × 80% 计算;9 日 ~ 28 日按产假工资即正常工资 3 500 元标准发放。

(4)3 月 1 日 ~ 5 月 17 日均可按产假工资即正常工资 3 500 元标准发放。

备注:本案例中,小邓是业务人员,如休产假,业务提成、车贴等其他津贴应予剔除。

6.非全日制用工工资的核算

非全日制用工,是指以小时计酬为主,劳动者在同一用人单位一般平均每日工作时间不超过 4 小时,每周工作时间累计不超过 24 小时的用工形式。

《劳动合同法》

第七十二条 非全日制用工小时计酬标准不得低于用人单位所在地人民政府规定的最低小时工资标准。

非全日制用工劳动报酬结算支付周期最长不得超过十五日。

非全日制用工工资核算公式为：

非全日制用工工资 = 小时工资标准×实际工作小时数

例如：钟点工王女士在某单位从事保洁工作，约定的小时工资标准为 6 元，2018 年 3 月份累计工作 80 小时，计算其当月实得工资。

根据公式，则为：当月实得工资=6×80=480（元）

注意：非全日制用工加班工资该怎么计算？

按时计算。根据劳动法的规定超出 8 小时以外的 1.5 倍（非双休日），双休日的按 2 倍计算，节假日按 3 倍计算。

5.3.2 个人所得税、五险一金如何扣除

1. 个人所得税计算

个人所得税率是由国家相应的法律法规规定的，根据个人的收入计算。缴纳个人所得税是收入达到缴纳标准的公民应尽的义务。中华人民共和国主席令第九号《全国人大常委关于修改〈中华人民共和国个人所得税法〉的决定》2018 年 8 月 31 日签署。

综合所得：月均起征点为 5000 元，包括工资、薪金所得，劳务报酬所得，稿酬所得，特许权使用费所得，以收入额扣除"五险一金"和子女教育、继续教育、大病医疗、住房贷款利息或者住房租金、赡养老人等支出后为应纳税所得额（可以扣除的具体范围、标准和实施步骤由国务院确定）。税率为 3%至 45%的超额累进税率，扩大了纳税的级差。

自 2019 年 1 月 1 日起施行，其中自 2018 年 10 月 1 日至 2018 年 12 月 31 日，纳税人的工资、薪金所得，先行以每月收入额减除费用五千元以及专项扣除和依法确定的其他扣除后的余额为应纳税所得额。

（1）个人所得税计算公式如下：

实发工资=应发工资-"五险一金"个人扣除数-个税应纳税额=工资-"五险一金"-5 000 元，从而得出：

个税 =（工资-"五险一金"-3 500）×适用税率-速算扣除数

（2）速算扣除数 7 级计算如表 5-21 所示。

表 5-21　新个税速算扣除数一览表

级数	新含税级距	新速算扣除数	旧含税级距	旧速算扣除数	税率
1	不超过 3000 元的	0	不超过 1500 元的	0	3
2	超过 3000 元 至 12000 元的部分	210	超过 1500 元 至 4500 元的部分	105	10
3	超过 12000 元 至 25000 元的部分	1410	超过 4500 元 至 9000 元的部分	555	20
4	超过 25000 元 至 35000 元的部分	2660	超过 9000 元 至 35000 元的部分	1005	25
5	超过 35000 元 至 55000 元的部分	4410	超过 35000 元 至 55000 元的部分	2755	30
6	超过 55000 元 至 80000 元的部分	7160	超过 55000 元 至 80000 元的部分	5505	35
7	超过 80000 元的部分	15160	超过 80000 的部分	13505	45

（3）案例说明

【案例 5-12】个人所得税如何计算？

小王是某房地产公司经理级职员，2013 年调薪后，月薪 8 000 元（当地城市的三险一金标准为：养老保险 8%，医疗保险 2%，失业险 1%，住房公积金 12%），请问小王应纳多少税？税后工资是多少？

【案例 5-12 解读】

五险一金汇缴明细：

	个人应缴部分 ❓		单位应缴部分 ❓	
养老保险金：	800.00	(8%)	1900.00	(19%)
医疗保险金：	200.00	(2%)	600.00	(6%)
失业保险金：	50.00	(0.5%)	50.00	(0.5%)
基本住房公积金：	1200.00	(12%)	1200.00	(12%)
补充住房公积金：	0.00	(0%)	0.00	(0%)
工伤保险金：			20.00	(0.2%)
生育保险金：			50.00	(0.5%)
共计支出：	2250.00		3820.00	
扣除四金后月薪：	7750.00 ❓			
个人所得税：	82.50		320.00 (老税法)	
税后月薪：	7667.50 ❓		7430.00 (老税法)	

如果我们 HR 人员嫌计算太麻烦，可在网上进行计算，有专门的计算个人所得税的网站及个税计算器。

2. 五险一金核算

五险一金一般包括：养老保险、医疗保险、工伤保险、失业保险、生育保险和住房公积金。其中养老保险、医疗保险和失业保险，这三种险是由企业和个人共同缴纳的保费，工伤保险和生育保险完全是由企业承担的，个人不需要缴纳。这里要注意的是"五险一金"是法定的。

对于缴费标准，是根据职工工资月收入计算的，但是受到省市自治区上一年社会平均工资控制，超过社会平均工资 300% 的，或者低于社会平均工资 60% 的，按照 300% 或者 60% 缴纳，各个省市自治区的社会平均工资不一样，所以缴费控制的标准也不一样。关于职工的住房公积金，也是国家强制性的缴纳费用，但是不属于社会保险范畴，旨在改善职工的住房条件，减轻职工购房负担，国家对职工的福利二次分配，职工和企业共同按照 1:1 比例缴费，住房公积金根据企业情况自己决定缴费比例，但是不能低于 5%，缴费的所有存储额，都归属职工个人所有。

因此，五险一金的标准全国各地是不统一的。表 5-22 为 2018 年 31 个省会城市的五险一金比例。

表 5-22　几个主要城市的五险一金情况

2018 年 31 省会城市五险一金缴费基数表				
序号	城市	2017 年社保缴费基数（上下限）	2018 年社保缴费基数（上下限）	2017 年公积金缴费基数（上下限）	2018 年公积金缴费基数（上下限）
1	上海	3902-19512	4279-21396	2190-19512	2300-21400
2	深圳	2130-22440	2200-25044	2030-37400	2130-25044
3	天津	3159-15795	3364-16821	2050-22605	2050-24240
4	北京	3082-23118	3387-25401	2148-23118	2273-25401
5	广州	1895-22275	2100-99999	1895-37125	2100-24654
6	南京	2772-18171	3030-19935	1890-22500	暂未调整
7	杭州	2819.25-14096.25	3054.95-15274.74	1860-21980	2010-24311
8	济南	3200-15999	3510-17550	1810-15999	1910-17550
9	贵阳	2004.63-15034.75	3227.45-16137.25	1400-42783	1400-33750
10	西安	3082-17403	3372-19443	1480-17403	1680-19443
11	乌鲁木齐	2844-14220	3019-15096	1470-14352	1620-15399

续表

12	福州	1650-16097.5	1800-18783.24	1650-16908	1650-18783
13	石家庄	2849.35-14246.75	3028.3-99999	3308-16539	3308-16539
14	呼和浩特	2810.4-14052	2810.65-14052	1640-14052	1760-15498
15	太原	2749-13744	3077-15387	1625-16206	暂未更改
16	兰州	2978-14887	3287-16431	1620-16752	1620-18071.49
17	郑州	3057.45-15287.25	3524.3-17621.5	3057.45-15287.25	3524-17625
18	长沙	2695-13473	暂未更改	1390-25225	1580~31950
19	昆明	2751-13755	3676-18378	1400-17094	1570-19088
20	武汉	3093.3-17990.7	3399.6-19920.9	1550-26987.5	1750-29881.25
21	沈阳	3372.2-16860.99	66-99999	1530-15456	1620-18545
22	南昌	2547-14331	2807-15774	1083-16450	暂未更改
23	合肥	3065-15322	3396.35-16981.74	1520-18713	1520-20172
24	重庆	3370-16847	3664-18318	1500-16847	1500-18318
25	成都	2193-16445	2388-17908	1500-20972	1500-22302
26	西宁	3373-16863	3827-19134	3373-16863	3827-19134
27	长春	3347.7-16788	3606.8-18410	1280-23335	2000-21485
28	哈尔滨	2589-12945	2787--15645.75	1480-14601	1680-14601
29	银川	3125-15620	3392-16957	1480-17025	1660-17025
30	海口	2867.70-15642	3453-17265	1430-15508	暂未更改
31	南宁	3428-17140	2834.3-14171.3	1400-17140	1680-18870

【案例 5-13】五险一金核算。

上海市某公司职员 2018 年 11 月月薪 10 000 元，那么他的五险一金情况及个税如下：

科目	个人应缴部分		单位应缴部分	
养老保险	800	8%	1 900	19%
医疗保险	200	2%	600	16%
失业保险	50	0.5%	50	0.5%
基本住房公积金	1 200	12%	1 200	12%
工伤险			20	0.2%

续表

科目	个人应缴部分		单位应缴部分	
生育险			50	0.5%
共计支出	2 050	20.5%	3 820	38.2%

【案例 5-13 解读】个人与单位成本分析如图 5-19 所示。

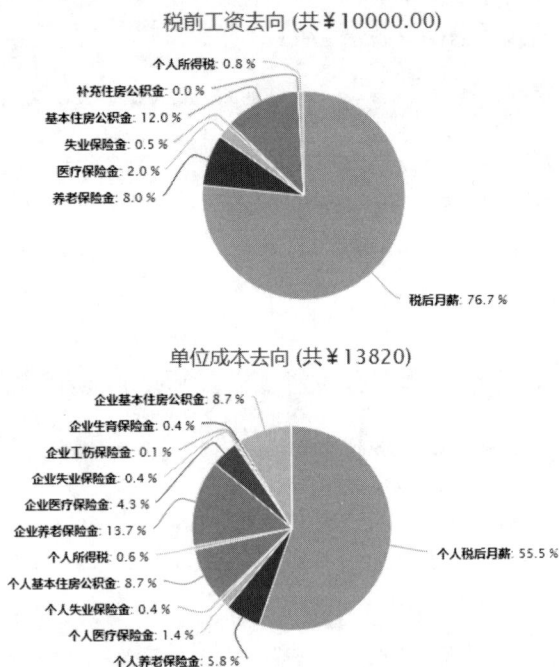

税前工资去向 (共¥10000.00)

个人所得税: 0.8 %
补充住房公积金: 0.0 %
基本住房公积金: 12.0 %
失业保险金: 0.5 %
医疗保险金: 2.0 %
养老保险金: 8.0 %
税后月薪: 76.7 %

单位成本去向 (共¥13820)

企业基本住房公积金: 8.7 %
企业生育保险金: 0.4 %
企业工伤保险金: 0.1 %
企业失业保险金: 0.4 %
企业医疗保险金: 4.3 %
企业养老保险金: 13.7 %
个人所得税: 0.6 %
个人基本住房公积金: 8.7 %
个人失业保险金: 0.4 %
个人医疗保险金: 1.4 %
个人养老保险金: 5.8 %
个人税后月薪: 55.5 %

图 5-19　个人与单位成本占比分析图

值得注意的是，此案例是按照实际工资来计算五险一金的，是比较合理的；当然也有按当地社保基数相应档次进行缴纳，很多企业都是按社保最低基数标准缴纳的（是否合理以咨询当地社保机构为准，在此不作过多阐述）。

接下来举例介绍很多 HR 困惑的一个情况：单位员工离职，当月五险一金应该如何处理？

【案例 5-14】小王是某公司职员，公司规定发工资是每月的 15 日发上月工资，小王于 8 月 13 日提出辞职申请，9 月 12 日离职。请问公司是否应为小王缴纳 8 月的五险一金？

【案例 5-14 解读】小王履行了《劳动合同法》第三十七条规定的提前三十天书面通知义务，并继续工作至三十天届满。则公司应该为小王发放 8 月份的全额工资，公司也应当依法为小王缴纳 8 月份的社保和公积金。

5.3.3　年终奖如何设计与核算

1．年终奖的分类

一般来说，年终奖的评定有三种方法：固定奖金制、与绩效挂钩的奖金制以及隐性红包制度。不同模式都有其优劣，企业发放时根据具体情况也有所不同；但无论如何，员工想要拿到丰厚的红包，就必须有企业的利润和个人的业绩做保证。下面简单讲解几种常见的年终奖形式。

（1）年底双（多）薪：只要员工仍然在岗，无论公司的业绩及个人表现如何，都能享受这种福利。发放规则是公开透明的，每个人的对应职位薪酬决定能拿到个人年终奖的具体数额。一般企业多发 1～2 个月的薪水，即员工每年拿 13～14 个月薪水；也有效益好的企业发 15～16 个月的薪水。

企业采用这种模式发放年终奖意义不大，不能激励关键员工、优秀业绩的员工，更多的是出于关怀的角度。

（2）绩效考核：根据个人年度绩效评估结果及公司的业绩结果来发放奖金。大部分公司的绩效考核规则是透明的，许多都会通过绩效合同与员工进行事先的明确约定，根据年终业绩的完成情况进行打分，不同的分值对应不同的绩效奖金系数，企业常用的绩效考核方法有目标管理法、KPI 计分法、BSC 平衡记分卡等。

（3）红包：通常是由企业领导决定的，没有固定的规则，可能取决于员工与企业领导的亲疏、取决于企业领导对员工的印象、取决于资历，取决于重大贡献等，通常不公开。

（4）其他除了发放现金，一些公司还将旅游奖励、赠送保险、车贴、房贴等列入年终奖的内容。

无论企业用哪种方式发放年终奖，有一条原则是共同的，那就是年终奖的发放既要维护企业自身的利益，也要顾及员工的心理期望值，只有兼顾这两者，年终奖才能发放的"公平"，才能起到奖励和激励的作用，为企业第二年的运作埋下良好的伏笔。奖金的发放方案不应该在将近年终时才考虑，在年初制订公司计划时,就应该制订好年终发放奖金时的考评指标、评价方法、发放规则等相应的各项制度。

2. 是否所有企业都应发年终奖?哪些人可得,哪些人不可得

是不是企业一定要发年终奖?关于这一问题,《中华人民共和国劳动保护法》没有对企业发放年终奖进行强制要求。也就是说,这只是企业的福利。"年终奖"来源于很多待遇优厚的外资企业通过规避个人所得税所采取的发放奖金的方式。后来慢慢变成被多数企业作为奖励优秀员工、体现人文关怀留住人心的福利方式。

年终奖额度的确定与员工年度总薪酬相关。一般来说,企业发放的年终奖占年度总薪酬的比例为 5%~30%。调查显示,部分国企员工的年终奖占到全部薪酬收入的 1/3 左右,这与国企员工平时薪酬水平偏低有关,也与国企的管理方式、劳资心理契约有关。在大多数发放年终奖的民营企业里,年终奖占员工全年薪酬收入的 7%~15%。

【案例 5-15】管××是某文化传媒公司职员,公司工作时间是 26 天制,没有加班费。管××在公司干了 4 年,2017 年公司没有发年终奖(以前每年都有),公司说 2018 年 6 月份统一发,可是管××于 2018 年 3 月底辞职了。请问,管××可不可以找公司要年终奖,劳动法有明确规定吗?

【案例 5-15 解读】劳动法没有明确规定,除非公司在与管××签订劳动合同时提到每年会有一定比例或是提成的年终奖,如果没有提到这点,劳动法就不会保护。因为年终奖的性质是福利性的分红,分红即是公司愿意给就给,不愿意给就可以不给。

【案例 5-16】邓女士任职的公司是私有企业,2017 年年终奖发了 3 200元/人,(盈利应该没超过 2 亿元,)。结果到了 2018 年,公司声称盈利达到 3亿元,而年终奖却只发了 2 500 元。同事们都在下面议论纷纷,像炸开了锅一样,公司也不给任何合理的解释!

邓女士想知道年终奖都是根据什么发放的,公司这样发合理吗?

【案例 5-16 解读】从国家劳动法规来讲,年终奖是没有发放根据的,都是各企业根据企业本身的情况自行拟定发放标准,但如果企业有相关的制度或者明文规定年终奖的发放标准,那么企业就必须依照执行。

此案例中,公司没有明确的关于年终奖发放的规章制度,员工也没办法去告公司，毕竟这是员工福利，可给可不给，可多给可少给。如果公司有明文规定，那就要依规章制度来办事。

接下来讨论年终奖发放的几种特殊情况。

（1）员工提前辞职该不该发年终奖

如果劳动合同或用人单位的规章制度中，规定了明确的"年终奖"数额，那么离职劳动者也应得到相应的"年终奖"。如果劳动合同和用人单位的规章制度都未规定"年终奖"，但事实上已发"年终奖"，用人单位也必须向离职劳动者发放。依经验，劳动争议仲裁机构或法院同样会支持此类离职劳动者按在岗时间得到一定比例的"年终奖"。

（2）新员工入职未满一年是否有"年终奖"

《劳动法》第四十六条规定："工资分配应当遵循按劳分配原则，实行同工同酬。"即只要劳动合同中约定了"年终奖"或是用人单位已制订发放年终奖的具体办法，且新进入、未满一年的劳动者确已付出相应劳动，用人单位就必须按约定或比例向其发放"年终奖"。

（3）"年终奖"是否可以以实物折抵

《工资支付暂行规定》第五条规定："工资应当以法定货币支付，不得以实物及有价证券替代货币支付。"正因为"年终奖"属于工资，决定了用人单位只能以人民币的形式发放。

3．年终奖的个人所得税如何计算

个人年终奖缴税的计算方法，应分为两种情况。

（1）个人获取年终奖金且获取奖金当月个人的工资、薪金所得高于（或等于）税法规定的费用扣除额（个税起点 5 000 元）的，计算方法是：用年终奖金总额除以 12 个月，按其商数对照工资、薪金所得项目税率表，确定适用税率和对应的速算扣除数，计算缴纳个人所得税。

应纳个人所得税税额=年终奖×适用税率-速算扣除数

注意：个人当月工资、薪金所得与年终奖应分别计算缴纳个人所得税。

（2）个人获取年终奖金且获取奖金当月个人的工资、薪金所得低于税法规定的费用扣除额的，计算方法是：用年终奖减去"个人当月工资、薪金所得与费用扣除额的差额"后的余额除以 12 个月，按其商数对照工资、薪金所得项目税率表，确定适用税率和对应的速算扣除数，计算缴纳个人所得税。

应纳个人所得税税额=（年终奖-当月工资与费用扣除额的差额）×适用税率-速算扣除数

由于上述计算纳税方法是一种优惠政策，在一个纳税年度内，对每一个人来说，该计算纳税办法只允许采用一次。对于全年考核，分次发放奖金的，该方法也只能采用一次。

例如，第一种情况：张×12月月收入10 000元，获取年终奖10 000元，计算个税与年终奖所得税。

首先，月薪10 000元，超出个税起征点5 000元，查表按适用率10%计算。

12月个人所得税为：（10 000-0-5 000）=5 000（元）。

应纳个人所得税额：5 000×0.1-210=290（元）。

年终奖10 000元，除以12个月约等于833元，对应的适用税率为3%，则年终奖应缴税率为：10 000×3%=300（元）。

总计纳税：300+290=590元。

第二种情况：李×12月工资4 000元，年终奖36 000元，计算此种情况李×的个税与年终奖所得税各为多少。

首先，李×月工资4 000元，不到缴纳个税起点，可用其取得的年终奖收入35 000元补足差额（5 000-4 000=1 000元），余下的35 000元除以12得出月均奖金约为1 916元，其对应的税率3%和速算扣除数0元，年终奖所得税计算如下：

$$（36 000-1 000）×3\%-0=1 050 元$$

4．一年多次发年终奖或年终补发奖金情况

国税发〔2005〕9号文件规定："在一个纳税年度内，对每一个纳税人，该计税办法只允许采用一次。"

如果同一个人同月在两个企业都取得了年终一次性奖金，纳税人在自行申报时，不可以将这两项奖金合并计算缴纳个人所得税，享受一次性奖金的政策；对该个人按规定只能享受一次全年一次性奖金的优惠算法。

补发年终奖需要在发放时按规定计算缴纳个人所得税。

国税发〔2005〕9号文件规定："雇员取得除全年一次性奖金以外的其他各种名目奖金，如半年奖、季度奖、加班奖、先进奖、考勤奖等，一律与当月工资、薪金收入合并，按税法规定缴纳个人所得税。"

【**案例 5-17**】李×2018 年 12 月工资 50 000 元，取得本企业发放的年终奖 50 000 元，另取得兼职单位发放的年终奖 10 000 元，无其他收入。

【**案例 5-17 解读**】李×本企业年终奖（10 000 元）部分应缴纳个人所得税计算：先将李×当月内取得的全年一次性奖金，除以 12 个月，即 50 000÷12=4 167（元），再按其商数确定适用税率为 10%，速算扣除数为 210。

李×本企业年终奖 50 000 元应缴纳个人所得税：

$$50 000 \times 10\% - 210 = 4 790 元$$

李×取得兼职单位发放的 10 000 元年终奖应合并到李×当月工资薪金中计算缴纳。如果兼职单位按发放年终奖计算个人所得税，则代扣代缴个人所得税 10 000 × 10%=1 000（元）。

【**合理避税**】年终奖多发 1 元，收入有可能少几千元，甚至上万元。值得注意的是，面临税率临界点的年终奖有可能会出现"税前收入差一元，税后所得差一截"的现象，所以 HR 在核算员工奖金时，应充分考虑到这一点，可请税务专家协助做一些个人所得税筹划，合理设计月收入与年终奖的比例。不能把平时的工资都累计到年终一起发放，这样会加重员工纳税的负担。

举例说明：

首先我们来看第一级税率的临界点 3.6 万元，从下图的 4 个年终奖可以看出，发 36 000 元年终奖比发 36 001 反而税后年终奖多了 2 309.1 元，发 38 566.67 年终奖比发 36 000 多 2 566.67 元，税后年终奖竟然和发 36 000 元一样多。

36 000 元年终奖实发为 34 920 元（36 000-36 000×0.03+0）

36 001 元年终奖实发为 32 610.9 元（36 001-36 001×0.1+210）

38 566.67 元年终奖实发为 34 920 元（38 566.67-38 566.67×0.1+210）

	A	B	C	D	J	K	L	M	N
1						新个税			
2	应发年终奖	2018年12月工资	2018年12月社会保险	2018年12月公积金	应纳税所得额（含税）	税率2	速算扣除数2	个人所得税2	实发年终奖2
7	35,999.00	35,999.00			35,999.00	3%	0.00	1,079.97	34,919.03
8	36,000.00	36,000.00			36,000.00	3%	0.00	1,080.00	34,920.00
9	36,001.00	36,001.00			36,001.00	10%	210.00	3,390.10	32,610.90
10	38,566.67	38,566.67			38,566.67	10%	210.00	3,646.67	34,920.00

我们来看一下倒推这个临界点的公式，

36 000-36 000×0.03+0=34 902 元

下一级的税率和速算扣除数不一样了，公式如下：

应发年终奖-应发年终奖×0.1+210=34 902 元

倒推应发年终奖=（34 920-210）÷（1-0.1）=38 566.67 元

Excel 公式=(U16-I17)÷(1-H17/100)

同理第二级税率临界点 14.4 万元如下表所示，

发 144 000 元比发 144 001 元税后多，发 144 000 元和发 160 500 元税后一样。

	A	B	C	D	J	K	L	M	N
1							新个税		
2	应发年终奖	2018年12月工资	2018年12月社会保险	2018年12月公积金	应纳税所得额（含税）	税率2	速算扣除数2	个人所得税2	实发年终奖2
11	143,999.00	143,999.00			143,999.00	10%	210.00	14,189.90	129,809.10
12	144,000.00	144,000.00			144,000.00	10%	210.00	14,190.00	129,810.00
13	144,001.00	144,001.00			144,001.00	20%	1,410.00	27,390.20	116,610.80
14	160,500.00	160,500.00			160,500.00	20%	1,410.00	30,690.00	129,810.00

同理第三级税率临界点 30 万元如下表所示，

应发年终奖	2018年12月工资	2018年12月社会保险	2018年12月公积金	应纳税所得额（含税）	税率2	速算扣除数2	个人所得税2	实发年终奖2
							新个税	
299,999.00	299,999.00			299,999.00	20%	1,410.00	58,589.80	241,409.20
300,000.00	300,000.00			300,000.00	20%	1,410.00	58,590.00	241,410.00
300,001.00	300,001.00			300,001.00	25%	2,660.00	72,340.25	227,660.75
318,333.33	318,333.33			318,333.33	25%	2,660.00	76,923.33	241,410.00

发 300 000 元比发 300 001 元税后多，发 300 000 元和发 318 333.33 元税后一样。

再看回开始的税率表：

当应发小于 38 566.67 元大于 36 000 元时，发 36 000 元员工税后更高

当应发小于 160 500 元大于 144 000 元时，发 144 000 元员工税后更高

当应发小于 318 333.33 元大于 300 000 元时，发 300 000 元员工税后更高

当应发小于 447 500 元大于 420 000 元时，发 420 000 元员工税后更高

当应发小于 706 538.46 元大于 660 000 元时，发 660 000 元员工税后更高

当应发小于 1 120 000 元大于 960 000 元时，发 960 000 元员工税后更高

	2018年10月1日年终奖个人所得税税率表（个人所得税免征额为5000元）										
级数	应纳税所得额(月工资)		应纳税所得额（年终奖）		税率(%)	速算扣除数	个人所得税（年终奖）		税后年终奖		避税临界点
1	0 <X≤ 3,000		0 <X≤ 36,000		3	0	0 <X≤ 1,080		0 <X≤ 34,920		36,000 <X≤ 38,567
2	3,000 <X≤ 12,000		36,000 <X≤ 144,000		10	210	3,390 <X≤ 14,190		32,610 <X≤ 129,810		144,000 <X≤ 160,500
3	12,000 <X≤ 25,000		144,000 <X≤ 300,000		20	1,410	27,390 <X≤ 58,590		116,610 <X≤ 241,410		300,000 <X≤ 318,333
4	25,000 <X≤ 35,000		300,000 <X≤ 420,000		25	2,660	72,340 <X≤ 102,340		227,660 <X≤ 317,660		420,000 <X≤ 447,500
5	35,000 <X≤ 55,000		420,000 <X≤ 660,000		30	4,410	121,590 <X≤ 193,590		298,410 <X≤ 466,410		660,000 <X≤ 706,538
6	55,000 <X≤ 80,000		660,000 <X≤ 960,000		35	7,160	223,840 <X≤ 328,840		436,160 <X≤ 631,160		960,000 <X≤ 1,120,000
7	80,000 <X		960,000 <X		45	15,160	416,840 <X		543,160 <X		

5.4 绩效考核与薪酬管理

绩效管理的目的是通过激励和约束来激发员工积极性，从而提升个人绩效，在此基础上提升组织绩效。提到激励有两个方面：一个是有形的，另一个是无形的。有形的包括：绩效工资、薪酬级别调整、年度奖金发放、晋升、轮岗等，无形的主要是指精神上的鼓励。

因此，绩效考核与薪酬关联体现在三个方面：绩效考核结果直接影响绩效工资，绩效结果作为员工薪酬级别调整依据，此外，绩效考核还可以作为年度效益奖金发放的一个评价标准。

5.4.1 绩效考核与薪酬管理的作用与关系

1. 绩效与薪酬是撬动企业发展的杠杆

绩效与薪酬是推动企业发展的两个有力杠杆，薪酬是员工劳动报酬的直接体现，而绩效结果直接影响着员工工资定级，直接影响员工的绩效工资并可作为员工晋升、调薪及年终奖的重要依据。因此说，绩效与薪酬是推动企业发展的两个有力杠杆，对企业战略目标的落地有直接的导向作用，如图 5-20 所示。

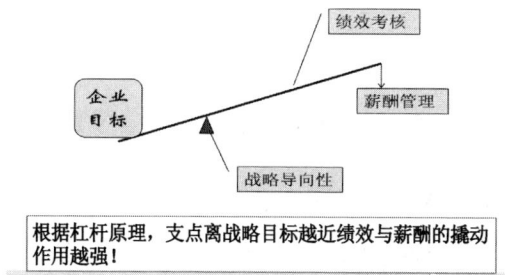

图 5-20　绩效与薪酬是撬动企业发展的杠杆

正如《华为基本法》所讲：

绩效考核与薪酬管理是最有力的杠杆，只要朝合理的方向稍微撬动一下，它就会释放出巨大的能量。同时，考核与管理体系还是一个载体，企业的各项经营管理任务和目标，都可以通过这个载体传递下去。

——摘自《华为基本法》

2．绩效考核与薪酬管理的逻辑关系

从经济学角度来说，绩效与薪酬是员工与企业组织之间一种对等的承诺关系，薪酬是组织对员工的承诺，组织应对完成自己对组织承诺的员工给予薪酬待遇；而绩效是员工对组织的承诺，一个人进入组织是有一定前提条件的，即必须对组织要求的确绩效做出承诺。这一原则体现出绩效与薪酬管理本质的内在联系。即绩效为企业薪酬管理体系的建立和调整提供了客观依据。而薪酬管理体系则是企业战略目标和员工自我价值实现的重要保证。

如今，绩效考核和薪酬管理对企业的竞争力提升有很大的影响，是人力资源管理的重要方向。当企业获得自主生产经营权后，企业自身必须解决如下问题：吸引和留住优秀人才，客观、公正、合理地回报为企业做出贡献的劳动者。企业必须恰当处理自我积累与员工分配之间的关系，只有解决这类问题，才能促进企业发展。只有了解掌握绩效理论和薪酬理论，把绩效和薪酬管理有机结合在一起才可能做好薪酬管理工作，促进企业的发展，如图 5-21 所示。

图 5-21　绩效考核与薪酬管理的逻辑关系

3．战略性薪酬管理的思维逻辑

从前述内容我们推断出，绩效考核与薪酬管理的目标应定位为：为了企业战略落地，提高战略的执行力！

因此，企业的绩效考核与薪酬管理理应以公司战略为依据，导向战略落地方向，如图 5-22 所示。

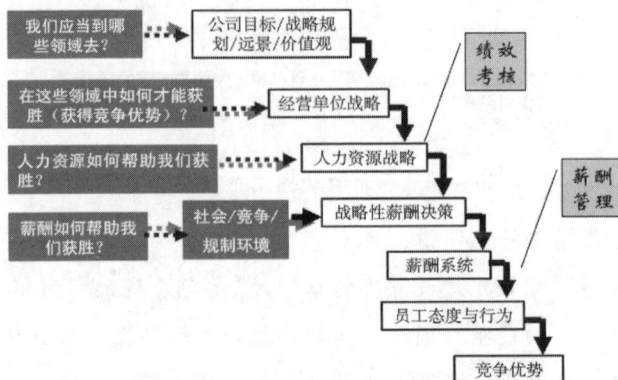

图 5-22　战略性薪酬管理的思维逻辑

5.4.2　绩效考核在薪酬设计中的应用

绩效考核结果在薪酬管理中的应用，实质上是将员工被组织认可的有效绩效通过薪酬予以回报和激励。由于员工的绩效要素包括投入和产出两个方面，因此，绩效考核结果在薪酬管理中的应用也要从这两个方面进行。

从产出角度看，主要有绩效薪酬，即将薪酬直接与员工的产出量联系起来；业绩薪酬，即在对所有员工进行周期性绩效考核的基础上，按同一尺度调薪；绩效薪酬，不仅考虑工作结果或产出，而且还关注工作效果；小组绩效薪酬，这种挂钩方式是将小组的绩效考核结果与个人薪酬联系起来。

从投入角度看，主要有技术薪酬，这种方式是将员工获得的知识与基本薪酬联系起来，首先要建立技术薪酬计划来确定需要掌握的技术，然后企业对员工的这些技术水平进行考核，最后必须向员工提供相关工作的培训机会和企业目标；能力薪酬，这种方式假定员工最基本特征的能力与工作绩效之间存在因果关系，其中能力可以是动机、自我观念、态度、价值观和技巧等。从组织角度看，主要是核心能力，包括分析思维能力、创新能力、战略思考能力、领导能力等。

5.5　几类主要人员的薪酬设计举例

5.5.1　销售人员薪酬设计

首先来看销售人员薪酬设计的影响因素：

（1）劳动力市场的供求状况。

（2）企业经济承受能力。

（3）产品特性。

（4）销售人员付出的劳动量。

（5）销售人员的职位。

（6）销售人员的技能水平。

（7）销售人员的受教育程度。

（8）销售人员为企业服务的年限等。

一般销售人员的工资设计为：

$$月工资=底薪+绩效+提成+福利+补贴$$
$$月工资=纯提成+福利+补贴$$

（1）底薪的设计

底薪的设计可分为无任务底薪、有任务底薪和混合底薪三种。这三种方式各有优劣，不同的企业或企业在不同的发展阶段可选择使用。

举例：

刚成立不久的一家销售型企业，为稳定员工队伍，对招聘的一批员工前半年实施无销售任务底薪 1 800 元/月；然后随着公司业绩的发展及员工队伍的稳定，薪酬改为底薪 1 500 元+3%提成，其中底薪 1 500 元是有任务底薪，即员工每月须销售 10 000 元，超过部分按 3%提成。最后随着新产品的引进，公司对旧产品销售采用的是有任务底薪，而新产品的销售是无任务底薪，销售就有提成，即我们上面讲到的混合底薪制。

（2）提成的设计

销售人员的提成设计应考虑产品、人员、环境三个维度。其中，产品包括产品的属性与产品类别，如成熟的产品与新产品的销售提成是应该有区别的；人员包括人员的业绩、职级、底薪、福利待遇等；环境包括销售人员所处的行业、区域、渠道及公司战略等。

提成比例的设计也是一个重点和难点，比例设计高了，对员工个人的激励增大，但企业的利润就相对降低了；比例设计低了，对个人没有多大的激励，从而导致企业的利润下降。

下面以销售额和产品成熟度为例进行提成比例的设计，见表 5-23。

表 5-23　提成比例的设计

划　分　类　别		提成比例
按销售业绩	月度销售额在　　万元以下	无
	月度销售额在　　万元到　　万元	A%
	月度销售额在　　万元到　　万元	B%
	月度销售额在　　万元以上	C%
按产品成熟度	成熟产品	X%
	成长期产品	Y%
	新推出产品	Z%

接下来是基于销售目标的绩效工资设定示范表（假设某公司销售人员绩效提成标准考核工资为 2 500 元/月），见表 5-24。

表 5-24　某企业销售目标考核表

目标项	比例	考核金额	目　标　值
销售额	60%	1 500 元	本月销售任务元，按销售达成率计算，上不封顶
销售费用率	10%	250 元	年度控制在%以内
销售利润	15%	375 元	月度控制在万元
销售回款率	15%	375 元	本月号前回款指标不低于%

（3）销售人员薪酬设计案例，见表 5-25。

表 5-25　某公司业务人员激励与薪酬模式表

岗位	工资		提成	奖惩			福利	激励
	基本工资	绩效工资	提成	销售目标奖	销售费用奖惩	回款奖惩	福利、保险	长期激励
总监	3 000	3 000	%	元			五险	旅游等
经理	2 000	2 000	%	元			五险	旅游等
主管	1 600	1 200	%	元			五险	旅游等
业务员	1 200	800	%	元			五险	旅游等

说明：① 绩效工资=绩效工资基准×绩效考评系数；绩效考核在 100 分以上者，绩效考核系数为 1.2；绩效考核为 90～100 分者，绩效考核系数为 1.1；绩效考核为 70～90 分者，绩效考核系数为 1；绩效考核为 50～70 分者，绩效考核系数为 0.7；低于 50 分者，绩效考评系数为 0.5。

② 销售目标奖，对于销售业绩排在前三名的团队和个人，分别奖励　元。

③ 销售回款在应收款 70% 以下的，销售提成按 30% 计发，余下的部分待回款到账后给予补发；销售回款在 70%～95% 的，可计发 60% 的提成，余下的部分待回款到账后给予补发；销售回款在 95% 以上的，可计发 100% 的提成。

5.5.2　生产人员薪酬设计

（1）一线操作人员薪酬设计

① 计件工资制，主要由工作物等级、数量、计件单价三要素构成。

计件工资的计算要解决好两个问题：一是正确测算计算单价；二是正确计量员工已经完成的合格或视同合格的工作量。

② 计时工资制，是按照单位时间工资标准和实际工作时间来计算和支付工资的薪酬形式。

那么一线操作人员的薪酬一般有：

月工资=单纯计件工资/计时工资+奖金+津贴+福利

或月工资=基本工资+计件工资/计时工资+（奖金）+津贴+福利

或月工资=基本工资+绩效/技能工资+计件/计时工资+津贴+（奖金）

（2）二线辅助人员薪酬设计

下面列出三种二线辅助性人员的薪酬设计，见表5-26。

表 5-26 三种二线辅助性人员的薪酬设计

薪酬设计	相 关 说 明
基本工资+绩效工资	在这种薪酬方式下，辅助工人的薪酬可以参照通常情况下的薪酬确定方法，即以岗位加评估为依据，参考现行实际薪酬和市场水平确定
基本工资+绩效工资+计件/计时工资	这种薪酬方式下，岗位计件/计时单价一般采取和操作工人挂钩的方式，即确定一个和操作工作岗位计件/计时工资换算的比例系数。例如，某操作岗位的计件工资单价为10元/件，假设确定辅助岗位的计件工资系数为80%，根据比例系数，计算辅助岗位计件工资数为8元/件
基本工资+技能工资+计件/计时工资	

（3）生产管理人员薪酬设计

生产管理人员包括班组长、车间主任、厂长或经理等。

生产管理人员薪酬设计，一般可分为两类，一类是岗位绩效工资制或固定工资制，另一类是年薪制。岗位绩效工资制一般薪酬结构如下：

月工资=岗位工资+绩效工资+津贴补贴+管理奖金（适用于班组长）

或月工资=基本工资+绩效工资+年终奖金+津贴补贴

而年薪制一般适用于车间主任、厂长或生产部经理（部长）等，一般年薪构成有：

年薪收入=基本年薪+效益年薪+奖金（超额激励奖、创新奖等）+福利津贴

或年薪收入=基本年薪+效益年薪+长期激励（股权、分红等）+福利津贴

年薪收入=基本年薪+效益年薪+超额奖励奖+股权激励

举例：

上海某门禁系统生产厂，企业薪酬结构及相关设计如下。

① 收入构成为基本年薪+效益年薪+超额奖励奖+股权激励。其中，基本年薪不与考核挂钩，按年薪总额的40%逐月发放，即

月收入=年薪总额×40%÷12

② 效益年薪，占总额的30%；在年底根据个人年度考核结果计算后予以发放。基本标准为：效益年薪%考核系数。考核得分与考核系数的对应关系见表5-27。

表 5-27　考核得分与考核系数对应关系表

年度考核得分	90～100 分	75～90 分	65～75 分	65 分以下
考核系数	1.1	0.9	0.7	0.5

③ 超额激励奖，占整体薪酬权重的 5%。

④ 股权激励，占整个薪酬比重的 25%。

5.5.3　高级管理人员薪酬的设计

1．高级管理人员薪酬激励的基本理念

（1）强调价值创造的人力资源理念

在企业运行中，股东是直接利益相关者，高级管理人员激励的内涵本身就是股东为了长期利润的最大化而对经营层的利益分享。其根本理念是经营层将人力资本作为一种与货币资本等同的要素纳入企业价值的范畴，人力资本和货币资本一样具有重要的作用。但是，与货币资本不同，人力资本的价值存在"异能性"特征，因此，对人力资本的开发和使用应着眼于发挥不同人力资本的最大作用，充分调动高级管理人员人员的积极性和创造性，从而为企业和社会创造更大的价值增值和更多的财富积累。

（2）强调价值平衡的利益相关者理念

利益相关理论认为，任何一个公司的发展都离不开企业的股东、高级管理人员、雇员、消费者、供应商等利益相关者的投入或参与，企业追求的是利益相关者的整体利益。这些利益相关者与企业的生存和发展密切相关，有的分担企业的经营风险，有的为企业的经营活动付出代价，有的对企业进行监督和制约，有的为企业提供资金等资源的支持。因此，基于企业相关利益一致理论，一个优秀的企业要对股东、高级管理人员、员工、合作伙伴、社会等一系列相关利益者承担责任，因而在设计高级管理人员薪酬时，既要考虑到高级管理人员的薪酬激励，又要考虑到员工与其他利益相关者的利益。

（3）高级管理人员可以发展为股东

现在很多企业都有把公司高级管理人员发展为股东的想法，入股方式有以下几种：带资金入股、技术股或身股、直接给干股及身股+资金入股等。

当然要视情况而定，要看高级管理人员对企业的认同度，如果高级管理人员本身的品德不行，拉高级管理人员入伙有可能害了公司；也有可能某些

高级管理人员的想法、意见与公司经营理念存在很大差距，那么这样的高级管理人员一般也很难与公司合伙走下去。

2．高级管理人员薪酬体系

（1）高级管理人员薪酬的决定因素和支付结构

薪酬支付的依据有：职位价值、个人能力、绩效及市场平均薪酬水平。也就是说，薪酬支付可分为：依据岗位付酬、依据职务付酬、依据技能付酬、依据业绩付酬谢、依据市场付酬；高级管理人员作为企业中的特殊员工群，其薪酬支付原则也不外乎这几种，因而管理人员的薪酬主要由以下几项构成：基本薪酬、绩效薪酬、年终分红、长期激励、管理者福利、津贴等。

其中，基本薪酬和福利及津贴是高级管理人员工资构成的固定部分，这些薪酬只与高级管理人员的岗位有关系；而绩效薪酬、年终分红、长期激励等属于浮动部分，对高级管理人员的激励有着非常大的作用。

（2）高级管理人员薪酬设计

对高级管理人员的薪酬设计，应偏向于绩效、能力工资、年终奖及长期激励部分，也就是说放大浮动工资部分。

1）高级管理人员的薪酬设计结构如下：

年收入=基本薪酬+效益薪酬+长期激励+福利津贴

其中，基本薪酬用来保证高层管理人员拥有稳定的收入来源，基本薪酬由高层管理人员的个人资历和职位来决定。效益薪酬基于对高层管理人员经营的业绩的考核来确定。长期激励的目的是将企业的业绩与高层管理人员的薪酬紧密结合，其主要方式是实行股票期权和股票奖励，如赠送股份、虚拟股票、管理层收购 MBO、股票期权等。

举例：某公司高层管理人薪酬确定及所占权重，见表 5-28。

表 5-28　薪酬的确定及所占权重样表

薪酬项目	内容	权重	发放方式
基本薪酬	根据工作性质及所承担的责任，一般包括基本工资、岗位工资等	30%	按月以现金发放
效益年薪	根据绩效考核的结果来决定，是奖金的一种形式	25%	按月以现金发放
长期激励	主要是股票及股票期权激励计划，是长期性的激励形式	35%	以股票或股票期权形式发放

续表

薪酬项目	内容	权重	发放方式
福利津贴	既包括一般职工享受的所有福利待遇，如各类保险、带薪休假等，还包括企业为高层管理人员提供的 VIP 福利与津贴	5%	福利如公司轿车、住房、补充养老金等，津贴以现金形式按月发放
董事长特别奖励制	对于表现突出者进行的一种奖励，其具体奖励标准根据公司制定的奖励标准来确定	5%	以现金形式，次年春节前一次性发放

举例：某公司副总经理基本年薪等级标准表，见表 5-29。

表 5-29 某公司副总经理基本年薪等级及标准表

等　　　级	薪　酬　标　准
一级	15 万元
二级	20 万元
三级	25 万元

2）基于 EVA 的高层管理者的年薪模式

EVA（经济增加值）是经济利润最著名的表述，其定义如下：

$$经济增加值=（税后利润-占用资本）×资本成本系数$$

基于 EVA 的高层管理者的年薪结构设计为：

$$年薪=基本年薪+EVA 奖金$$

将 EVA 作为度量的指标，把经理人的目标和股东财富结合起来，实行没有上限的奖金，促使经理人不断地改进业绩并成功实施可以使股东财富增值的行动。

5.6 薪酬奖罚制度的作用与建立

5.6.1 奖罚制度的来由和作用

执行力需要靠奖罚来实现，奖罚制度要靠行政执行来落实。中国古代早有官吏奖惩制度，从秦简《为吏之道》中记载的"五善""五失"的规定，到清代的"议叙""处分"制度，都是封建社会"吏治"的重要内容。

现代奖惩的基本原则是：是非分明，赏罚得当。

奖励办法各有不同，主要方式有以下三种：①物质奖励，如颁发奖金、实物等；②精神鼓励，如通令嘉奖，颁发奖章、奖状；③物质与精神相结合，如提职、提薪等。其目的都在于表彰先进鼓励有功者。在各项制度中，很少有关于奖励的单项规定，大都将奖励措施体现在综合性规定的条文中，使奖励与实际工作结合起来，易于执行，效果较好。

惩罚办法不同，主要方式有刑事惩罚和行政纪律惩罚两种。前者由司法机关依法进行惩处，后者由行政机关或单位依据违反行政纪律的情况进行惩罚。为了使惩罚更加慎重、公正，许多人员如受到不当处分，可向专门部门提出申诉。惩罚方式分为：警告、记过、记大过、降级、降职、撤职、开除留用察看、开除。对于违法失职、渎职人员可依法予以刑事处罚。实际工作中，在奖励方面重视实效性，不流于形式；在惩罚方面，强调公正性，实现违法必究、有错必纠的法治精神。

5.6.2 奖罚制度的建立和操作

通用电气公司前总裁杰克•韦尔奇曾说："我力图确保在每一天的经营中，最有效率的人得到最好的待遇；同时，我们必须查看那些绩效最差的人，并给予一定的处罚。"

在一家公司里，有一个缺乏工作热情的员工，但他非常会伪装，总是在经理面前装成一副认真卖命的样子，让经理觉得他很有上进心，他通过蒙蔽的手法获得了经理对他的赞赏。实际上，他的工作做得一塌糊涂。因此，当经理对他赞赏有加时，引起公司里其他员工的不满。

作为一个管理者，奖罚一定要分明，如果奖罚不分明，其后果是相当糟糕的。

那么，如何来建立薪酬奖罚制度呢？

（1）明确奖罚的原则。

（2）确定公司薪酬奖罚制度包括哪些内容。

（3）设计具体奖罚制度。

下面以一个奖惩制度实例进行分析了解。

示范：

《某房地产公司行政奖罚标准作业规程》

1. 目的

规范行政奖罚的标准及奖罚程序，确保公司行政奖罚有法可依，适度合理。

2．适用范围

适用于××××有限公司部门副总（含）以下人员的行政奖罚处理。

3．职责

（1）总经理负责公司机关员工和管理处员工记大过与记大功以上行政奖罚决定的审批。

（2）人事部负责公司行政奖罚工作的组织实施与决定复核。

（3）各部门负责人负责本部门行政奖罚工作的提出。

4．程序要点

（1）奖罚原则

有功必奖，有过必罚；依法管理，执法必严；奖罚面前，人人平等。

（2）奖罚形式

1）奖励：嘉奖、记小功、记大功、晋升工资、晋职。

2）处罚：警告、记小过、记大过、降级（薪）、解聘（劝退、解雇、自动离职）。

（3）奖罚标准

1）嘉奖 1 次奖 1 天岗位工资，警告 1 次扣 1 天岗位工资。

2）记小功 1 次奖 3 天岗位工资，记小过 1 次扣 3 天岗位工资。

3）记大功 1 次奖当月岗位工资，记大过 1 次扣当月岗位工资。

4）一年累计嘉奖 3 次者，加记小功 1 次；一年累计记小功 3 次者，加记大功一次。

5）一年累计警告 3 次者，加记小过 1 次；一年累计记小过 3 次者，加记大过一次。

6）一年累计记大功两次，晋升一级工资；一年累计记大过两次给予解聘。

（4）奖罚条件

1）符合下列条件之一者，可建议给予嘉奖、记小功、记大功的奖励：

① 对提高公司信誉，做出显著成绩者；

② 发现事故隐患，及时采取措施防止重大事故发生者；

③ 为保护公司、员工和顾客生命财产安全，见义勇为者；

④ 提出合理化建议，经实施有显著成绩者；

⑤ 严格控制费用，节约开支有显著成绩者；

⑥ 拾金不昧，做好人好事事迹突出者；

⑦ 在抗洪、灭火、防风工作中有突出表现者；

⑧ 接待业主及客人受到一致好评者；

⑨ 工作中任劳任怨、记小功 1 次奖 3 天岗位工资；

⑩ 有效举报违法、违规行为者；

⑪ 其他应给予嘉奖、记小功、记大功的行为。

2）符合下列条件之一者，可建议晋升、调薪奖励：

① 表现优异，半年之内的月度绩效考评分数有 3 次列本部门第一者；

② 工作有突出贡献者；

③ 有突出才能、为公司急需者；

④ 为同行业竞相争取者。

3）有下列行为之一者，可建议给予警告处罚：

① 上班时间处理私人事务者；

② 拖延执行上级指令及时效制规定，影响工作进度，尚未造成损失者；

③ 仪容不整，影响公司形象者；

④ 在办公室或公共场所发泄个人不满情绪，造成不良影响者；

⑤ 无故串岗、闲聊，乱丢果皮、杂物者；

⑥ 未经主管领导同意私自调班、调休者；

⑦ 使用亵渎性或辱骂性语言者；

⑧ 其他不认真工作、不文明、不道德行为，需给予警告处分者。

4）有下列行为之一者，可建议给予记小过处分：

① 一年内给予警告处分 3 次者；

② 违反标准作业规程，造成严重不良后果，尚未造成公司利益损失者；

③ 捏造请假理由或伪造有薪假期证明，经查证属实者；

④ 公司机关员工工作时间睡觉者；

⑤ 未经许可出借公司财物者；

⑥ 辱骂同事或管理人员，情节严重者；

⑦ 向他人误传个人或他人薪金数额者；

⑧ 拾遗不报，造成不良影响者；

⑨ 随身携带考勤卡，代他人打卡，授意他人打卡，涂卡、冒签卡一次者；

⑩ 旷工一天者；

⑪ 擅自挪用公款在 1 000 元（含）以下者；

⑫ 理处员工对住户服务时，违反时效制规定，造成住户投诉者；

⑬ 其他有碍生产安全或管理，但未造成经济损失，须给予记小过处分者。

5）有下列行为之一者，可建议给予记大过处分：

① 一年内给予记小过 3 次者；

② 造谣惑众、挑拨是非，有事实证明但尚未造成恶劣影响者；

③ 管理处员工工作时间睡觉者；

④ 违反标准作业规程，造成公司利益受损者；

⑤ 私配办公室、宿舍及营业区钥匙者；

⑥ 随身携带考勤卡，代他人打卡，授意他人打卡，涂卡、冒签卡两次者；

⑦ 旷工两天者；

⑧ 故意浪费公司财物者；

⑨ 擅自挪用公款 1 000～2 000 元者；

⑩ 服务态度差，遭住户合理投诉者；

⑪ 其他损害公司利益的行为，需给予记大过处分者。

6）有下列条件之一者，可建议给予降职、降薪处分：

① 管理不善者；

② 多次重复违反公司标准作业规程，但未造成严重后果者；

③ 一年内记大过一次，记小过两次者；

④ 绩效考评连续两个月考评分数均为末位者；

⑤ 其他须给予降职、降薪的处分者。

7）有下列行为之一者，可建议给予劝退。劝退人员如果在试用期的，公司无须提前即可通知员工办理正常离职手续。劝退人员属于公司正式员工（含聘用工），一般情况下提前一个月通知员工或以一个月工资作补偿后即刻辞退员工（劳动合同特殊约定的按《合同管理标准作业规程》办理）。

① 绩效考评分数在 60 分以下者；

② 连续 3 个月考评分数均为末位者；

③ 半年度或年度绩效考评分数不合格者；

④ 其他须给予劝退处分者。

8）有下列行为之一者，可建议给予解雇。解雇员工无须提前通知，不给予工资以外的任何经济补偿，给公司造成损失的，公司保留追究其有关责任的权利。

① 一年内给予记大过处分两次者；

② 赌博、吸毒、盗窃或参与其他违法活动，被予依法追究刑事责任者；

③ 泄露公司机密，贪污、挪用公款在 2 000 元以上者；

④ 在公司无理取闹且先动手打人者；

⑤ 造谣惑众、挑拨是非或以强暴手段唆使他人怠工或罢工，情节严重者；

⑥ 利用职务之便，收取他人贿赂为自己牟取私利者；

⑦ 擅用公司名义在外招摇撞骗有损公司利益、声誉者；

⑧ 利用社会不良分子解决公司内部问题者；

⑨ 故意损坏公司设备、工具、原材料及重要文件者；

⑩ 遇非常事变借故逃避义务，致使公司财物蒙受损失者；

⑪ 对公司员工及其家属实施威胁、暴行者；

⑫ 长期迟到、早退者；

⑬ 疏于职守，给公司造成较大损失者；

⑭ 向公司提供虚假证明或资料者；

⑮ 服务态度恶劣，损害住户或客户利益，影响公司声誉者；

⑯ 窃取公司机密、技术资料或财物者；

⑰ 其他严重违反公司规定，须给予解雇者。

（5）奖罚程序

1）部门负责人向人事部提出，人事部给予《奖罚单》。

2）审核。部门依据奖罚条件或（及）《绩效考评管理标准作业规程》进行以下审核，并将审核意见记录在"部门意见"栏，并签名确认：

建议内容是否真实、清楚、完整。

奖罚标准是否恰当。

3）人事部复核。人事部经理依照用人部门上述程序进行复核，并将复核结果记录在"人事部意见"栏，并签名确认：

部门意见真实、奖罚恰当的按正常手续办理；

经审核，用人部门意见不真实或奖罚标准欠恰当的，人事部须将调查情况附于《奖罚单》后报总经理审批。

4）审批。管理处经理负责管理处员工记大过与记大功以下决定的审批。总经理负责其他决定的审批。

用人部门和人事部意见统一时，总经理（管理处经理）在一日内给予审批意见。由人事部按正常手续办理。

用人部门和人事部门意见不一致时，总经理（管理处经理）在两日内给予审批意见。

5）资料处埋

涉及调薪的资料处理：

——人事部将审批后的《奖罚单》复印一份，复印件公布在"员工公告栏"内；

——原件附在《转正、晋升、降职、调薪表》后，按《转正/晋升/降职/调薪标准作业规程》处理。

劝退、解雇、自动离职人员资料的处理：

——人事部将审批后的《奖罚单》复印一份，复印件公布在"员工公告栏"内；

——原件附在《员工离职表》后，按《员工离职、内部调职标准作业规程》办理。

嘉奖、记小功、记大功、警告、记小过、记大过人员资料的处理：

——人事部将审批后的《奖罚单》复印两份，原件存入员工本人人事档案并记录；

——一份复印件公布在"员工公告栏"内；

——一份复印件于次月初报财务部核发奖罚工资。

6）员工对奖罚有异议的按《员工投诉与行政复议标准作业规程》处理。

7）记录

人事部文员将员工奖罚情况记录在《员工花名册》及员工人事档案的《员工记录表》内；

人事部文员交员工奖罚情况记录在人事月报的《当月奖罚统计表》内，并于次月初与《奖罚单》一齐报财务部核发奖罚工资。

（6）本规程作为员工转正、晋升、降级、调薪、劝退、解雇等人事处理工作的依据之一。

5．记录

6．相关支持文件

（1）《转正、晋升、降级、调薪标准作业规程》

（2）《员工离职、调职标准作业规程》

（3）《员工投诉与行政复议标准作业规程》

（4）《人事月报管理标准作业规程》

该奖惩制度目的、范畴、要点清晰，是一个合格的制度所必需的。另外，制度所涉及的流程在制度中予以明确，同时将奖惩分开阐述，便于识记。最重要的是，在制度的最后，对奖惩制度相关的支持文件列表阐述，表明奖惩不是单一行为，目的是与工作相结合，终极目标是提高绩效。

5.7 【疑难问题】宽带薪酬模式及要注意的几个问题

所谓宽带，是指薪酬等级对应的薪酬浮动范围加宽。按照传统的薪酬设计，职位往往被设计成三十多个级别，薪酬与职位基本成同级对应关系。也就是说，员工的薪酬只能通过职位逐级提升的方式得到提升。在相同的职位，业绩并不从根本上影响薪酬，同等职位相对应的工资是固定的，员工的业绩出色也只能通过职位的按部就班提升而得到滞后的薪酬调整，并不能获得当期利益。于是，员工要得到薪酬的提升就只有一条路，就是拼命向更高的职位努力，而不仅仅是立足本职发挥特长追求卓越。

宽带薪酬设计方案突出的变化就是大幅削减职位的级别数，将原来过多的薪酬等级精简为少量的几个级别。与此同时每一级对应的薪酬浮动范围拉大，低级别的员工只要工作业绩出色，所对应的薪酬就会超过甚至大大超过高级别的员工，员工不再需要一味通过级别的垂直上升来追求薪酬等级的提升。在这种情况下，员工即使长期安心于本职工作，职务未见提升，只要工作努力，薪酬就可能不断得到相当满意的提高。在宽带薪酬体系中，资历已经不再与薪酬挂钩，一切以业绩说话。新员工就不需要因为价值得不到充分体现而频频跳槽，也不需要在老前辈面前多忍辱负重，只要业绩出色，刚出道员工的薪酬就可能超过资深员工。由于薪酬对应幅度宽泛，只要工作努力，一般工作人员的所得就可能超过级别高出他们好几倍的上司。

这种盛行于欧美国家的薪酬管理模式相对于传统薪酬模式有诸多的好处，但是，如果要在我国的企业中推行，有些问题需要加以关注。

（1）企业的人力资源战略首先要明确

薪酬体系的最终目标是推动人力资源管理，从而服务于企业战略目标。要推行宽带薪酬的企业首先应该系统梳理企业战略，分析企业的核心竞争能力，明晰企业的核心价值观，并将它们量化为指标，在此基础上建立人力资源战略。这样建立起来的薪酬体系才可能有清晰的、目的性的存在意义，那就是根据企业战略，借助薪酬激励，强化员工作为，推动企业战略实施。在引入新的薪酬模式时，策略的选择、计划的制订、方案的设计、薪酬的发放、员工的沟通，都应该紧扣企业人力资源战略，对于符合企业人力资源战略和有助于提高企业核心竞争优势的行动，在薪酬上要重点倾斜。

（2）要认清行业特点和竞争对手

企业所在行业的特点主要体现为行业的技术特点和行业竞争格局。行业的技术特点主要通过制造和服务这两种形态来体现，这两种形态对薪酬体系的要求自然是不同的。企业精心设计薪酬，最基本的意愿就是提供比竞争对手更富竞争力的薪酬，更好地吸引优秀人才。所以摸清竞争对手的薪酬模式和设计方案，对于自身选择及薪酬体系的指导和帮助意义不言而喻。

（3）要与企业管理方式和组织层级结构的优化相结合

直线职能制下，金字塔形组织结构需要采用等级制的薪酬模式。扁平组织却要压缩层级，强调团队协作，需要用较少的范围跨度、较大的浮动范围。如果要在传统组织结构中推行宽带薪酬，结果不会理想。因此，如果要引入宽带薪酬，就应该有针对性地对企业管理方式和组织层级结构进行优化和变革，为其准备适宜的土壤。

（4）合理确定工资带，区分级别特点设计薪酬

要结合企业规模、核心竞争力和企业战略，合理确定薪酬体系需要设计多少工资带，工资带之间要设计分界点。每个工资带应该对人员的技能、业绩提出不同的量化考核指标。不同工作性质的职位和不同的层级量化考核指标应该有区别，应该体现个性需求。每一工资带内的薪酬浮动幅度应该根据薪酬调查得到的客观数据及职位描述结果来确定，级差标准应该根据体现不同层级和职位对于企业战略的贡献率。要横向开展职位评估工作，所设计指标应该能够推动宽带内横向职位的轮换，以增强组织的适应性。

（5）出台前要广泛征求意见，要设计试用期和过渡期

任何先进的薪酬体系都必须切合实际，必须融入企业才能发挥功效。薪酬体系设计过程中应该广泛征求各层级员工的意见，并要反复征求意见，公开让员工参与薪酬体系的设计和评价。即使在广泛征求意见后，在推行时也应该设计试用期和过渡期，对试用期中反映出的问题及时修正，使其日臻完善。只有得到广大员工的拥护，才可能实现平稳过渡，也才能确保在本企业得到真正推行。

（6）要做好任职资格及工资评级工作

人力成本在短期内可能大幅上升，这是宽带薪酬模式的缺点。所以，引入宽带薪酬时，要及时构建相应的任职资格体系，明确工资评级标准及办法，既鼓励员工冒尖，同时通过拉大薪酬差距，限制平庸员工薪酬的上涨，也可以制订惩罚性措施，对工作业绩较差的员工薪酬进行扣减，从而从整体上限制薪酬的无限制上涨。

（7）不是所有的企业都适用宽带薪酬模式

采用宽带薪酬模式的企业应该具备一些基本条件：一是技术、创新、管理等智力因素对于企业的发展具有优势支撑作用，员工的创造性、主动性对于企业绩效成明显的正相关关系；二是人力资源管理体系健全，用工制度和薪酬制度市场化程度较高；三是企业管理基础工作比较扎实，具备推行宽带薪酬模式的技术条件和数据基础。

从上述基本条件分析，技术型、创新型的高科技企业和外贸企业更适合宽带薪酬管理模式，而劳动密集型企业则不一定适宜。

传统薪酬体系运行不正常的企业不适宜引入宽带薪酬。

我国不少国有企业也属于高科技企业，有的也是多年的外贸企业，但是它们的人力资源尚未真正实现市场化，人员进出不自由，一些伴随企业成长的资深职工由于学历和知识水平所限，一旦推行宽带薪酬，所付出的代价将超过其承受能力。在这类企业里，如果人力资源的市场化没有真正实现，传统的薪酬管理模式没有理顺，员工的起薪设立就会成为大问题，在从原有的薪酬制度向新制度转换时，容易因为对接不到位而引起事端。

5.8 【HR必知】构建薪酬体系的保障系统

薪酬的保障系统涵盖五个方面：组织系统、指标系统、评估系统、支付系统、仲裁系统，缺一不可。

1. 组织系统

一般企业要成立绩效薪酬管理委员会加以保障，条件成熟的企业可以分设不同的委员会（如薪酬考核委员会、技术/管理专家评审委员会、薪酬仲裁委员会）来加强保障。绩效薪酬管理委员由公司主要领导和部分职能部门负责人与职工代表组成，是公司绩效薪酬管理的最高决策层，负责研究、制定重大薪酬政策；负责对主要人员的考核事宜；负责技术能力、岗位价值和贡献度的评估；负责裁决薪酬纠纷等。

2．指标系统

指标系统有两层含义：一是指薪酬要素指标系统和评估方式，二是指绩效考核指标系统和考核方式。指标系统是体现企业价值观和企业经营战略目标的关键，直接影响着薪酬效用的发挥。其目的在于：使企业总目标的实现有可靠的保证；明确考核基准；通过层层分解目标，让组织各层分担责任；明晰每个岗位员工的努力方向。

3．评估系统

评估系统是指薪酬分配制度要建立一个科学、完整的考核系统，通过客观、准确的评价，在给每个员工确定合理的报酬水平的基础上，还要给员工一个完整而公正客观的评价， 既解决了员工的外在报酬，也满足了员工内在的心理需求，使员工在良好的精神状态下工作。

4．支付系统

关键在于：首先，从支付程序上杜绝工资的流失，使每一分钱都能充分发挥效用；其次，在薪酬保密的原则下，要实行集中支付，实现支付机构扁平化，减少管理的环节；再次，从支付的程序上建立员工工资的复审制度，建立约束制度，规范支付行为，杜绝暗箱操作；最后，制定严格的支付纪律，使支付行为规范化。

5．仲裁系统

薪酬采用考核形式，员工心理容易形成一种不安全感和不公正感，在实施过程中难免会因为各种原因出现不公平和不合理现象。为了解决矛盾，公正付薪，使薪酬分配制度全面实施，达到预期效果，有必要建立完善的仲裁系统，在绩效薪酬管理委员会领导下严格执行薪酬分配制度，实施公正裁决，以保证员工的权利不受损害。

第 6 章

员工培训

员工培训与开发是企业吸引与培养人才、建设人才梯队的重要手段与方式。企业通过培训，提升员工的知识、技能，改变员工的态度与行为，从而提升员工绩效与组织绩效。员工培训与开发是人力资源六大模块中重要的组成部分，也是 HR 必修的功课，但培训工作，对于许多 HR 来说是一项挑战性的工作，一是许多 HR 不具备做内训师的能力；二是企业培训往往很难在短期内彰显效果，对 HR 来说组织培训有时会吃力不讨好，花高薪从外面请职业培训师来授课，结果却不令人满意，还可能招之领导的批评。

一般来说，HR 在员工培训与开发环节会遇到以下方面的问题：

（1）培训需求如何确定，如何让培训与业务、绩效挂钩。

（2）培训如何选题，又如何设计课程结构。

（3）如何组织与实施员工培训，新员工入职培训如何组织。

（4）自己充当内训师时，如何成功组织实施授课。

（5）如何提高自己的授课技能与课程开发能力。

（6）培训效果如何评估，什么样的培训更有效。

（7）培训体系如何建设，培训体系建设中有哪些难题。等等

本章将对以上问题给广大读者提供一些实用的建议与解决方案，以原理、工具、表格、案例的形式给大家呈现，希望对大家有所帮助。

6.1　培训的价值与形式

所有企业都面临着如何优化人才结构，提高组织效能，提高人才的竞争力，降低人工成本 ，加快企业的转型升级的问题。众所周知，企业发展的关键在于"人"，而人的能力差异较大，如何通过解决人的能力问题来解决企业的问题？企业培训就是解决企业问题的重要手段之一。那么，企业培训是什么？企业培训是指根据企业发展战略所开展的一种推进组织变革，提高组织、业务能力，从而提高整体绩效，以促进员工发展、帮助企业变革，向前发展为目标的一种活动。

企业的培训活动从企业战略、业务目标、员工发展、培训业务管理、培训效果落地五个方面来开展，企业战略、业务目标为输入，员工为载体，培训业务管理为平台，培训效果落地为输出。因此，作为 HR 要做好培训，就要从两个视角来看问题：以正向视角从需求看培训过程，以逆向视角从培训

效果看价值。现在越来越多的企业重视培训，更重视培训效果的落地，毕竟无论内部讲师授课还是外聘职业讲师授课，从公司的组织安排来说，都要花费一定量的人力、物力、财力。

6.1.1 培训的价值与定位

1. 从培训结果来看培训价值

有相当一部分企业认为培训是一剂猛药，企业业绩不好或者员工状态不好就来搞一下培训，打打鸡血。而另一部分企业认为培训无用，一方面培训很难见效果，另一方面好不容易培训好了的员工又跳槽了。这样一来出现两种极端，有的企业压根就不重视培训，尤其是中小微民营企业，而有的企业动不动就搞培训，市场上有什么新课程马上安排人力资源部门联络采购。其实培训是一个系统工作，是一项员工长期投资活动，摩托罗拉公司曾经算过一笔账：企业每投入 1 美元的培训费最高能创造 63 美元的价值。企业投入人力、物力对员工进行培训，员工素质提高，人力资本升值，公司业绩改善，获得投资收益，它区别于其他投资活动的特点在于它的系统性和周期性。

评估培训价值主要从四个维度进行：一是企业领导和高层，他们看培训是否推进战略目标实现和文化价值观认同；二是业务部门负责人，他们看培训是否推进业务提升，实现问题解决、能力提升、业绩增长；三是员工，他们看培训是否促进能力提升与发展；四是组织体系，看是否提升公司组织能力建设，促进企业升级或引领行业发展。因此，作为公司培训管理者一定要用产品经理的理念去开发或引进优秀的培训，精心组织管理，影响员工积极参与培训，形成良好的培训氛围和打造学习型组织。

（1）培训是否让企业领导满意

企业每年投入大量的教学经费和相关资源用于员工培训，人力资源部门将培训项目完成情况、讲师数量和课程开发情况向企业领导汇报。然而企业领导根本不关注培训人数和课程质量，他关注的是产出，是到底给企业带来哪些收益。

从战略的角度看培训，我们一般可以从三个方面考虑：第一，开展的培训是否围绕企业的发展，对企业的积极影响在哪里？比如，公司开展新的业务线，很多管理层与员工不配合，企业培训对他们起作用了吗？第二，通过培训，是否塑造出切实可用的人才？例如，现在缺一批电商运营人员，新招进来的对口人才，通过培训能否快速适应岗位，培训后这批人还在不在？第三，通过培训，组织能力真的提升了吗？是否实现为战略输送人才，有没有为企业打造一批技术过硬、能力优秀的人才队伍？

（2）培训是否让业务部门满意

业务绩效是衡量培训效果的重要维度。培训工作的开展不是人力资源部门的单打独斗，也不是以上对下的命令培训，培训的效果要通过业务部门的绩效来实现，那么与业务部门的密切配合就显得尤其重要，培训管理者要深入业务部门了解业务部门的难点、痛点，让自己懂业务，成为公司的业务伙伴、甚至业务专家，为他们提供专业的培训支持，帮助他们达成业绩目标。

曾先生在一家禽类产品连锁型企业担任培训经理一职，刚开始公司领导尤其是业务部门领导不太重视培训，认为门店业务繁忙没时间抽调人员来培训，以前公司也举办过一些培训，大多没有效果。于是，曾先生花了近三个月时间，深入业务部门熟悉业务的流程、工艺，通过访谈、调研找出业务部门的痛点、难点，萃取优秀门店店长、导购员经验作为公司的业务案例，有针对性、有序地开展系列业务技能培训（门店促销、业务员能力、产品知识、销售礼仪、沟通技巧、经验交流）、门店业务技能比武大赛等活动，经过一年多的培训沉淀效果明显，取得了业务部门领导及公司高层的信任与支持。从第二年起，公司便增加了培训经费用于业务类、生产类培训，有效地支撑了培训工作的开展；2017 年公司还筹建了商学院，公司的培训工作开展得如火如荼。

（3）培训是否解决问题，有实效

培训不是上几次课，也不是简单地搞某种培训活动，而是通过多样化的培训方式提升学员的绩效和能力，切实解决工作中遇到的问题。但在实际的培训实施中，往往忽略"提升绩效和能力"这一目标，更多关注培训氛围和形式，使得培训发生偏离：讲师卖力表演，依托培训游戏、笑话、激情演讲来博得课堂气氛来获得学员的好评，但是学员的绩效和能力并未真正得到提升，进入"上课激动，下课一动不动"的怪圈。所以，培训应该回归本真，不能迷失在对培训活动、培训形式等短暂快感的追求，也不能因为领导的个人爱好或过份强调单次培训效果而让培训偏离本质，培训管理者一定要有自己的专业见解。

在一次新员工拓展活动中，公司 HR 闵经理听从企业领导的意思，要求教练从严训练员工以提升员工的执行力与感恩意识。于是，两天一夜的拓展训练教练安排得非常严格，第一天晚上在做《领袖风采》的拓展项目时，一位担任队长的学员因被罚连续做了 160 个俯卧撑，体力不支当场晕倒，现场一下就混乱起来，幸好医救及时学员无大碍；第二天早上集体五公里越野拉练，又有一位体弱的女生晕倒。

由此可见，培训不要太在乎形式或太强调单次效果，培训一定要持续性、阶段性递进，不可能通过一二场培训就解决了企业很多的问题。

（4）培训是否让学员提升

培训的价值是通过培训的对象（学员）来体现的，学员是载体，从员工角度看培训效果，要考虑以下几个问题：培训是否使员工满意？如何通过培训提升员工的岗位适应性？如何提高和改善在职员工的工作绩效？全体员工如何提升自己的能力与价值？如何构建公司培训体系，通过培训建立学习型组织？如何让"90 后、00 后"员工不排斥培训，让被动的培训转化为主动的学习？

因此，培训工作对员工的价值体现在以下三个方面：一是员工参训后行为改变，能力得到提升；二是员工提高了个人绩效，实现职业晋升发展；三是"主人翁"意识深入员工心中，员工的荣誉感和归属感增强，激情和敬业度提高，可以更好地融入企业。

综上所述，企业的战略就是培训的方向，业务的需求就是培训的目标，员工的满意是培训的宗旨，真正用心设计培训工作的整个过程，这样才能做到"上接战略、下接绩效"，让培训工作真正落地。

2. 培训管理者的职责定位

企业的培训工作并非人力资源部或培训部门一个部门的工作，它需要公司高层领导、部门经理的有效支持，它们在整个培训过程中扮演着不同的职责与角色。

表 6-1　培训管理者的职责与角色定位

利益相关者	职责	角色
高层领导	主动参与战略设计，配合人才供给，并支持战略推进，推动企业文化建设与组织变革	战略伙伴 变革推动者
业务领导	支持业务，满足业务发展对人力资源的需求；提升部门及员工的绩效	业务伙伴 绩效改进顾问
培训管理者本身	隐性知识管理，学习发展体系与学习项目设计、管理	知识管理专家 学习设计师

6.1.2 培训分类、培训技术与教学主张有哪些

1．培训形式

- OJT（在岗培训）是企业目前最常用的培训手段，各部门的领导者、经验丰富或技术娴熟的老员工对普通员工和新员工的师带徒培训都属于 OJT 培训之一。OJT 的特点是针对一些工作技能和工作方法进行培训，同时可以随时随地进行，不受时间的限制，而且效果较为显著，且实用性较强。

- 企业内部培训，即企业挖掘内部培训师进行培训，这类培训已经被越来越多的企业所采用。

- 聘请外部培训师进行培训，企业可以聘请外部培训师到企业内部进行培训师。对一些大型企业来说，聘请外部培训师培训是对内部培训的一个补充，因为一些深入的问题单凭企业内部培训师是无法解决的，这时可以依靠外部培训师丰富的知识和多年的工作经验，来帮助企业解决疑惑；对一些发展中的企业来说，外部培训师培训是为企业发展护航的有效手段之一，同时也是借助第三方力量来解决一些复杂问题。

- 外派或 OFF JT（脱岗学习），外派是指派出部分员工参加外部培训机构的培训课程、讲座或进修课程，参加这类培训往往是中高级的营销或管理人员。脱岗培训是指脱离岗位进行的脱产集中培训，也有部分公司把岗前培训承包给培训机构进行一段时间内的岗前脱产培训。

2．培训分类

- 以培训对象在组织中的层次分类，分为操作人员培训、基层管理人员培训、中层管理人员培训、高层管理人员培训。

- 以培训的内容分类，一般有三分法：技术技能、人际关系、解决问题能力；五分法：知识、技能、态度、思维、心理。

- 以培训时员工与工作岗位的关系分类，可分为新员工入职培训、在职培训、脱产培训。

3．培训对象的分类

培训对象的分类可分为：运营层培训、管理层培训、作业层培训。

而不同的培训对象以及在不同的阶段，其培训内容是不一样的。新员工入职与在职员工的培训内容要分别设置，具体见表 6-2。

表 6-2 不同培训类别的培训课程设置

培训类别	培训对象	培训内容
职前培训	新员工、新岗位任职人员、轮岗人员	企业文化、企业发展史、相关规章制度、员工心态、职业生涯规划、岗位职责、薪酬福利、产品知识
专业技能提升培训	在职人员	生产、制造、研发、营销、财务等专业知识
管理能力培训	基层、中层和高层管理人员	管理能力提升、创新能力提升、高层头脑风暴、营销及产品定位培训、战略研讨会

4. 培训方法

企业培训的效果在很大程度上取决于培训方法的选择,当前,企业培训的方法有很多种,不同的培训方法具有不同的特点,其自身也各有优劣。要选择合适有效的培训方法,需要考虑培训的目的、培训的内容、培训对象的自身特点及企业具备的培训资源等因素。表 6-3 为企业培训常用、实用的 16 种方法。

表 6-3 16 种企业实用的培训方法

培训方法			
课堂讲授法	操作示范法	多媒体视听法	E-learning 教学
案例研讨法	师徒式培训法	小组讨论	户外拓展
角色扮演法	头脑风暴	沙盘模拟	微课、翻转课堂
五星教学法	情境高尔夫	行动学习法	世界咖啡

不同的培训方法适合不同的培训场合,对调动学员的参与度、培训师的组织及授课能力也有相应的要求。同时不同的培训方式各有优缺点,见表 6-4。因此,培训授课老师要根据自己的特长及学员、授课环境等综合考虑运用哪种培训方法。

表 6-4 常用培训方法介绍及优缺点比较

培训方法	简单说明	优点	缺点
课堂讲授法	课堂讲授法是一种最基本、最常见的培训方法,培训师授课,学员被动地接受	培训师能够有效控制讲课时间	培训师与学员之间缺乏沟通;无法及时进行效果评估
培训师演示+学员实操	演示是把培训任务分拆成零碎的部分,帮助学员观察和体会讲课的内容;实际操作是让学员亲自动手,实践所学的知识技能	能够加深学员的第一印象,增强他们的动手能力,强化训练	易受周围环境的限制,尤其涉及动作时,要确保留有足够的时间让学员实践
多媒体教学	利用现代多媒体设备,如投影仪、电视录像、电影、DVD、远程教育等进行辅助教学	吸引学员的注意力,提高学生的记忆和理解	多媒体是为培训服务的,若把握不好,容易本末倒置
角色扮演法	由学员自己想象角色的场景,并加以描述和表演;可由多个学员扮演同一角色。在练习结束时,听取学员的讨论、体会和总结	让学员成为参与者,主动发现结果的效果比被动接受结果好	需要事先准备好材料和道具;需要时间来保证这种方法的贯彻实施

培训方法	简单说明	优点	缺点
情景模拟训练	把所有学员划分成若干小组，每组都承担不同的任务。这比角色扮演的结构要复杂，人力投入要更多	能够让学员都参与到培训中，还能锻炼学员的团队意识	事先需做大量的准备工作，如场景设置、模型准备等；训练复杂，需要更多的时间；费用较大
小组讨论法	分组或全体学员围绕某个主题展开讨论	促进学员的学习，加深学员的理解	需要留出宽裕的时间；参与讨论者必须事先准备相关资料
户外拓展	又叫体验式培训，适合于团队训练；训练目标包括单纯体能、生存训练到心理训练、人格训练、管理训练等	要求学员全身心投入培训中；能增加学员的亲身体验，形成长久的记忆并影响其新的行为和能力	存在危险，可能会发生意外，"安全第一"，在这种培训方式中尤其重要；户外拓展项目有时比较牵强，与工作关系不大
沙盘模拟	是继传统教学与案例分析后的一种创新，融理论与实践一体、集角色扮演与岗位体验于一身的设计思想。使学员在受训中参悟科学的管理规律	可以强化管理知识，训练管理技能，提高综合素质，使学员在参与中、体验中完成知识到技能的转化	对教师的要求高，引导与控场难度大，学员可能差异大，同时要求学员主动遵守游戏规则；可能产生理解差异等
头脑风暴法	一种结构化的讨论形式。培训师给出一个论题，鼓励所有学员自由说出更多的想法（要提倡与众不同的思路），并将想法罗列出来，逐步进行讨论，最后定出最好的方法	能鼓励学员抛开既定的思维方式，另辟独特的思路和想法；能够收集到更多的想法，整体效果比单独思考要好	课堂气氛有时会混乱，需要培训师在适当的时候"叫停"，但这一做法会降低头脑风暴的功用，需要在时间上有保证
教练式培训	以学员为主体，培训师保持中立，充当学员发现自我与成长的镜子、指南针、催化剂；培训师以发问、启发为主；让学员学会表达与分享、自我发现与自我感悟	以学员为主体，一改传统讲授法以老师讲授为主，强调学员的自我发现与体验，增强了培训的效果与持久性	可能部分学员的理解有偏差，要求学员配合度、参与度较高，要求教练发问、控场能力要高，善于引导学员
五星教学法	由美国著名教学技术与设计理论家、教育心理学家戴维·梅里尔提出，把教学分为五大过程：聚焦问题、激活旧知、论证新知、应用新知、融会贯通	建构主义教学主张，认为学习就是重构学员的认知模式。强调学习以学员为中心，以实效为目的，简单、有效	对教师的要求较高，教师要善于聚焦问题，善于与学员互动，激发学员的参与感，让学员自己重构认知模式，强化训练，直到融会贯通
情境高尔夫	情境高尔夫是将情境管理理论和高尔夫运动结合起来的一种全新的培训方式。通过设置管理情境，运用高尔夫运动的操作流程，采用全程情境模拟和案例分析的实战培训方式	以学员为主导，真实案例模拟训练，理论与实践相结合；测评与训练相结合。时尚、互动性，学员参与度强	对教师的授课、工作经验要求较高，设计出来的案例必须真实、具有可操作性；教师要善于做总结、归纳；要熟练掌握测评工具，有较好的发问与控场能力
E-learning教学法	通过应用信息科技和互联网技术进行内容传播和快速学习的方法	大众化与个性化，快速高效，节省培训成本，可跟踪、可管理	缺乏互动与灵活性，培训现场效果差，效果不延续，培训组织压力大，不好检查
行动学习法	所谓行动学习法培训，就是透过行动实践学习。即在一个专门以学习为目标的背景环境中，以组织面临的重要问题作载体，学习者通过对实际工作中的问题、任务、项目等进行处理，从而达到开发人力资源和发展组织的目的	以实践活动为重点；以真实案例为对象；以团队决策为要求；在解决问题的同时提升自身能力。在做中学、学中做	短期的行动学习项目的缺点在于行动和学习的效力不够强，很难保证学员长期的热情

续表

培训方法	简单说明	优点	缺点
微 课	运用信息技术按照认知规律，呈现碎片化学习内容、过程及扩展素材的结构化数字资源，常以微视频或微语音形式展开	碎片化、灵活化，便于学员用电脑、手机观看，时间短，学员注意力容易集中，且易于互联网工具传播	碎片化，不系统，时间短，有些复杂问题讲不透

5. 新的培训技术及趋势

技术改变生活，如果将所有能促进学习和绩效提升的研究理论和实践方法统称为学习技术，我们欣喜地发现，技术也在改变我们的培训学习效果。一方面，国外很多成熟的学习技术不断被引进国内，并受到认可，如行动成功、教练技术、世界咖啡、绩效改进、NLP 技术、心灵漫步等，国内近期流行的培训技术有：建构主义、五星教学、行动学习、引导技术、情境高尔夫、促动技术、定制化培训等；另一方面，随着科技进步，特别是移动互联网技术的发展，移动学习快速兴起，微课、千聊、喜马拉雅、樊登读书会、翻转课堂、社群化学习（如国内李海峰老师发起的 DISC 社群）等成为时髦而有效的学习平台和学习方式，给传统的企业培训带来极大的补充。这些技术极大地提升了"90 后、00 后"员工的学习兴趣，让企业意识到原来培训还可以这样做。培训与技术手段相结合，技术的不断创新与多样性并存，都是企业培训的大趋势。就犹如一个剑客找到了一把把锋利的宝剑，使剑客的武功登峰造极。

6. 与培训有关的几个教学主张

培训学习是人们获得知识、技能、态度的过程，其最终目的是让学员产生稳定的非理性的变化。

一般来说，与培训有关的教学主张有三种：行为主义、认知主义、建构主义。行为主义认为知识积累关键因素是刺激、反应以及两者之间的联系；它强调对行为、动作类技能培养，可采用刺激—反应强化训练，也就是我们常说的对动物的条件反射强化训练，如海豚、猴子的喂养训练，此理论的重点是不断强化刺激、反复训练以形成固定的模式。认知主义则把知识视为一种心理表征的形式，因而被特别地赋予了一种先验的特性，知识是在超越了特殊而把握一般的时候获得的，亦即人们能从杂乱无章的细节中概括出一个更为一般的理论时获得的，它应比行为主义更科学、更先进。此二者的教学主张都是基于客观主义的，即世界是真实的，是存在于学习者外部的；教学培训的目标是将世界的结构与学习者的结构相匹配，学员的学习是被动接受，强调知识是确定性的，学员不能质疑。而建构主义刚好相反，建构主义认为，每个人都有自己独立的信念和价值观，每个学员都带着自己独有的经验、知识、价值观、信念与行为习惯来到课堂，它强调培训应以学员为主体，教师仅是帮助学员重构认知模式的向导，而培训课堂是学员对知识、技能进行重新建构的道场。

7. 何谓有效的培训学习

培训是学习的一种形式。首先，我们来看一下学习的定义：学习是个体在特定环境下由于练习或反复体验而产生的行为，或行为潜能的相对持久的变化。也就是说，学习是个体变化的过程。因此，作为培训师，我们的任务不是传递信息与知识的分享，而是在"改变"学习者。

我们这样来进行学习：感知、过滤和记忆。感知是我们对外部世界的主观感觉，它通过我们的感觉器官形成视觉、听觉、嗅觉、触觉、味觉来完成；其中视觉对学习者来说非常重要，因为它是最主要的感觉；过滤是人类大脑的一个重要功能，一般过滤功能包括三个方面的内容：删减、扭曲与归纳，如图 6-1 所示。如果学习者潜意识觉得培训内容并不能满足其需要，其大脑神经系统就可能把培训内容

图 6-1　大脑过滤功能

过滤掉，大脑只关注他需要的、想要的，选择性很强，而记忆包括短时记忆与长时记忆；记忆与感知是学员获得知识与技能的重要手段。知识的熟练掌握要求能够随时在大脑中提取有效信息，如我们需要心算时，能随时在大脑中调出乘法口诀；技能的熟练掌握要求形成潜意识，自动触发，也就是当我们要使用这项技能时不再需要大脑思考，而是靠大脑的潜意识就能指挥你完成此项工作，如游泳、驾驶、打网球、电脑打字。

综上所述，一项有效的培训学习一定能帮助学员改变认知结构，引起行为改变的可能，从而导致员工与公司业绩的提升。

6.1.3　企业培训流程是怎样的

1. 企业培训一般流程

企业培训一般流程可分为六步：调研—规划或目标制订—培训实施—辅导、跟踪—管理—再测评，如图 6-2 所示。

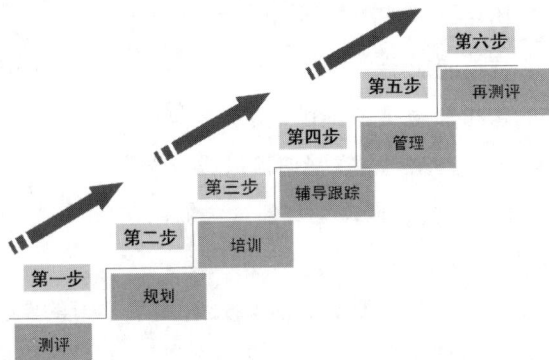

图 6-2 企业培训一般流程

2．企业培训 ADDIE 流程

ADDIE 是一套有系统地发展教学的方法，是国际通用的课程开发和设计模式，很多培训师都在使用。主要包含了：要学什么？（学习目标的制定）；

如何去学？（学习策略的运用），以及如何判断学习者已到达学习成效（学习评价的实施）。在 ADDIE 三个阶段中，分析与设计是前提，内容开发与课程实施是核心，课程评估为保证，三者互为联系，密不可分。

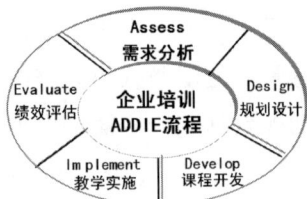

图 6-3 企业培训 ADDIE 流程

ADDIE 五个字母分别表示：

A：Analysis——分析。对教学所要达到的行为目标、任务、受众、环境、绩效目标等进行一系列的分析。

D：Design——设计。对将要进行的教学活动进行课程设计。

D：Development——开发。针对已经设计好的课程框架、评估手段等，进行相应的课程内容撰写、页面设计、测试等。

I：Implement——实施。对已经开发的课程进行教学实施，同时进行实施支持。

E：Evaluation——评估。对已经完成的教学课程及受众学习效果进行评估。

3．企业培训流程设计原则

企业培训应是基于企业需求的，切实有用的，那么首先应做的是培训需求调研，在调研基础上形成培训需求分析报告，无论是邀请内部培训师授课还是聘请外部培训师授课，这都是人力资源从事者在实施培训前必做的功课；其次，培训的出发点应该明确，比如，是为了适应企业战略需求，还是为了企业文化需要，还是为了技术发展的需求；再次，是在培训需求分析基础上形成培训方案，安排相应培训实施；最后，应对培训做相应评估，侧重于对培训学员的评估而非侧重于对培训师的评估，最好是将培训评估与员工薪酬、晋升挂钩，如图 6-4 所示。

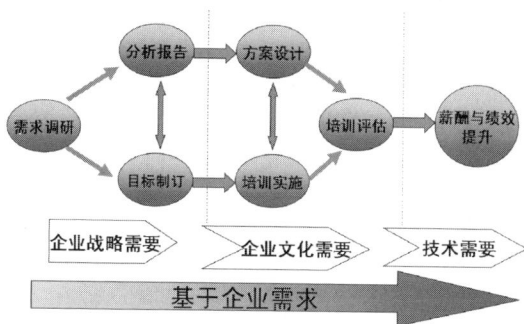

图 6-4　培训流程设计应考虑的问题

4．培训流程管理四级模式

在培训流程设计中，其中培训需求确定与课程开发的建设很重要，简单来说，培训流程可分为四级管理模式：培训需求分析与计划拟订、培训实施与过程控制、培训评估与结果反馈、培训运用与持续提升。培训需求分析解决的是"3W"（为什么培训、培训什么、培训谁）以及在培训前确定培训的目标与评价标准；培训实施与过程控制解决的是"3W1H"（谁来培训、在哪里培训、培训时间、怎样实施培训）以及过程如何监控；培训评估与反馈的重点是对照培训目标及评定标准对培训结果进行鉴定、反馈；培训运用与持续提升关注的是培训在企业的落地效果与培训的可持续发展，如图 6-5 所示。

层　次	层级	内　容			
培训运用与持续提升	四级	落地运用	总结反馈	持续改进	
培训评估与反馈	三级	培训评估	形成报告	结果反馈	
培训实施与过程控制	二级	谁培训	在哪培训	何时培训	如何实施
培训需求分析与计划制订	一级	为什么培训	培训什么	培训谁	

图 6-5　培训开发系统四级模式

6.1.4 培训评估方法及模型

培训评估是一个运用科学的理论、方法和程序，从培训项目中收集数据，并将其与整个组织的需求和目标联系起来，以确定培训项目的价值和质量的过程。建立培训评估体系，既是为了检验培训的最终效果，同时也是规范培训相关人员行为的重要途径。

培训评估一般可分为训前评估、训中评估、训后评估三种，形成闭环管理，有对比才能找到差距，有对比才能显出培训的效果。

1．常用的培训评估方法

六种常用的培训评估方法包括：问卷法、笔试法、口试法、实操法、访谈法、观察法等，如图6-6所示。

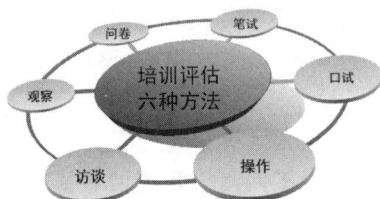

图6-6　培训评估六种方法

具体在使用过程中要根据企业、学员的实际情况，灵活高效地使用，同时可以利用互联网在线调研问卷（如问卷星），事先设计好后把调研链接发给学员，等学员填写完，直接在后台导出调研结果。

2．相应工具、表格

（1）观察评估法（见表6-5）

表6-5　培训效果观察记录表

培训课程		培训日期	
观察对象		观察记录员	
观察到的现象（员工行为或员工绩效）	培训前的情况：		
	培训后的情况：		
观察结论	1. 2. 3.		
其他情况说明			
培训效果总结			

（2）笔试+面试考核（见表 6-6）

表 6-6　学员考核评估表

课程名称：　　　　　　任课培训师：　　　　　　　　　时间：　　年　　月　　日

序号	评估项目	分值/权重	得分
1	笔试考核	40	
2	口头问答考核	30	
3	模拟技能演练考核	30	
被评估人		综合得分	
岗位		所属部门	
评估结果	A．优秀（90 分以上）　□　　B．良好（75～90 分）　□ C．合格（60～75 分）　□　　D．不合格（60 分以下）　□		
说明	评估项目 1 由培训部或人力资源部负责考核，评估项目 2、3 由培训师负责考核。		

（3）问卷调查

调查问卷举例如下：

关于 XX 课程的培训调查问卷

调查说明：

1．请详细、如实地填写，并按时交到培训组织部门或相关人员处。

2．请在您选择的答案前画"√"

3．希望您给予真实的回答与批评，这会有利于我们工作的改进。

培训主题		培训师		培训时间	

一、关于培训课程、教材：

1．您认为本次课程对您的工作是否有帮助　□很大　□较大　□一般　□没有

2．您觉得本次课程的安排逻辑与层次如何　□很好　□好　　□一般　□差

3．您认为本次课程是否能够解决您工作的实际问题　□能够解决　□部分得到解决　□没有得到解决

4．参加本次培训，您有哪些收获：

□学到了新知识　□获得一些可以用在工作中的技巧及技术　□帮助我印证了某些观点

□帮我改变了我的工作态度和想法　□给了我一个认识自己以及所从事工作的机会　□其他收获

5．您认为本次课程的哪些内容需要增加或删减：

需要增加的内容：＿＿＿＿＿＿＿＿＿；需要删减的内容：＿＿＿＿＿＿＿＿＿

6．列出您参加本次课程的三点收获：

①

②

③

7．本次课程对您工作中最有帮助的内容：

8．对您来说，本次培训课程最不适用的内容是：

二、关于培训师

1．您认为培训师的专业水平和培训经验如何　□优　□良　□中　□差

2．培训师对教学内容、培训目标的阐述是否具体、明确规定和完整

　　□优　□良　□中　□差

3．您对此次培训的教学是否满意　□很满意　□满意　□一般　□不满意

4．您对培训师在培训辅助设备的运用上有何感想　□很满意　□满意　□一般　□不满意

5．您最喜欢以下哪种培训方式（可多选）

□讲授法　□小组讨论　□演示法　□多媒体教学　□游戏法　□角色扮演

□情景模拟训练　□行动学习　□户外拓展　□沙盘模拟　□案例讨论

三、其他方面
1. 将来若有类似培训，您是否愿意参加 □愿意 □不愿意 □不确定
2. 您对本次培训课程的整体评价是什么：
3. 您认为公司还需要组织哪些方面的培训：
4. ……

（4）培训行为跟踪表（见表6-7）

表6-7 培训行为跟踪表

培训课题		受训人员	
培训形式		培训时间	
培训内容转化为行为的计划	培训内容	行动计划和绩效改善计划	
培训学员应用过程与结果			
培训集体应用过程与结果			
培训效果总结			

注：本表由受训学员上级主管或训练师掌握，用于督促、考核受训学员培训知识、技能转化、应用情况以及进行相应的训练。

3. 常见的培训评估模型

① 柯氏四层次评估模型：柯氏四级评估是由美国著名培训专家柯克帕特里克创立的，此评估法备受争议又风靡全球；主要包括以下四个层面的评估：一级反应评估、二级学习评估、三级行为评估、四级结果评估。表6-8为企业培训与开发效果评估表。

表6-8 企业培训与开发效果评估表

评估层次	评估标准	评估重点	评估方法	评估主体	评估时间
第一层次	反应层面	学员对培训活动的整体性主观感受	问卷调查 访谈法 观察法	培训主管机构	培训进行中或培训刚结束后
第二层次	知识层面	了解学员真正理解、吸收的基本原理、事实与技能	测试 问卷调查 现场模拟 座谈会	培训主管机构	培训结束后
第三层次	行为层面	了解学员接受培训后行为习性是否有所改变，并分析这些改变与培训活动的相关性	绩效考核法 观察法 访谈法	培训主管机构 学员上级主管 同事及下属 直接客户	培训结束后三个月或一个绩效考核期
第四层次	结果层面	了解学员个体及组织的绩效改进情况，分析绩效变化与企业培训活动之间的情况	投资回报率 绩效考核结果 企业运营情况 分析	培训主管机构 学员上级主管 企业主管部门	下一绩效考核期或一年后

注：此表资料来源于彭剑锋教授《人力资源概论》（第2版）。

② 考夫曼五级评估模型：扩展了柯氏四层次模型，他认为培训能否成功，培训前各种资源的获得至关重要，因而应该在模型中加上这一层次的评估。即第五个层次，评估社会和客户的反应。

③ 菲力普斯五级投资回报率（ROI）评估模型，该评估在柯氏的四层次模型上加入了第五个层次：投资回报率。

④ CIRO 评估法：认为评估应从情境（Cnotextual）、投入（Input）、反应（Reaction）、结果（Outcome）四个方面进行。该模型由沃尔、伯德和雷克汉姆创建，认为评估必须从情境、输入、反应、输出四个方面进行，比一般的培训评估的范围更宽泛。

⑤ CIPP 评估模型：CIPP 模型与 CIRO 相似，包括四种评估：情境评估、输入评估、过程评估和输出评估。但 CIPP 模型强调评估手段在各个阶段的应用，旨在及时发现问题并改善。

6.2　HR 在培训环节中的角色与任务

6.2.1　HR 在企业的角色定位

对于 HR 部门的作用，一直饱受人们的争议，往往 HR 部门在企业受冷落，认为 HR 部门就是做人员招聘、员工档案管理等日常性事务的部门。管理大师彼得·德鲁克《管理的实践》强调了 HR 管理者的两个核心——人员管理是管理者的责任，HR 应关注贡献而非专业本身。对于广大 HR 管理者来说有极为重要的意义。

战略性人力资源管理领域的顶级专家戴维·尤里奇在《人力资源最佳实务》一书中提出了四象限模型，界定了人力资源的产出和需要扮演的角色，如图 6-7 所示。戴维·尤里奇认为人力资源的产出有四项：战略实施、员工贡献的提升、行政效率的改善、成功的变革。因此，人力资源应扮演四种角色，业务伙伴、领导者、人事管理专家、变革推动者，如图 6-8 所示。

图 6-7　人力资源部门的四象限模型

因此，在任何一个企业，人力资源管理要
获得认同，HR 从业者要同时做好员工参谋、专
业的日常人事管理、变革先锋和战略伙伴四个
角色。同时必须考虑企业所处的阶段、HR 从业
者所处层级，以及企业对 HR 的认知。一般来

图 6-8　人力资源管理四种角色

说，公司主管人力资源的副总、人力资源总监或者人力资源部经理这些高层管理
者，应定位做公司的战略伙伴和变革的先锋，把公司业务和人力资源规划结合起
来，制订人力资源的战略，建立公司的员工能力模型和员工发展通道，设计兼顾
内外部具有竞争力的薪酬、绩效及激励机制，管理推动变革并引导员工适应变革。

本书名为《人力资源管理实操从新手到高手》，目的是把 HR 培养成为人
力资源专家，能够转向做公司的业务伙伴或公司战略伙伴，助推企业绩效改
进，助推企业变革。

6.2.2　HR 通过培训为企业培养人才，建立人才梯队

培训是 HR 培养公司人才，提升员工职业发展及为企业打造人才梯队建
设的重要手段，如图 6-9 所示。一方面培训开发是为员工提供职业生涯发展
的学习平台，因此企业培训开发应基于公司战略与员工的职业发展；另一方
面，员工由于职业生涯的牵引作用不断提升自我，完善自我，改善个人绩效，
从而提升组织绩效。

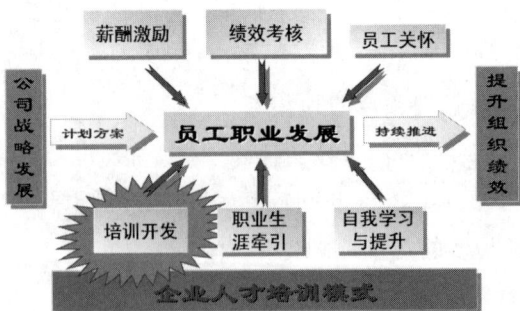

图 6-9　员工职业发展与培训

培训是公司建立人才梯队必不可少的手段；很多企业为了储备管理干部
或提升管理干部能力，坚持开展长期的人才梯队培养计划，如营销黄埔军校、
主管训练营、中高层管理干部提升计划、店长培养工程、培训师培养计划、

储备干部训练营等。

6.3　新员工入职培训内容及流程

　　新员工入职培训，是指企业将聘用的员工从社会人转化为企业人的过程，同时也是员工从组织外部融入组织或团队内部，成为团队一员的过程。员工通过逐渐熟悉、适应组织环境和文化，明确自身角色定位，规划职业生涯规划，不断发挥自己的才能，从而推动企业的发展。对企业来说，新员工来选择如何在企业中表现、决定自己是否在企业中长期发展，很大程度上取决于在最初进入企业一段时间内的经历和感受，在此期间新员工感受到企业的价值理念、管理方式，会直接影响到新员工在工作中的态度、绩效和行为，而这些因素与新员工入职培训的效果关系密切。

6.3.1　新员工入职培训内容

　　新员工入职培训内容如下。

　　① 公司概况：企业的发展史、基本情况、公司领导介绍、组织架构图、企业文化、企业核心价值观等。

　　② 员工手册：公司基本的规章制度、规范、注意事项及劳动纪律等。

　　③ 公共礼仪、行为规范。

　　④ 职业素养与职业道德。

　　⑤ 行业及专业相关基础知识。

　　⑥ 员工福利、薪酬标准及绩效考核标准。

　　⑦ 工作职责及职业生涯通道。

　　⑧ 介绍与参观：介绍领导人，向领导、同事介绍新员工，带领新员工参观公司厂房、产品等。

　　⑨ 员工心态及情绪调整等岗前职业化训练等。

6.3.2　新员工入职培训流程

　　新员工入职培训流程一般包括培训课件的准备，新员工入职培训通知（主要包括培训时间、地点、参与培训员工及培训课程安排）的下发，与相关部门沟通培训组织的场地、工作交接及后勤保障，以及培训的实施与培训的考核、总结，如图 6-10 所示。

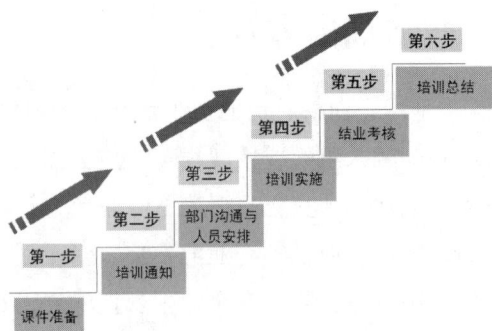

图 6-10　新员工入职培训流程图

表 6-9 为某公司的新员工入职培训流程表。

表 6-9　新员工入职培训流程表

模块	流程	负责人
总部统一培训	新员工欢迎词	公司领导
	新员工见面会（可在例会或早会时集中介绍）	人力资源部
	准备培训课程计划表	人力资源部
	准备新员工办公场所、办公用品	综合部
	准备新员工培训资料	人力资源部
	指定一位或多名资深员工作为导师	人力资源部
	培训执行（公司简介、企业文化、部门设置、员工福利、通用技能、职业化训练、心理辅导等）	人力资源部
	培训考核	人力资源部
	培训总结与分享	人力资源部
	试用期跟踪、辅导	人力资源部
部门培训	部门报到	人力资源部
	部门经理代表全体部门员工欢迎新员工	部门经理
	介绍新员工认识本部门员工，参观工作场所	部门经理
	部门结构与功能介绍	部门经理
	新员工工作描述、职责要求	部门经理
	指定一位资深员工作为导师	部门经理
	培训执行（岗位技能、员工素质、工作要求）	部门经理
	每周与新员工进行正式谈话，谈论工作中出现的问题，回答新员工的提问	部门经理
	对一周的表现做出评估，并确定短期绩效目标	部门经理、人力资源部
培训总结	部门经理与新员工面谈，讨论试用期来的表现，填写评价表	部门经理、导师
	讨论新员工表现，是否合适现在岗位，填写试用期考核表	部门经理、人力资源部
	与新员工就试用期考核表现谈话	部门经理、人力资源部
	新员工培训资料存档	人力资源部

6.4 如何完成组织培训与实施

　　一次有效的、成功的培训肯定是建立在良好的准备基础上的，课前准备基本上包括以下几个方面：了解培训需求——制订培训方案——课前深入调研、沟通——培训场地及器材的准备。培训一定是基于需求与公司战略而做的，TTT 有一个经典的理论说培训的主要作用是"弥补差距"，讲的就是这个意思。培训是要能提升员工素质，发现员工自身的盲点，激发潜能。也就是说，培训不仅仅是知识的传授，更是要以学员为主体，让学员产生行为的改变，从而提升自我绩效与组织绩效。

6.4.1 培训前准备内容及方法

1．课前：良好的准备

（1）培训需求分析

　　培训需求挖掘的方法有：观察法、问卷调查法、访谈法、问题收集法、电话沟通、邮件反馈等。但在调查与访谈过程中一定要给员工划定范围，即在明确该培训主要目的的前提下，给出多个内容供大家选择。

　　相应的员工培训调查工具举例如下。

　　1）访谈法的工具（见表 6-10）

表 6-10　人物访谈表

具体问题	访谈记录
员工表现出色的知识、技能表现在哪些方面	
员工特别需要学习的知识和技能包括哪些	
员工对现职的态度如何	
员工有望取得的成就或可担任的职务	
员工已经参加过哪些培训或研讨会	
对员工今后培训方面的意见	
其他需要说明的内容	
访谈对象：	访谈时间：

2）观察法的工具（见表 6-11）

表 6-11 培训需求调查观察表

观察对象		记录人		观察时间	
观察内容	差	一般	较好	好	优秀
工作纪律遵守					
工作态度					
工作技能					
工作方法					
工作效率					
团队合作					
执行力					
问题解决能力					
创新思维能力					
哪些方面较好					
哪些方面欠缺					
观察总结与培训知识点提议					

3）小组讨论法的工具（见表 6-12）

表 6-12 小组讨论提纲

一、讨论目的
讨论公司发展中存在的问题，力求解决企业与员工的实际问题，挖掘员工培训需求，讨论有效的培训方式和考核方式
二、讨论时间与地点：
三、讨论主持人：
四、参加讨论的人员：

姓名	部门	姓名	部门

五、可讨论的问题：
企业目前面临的问题有哪些
员工对企业现状的了解，如发展战略、经营方向、渠道开拓、经营模式、企业资金状况等

员工工作岗位所需提升的技能与方法有哪些
公司技术发展、经营模式或方向改变等带来的员工技能改变需要哪些
企业中员工普遍存在的问题及问题心态有哪些
员工的执行力与团队合作能力怎样
公司的文化与沟通机制如何
公司目前的营销、客户、人力、后勤等部门各有哪些突出问题
员工离职的主要原因有哪些
公司以前组织过哪些培训、哪些有效、哪些无效
公司可开展的培训有哪些，有哪些好的培训方法及评估与绩效考核方法
……

（2）方案制订

了解学员的需求之后，接下来就是制订培训方案，培训方案中最重要的环节就是培训预算和培训时间及课程安排。清晰的培训预算不仅可以保证整个培训过程能够有足够的资金保障，同时可避免分公司或各部门因为培训费用分摊不均、标准不明确等情况出现无法报账、无法列支费用等情况。培训时间的安排要尽量避开法定公假日或销售旺季，尽量减少因为参加培训给公司带来的销售损失。

方案与培训时间确定后，下发培训通知，包括培训时间、培训课程安排、人员安排及后勤保障安排（如用餐、用车、外地员工住宿）等。

（3）场地及培训设备准备

培训实施前 1～2 天应把场地、培训所用器材准备好，查看投影是否可以用，话筒、音频设备是否能用，培训用课桌是否够用、培训教室是否规范等。

如果是外聘培训师，则要求 HR 部门协助培训师开展培训，提前与外部培训师沟通培训事宜，如是用培训师自己的电脑还是公司准备电脑；培训师培训过程需要哪些辅助道具及器材，如 A4 白纸、便签纸、遥控笔等；同时要为培训师准备茶水或矿泉水。表 6-13 为一种培训实施前的硬件检查表。

表 6-13　培训实施前的硬件检查表

待准备物品	数量	确认	备注
电脑/备用电脑			
投影仪			
遥控笔			
白板			

待准备物品	数量	确认	备注
音响、音频线			
移动麦克风/备用麦克风			
话筒用电池			
白板笔（黑色、红色、蓝色多色）			
A1 大白纸（板书用）			
A4 白纸（小组讨论用）			
资料袋及课程资料			
公司及产品宣传册			
座位摆放及要求			
分组牌、席位牌			
签到引领牌及签到本			
抽取纸巾、垃圾篓			
茶水或矿泉水			
签字笔/圆珠笔			
照相机			
摄像机			
其他培训用道具			
应急药品及医护人员			

不同的培训课程对培训场地也有不同的要求，一般桌椅摆放有如下几种。

（1）演讲式（排列式）

这种摆法类似于学生上学时的场地，桌椅摆放整齐，座位多，较规范，可安排较多的学员，环境整洁，这种桌椅摆放法较为常用，但这样的教室学员交流机会较少，不能开展大面积的互动或竞赛 PK。

（2）会议（圆桌）式

这种教室可利用公司小型会议室，适用于人数不多的培训；但这种教室没有互动讨论，学员无法大面积开展游戏与互动，可容纳的学员人数也不多。

图 6-11　演讲式桌椅摆放法　　　图 6-12　会议式桌椅摆放法

（3）分组式（小岛式）

这样的教室坐的人较少，一般多用于给学员提供相互交流的机会而设，方便分组 PK、团队展示、个人演练等，如企业培训师培训一般采用这种方式。

（4）"U"形式

适合 20～60 人的研讨会。这样的场地，学员交流机会多，学员互动环境好。特别适应用世界咖啡、行动学习技术的开展。

图 6-13　分组式桌椅摆放法　　　图 6-14　"U"形式桌椅摆放法

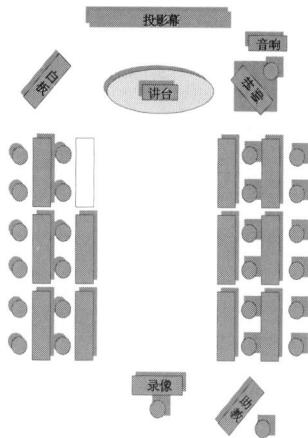

2．课中：有条不紊的课程组织

如果是 HR 自己担任授课培训师，则要求 HR 部门组织学员签到、课中进行纪律检查、保证授课实施等有条不紊地执行到位。

如果是外聘培训师，则要求 HR 部门协助外聘培训师开展培训，提供培训过程中培训师需要的道具、器材、电源设备等；同时，应在培训现场协助培训人员的组织管理，处理培训过程中出现的紧急情况。HR 部门在组织培训时应综合考虑学员的安全、授课过程中可能会发生的突发情况等，做到课中组织有条不紊，确保课程的顺利进行。

3．课后：总结与考核

课后的培训评估与考核非常重要，这直接关系到学员的参与度与培训的效果。常用的初级评估方法有：笔试测验法、实操测验法、观察法、提问法、案例测量法等。一般企业经常采用国内外公认的柯氏四级培训评估法，从学员的反应层、学习层、行为层、结果层进行系列的评估。

一般来说，我们可以在培训现场发放培训效果调查表，调查学员的现场反应及收获；也可在培训快结束时，对课程内容加以回顾、提问，看看学员对本次培训课程的掌握程度；可以让学员参与分享，因为分享是最好的学习方式；更多的方式可以是课后试卷考核或采用实操测验法。可根据不同的培训内容及培训方法，对培训效果进行跟踪与评估。

笔者在原来的企业做导购员产品销售培训时，一般采用先讲解产品知识、功能卖点、话术提炼等，然后再现场演示实操，最后让学员一个一个演示，并总结提炼导购员的话术、动作规范等。

表6-14所示为某品牌的蛋白质粉的功能并用FABE销售话术说服顾客购买。

表6-14　FABE 销售话术

F	Features（特征）	蛋白质是人体第一营养素，人体所有组织细胞都由蛋白质构成；蛋白质是人体免疫系统的重要组成部分。我们这款蛋白质粉所用乳清蛋白由新西兰进口，保证正宗，绝不采用非转基因大豆蛋白
A	Advantages（优点）	所以，这款蛋白质粉不仅正宗，而且效果非常好。能有效提高你的免疫力，有效抵挡细菌、病毒的入侵。同时可以有效控制体重，美容养颜
B	Benefits（好利益）	特别适合体质差，抵抗能力差，容易疲劳、忙碌的白领；偏食、贫血、营养不良者，特别需要补充营养的孕产妇；适合生长发育的儿童、青少年、学生等（不同顾客介绍不同的好处）
E	Evidences（证据）	很多免疫力差的老年人、需要补充营养的孕妇都在我们这里买，我们这款蛋白质粉销售得相当好

同时，HR部门在培训完毕后要把培训档案收藏与分析总结，看看本次培训的优缺点，学员的收获在哪里，学员的盲点在哪里，本次培训有没有效果，等等。

6.4.2　培训需求分析及课程结构设计

俗话说，"台上一分钟，台下十年功"。对于中低段位的 HR 来说，要想自己讲好一次 30 人以上的课程，必须认真准备与练习。应按如下步骤进行：深入调研—准备课件及素材—培训通知—培训设施准备—课前试讲与反复练习—授课—培训课堂管理—考核与总结，如图 6-15 所示。

下面从培训中的几个关键环节进行梳理。

1．培训需求分析与课程设计

首先在课程设计前必须做培训需求分析。完整的需求分析应分为业务需求分析、绩效需求分析、学习需求分析和环境需求分析四个层次，如图 6-16 所示。

培训需求一定是来自业务需求，中间的桥梁就是绩效需求，其内在逻辑是：

1）为了实现组织业务需求，需要哪些绩效表现？

2）为了实现组织业务需求，需要哪些知识、技能和态度？

图 6-15　培训实施流程

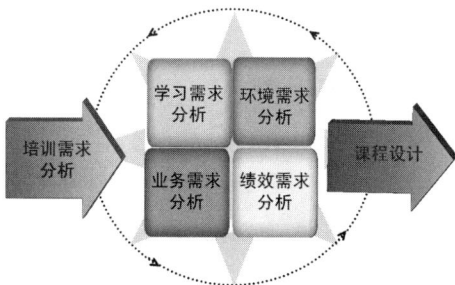

图 6-16　培训需求分析

3）现实与期望的差距能通过培训解决吗？如果不能，寻求培训之外的解决途径。如果能，要让这些知识、技能、态度如何发挥作用，需要哪些环境条件的支持。

4）如果公司能提供这些环境支持，则公司组织培训；如果不能，则放弃培训，寻求其他途径解决。

综上所述，我们在做一次培训时，培训需求分析一定要仔细、深入，HR要把握公司真正的培训需求，同时要考虑这些问题能否通过培训来解决。往往很多时候，企业的问题不能通过培训来解决，以致培训最后成为别人的替罪羊，最终领导说企业培训没有用，花钱看不到效果。

接下来介绍课程开发的步骤与思路，一般课程开发的流程如图 6-17 所示。

从以上课程开发步骤可以看出，培训课程开发包括课程大纲设计、培训师手册设计、PPT 设计、学员手册编写等。

下面着重给大家介绍课程开发的思路，因为这是培训师进行课程开发的核心，正如麦肯锡的金字塔原理，为我们提供了思考、写作及解决问题的逻辑。下面介绍四种常见的课程设计的逻辑结构。

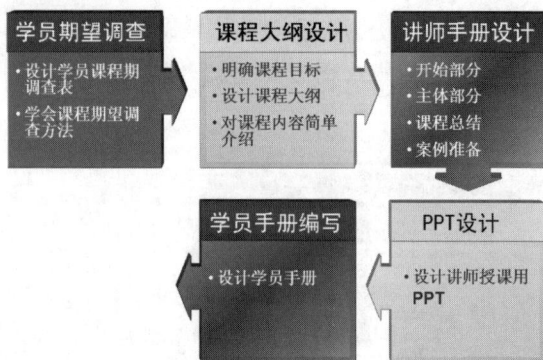

图 6-17 培训课程开发步骤

2."2W1H"结构

"2W1H"是三个英文单词的缩写：What（目标是什么，要做的是什么）、Why（这么做的理由是什么）、How（怎么去做）。这种结构尤其适合向听众介绍一个新概念，或你知道而听众不知道的东西，这个结构的使用频率非常高。这也是一般课程设计的逻辑结构。按照此结构，下面介绍"TTT"课程设计结构，见表 6-15。

表 6-15 "2W1H"结构示例

W	What	TTT 就是培训培训师的一门课程，它是一门实操性很强的课程，通过本课程的学习，提升培训师的基本素质和技能，掌握培训常用的方法和工具，帮助企业内培训师全面提升授课技巧，从而打造企业高素质的培训师团队
W	Why	学习 TTT 有以下几个好处： 第一，让你迅速提升授课技巧与控场方法； 第二，让你迅速提升演讲水平与口才； 第三，让你掌握培训的规律与流程； 第四，让你学会如何做课程开发与设计； 第五，让你学会培训如何组织实施； 第六，让你学会培训评估的方法
H	How	培训师个人魅力塑造（仪容仪表、技法、心法、眼法、气场训练）； 培训课程展示技巧训练（导、演）； 课堂如何有效授课与控场； 培训师的语言技巧与肢体语言的运用； 培训师课程设计与开发技巧； 教材编写与 PPT 视觉化设计； 培训评估——如何评估课程的有效性； 如何让培训变得生动、有效、实用； 如何打造培训师的个性与规划自我成长之路

3．PRM 结构

培训师段烨老师在《培训师的 21 项技能修炼》中提到的 PRM 课程设计方法也非常实用。

PRM 课程开发流程如下。

第一步：P—Phenomenon（现象呈现），第二步：R—Reason（原因分析），第三步：M—Measure（措施）。

这种课程设计与开发方法方便解决实际问题，可以设计比较灵活的微课程，比如在培训前，先向学员征求几个问题，然后在理论上帮助他们分析这几个问题产生的原因，接下来就是帮助他们找到问题的解决方案。

表 6-16 所示为销售员常见问题培训。

表 6-16　销售员常见问题培训

现象呈现	你在销售工作中有哪些困惑和问题： 1. 2. 3. 4. 5. 6. 7.
原因分析	为什么会产生这些困惑和问题： 1. 2. 3. 4.
措施	解决的办法有： 1. 2. 3. 4. 5. 6. 7. 8.

4．五星教学课程结构设计

五星教学法由美国犹他州立大学戴维·梅里尔教授提出，他认为应把教学过程分为五大基本过程：聚焦问题—激活旧知—论证新知—应用新知—融会贯通。这一方法很多高等院校都在使用，国内培训界用友大学校长田俊国老师力推五星教学法，因为此法符合人类的认知规律，简单、有效、易操作、互动性强。

下面以笔者在一次 TTT 授课中让学员以"如何让培训有效果"为课题，进行五星教学结构及过程设计举例。

（1）聚焦问题

首先我给学员展现培训常见无效果的现象，比如，传统讲授式内训师在上面照本宣科，学员在下面睡觉；学员对培训内容不感兴趣；培训方式太单调，缺乏互动，学员没激情；培训组织没到位，实施混乱；培训不接地气，不实用等，引出有关"培训效果"的讨论；主要目的是把学员的思维集中到"培训效果"这一话题上，然后进行分组讨论；这一过程，通常称为头脑风暴或行动学习法；要求每个学员提出一个培训无效的现象。

（2）激活旧知

学员们轮流分享自己的观点，每组选出一个代表上台发言。有的内训师说以前自己只知道讲授式授课，缺少游戏互动、案例分享、实战演练等，导致授课效果不佳；有的学员说做培训计划与选题时更多是依据自己的爱好与特长来选题与授课，而不是根据企业与学员需求来授课，从而导致培训效果不佳；有的内训师说培训后期跟踪与评估考核力度不够，搞得培训像完成任务，走形式，不与考核与晋升挂钩，学员参与性与学习的自主性不够，从而导致培训效果大打折扣……

（3）论证新知

接下来我引导学员总结以前培训无效果的原因，并提出解决办法。在提出解决问题时，大家在黑板上纷纷写下：加强互动、选题有针对性、了解学员特性、选择有用及有趣的培训方式、让学员参与培训设计、分组竞赛 PK、让培训与考核挂钩、改变培训评估方式……

就这样，几十条共创出来的方法被归为五类：①注重培训需求；②针对不同对象来设计课程；③培训内容丰富、实用，符合学员兴趣；④注重培训方式，抓住学员的心；⑤做好培训效果监督与评估。

（4）应用新知

让每位学员挑选一种大家讨论出来认为有效果、自己以前没做过或做得不好的方法进行实操，反复训练；如上台 10 分钟授课（要求与学员互动 3 次以上，掌声 2 次以上）、现场快速设计出一个 30 分钟的针对性很强的微课程等。

（5）融会贯通

让学员间相互监督学习，分组 PK；直至每个小组有较大改进与行为固化。

从以上课程设计与实施步骤可以看出，五星教学确实是一套很好的培训学习方式，符合建构主义的教学主张，体验式教学，以学员为主体，注重实效。同时，此课程结构与过程设计也很实用、简单流畅。

5．花田逻辑结构

花田的意思是将好的、美的东西放到一起，如电影《花田喜事》《非诚勿扰》，它们之间没有很明显的逻辑结构，但它们的电影情节都很美、有趣味性。在电影《非诚勿扰》中，110 分钟的电影，60 多个电影情节，最长的情节也就 2 分多钟，但每个片段单独拿出来，都是一个有头有尾的情节，这些情节组合起来就是葛优相亲的全过程。

培训也可以这样，应该把我们的课程设计成一个个微课程或按时间段（培训行业称为电梯时间）来设计。就像大家为什么喜欢赵本山的小品、周立波的海派清口表演，因为时间单元设计短。例如，你走开电视一会儿（上个洗手间或做其他事情），不会错过开头和结尾，而且他们在电视节目过程中笑料百出。又如，听曾仕强教授、翟鸿燊的讲座，一个故事接一个故事，这样就容易吸引学员的注意，防止学员走神；培训师授课也比较轻松、有趣。

再如，我们现在的拓展培训，就是按照花田逻辑结构来设计的，一个项目做完再做另一个项目，但各个项目之间可能有一根主线或相同的主题，如为了突出团队合作、有效沟通、执行力和凝聚力等。

研讨会、交流会也可以按这个结构来设计，一个问题解决完再讨论另一个问题，可能这个问题与那个问题之间根本不搭架。

花田结构设计课件的优点在于让课程更实用，更直接，犹如李小龙的截拳道，快、直接、有效，便于集中学员的注意力，增强课程的趣味性，因为花田本身就有点像周星驰电影一样的无厘头。

6.4.3 培训授课与现场掌控

为什么很多人愿意花钱去听余世维、曾仕强、陈安之、刘一秒、罗胖、樊登等老师的课程，他们哪些地方吸收了学员？笔者认为作为一名合格的培训师，应具备以下素质要求：

① 出色的能力和业绩，擅长某一个或几个领域，并有自己独特的见解；

② 好为人师，愿意分享；

③ 逻辑思维缜密，敏感细腻，善于分析；

④ 表达能力佳，富有影响力、亲和力、说服力和幽默感；

⑤ 为人师表，有耐心、有亲和力、有包容心，认真、坦诚、精力充沛；

⑥ 具备课程开发、PPT 制作及培训师授课技能。

正如"培训师"三字的释义："培"，拆分为：土+立+口，"土"说明培训师首先必须有丰厚的知识土壤，要想给学生一碗水，自己必须有一桶水，最好自己是源源不断的自来水；"立"说明培训师的言论一定要有深度，能立起来，因为你是培训师，所以有些话不能乱说，必须有根有据，合理合法；"口"说明培训师必须有较好的口才；"训"，拆分为：言+川，"言"更进一步说明培训师是靠嘴巴吃饭的，必须口才好，思维要清晰；"川"有三笔，第一撇代表过去，中间一竖代表现在，最后一竖代表未来，说明培训师是能很好地将过去、现在、未来结合在一起的人，没有过去的工作经验就没有授课的素材与解决问题的能力，没有规划未来的能力、预判事物发展方向以及超强的学习能力就不配做一名好的培训师。同时，培训师最重要的是能否第一时间给学员解决问题，指明方向，做出榜样；"师"者——传道授业解惑也！

"伟大是熬出来的，一个培训师没讲过 100 天的课，不叫有经验，再好的知识也需要一些方法才能传递出去。" ——优秀培训师的技术指标

（1）授课技巧

培训师首先应对自己的课件内容非常熟悉，平时多积累、多学习一些培训授课与展示技巧，并找到最适合自己的授课方式，平时多学习心理学，了解学员特性，掌握授课控场方法，修炼自己的气场，提升个人魅力与影响力，最终打造自己独有的授课方式，做学员喜爱与尊敬的培训师。

PTT 培训大师周平老师在《培训师核心能力突破》一书中介绍：感性+理论+互动的授课技巧，非常实用、有效，如图 6-18 所示。感性是在课程中抓住学员注意力的唯一手段，是提升培训师个人魅力的法宝；理性让课程更有深

图 6-18 培训师授课三大技巧

度、高度，让学员学到东西；互动保障课堂的氛围，让学员愉快地学习。因此说，作为一个培训师一定要在广度与深度两个维度不断修炼自我，这样在授课时既能撒开网又能收回网。

这样要求培训师平时多积累授课素材、积累工作经验、锻炼解决问题的能力；多练习自己的口才，让自己喜欢演讲，只要有机会就锻炼自己开口讲话，关注生活，不断修炼，提升自己专业水平。

在培训中，要学会与学员沟通，学会与学员同频同率，这也就是我们培训中常说的开场"破冰"与场中"互动"；先拉学员上车再开车；先让学员空杯再传授知识；先取得学员的信任与支持，再开始授课。

著名的麦拉宾原理也讲道：有效表达=7%的言语+38%的语气语调+55%的肢体动作。因此说，培训师的肢体语言非常重要，会使用肢体语言的培训师和不会使用肢体语言的培训师相比，课程效果有着天壤之别。

下面列举几种授课中的不当肢体动作：弯腰驼背、打哈欠，来回走动、速度过快；双臂交叉抱胸、手放在裤袋里、挖鼻孔、长时间保持一个站姿、用食指指学员、辱骂学员、做手势时幅度过大、上窜下跳等，这些动作培训师在讲台上一定要避免。平时就要养成良好的习惯，固化良好的肢体动作，尽量自然、大方、得体。

一般来说，对培训师的表达技巧要求有：

①声音宏亮、吐字清晰；②抑扬顿挫，富有感情；③坚定自信，表情自然；④快慢得当，适度停顿；⑤思路清晰，纲举目张，过渡自然，言之有理；⑥声情并茂，富有激情与感染力；⑦手势动作自然大方，运用得当；⑧与学员目光交流，照顾全场；⑨位置移动，适度合理等。

那么如何有效授课，一般的思路是怎样的呢？其实跟写文章一样，讲究凤头、猪肚、豹尾。开场非常重要，良好的开端是成功的一半，所谓"行家一出手，就知有没有"。开场可以说决定一场培训的成败，就如唱歌一样，最开始起的调决定后面整个的发音，一般开场的方法如下。

① 问题切入：以一两个问题带出授课主题并引出授课内容。

② 故事吸引：以故事开场，设置悬念，有效吸引学员，因为人人喜欢听故事，包括成人。

③ 事实、数字陈述：以客观的事实、数字切入，引起学员重视，事实、对比数字有巨大的说服力。

④ 引用名言：引用恰当的名人名言来切入，提高说话的分量。

⑤ 游戏破冰：采用与主题有关的游戏，可以活跃现场气氛，打破学员间及学员与老师的坚冰。

⑥ 视频短片：运用视听的震撼力吸引学员。

⑦ 分组 PK：一开始就以分组的形式，拉开培训的开场。

笔者一般在职业培训（外训）时会这样开场：首先会问两至三个问题（带出授课主题，聚焦问题，引起学员注意与重视，帮学员找到差距）、感谢两个人（主办单位或培训机构、学员）、再提供两个背景（自己的背景、与本堂课有关的背景或案例分享）；培训师课程开场一般以问题、故事、游戏开场。

课程中间应设置丰富的课程内容，按照成人的学习规律设计课程。注意：成功的授课不是以培训师为中心，而是以学员为中心，要学会聆听、发问及与学员间的互动；课程中应有专业的理论和丰富的感性互动，既要让学员学到东西又要让学员学得快乐，但培训课堂绝对不是培训师的表演秀、脱口秀。

课程结束一般有以下几种方法：

①回顾总结，浓缩重点；②激励学员，运用所学；③感谢、希望与祝福；④呼吁行动。

总之，授课技巧需要不断总结，在多次上场讲课后积累经验后找到既适合自己又适合学员的授课方式，需要我们长期不断的修炼。

（2）如何化解课堂授课紧张

紧张是每个人上台演讲都会有的，包括授课经验丰富的资深培训师也会出现或多或少的紧张情绪，紧张的表现有：心跳加速、双手发抖、两腿发软、心神不安、不敢正视学员、口干舌燥、出虚汗、词不达意、忘词、盼望早点结束等。这些都是讲话不自信的表现，有自信才能把课讲好，信心的增加需要不断提高自己的专业技能以及授课能力。也就是我们常说的：艺高人胆大。著名心理学者哈德菲尔德说："人在自信的情况下，可以把自己的能力发挥到500%以上；相对没有自信且自卑的人，只能发挥自己能力的30%。"

笔者建议可从以下几个方面驱除紧张。

① 超量准备法：把课件做厚，如计划要做 3 小时的培训，就要准备 3 个小时以上的课件，同时上台前反复练习。这一点非常重要，要讲授好一门课，最重要的是对授课内容本身的充分准备；这其中包括对内容的深度挖掘，反

复提炼，烂熟于胸。所谓成竹在胸，自然从容不迫，有如神助。

② 心理暗示法：稍微握紧拳头，有意放慢自己的呼吸，深吸一口气，暗示自己这只不过是一场平常的培训，我已经准备充分了，不用紧张。

③ 讲故事、案例分享，做团队游戏转移学员的注意力。

④ 提问法，把紧张感转移给学员。

⑤ 喊口号或让学员朗读课件内容，带动课程氛围。

⑥ 研讨或头脑风暴，及时调整自己到最佳状态。

⑦ 上台前不断练习，多讲，强化肌肉记忆，让你脱口而出。

⑧ 提前进入状态，想象自己成功授课的场景。

⑨ 上台前少量喝水，精力不佳时可喝一杯红牛；如中途忘记了授课内容，可借口喝水，边喝水边回忆。

（3）PPT 课件制作

大家可以参考相关 PPT 图书，平时在百度上多收集一些 PPT 模板；同时，可以在百度上搜索、学习"专业 PPT 的黄金法则"。

例如：Kiss 原则、10/20/30 法则，能用图表就用图表，切忌满屏都是文字等。

我觉得"PPT 地黄金法则"比较好、比较实用。

专业的培训师在制作 PPT 课件时，绝不是简单的 Word"搬家"，而是能用图就尽量不用文字；能用图表就尽量用图表。PPT 力求简单、视觉化，做标题党，切忌把满屏的文字放在 PPT 上面，每页内容不宜过多，最多 7～8 行。

因为我们人类的大脑短期能够记忆的极限是 7，描述一个东西最好不要超过 7 点，超过了大脑就应付不过来。同时，PPT 内容可能会成为培训师的竞争对象，转移学员的注意力到 PPT，而非培训师的授课。

PPT 至少要给听众带来三个方面的感受：便于理解记忆、逻辑性、美观。因此培训师授课的 PPT 要求是：精简再精简的文字，让人赏心悦目的图表，让人会心一笑、启迪思考的动画和情境，必要的文字旁白说明（如情境说明、术语解释、背景描述、核心内容浓缩等）。记住：PPT 是培训师授课的大纲而非全部内容。

培训师的 PPT 就是把复杂的文字、表格尽可能图片化、标题化，以便于听众理解、记忆；因为文字是左脑记忆，而图片是右脑记忆，右脑的记忆功能是左脑的 100 万倍。我们都知道左脑为理性脑，处理逻辑；右脑为感性脑，处理图像。我们通常记不住一个陌生人的名字，却容易记住非常复杂的人的图像，尤其是当这个陌生人有显著特征时，如脸上长痣的人、长得非常漂亮的美女。见到一个人一看就知道面善，好像以前在哪里见过，但就是想不起他什么名字，可见一个人右脑功能的强大。

将下面表格中的内容迅速转化为PPT图，见表6-17。

表 6-17　商务沟通的九要素

序号	要素	具体描述
1	信息发送者	信息源，沟通的主体，信息发起者
2	信息	进入沟通渠道的有用信息
3	编码	组织信息，把信息内容编制成语言或非语言符号
4	传送渠道	通道，信息的载体，常用渠道有口头与书面两种
5	解码	译码，接收信息并对信息作出解释
6	信息接收者	接收者，信息到达的客体，信息受众
7	反应	获得信息一系列反应，受众对信息的理解和态度
8	反馈	接收者向发送者传送回去的那部分反应
9	干扰	噪声，信息传递过程中的干扰因素

对应的 PPT 页面如图 6-19 所示。

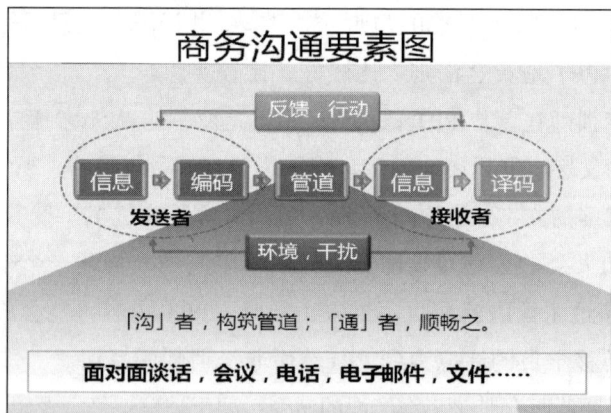

图 6-19　商务沟通 PPT 图

（4）现场掌控

首先要了解成人学习的特征：

① 过去的经验影响学习；

② 具有明确的学习目的与动机；

③ 学而时忘之；

④ 想即用即学，实用导向；

⑤ 喜欢做中学，学中做；

⑥ 喜欢非正式的学习环境；

⑦ 学习速度慢，耐久性差；

⑧ 自我观念强，易固执，易与老师、学员争执。

一般成年人有四种学习风格：主动主义者、反应者、理论家和实用主义者。同时，成年人学习有四大关键原则：自愿、经验主义、自主、行动。自愿与自主是成年人学习的核心，一个再优秀的培训师也无法改变一个不愿学习、不愿改变的人。正如 NLP 心理学中的 12 条前提假设中的提到的：①一个人不能控制与改变另外一个人，除非他自己愿意改变；②沟通的意义决定于对方的回应。③每个人都选择给自己最佳利益的行为。培训师应充分调动学员参与的热情，比如培训师讲课的内容是否与学员本人有关，是否对他有好处，是否在授课中对其进行了关注与互动，等等。

因此，作为培训师首要的是应当了解成年人学习的特性与规律，了解每次授课的对象，比如，给"70 后"与"90 后"人群授课，可能采用的授课方式可能会完全不同。

其次，培训师在授课现场会遇到各种问题，培训师应当平时多积累控场经验，巧妙化解学员的挑战，应对培训现场的突发情况。既要充分展现授课的内容，又要控制好现场的氛围，引导学员注意力与思考力，提高现场掌控能力及课堂突发情况应对能力。

同时应多学习心理学知识，掌握学员心理与性格，如九型人格、乐嘉老师 FPA 性格色彩学、DISC 性格分析学等。

表 6-18 为几种常用的巧妙应对不同学员的方法。

表 6-18　巧妙应对不同学员的方法

序号	现场情况	学员特点	应对方式	禁忌
1	一言不发	性格内向，有情绪	引导、赞美、疏导，开放式提问	无过渡，指责
2	口若悬河	思想活跃，表现欲望强	认可，适当打断，封闭式提问	否定粗暴打断
3	窃窃私语	注意力不集中，好私下说话	眼神关注、肢体动作，提问，提高语调	直接点名批评
4	争论不休	有想法，好表现	肯定、引导	各打 50 大板
5	离题万里	思想活跃，注意力不集中	肯定、纠正、引导	否定
6	自以为是	经验丰富，有能力或不愿意学习	"抬""压"结合	正面冲突

6.5 建立内部培训体系的几个方面

6.5.1 培训体系的概念及构成

1．培训体系的概念

培训体系是动态平衡的体系，包括培训课程体系和培训师建设，以及如何激励学员培训意愿，如何开发和管理培训供应商，如何把培训课程的内容转化为工作流程和规范化的操作文件等，这些都是培训管理体系要考虑的，并要通过制定相关制度加以落实，如图 6-20 所示。

2．培训体系的要素及构成

培训体系包括四个要素：培训师、学员、教材、环境，其中前三项为培训体系的三大核心。

培训体系主要包括三大部分：制度、课程和培训师。

制度是基础，包括培训管理办法、培训计划、相关表单、工作流程、培训评估办法及内部培训师制度、培训组织实施与监控制度等。课程是灵魂，包括课程设计、课件的制作、讲义编写、课

图 6-20 培训体系建设

程的审核评估。培训师是载体，也就是说培训师仅仅是培训体系中的一个执行者，扮演的只是去演绎课程的角色。

3．培训体系搭建着手点及误区

由上述两点可以看出，培训体系的搭建须从三个方面着手：制度层面、资源层面、运作层面。制度层面包括报名制度、学籍制度、内部培训师管理、外部培训师遴选、费用管理、课程开发管理、培训师认证制度、与培训挂钩的考核制度等；资源层面包括培训管理 IT 支持系统、培训课程库、培训师资库、学员档案库、培训设备、培训场地与规模等；运作层面包括培训需求（核心）、培训预算、培训计划、培训组织与实施、培训评估、培训考核等。如图 6-21 所示。这三者间的关系，可以把建设培训体系比喻为建设高速公路，制度层面相当于桥墩，资源层面相当于桥面，运作层面相当于在路面上行驶的汽车；其

中培训制度和公司的文化密切相关，公司文化
不同，制度也应有一定差别；运作层面是一个
动态的过程，把运作层面看作汽车，那么培训
需求便是汽车的方向盘。

图 6-21　一培训体系建设三层面

目前企业培训体系搭建主要存在以下误区。

① 培训管理制度不完善：以临时要求代
替制度，培训管理制度陈旧，培训管理缺乏有效的刚性约束，培训工作缺乏
权威性，导致问题得不到很好的解决，要求得不到贯彻。

② 培训管理系统不完备：缺乏来自横向部门的有效配合，培训成为人力
资源一个部门的事情，使培训与业务相对脱节，培训的作用难以得到有效的
发挥。

③ 期望值过高：培训体系建设是一个循序渐进的过程，不能一蹴而就，
不能流于形式，培训不是万能的良药。

④ 培训师队伍不稳定：没有固定的培训师队伍，而兼职培训师也是从企
业内部临时抽出来的业务人员，或是从外部临时聘用，使教学水平和教学质
量存在很大的不确定性，而这种不确定性则意味着企业培训存在一定的成本
风险。

⑤ 课程建设不系统：没有对培训课程进行梳理和打造，缺乏企业内部可
供选择的精品课程，造成大量的重复劳动，或者说培训部门往往根据个人特
长与喜爱来制作培训计划与培训课程，与实际工作脱节。

⑥ 培训运作不规范：没有按照培训的
流程进行运作，尤其是缺乏有效的培训需
求调查和培训效果评估，把培训实施简化
为基本服务工作，缺乏针对性，效果难以
保证，如图 6-22 所示。

图 6-22　培训体系六大误区

克服以上六大误区，需要 HR 不断实践，不断总结。把培训工作做细、
做精，做到有制度可依；有程序或流程可规范；有具体的培训方案及培训措
施保障培训的进行；对培训师队伍及培训精品课程进行沉淀。它是由一系列
工作构成的，不能一蹴而就，需要人力资源部门与横向部门有效配合才能完
成，同时争取公司高层领导的支持与理解非常重要。

6.5.2 如何搭建企业内部培训体系

1. 企业培训体系建设的 6 个原则

企业培训体系有六大原则：基于战略原则，动态开放原则，保持均衡原则，满足需求原则，全员参与原则，员工发展原则，如图 6-23 所示。

因此，由于每个公司的企业文化、战略及业务发展不一样，搭建的培训体系也可能也会因此而不同，培训体系的构建必须从企业自身的特点和实际出发，与公司人力资源结构、公司战略等结合起来。

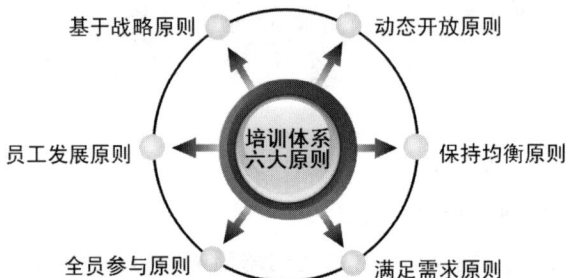

图 6-23　搭建培训体系的原则

2. 有形培训体系与无形培训体系的建设

无形培训体系建设，是指要在企业内部形成一种开放的、愿意交流的、愿意指导的、愿意分享知识和经验的文化。形成这种文化有多种途径，如可以通过招聘具有开放心态的新员工；可以通过正式培训、内刊、领导讲话、研讨会等形式来营造一种开放的、分享的氛围。可以在公司建立知识管理的平台，做好知识管理"四化"（隐性知识显性化，显性知识视频化，视频知识网络化，网络知识规范化）。

其次是有形培训体系的搭建，主要包括项目体系和支持体系两大块。培训项目体系可以按部门分类建设，也可以按人员管理流程来建设。如果按部门，则可以分为市场销售系列培训、生产研发系列培训、人力资源系列培训、财务系列培训等；按人员管理流程来建设，则可分为入职培训项目，在职培训项目，晋升培训项目等。培训支持体系包括硬性和软性支持两方面，软性支持体系主要指培训制度建设，如员工培训管理制度、外派员工培训管理制度、培训积分制度，培训师管理制度，培训评估与考核制度等。培训硬性支持包括三部分：一是应具备的硬件设备，包括培训场地、设备、器材等；二是人员组织体系；三是培训信息体系，主要包括培训原始文件、培训统计台账、外部培训机构的信息统计、培训效果的评估与量化统计等。

3．培训体系建设的难点

企业在培训体系建设与组织实施中一般会遇到以下问题：

（1）难以实现培训课程设计同企业发展战略和人才发展的衔接；

（2）难以确定培训需求与企业在发展中的问题的本质究竟是什么；

（3）培训投入与产出难以量化，导致培训受人为因素影响较大；

（4）缺乏内部培训师队伍的沉淀与标准化管理以及企业内部的培训师资认证体系不健全；

（5）没有将企业好的文化与技能经验传承下来或者说深挖不够，导致不能很好地为培训体系服务；

（6）培训时间与培训周期安排不合理，不能很好得到领导与各横向部门的支持；

（7）不知如何通过培训评估最大化地促进培训效果；

（8）培训模块不知如何与人力资源其他模块（招聘、绩效、薪酬、员工职业生涯规划）对接。

4．如何搭建企业内部培训体系

从前面几点可以看出，一个企业要想搭建较完善、科学的培训体系，不是件简单的事情，尤其对一些培训还是空白的企业，要建立一套完整的培训体系，可以说基本上是不可能的。像这种情况，HR 可以先制订一些简单的培训计划与培训制度，购买与引进一些简单的培训设备，如投影仪、白板、音响与话筒等，建立培训教室；同时注重沉淀公司培训师队伍。从而慢慢形成一些培训沉淀，关键是形成培训的风气，得到员工与企业领导的理解与支持。可以从一些基础类、通用类及销售技巧类培训做起。

下面介绍几种常见的培训体系的搭建思路，以供参考。

（1）基于能力素质模型的培训体系的搭建

能力素质胜任力模型是企业测评员工能力及领导管理水平的常用工具；所谓"胜任力模型"，是指构成每一项工作所必须具备的胜任力总和。能力素质模型明确确定了对各类岗位人员的知识、能力、素质的要求，为企业员工培训提供了依据，指明了方向，它是企业确定培训需求、明确培训目标、评估培训效果的参照标准；通过引入能力素质模型，能够有效解决企业培训的盲目性，让培训有的放矢，重点突出，效果显著。

基于能力的培训，是指企业围绕实现战略目标所需的能力而开展的人才培养活动，帮助员工获得改进与工作有关的知识与技能，提高员工和企业的绩效水平。

基于能力的培训发展体系一般有以下特征与优点：

① 基于能力的培训以公司的竞争能力为核心而规划培训体系，由于对员工岗位能力先进行了清晰的行为定义，员工能较容易地明确自身的培训需求；

② 培训以培养"行为"为主，强化了各种交互式的培训方式，强调员工能力的提升与资格认证的提高；

③ 能很快地让企业培训与员工的招聘、晋升、员工的资格认证联系起来，让企业培训不偏离员工职业生涯提升与企业战略发展的轨道。

而基于能力素质模型的培训体系建设的核心，是前期的能力素质模型的建立以及在确定能力素质模型后选取什么样的课程来与之对接，如图 6-24 所示。

图 6-24　基于素质模型的培训体系示例图

其中能力素质模型的建立包括选取样本进行分析、提取能力素质要素、建立模型三个步骤；在能力素质模型确定后，即可实施培训课程的标准化设计的开发，比如，培养员工的某项技能的素质指标，需要或可选取哪些培训课程。以员工销售技能中的沟通与业务开拓能力指标为例，具体见表 6-19。

表 6-19　标准化培训课程开发表

模块	素质指标	对应课程	培训对象	备注
营销能力	善于沟通	客户拜访与沟通技巧	基层营销人员	
		大客户开发与沟通技巧	核心营销骨干	
		……		
	较强的业务开拓能力	陌生业务拜访	全体营销人员	
		渠道开拓与创新技巧	全体营销人员	
		狼性营销	核心营销骨干	

通过以上分析，此种培训体系可以很方便地让培训师找到培训需求，量化培训考核指标，如可通过聚焦关键能力素质、行为事件访谈等办法快速找到员工的培训需求；通过标准化培训课程体系迅速找到与之匹配的课程；根据不同的能力素质特性选择合适的授课方式等。

（2）基于以需求为导向的量化培训体系

这种培训体系相对于前一种更直接、更量化，就是把企业目前战略与业务发展所需的培训需求挖掘出来，形成关键需求指标，量化后各个击破。一般培训需求应考虑三个层面的需求：个人层面（个人发展、员工绩效）、职位层面（岗位职责与员工胜任力）、组织层面（公司战略与业务重点、公司文化、组织绩效等）。把培训的各项指标量化，将培训需求控制在一个管理范围内，为进一步减少培训需求的范围，又可将培训需求细化为两类：动态需求与静态需求，其中静态需求是针对组织和岗位要求产生的，是与岗位同时存在的；动态需求是指某位员工到了某岗位，其现有能力与岗位要求之间的差别所对应的所需培训课程；就像进入餐馆吃饭一样，餐馆先提供一份菜单（静态的），供顾客选择，当然顾客也可以根据自己的喜好，另外点菜（动态的）；此方法易量化与统计，包括培训需求的量化，培训效果的量化，培训人员及培训次数、周期、培训覆盖率等的量化；能够避免无效培训与重复培训，减轻培训部门及其他部门的负担。

有一次我应邀给某企业做培训，培训休息过程中，一位工厂的主管跑过来对我说："老师，我向你请教一个问题。"

我说："什么问题？"

他说道："我们公司那几个搞培训的内部讲师像不像饭桶？"

我比较好奇地问他："你为什么说你们公司的培训师是饭桶？"

他说："老师，实话告诉你，我是四年前加入公司的，现在公司做培训的人还在推行与我刚进公司时一样的培训课程，连 PPT 都一个字没改，他们推行的课程根本不是我想要学的，我想学的课程他们又没有……"

这个小案例反映的一个细节就是供需脱节，这种培训模式有点类似我们几十年前的计划经济，大部分情况下都是企业的培训管理人员坐在办公室拍脑袋想出来的培训计划与培训课程。

因此，企业内部建立以需求为导向的量化培训体系就显得非常重要与必要，好比从传统的计划经济过渡到崭新的市场经济。

（3）基于以学习地图为基础的培训体系

"学习地图（Learning Maps）"，是指企业基于岗位能力而设计的员工快速胜任学习路径图，同时也是每一个员工实现其职业生涯发展的学习路径图和全员学习规划蓝图。学习地图在 GE 应用广泛，并收到较好的效果；学习路径图能有效加速人才培养，缩短竞争差距，提升员工的岗位胜任力。在 GE，100 名新员工通过学习路径图，至少有 75 名成长为独当一面的成熟人才。

学习路径图又分为：基于"关键任务"的学习路径图、基于胜任素质的学习路径图、基于场景的学习路径图三种。其中学习路径图的设计与绘制是难点与重点，如图 6-25 所示。

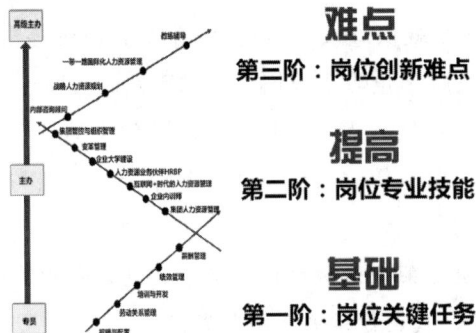

图 6-25　学习路径图三阶段设计

通过学习地图可以更直观更系统地呈现培训体系，是建设培训体系的最佳路径。通过绘制学习地图，给员工提供双通道职业发展方向，将员工职业生涯上升通道所需的知识、技能资料做成员工轮岗包或晋升包。这样就给学员一个清晰的学习方向。例如，一个人力资源专员上升到人力资源主管，需要什么条件，需要学习哪些知识与技能，一目了然。又如，一个新员工进入公司后，通过学习路径图，员工可以看到自己成功的终点和通往成功的路径，如图 6-26 所示。本培训体系的难点是学习地图如何绘制，一般可分为四个步骤：工作任务分析（关键岗位分析）—学习任务分析—课程学习方案确定—学习地图的绘制。

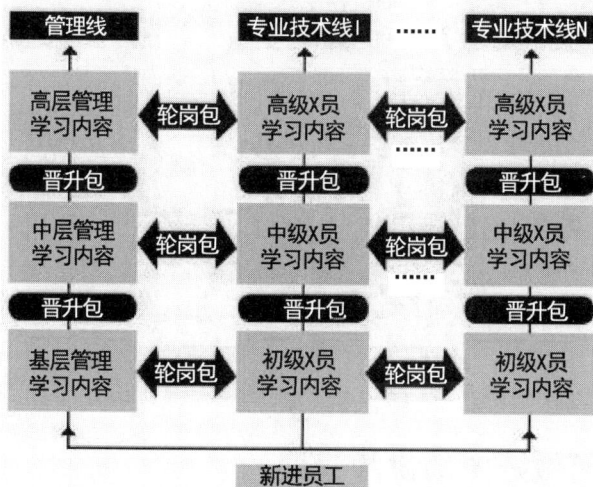

图 6-26　学习地图

（4）基于战略的企业培训体系开发

基于战略的培训与开发体系的设计首先强调的是战略管理，所谓战略管理，是指企业通过一系列的策略行为帮助企业实现其目标的过程。对一个组织来说，光有战略规划远远不够，更为重要提整个战略的管理与实施。我们常用的战略分析工具有：SOWT 分析、PEST 分析、波士顿矩阵法、波特价值链分析、波特五力分析、麦肯锡三层面分析法、GE 矩阵、平衡积分卡等。

此培训体系很好地将公司战略与员工职业生涯发展同企业的培训相结合，既有高度又着重落地。本培训体系开发的核心思想是实现培训与战略体系的紧密对接；其难点是公司战略的如何定位以及战略与员工能力如何对接，培训如何为战略服务，要能深入战略发展的本质，预测战略的发展动态，及时调整培训方式与课程，如何更好适应战略的动态发展；培训体系应根据公司战略的需要，明确岗位职责任职者应具备的素质（知识、技能、价值观和兴趣爱好），通过对所有岗位任职者培训需求的统计分析，提取员工共性的培训需求，就可形成组织的培训课程体系。对缺乏共享的员工个性培训需求，可倡导员工通过自学、在线学习等方式自行解决。一般情况可按如下流程进行开发，如图 6-27 所示。

图 6-27　基于战略的培训与开发流程

6.5.3　如何做好内部讲师管理

1．内部讲师队伍管理的困惑

在企业推行内部培训师队伍建设，能够对企业持续发展提供稳定的内部支撑，但目前很多企业在推行内部培训师队伍建设过程中主要遇到以下四种困境：

（1）储备量不足：很多企业内部培训师主要来源于中基层，内部具备培训师潜质的不多。

（2）出产率不高：很多企业内部培训师都在受聘前接受了 TTT 培训，但真正能够独立开发课程并授课的并不多。

（3）原创性较低：很多内部培训师由于缺乏课程开发能力，课程内容主要来源于公司规章制度、操作规范等，缺乏对典型工作案例的收集、整理、萃取等，课程乏味。

（4）保留率不高，由于公司激励制度有限，有些内部培训师接受了多年系统培训，讲课技能熟练之后，就不愿承担讲课的任务，甚至离职，造成内部培训师培养的投入产出比不高。

2．内部培训师选拔

内部培训师的选拔是整个内部培训师队伍建设中最关键的一步，企业应根据自身的管理基因，通过多维度的科学评估，对内部培训师建立胜任力模型，这样才可以遴选出经验丰富、胜任内部培训师岗位的优秀人才。

（1）基于能力模型的选拔

根据笔者多年对内部培训师的选拔经验，认为讲师的能力模型包括表达力、研发设计力、内驱力三大能力，三大能力又可细分为十大能力要素，见表 6-20。

表 6-20 讲师能力模型下能力要素

能力项	能力要素	能力说明
表达力	授课表达能力	讲师将课程呈现给学员的综合能力，包括讲师的语言逻辑、演讲能力、教学方法应用、控场与互动能力、应变能力，这是内部讲师选拔的基础功
	讲师知识面	讲师应具备并灵活运用的专业知识、教育学、心理学、文学、历史、经济、政治热点新闻以及公司知识、人力资源、管理等知识面
	讲师综合素质	讲师在台上综合展现的素质，包括尊重学员、授课礼仪、讲师品德、个人魅力素质类的能力要求
研发与设计力	课程研发能力	课程需求分析、教案编写、案例编写等综合的课程研发能力
	工作经验，专业特长	讲师应具备丰富的管理、专业工作经验，拥有明显的专业特长，这些经验和特长是公司需要沉淀、传承的宝贵财富
	逻辑思维	讲师在课程研发过程中需要的逻辑思维能力与快速归纳、整理能力，让课件结构化呈现
	视觉呈现	PPT 设计与制作、视觉资料（海报、行动学习卡片、板书）呈现的能力
内驱力	感恩分享	乐于分享，感恩公司，积极的心态，传播正能量
	兴趣与激情	讲师要有激情，持续参与公司的授课活动，并用激情影响并带动公司其他讲师和学员
	学习与复盘	强大的自我学习能力和工作经验、讲课经验的复盘能力

做讲师不同于普遍工作岗位，内部讲师必须有高度的文化认同，感恩企业并愿意分享，对企业文化不认同者，能力再强，业绩再好，都不能让其做讲师，否则会起到负面传播的不好影响。

有了胜任力模型，接下来就是有效的选拔流程，如图 6-28 所示，常规的内部培训师选拔以部门推荐、员工自我推荐和人力资源部直接指定三种报名方式为主，然后由人力资源部（培训部）进行资格审核，最终公司通过名单。但这种选拔流程的弊端在于：

① 选拔周期相对较长；

② 只能根据过往绩效、专业资质等进行判断，除非之前已经有过类似的培训经历（如经历过内部讲师 TTT 课程训练后进行过专业试讲），否则无法在真实培训场景中考察开发或课件讲授能力。

还有一种方式就是通过演讲比赛、管理培训、拓展训练、直接试讲等形式来进行快速选拔，这种选拔方式相对来说，更能真实地对员工在某一方面或多个方面的胜任力进行评估。

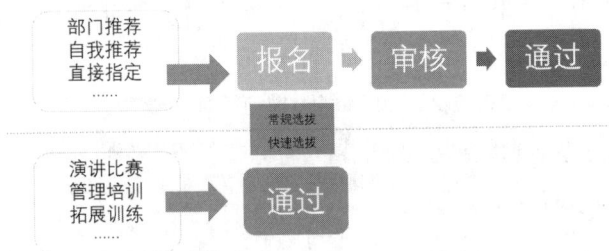

图 6-28　内部培训师选拔流程

3．渐进式的内部培训师培养

（1）集中的 TTT 培训

公司可根据人数组织集中的 TTT 培训，分期按目标进行，可外聘专业的 TTT 讲师授课。一般培训流程如图 6-29 所示。

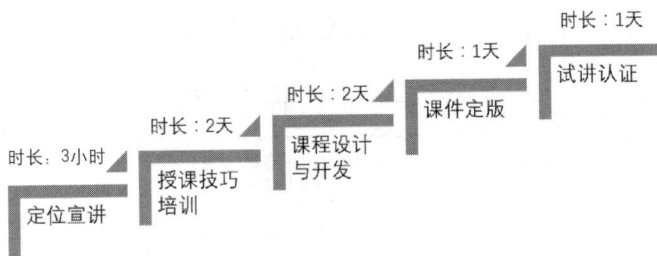

图 6-29　内部讲师培养流程

（2）讲师实践、观摩交流、自学

内部培训师的培养绝非一次 TTT 培训就可以成才了，优秀的内部培训师必须经过"实践—反思—提炼—改进"这样的过程，也需要持续地获得知识的更新与技术更新，需要不断向其他讲师学习与跨行业交流。因此内部培训师的的成长是渐进式的，培养路径也是多元化的，可以从专业线、管理线、素养线、团建线四条线进行有效培养，如图 6-30 所示，分别是专业线——以提升内部培训师的专业能力为主，管理线——让内部培训师参与企业内部培训管理；素养线——以专项活动丰富内部培训师业余生活，提升综合素养；团建线——针对内部讲师队伍进行整体提升（包括内部沟通、学习成长、技能提升、团队协作等）。通过一系列措施，来帮助内部培训师进行持续的学习和团队学习，持续为内部培训师赋能。

图 6-30 多元化的内训师培养路径

4．讲师日常管理与评价考核

企业可以定期或年度对内部讲师进行考核评价，根据授课效果、授课时数、课程开发、教学质量、年度团队贡献五个维度进行综合评定，考核结果分为优秀、良好、一般、合格、不合格五个等级。讲师授课任务与评价标准见表 6-21、6-22。

根据年度内部讲师考核结果，第一年度考核结果为优秀人员进入后备讲师库重点跟踪培养，并承担课程开发工作，次年参加公司统一的组织讲师认证或课程认证活动，经考评合格后晋级。对授课任务少、讲师技能有待提高或授课满意度差的讲师，考核结果将为不合格，需要予以降级或自动退出讲师团队。

表 6-21 不同级别的讲师授课任务

聘任级别	职责	年授课时数（小时）	开发课程标准
专家级讲师	主要承担中高层干部、专业难度高的培训任务	≥18H	3 门/年
高级讲师	主要承担基层管理人员培训任务	≥20H	2 门/年
中级讲师	主要承担基层骨干、普遍员工的培训任务	≥24H	2 门/年
初级讲师	主要承担新员工、操作层面工人培训任务	≥12H	2 门/年

表 6-22 内部讲师年度评价标准表

考核项目	权重	考核说明
授课效果	30%	年度每次授课评估结果平均得分
授课时数	30%	以年度累计授课时数为依据，全部完成即为满分，每缺少 4 小时扣 2 分，每超过 4 小时加 2 分，最高加分为 10 分
课程开发	20%	年度课程开发任务全部完成为满分，缺 1 门扣 5 分，超 1 门加 5 分，最高加分为 10 分

续表

考核项目	权重	考核说明
教案质量	10%	从教案的标准化、实用性、严谨性及提供教案的及时性四个方面进行考核，其中每一项各占该项的 25%
讲师团队活动参与	10%	及时参加讲师团组织的内部活动，缺 1 次扣 2 分，3 次以上不参加不得分
合理化建议	加分项	对培训工作提出合理化建议并被采纳者每次加 3 分，最高加 10 分
备注		考核结果：90 分以上为优秀，80-90 分良好，70-80 分一般，60-70 分合格，59 分及以下为不合格

6.6 企业领导对员工培训工作的理解

6.6.1 员工培训工作如何争取企业领导的支持

不同的企业，公司领导对员工培训的理解各有不同，有的公司领导认为培训是公司给员工的一项福利；有的公司领导认为培训是公司的核心竞争力，促进公司发展；有的认为员工培训确实能让员工素质和能力提升；也有的公司领导认为培训就是瞎折腾，没什么用；也有的公司领导认为培训就是休闲、旅游。

不管怎样，笔者个人认为：培训是公司企业领导给员工最好的礼物。

在当下互联网与移动互联网高速发展的今天，学习能力无疑是组织的核心竞争力之一，比的是谁学得快，谁学得好；最精辟的是前 GE 总裁杰克·韦尔奇的论断：GE 核心能力之一是将培训机会转变为工作技能、并创造价值。不仅如此，他还亲自从改造 GE 大学开始，打破官僚文化，再造绩效文化。

然而现在不少企业的培训现状，不是邯郸学步，就是隔靴搔痒，很难让培训真正落地，结果一方面公司花了大量人力、物力，投资了金钱；另一方面培训的收效却很小。导致许多企业领导谈培训色变，或认为培训是鸡肋，弃之可惜，食之无味。笔者认为公司培训应做好如下工作，才能让企业领导真正认同培训，支持 HR 的工作。

（1）破除有病才投医误区

培训与开发是人力资源工作的一个重要环节，是员工和组织积累人力资本的重要手段，具有一定的计划性和连续性。而当前一些企业，平时不注重培训，一旦企业遇到瓶颈或困难，就想通过培训来解决，请一个外部培训师来传授什么独家武功秘籍，想现场将员工变成武功高手。这种情况实际上是培训无法解决的，结果培训失败就成了公司许多问题长期得不到解决的借口。因此说，HR 应做大量的培训调研与访谈，再邀请内外部对口的人员来授课，比如可以请内部优秀的技术骨干、工程师来给员工传授、推广相关技术。真正让培训为需而做，真正让培训变得有用。而有些是培训无法解决的或者根本就不在培训的范围，此类情况最好不要做培训。

（2）不要把培训神化

许多企业领导认为提高员工的忠诚度是提高工作效率和留住人才的关键，所以就花大量的时间在做执行力、员工忠诚度的培训；而事实上，通过培训来提高员工的忠诚度是做不到的，人才的忠诚来源于企业的待遇和发展空间，只有企业对员工支付足够的感情和投资时，才能化为忠诚，这是需要时间和金钱投入的。对于企业培训而言，只是提高人才成长的一种手段，但不是包治百病的良药。

（3）培训不是一种福利，而是公司的一种投资

企业组织培训不是给企业人才的任务，而是企业的一种付出，是企业的一种软性奖励。事实上，企业培训是以企业战略为导向，是以提高工作绩效为目的一项管理活动，是企业的一种投资。

（4）健脑与健体并行

根据培训的对象不同，可以将培训分为高层培训、中层培训与基层培训，有人将高层培训称为健脑，将中层和基层培训称为健体，那么说，企业要成长，就必须健脑与健体并行。一些公司往往要求基层学习，而高层不学习；相反，另外一些公司，企业领导们天天在外面学习，公司员工不学习，结果是用时下企业领导们一句时髦的话说："我在天上飞，员工在地上追，跟我们公司那帮人讲话，就像讲鸟语，他们根本听不懂，我都快崩溃了。"

（5）加强与各部门沟通，做公司业务或战略伙伴

公司培训工作应与各部门领导加强沟通，争取他们的支持，收集各部门的培训需求，做为各部门输送人才的"黄埔军校"，让培训为公司战略与业务服务，让 HR 部门成为公司业务或战略伙伴。这样才能真正显示出培训的价值，显示出 HR 的价值。

（6）与企业领导多沟通

时下有部分企业领导认为培训是多余的，花了大量的时间与金钱来培训员工，可结果是员工一培养起来，又被别的公司挖走了，相当于帮别人培养

人才。也有部分企业领导认为我们的员工现在的知识、技能足够企业的需要，所以不需要培训，这么多年没有培训，企业照样正常在运转。这样一来，HR经理或总监就应多与企业领导沟通，中国有句古诗：问渠哪得清如许，为有活水源头来。

如果企业对培训不进行实际性的投入，企业领导对企业培训不重视、不参与，必将导致员工培训被卡死。因此，公司高层领导尤其是公司一把手是公司培训的第一推动人。

6.6.2 如何把培训工作做得让企业领导满意

1. 培训工作需要持续、创新

有时公司 HR 或培训经理总在一起抱怨：企业领导不懂培训，部门经理们不理解培训。可换位思考下，企业领导们关心的是业绩和财务增长，他们怎么可能有过多的时间在关心 HR 或培训经理在做什么，而大部分 HR 或培训经理只知道埋头苦干，每天忙于招聘、培训、考勤检查等。却不知道为什么要这样做，怎样做才能让企业领导更满意，部门经理都理解支持。因此，HR 或培训经理需要站在企业领导的角度去思考，他怎么理解培训，他理解培训的绩效又是什么。要用正确的方式去做正确的事，要超越企业领导的期望，但要超越企业领导的期望又是很难做到的。因为人的特点就是喜新厌旧、急功近利的，你必须不断做事、不断创新，同时还要短时间内能看到业绩。

比如，笔者在某公司任 HR 部门负责人时，我们与培训中心联合开发了一套较好的公司店长晋升训练营的课程，培训时长为一周，包括技能训练、军事化训练、职业化训练、管理能力提升、门店管理等内容。第一次做这个课程时，企业领导大部分时间都在现场，课后对我们说这个培训课程是他至今见过最好的课程，效果很好；就这样这个店长训练营一直开了八期；可到第二年，企业领导再来听我们做同样的训练营课程时，却说："你们还在搞一年前的那套，没有变化，甚至退步了。"就这样我们又把课程不断创新、完善。

因此，培训工作永无止境，不能想着一套课件能讲几年，随着科技的不断进步与产品的不断创新，尤其是"80后""90后"甚至"00后"员工增多，培训需求也不一样；因此说培训工作是与时俱进的，只有符合公司与员工需要的培训课程才是好课程；只有满足企业领导绩效改进的培训课程才是好的课程。

2．要善于做培训报告

要以数据向企业领导提供培训报告。我们都知道数据是最有利的工具，每个月末、季末、年末的培训报告就是 HR 或培训部门向企业领导证明自身价值最有利的武器。但培训报告并不是 Excel 的汇总，要让培训报告体现出培训的价值，要善于运用图表，内容丰富，分层分级，让领导一目了然。这样才能让领导更支持培训工作。

常用的表格举例见表 6-23 和表 6-24。

表 6-23　某公司培训月报表

时间	课程名称	类别	参训人员	人次	培训时长（小时）	总学时（小时）	教育经费	培训费用（元）	备注
1 月 8 日	新员工入职培训	个人职业发展	新员工	10	10	100			销售人员偏多
1 月 11～12 日	情境高尔夫——辅导与教练	管理领导类	部门经理、总监	16	12	192		20 000	外聘培训师
1 月 17 日	精益生产培训	专业技能知识	生产车间班组长、技术骨干	20	14	280			
1 月 20 日	时间与压力管理	个人职业发展	公司员工	80	6	480			自愿报名
1 月 24～27 日	工厂技术工资格认证辅导	岗位资格认证	叉车司机	4	40	160	3 480		外派
1 月 28 日	赢在营销	销售类	营销部	40	6	240		12 000	外聘培训师
1 月 29 日	年度目标制订与分解	管理类	中高层管理人员	15	7	105		12000	外聘培训师
1 月份			总计	185		11557	3 480	44000	

表 6-24　某公司年度培训项目归类总结表

类别	人次	总学时（小时）	经费支出（元）	预算费用（元）	节约比例
岗位资格认证	238	1 428	89 000	89 000	0
人个职业发展类	223	1 338	32 000	36 000	11.1%
管理领导类	106	1 378	130 000	150 000	13.3%
员工知识技能类	558	6 138	250 000	280 000	10.7%
销售类	130	2 080	168 000	150 000	-12%

以上两表仅是常规表，要想汇报出彩，赢得企业领导的重视，还应在表格中突出培训成效、费用节约等，也就是说用最少的钱办最好、最多的事。

3．培训计划根据公司战略方向制订

企业经营战略主要有四种：集中战略、企业内部成长战略、外部成长战略和紧缩投资战略。集中战略侧重于提高市场份额，降低成本或者使产品和服务保持鲜明的市场定位。内部成长战略侧重于新的市场和产品的开发、革新与联合。外部成长战略强调的是通过发展更多的经销商和供应商或通过收购以使公司进入新的市场领域。紧缩投资战略强调经营的财务清算和业务剥离。不同的经营战略有不同的战略重点、不同的实现途径和不同的关键业务事项，因此，产生了不同的员工培训需求。

4．让培训展现效果，让企业领导看得见

做培训，首先应能发现问题，并做好改正及预防的措施，这样就可以充分体现 HR 工作的意义。从某种意义上说，培训师就相当于公司的内部管理顾问，主要是发现问题、解决问题。比如，公司每天的来访及物品进出的登记里是否会有一些不规范的地方，是否可以更加规范化，某些工作是否可以进行简化，能否主动去判断哪些是可以前台直接处理的，哪些需要麻烦更高一层的领导去解决的，有些定期发送的邮件，是否可以在适当的时候提示一下相关负责人等。只要在工作中认真思考，总会发现可以改进的地方。

也就是说，要想培训让企业领导满意，就要快出效果。那么，公司培训工作就要多倾向于解决实际问题或传授实际性的技能，而不是倾向于向员工普及知识，如，生产型企业可以多培训生产技能、质量体系、员工安全意识、生产成本控制与效率提升等；销售型企业可以多培训销售技巧、销售心态、团队打造，大客户营销，狼性销售等。

笔者在某生物保健食品企业做内部培训师时，公司领导天天强调销售人员培训的重要性。逼着我们人力资源部、销售部经常性做产品知识、销售技巧、终端知识培训；那段时间，逼得不懂养生保健的我天天恶补养生保健及产品知识。

企业领导也经常亲自给员工上课，企业领导是主管生产出身，不是很懂销售，他对产品非常熟悉，了如指掌，产品知识一讲就是一天，不断重复，结果讲得公司那帮销售人员一听到产品知识就想吐；还别说，效果很好，公司的销售人员到外面销售时对产品如数家珍、倒背如流。

因此，做培训要符合公司发展，要站在企业领导的角度思考，为企业领导分忧，为企业增绩效。尤其是广大中小企业，没有那么多的时间与精力来搞花拳绣腿的普及型员工培训，大多数企业想即学即用，即用就能产生效果，这样对广大培训师来说就相当有挑战性。

6.7 【疑难问题】

6.7.1 培训是利用上班时间还是休息时间

也许很多 HR 都有这样的困惑,培训究竟是利用上班时间好还是利用休息时间好?如果在员工的角度看,培训的时间应该放在工作时间比较合理;但在企业领导的角度看,培训时间放在休息时间比较合理。鉴于此种情况,HR 应该如何安排培训时间呢?

培训时间的选择对培训的效果不容忽视,选择业余时间培训,不影响工作,但员工不好组织,员工的积极性不高,培训效果会大打折扣;而工作时间培训好组织,但对工作又会有影响,而且企业领导一般不怎么愿意,尤其是中小型以销售为主的公司,因为培训会影响销售,影响员工正常工作的进行。

【案例 6-1】某公司是做奶粉销售的,每月安排 3 个周六进行公司内部培训、召开沟通会议、进行公司销售排名等,要求公司所有员工必须参加,不参加就罚款 50 元;有员工就提出应该按加班处理,公司辩解这 3 天只是给员工培训和开会,并没有让员工干活,所以不应该支付加班费。请问公司这样回答是否合理?

【案例 6-1 解读】《劳动法》规定:加班加点是员工按照用人单位的要求,为了用人单位的直接或间接利益,在工作时间以外提供额外劳动。为了确定员工是否属于加班加点,一般会依照以下几点进行判断:

(一)是否为用人单位所要求或是否体现用人单位的意志;

(二)是否为了用人单位的利益;

(三)是否在标准工作时间之外。

如果符合上述三个条件,应当视作加班加点。

我们来分析本案例,首先内部培训和开会是公司要求的,体现了单位的意志;其次本案例中的内部沟通和培训是利用休息时间进行,超出了标准工作时间;最后员工通过培训提升了技能,或者明确了业务流程、规则等,有利于更好地开展工作,直接或间接为公司创造了经济利益,最终使公司受益。因此说,公司长期利用休息时间培训,应属于加班范畴。

那么 HR 又如何来充分利用合理的时间来开展培训工作呢?笔者认为培训时间安排要结合公司文化和员工对这个培训时间的接受程度来进行。对于不同的内容应考虑不同的时间，比如员工技能培训，可以安排在生产停工等料期间，可以安排在员工销售过程中（如终端销售与陈列时）；可以以导师带徒的形式进行，这样员工又不用下班，可以在岗学习；另外像研讨会、技术交流会可以安排在上班期间；如果外请专家或培训师，可以安排在周六或周日，根据公司的实际情况来定；如果是公司统一安排，规定了学员对象、目标学员等，如果是休息时间可安排适当调休；当然利用休息时间来培训也可以，尽量征求大家的同意或偶尔为之，不是常规性的那种，这样，一般员工都能理解，也不会去追究什么加班工资的问题。如果人力资源部门一味听从企业领导意见，将培训时间全部调整到休息时间，那么势必引起员工的抵制和反感，就会严重影响培训的效果，甚至有可能某些人对人力资源工作的开展就会大打折扣，消极配合。毕竟员工下班后、周末休息时间或多或少有自己的私事要处理，要照顾家庭。所以说，作为企业的培训组织部门，一定要换位思考，让培训真正达到应有的目的，产生实效；平时要多了解员工的真实想法，听取员工的意见，让培训真正落实，不要让培训流于形式，为了培训而培训，对时间安排要合理、高效。

6.7.2　如何让培训真正落实、有效

很多企业都存在这样的问题：每年在企业培训费用成本上支出颇为巨大，可是每年盘点下来，培训对于员工的成长作用平平，甚至员工流失率居高不下。也有员工反映，因为忙于培训和考核，常常耽误了业务的发展，可是不培训又不行。对此，企业领导和 HR 对于培训计划往往比较困惑和无奈。那么我们 HR 或培训工作者又如何将培训做到真正落实、有效？让企业领导满意，公司业绩增长，员工素质提升？

（1）以终为始，培训以需求为导向

在制订公司、部门年度及月度培训计划时，要以公司实际情况出发，培训内容不能盲目跟风，不能以企业领导偏好或人力资源部考核任务来定培训方向，应以终为始，以需求为导向。同时可根据公司情况将培训计划进行阶段性的调整，例如，销售型公司创业初期，可能以销售技巧、销售渠道开发、客户关系处理、员工执行力等培训方向为主；稳定期可能以公司制度化、流程化、大客户营销、创新等培训方向为主。要让培训内容与公司需求对口，

公司搞任何培训，其目的不外乎就是提高公司生产力，包括人、机、料、法、环等方面的培训和提高。

这样一来，培训需求调查就显得很重要，同时应在培训需求调查报告基础上做深层次的考虑来确定培训需求。如果公司员工执行力不行，可能是员工个人态度导致，也有可能是由于公司薪酬制度不合理或公司管理不合理，要从深层次挖掘，要把培训工作当成中药治疗，循序渐进，不能东一锤西一榔头，无计划无目标。

（2）要坚持考核与培训后检查

这一点很重要，这是让培训落地，转化成生产力的最关键环节。IBM 的总裁说过这么一句话：人不会做你希望做的事情，人只会做你要检查的事情。的确如此，在笔者从事人力资源培训管理工作中经常遇到这样的情况：培训不考核，学员听课就不认真，不做笔记，下完课就忘记了；还找各种理由或借口不参加培训，遇到培训就请假，诸如此类。这样培训的效果就很难体现，对培训组织与管理工作的难度就加大。

那么谁来考核？谁来监督呢？其实，培训检查考核，包括培训前、培训中、培训后的检查考核，培训前主要是对培训调查反馈和分析的考核，主要考核培训计划的制订是否符合公司、部门、学员的实际需要；培训中的检查考核主要是检查培训参与的各方是否认真对待培训工作，保证有一个好的培训实施过程；培训后的检查考核是关键的关键，它涉及参训员工的反应、学习、行为、效果等情况，也有 HR 培训专员、培训师、学员上级、公司领导对培训的检查反馈。

人力资源部负责考核，学员直接由上级监督学习运用情况，外部培训机构辅导。学员每次上完课一个月内由人力资源部负责理论考试，考试成绩占总成绩的30%或 40%的权重，其他分数为行为改变分，此分由学员的直接上司来打。培训后检查，包括作业检查与成果追踪。作业检查是为了培训的温故知新，按照布置时的约定去检查。成果追踪，检查在培训后经过规定时间的学以致用情况，要在约定时间检查他是否达到了定向时的承诺（包括业绩承诺和个人成长承诺）。

（3）培训考核与员工绩效或员工晋升通道挂钩

员工最关心的是自己，把每次培训和员工的职业生涯规划挂钩，员工在参加学习的时候才会真正自动自发。比如，从员工变成主管，从主管变成高级管理人员，每一级需要具备什么能力，需要接受什么培训，全部量化，并且纳入考核部分，必然会产生意想不到的好效果。

（4）大量传播、不断分享

员工看到什么，就会被什么影响。把培训广而告之，培训后把培训中的精华内容、语言、学员的精彩分享、头脑风暴的结论、精彩瞬间的照片、作业成果等，制作成图片，张贴到公司的学习栏，或者各种公共区域，俗称"上墙"。也可以制作成电子刊物，发送给学员阅读。

笔者在某集团化企业担任培训师期间，为了把培训工作做得影响最大化、持久化，做了如下几件工作：

① 培训前：将培训广告、通知在员工宿舍门口、公司公告栏、公司网站（还设计了少量 FLASH 动画）上大量贴出，达到形成培训的文化氛围与广告作用。

② 培训中：分组 PK，演讲、笔试、实操考核相结合；公司领导包括总经理亲自参加，考核不及格，总经理一样补考。记得在一次高层干部军事化训练考核中，总经理有一项不达标（及格分为 80 分），仅这一项总经理就补考了三次，可见要求严格。由于公司领导带头严格要求，公司其他基层员工对培训考核的理解度就高了很多，大多不会去逃避，而是积极去挑战。因此，培训工作能得到公司领导尤其是一把手的重视非常重要。

③ 培训后：不定期检查与跟踪，定量与定性相结合。我们人力资源部制作了一系列培训跟踪辅导表与检查表。同时，我们每月制作了一份培训月报，包括本月培训内容的重点知识、优秀学员展示、学员的培训感悟等，还包括当月重点推荐的学习书籍、公司员工培训的考核排名等。每期报纸我们内部印发2000 份，几乎人手一份；同时我们将培训月报每月 25 日早上九点以邮件形式准时发往每个公司高层邮箱，让公司高层不看都不行。后来，导致出现一个有趣的现象：我们有一期月报晚了一天发放，结果有好几个高层打电话来询问。因此，培训工作就是要这样做，让高层重视，让基层自动自发，不断给员工灌输、重复。学习学习，学习之后更重要的是温故知新与实践提升。

④ 每月组织 1~2 次读书会或分享会。我们当时制定了一个内部规定，每月每个高层至少读一本书，每月由公司高层轮流做读书分享。

（5）培训要因人因岗、要合适

合适的意思是找到那些真正需要培训的人。培训并不是谁都可以来，谁都可以来就不稀缺，不稀缺就没有价值，员工就不珍惜这堂课。培训不是福利，只能给那些有需要、要求上进的同事。通过个人申请参加，同时明确自己通过培训想达到的目标，以及培训后的行动措施。同时，培训应因人因岗，有所区分。比如，领导力培训，基层员工就不要参加；专业技术培训，就要求专门的师傅来传授。同时培训师最好由销售部门或技术部门为主导，人力资源配合或者说人力资源做通用型及管理层培训。

6.7.3　如何做好培训课件的标准化与培训优秀经验的传承

很多企业往往在培训管理工作中遇到这样一种情况：某类培训课件制作完成后，只有某个老师或少数一两个培训师能讲；换其他培训师或者当这个培训师离职后，就没有人能讲这个课题。这样，就给人力资源部的培训工作带来较大的瓶颈。尤其是当人力资源部门领导自己不会讲课时，就更显得窘迫，不得不从外面培训机构请培训师来授课。

2008 年笔者在某公司从事人力资源管理工作时，公司有一位领导讲《中层管理 MTP》讲得特别好，我们人力资源部组织本部门人员前后两次听了这位领导的课程，感觉非常好。后来这位领导因事离职，我们 HR 部门几次想再次开展此门课程，最后发现没人能讲这门课程，即使能讲也只是勉强凑合。

后来我们总结原因：这位领导讲《中层管理 MTP》这门课时，一是 PPT 课件内容太少；二是当时这位领导有较强的自己的演讲与授课风格；三是培训师手册不全，没有培训师授课指引，很多都是培训师原来的工作经验分享，他可以把培训内容结合自己的工作阅历生动地表达出来，而我们其他培训师没有这方面的经验。

针对此类情况，我们在培训师手册及培训标准化模块方面下了很大功夫。因为，企业需要的不是一两个天才的发挥和表现，需要的是经验的传承和整体培训标准的提高。

那么如何标准化培训师手册？

通常来说，培训师手册包括以下资料：《教学手册》《案例手册》《板书手册》《学员手册》和 PPT。

1.《教学手册》

通俗来说，也可以称为培训师指引。它是整个培训师手册构成中的核心要素。一般包括以下几个要素：纲要、具体内容、时间、教学方法、教材/教具，如图 6-31 所示。

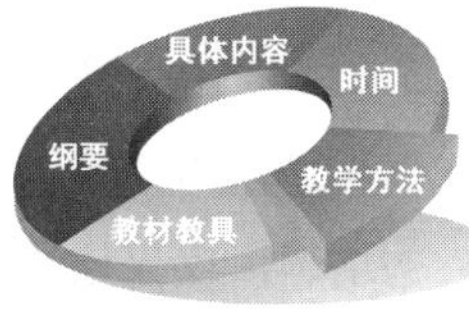

图 6-31　教学手册要素

之前提到的包括案例、板书、学员手册和 PPT 都是围绕着这个教学手册来设计的。一个优秀的培训师可能不需要培训师手册，因为他的成功有两种情况，其一，接受过非常职业的培训师培训和课程认证培训，且授课经验丰富；这一类人是不需要培训师手册的；但如果某门课程不是他自己开发的，比如讲性格测评的，讲六项思考帽的，讲高效能人士的七个习惯的等有版权的或者说非本人开发的课程，这时培训师手册对培训师来说就非常重要。当然他们可以在这个基础上结合自己的优势与经验，进行发挥。其二，无师自通的培训师，是不需要培训师手册的。这一类人通常不是科班出身，但一定都是各个领域优秀的职业经理人，同时又具有优秀的表达能力，讲得多了，自然也能形成自己的风格，比如，讲销售或者管理。

制作《教学手册》有一个基础性工作，就是对课程本身的认识。例如，要开发的课程名称是《时间管理》，那么我们对时间管理要有一个全面的认识，最好是有一个无师自通的成功培训师做指导，如果没有，也没关系，但最起码要对这门课程有比较深入的认识，最好多收集有关的教材、信息，多找一些讲过这门课程的培训师进行交流与分享，请大家一起集思广益，共同来开发这门课程。教材研发是一项繁杂、专业的工作，笔者参加过专业的 PTT 职业培训师训练，受益颇多。其实，书面教材还只是一部分，为了保证课程的效果，很多教材内还会有视屏录像，这些资料很多也是需要研发的（尤其是连锁型企业、分公司多的集团化企业）。当然，成本也是巨大的。

2.《学员手册》

顾名思义，这个资料是给学员看的，我们已经有了 PPT，培训师又在讲解，为什么还要做学员手册呢？因为它是对培训的补充和完善，学员手册起到的是一个提纲挈领的作用，帮助学员理清整个培训的框架和重点，但是它和 PPT 是不一样的，一般来说比 PPT 的内容要少，因为我们需要学员把注意力集中在培训师身上，而不是学员手册上。同时，这个资料也提供了学员记笔记、记录个人感悟和想法的地方。一般来说，学员手册就是 PPT 的延伸版和简化版。

3.《案例手册》

《案例手册》是整个培训师手册中非常重要的一环，为什么这么说呢？因为成人的培训，仅仅依靠培训师的讲解与说明是不够的，也不容易被学员所理解与认识。而案例学习则是一个非常有效的办法，所以，在培训课程的学习中，我们会发现很多的案例学习，这些都是为了促进学习效果而设计开发出来的资源。

通常，每一个案例都有其背后隐藏的目的，这些目的通常包括：学习新的理论、知识或技能。

例如，在时间管理培训中"工作计划与时间安排"这个环节，我们可以设计一个案例，让学员运用四象限的分配法，为案例中的主角来评估各项工作的重要性，同时对工作进行时间分配，这样做的目的就是希望学员在模拟操作中对四象限的运用有一个直观和身临其境的认识。

4.《板书手册》

《板书手册》也是培训师手册中比较重要的一个方面。顾名思义，板书就是培训师在白板或者白报纸上书写的内容，大家不要认为因为是板书，所以这些内容可能是培训师随意书写的，想想我们在读小学、中学时，板书可是占据了老师绝大部分的精力，比如，数学或者外语，这些板书都是老师通过精心的备课工作才能够正确有效地展示给我们的。所以，成人培训也一样，板书手册也是需要我们考虑的一个环节。

5．PPT

PPT 是培训师手册的核心，也是向学员展示的重要工具。因此，作为 HR 部门或培训管理部门应当非常重视培训 PPT 的制作与收集，最好把所有培训老师的课件（老师版权课程除外）做一个收集与整合。

6．授课计划与课前准备

授课计划分为整体授课计划（见表 6-25）和单元授课计划（见表 6-26），分别与开发过程中的框架设计和详细设计相对应。

表 6-25　整体授课计划表

模块	内容	时长
1		
2		
3		
4		
5		

表 6-26　单元授课计划表

单元目标：

章节名称	关键知识点	时长	所需资料

　　课前准备包括培训师对课程的内容准备和行政准备两大方面，一方面提醒培训师要重点关注课程内容；另一方面，要提醒相关人员做好课程的相关行政工作安排，保证课程的顺利实施。

　　课前准备表见表 6-27。

表 6-27　课前准备表

课前准备
1．课程开始之前培训师应熟知以下内容：
培训师手册（包括案例、故事、培训师五线谱、板书内容等）
学员手册及 PPT 内容
视频及辅助教学资料（如案例视频、教学音乐、课堂知识延伸点等）
2．培训师需预先好下列教学用具：
讲台、投影仪、电脑
教学笔、白板、白纸
话筒、音频线、电池
学员手册及课程简介与相关宣传资料
教学用道具（如室内拓展、游戏用道具，便签纸、白板笔、卡片等）
3．人员组织与相关部门协调：
授课对象通知及相关部门告知
课程通知下发
教室及场地空调、灯光调整
学员住宿、后勤保障工作安排
……

7．五线谱式授课要点

　　培训师手册的详细授课要点一般是按照五线谱的形式展开，包括时间线、目的线、方法线、内容线、资源线，详细说明每个小节、每个活动、每一页 PPT 的实施操作和讲解要求，见表 6-28。

　　时间线：时间线是指对知识点的时间分配和掌控，可以按照一个教学活动或者一页 PPT 来进行设定，根据知识点的重要性、难易程度和授课方式共同进行时间分配。一般来讲，要给案例、讨论和练习等教学活动预留充足的时间。此外，劳逸循环理论也指出，人脑高效工作的时间仅能维持 1 个半小时左右，所以每节课不应超过 90 分钟，中间还需休息 15 分钟，这样才能保持学员良好的生理状态和心理状态。而成人的专注时间一般只能保持 15～20 分钟，因此，一个知识点的介绍或活动的开展应该在 20 分钟内完成。

- 目标线：需要结合课程内容和课程目标分解出教学活动或知识点要实现的课程子目标。
- 方法线：是对使用的培训方法或手段的说明，以学员为中心的培训方法主要有讨论、案例分析、实操练习、角色扮演;以培训师为中心的培训方式主要有演示示范、举例子、讲故事、打比方、提问。其中，提问是培训方法中最基础的方式。
- 内容线：在写作时，需结合教学流程阐述要传递主题的内容要点。例如，案例分析的标准步骤是呈现案例背景、提出讨论问题、小组讨论与发表、培训师讲评和总结，每一个步骤都要说明如何组织学员参与、如何提问、如何讲解、如何反馈等内容。

资源线：教学活动需要硬件或软件的支持，硬件包括海报、视频、练习单、教学活动道具等。此外，培训师还要很好地掌握本知识点所需的辅助资料，如背景知识、辅助阅读材料、参考网址、书目等。

表 6-28　课程开发五线谱模板及示范

时间线	内容线	目标线	方法线	辅助线
所需时间（××分钟）	内容名称 内容要点列举 内容要点说明 其他	本内容需要学员掌握的程度或起到何种效果（破冰、基本了解、加强重视、掌握运用、领悟、技能提升等）	展现本内容、目标所采取的培训形式（讲授法、实操法、回答、游戏法、案例分析、头脑风暴等）	为保证或提升培训效果所使用的辅助的人或物（卡片、白板、扑克牌、DVD、助教、奖品等）
10 分钟	游戏：按摩操 讲述游戏规则 游戏示范：游戏前培训师需示范，并向学员确认是否理解进行游戏 注意事项:游戏前讲清游戏规则，游戏中注意安全	破冰 （调动学员的积极性、提高课堂参与度）	游戏活动	卡片（游戏规则）、监督员一名,监督游戏过程
20 分钟	前台接待岗位职责及工作内容 岗位职责 电话咨询、到访客户接待及资源分配 客户资料统计整理 客户到访接待 客户投诉接待 其他工作	基本了解（使学员对前台接待岗位以及前台工作有基本了解）	问答、讲授、实操	白板（课程板书、对学员的回答进行记录）

8．培训师手册三大类型

培训师手册的呈现形式多种多样，详细程度
也各有不同。根据课程的重要程度、授课难度、
生命周期、需要认证的培训师数量等方面，可将
其分为简单注解版、互动逻辑版、详细话术版三
种，如图 6-32 所示。三种版本应用于不同的场合，
不同的培训师也有习惯性喜欢，这要根据培训的
实际需要最终确定培训手册的版本。

简单注解版
详细话术版
互动逻辑版

图 6-32 培训师手册三大类型

互动逻辑版培训师手册示范

PPT1 内容：

案例 1：某公司招收了一批新员工，朱某系新进人员之一。朱某等人入职后，该公司对新进人员进行了为期一周的入职培训。培训结束后，该公司与朱某约定最低服务 3 年的服务期。但不久朱某向公司提出了辞职。该公司认为公司既然已经出资培训了朱某，朱某提前辞职人需要支付违约金。请问朱某是否需要支付违约金？

PPT2 内容：

1．出资培训概念的滥用

新《劳动合同法》第 22 条规定，用人单位为劳动者提供专项培训费用，对其进行专业技术培训的，可以与该劳动者订立协议，约定服务期。

2．违约金的返还

新《劳动合同法》第 22 条规定，用人单位要求劳动者支付的违约金不得超过服务期尚未履行部分所应分摊的培训费用。

【授课时长】15 分钟

【授课目的】通过案例引出劳动法关于培训协议违约的规定

【授课方式】案例分析法

【教学流程与讲述要点】

（1）抛出案例，包括本页及下页 PPT；

（2）各组给出答案并陈述理由；

（3）进入下页 PPT，点评案例；

（4）讲解相关法律知识内容，并总结。

6.8　【案例分析】

6.8.1　如何有效设计落地的课程

【案例 6-2】某民营企业一直是专做电池的传统生产型公司，企业效益一般，销售没有打开局面，受国家新能源利好影响，该企业被美国某新能源公司收购，公司名称保持不变，业务方向发生改变，专门生产新能源汽车动力用锂电池。这样一来企业的人力资源面临着重大转型，除了组织结构需要重

新设计，调整不合理的人员结构，裁减一批知识老化、冗余的员工外，更需要从根本上改变企业人力资源落后的局面。

此外，根据收购协议，由美国公司新委派 6 名外籍管理人员与 3 名工程师，人力资源部又根据新公司业务发展的要求，在全国范围内招聘了部分重要岗位的职业经理人进入公司，这样一来就形成了外籍管理人员、新聘职业经理人、原公司老的管理人员三拨人马，彼此间信任程度差，加之文化差异，他们之间沟通中容易导致一些不必要的误会、矛盾，甚至冲突。他们希望公司能够通过培训来帮助他们解决这些问题。

上级要求人力资源部设计一个培训方案，帮助管理人员、重要岗位人员之间加强沟通与合作。

您认为哪些培训方法适用于这次培训？应选择外部培训师还是内部培训师？为什么？

【案例 6-2 解读】

（1）此案例中的培训需求看似比较清晰，但做起来非常有难度，他们之间的沟通差异涉及跨文化、跨历史、跨部门，需要公司的文化、理念重新定位，可当作一个新公司来重新进行安排；再配套相应的沟通机制与制度；单凭 1～2 次的沟通培训很难从根本上解决他们的问题。

（2）在培训过程中适合采用的培训方法有：团队工作坊（如 4D 领导力工作坊、跨部门沟通与协作行动学习工作坊）、户外拓展、世界咖啡、团队游学等形式，不能单纯地理论授课。因为这样的学习方式便于加强公司管理人员、工程师之间的沟通与思维碰撞，当然也会有一定的风险，要求培训师有较强的工作经验与威望，同时要能善于引导，控场能力强。

（2）培训师的选择：一定选择外部资深培训师且要有大型外资企业高管工作经历。因为考虑到原公司管理人员与公司新委派或外聘的管理人员的对立状态，外部培训师的位置比较中立，更容易被三方接受。

6.8.2　如何萃取内部专家的优秀经验

【案例 6-3】某连锁家电企业在本省有 70 余家连锁直营店，年销售额近 10 亿元，在当地有比较好的信誉口碑。但最近公司发现部分门店的业务急剧下滑，员工稳定率差，招人留人难；而另外一部分门店业务却一直呈上升趋势，且人员稳定性好，公司便安排人力资源部与市场管理部人员一同前往了解原因，并萃取优秀门店的管理经验及业务经验制作成案例推广。

假如你是该企业的人力资源管理人员，你如何开展工作，用什么方法来萃取优秀门店的先进经验？

【案例6-3解读】

（1）华为任正非说："企业最大的浪费是组织经验的浪费。"经验萃取能有效降低企业成本，快速提升组织绩效，更有利于企业知识管理，让企业传承更到位。企业中往往有很多优秀的管理人员、技能人员、业务高手，他们身上有着丰富的隐性经验，企业需要将这些隐性经验萃取出来成为广大员工的工作指导，让员工快速复制，从而快速提升业务或绩效。

（2）第三方萃取一般有两种方法：一种是专家访谈萃取，另一种是观察萃取。专家个人访谈法是通过和专家进行深入沟通，了解专家做事的思路、方法以及挑战等信息，这种方法需要花费比较多的时间，同时对访谈者也有一定的要求，需要访谈者掌握结构化访谈的方法。一般用下面的几个步骤进行专家访谈，见表6-29。观察萃取法是经验萃取师通过观察内部专家（优秀人员）在某种情境下的具体行为做法，结合提问，从而梳理出内部专家（优秀人员）的相关经验的萃取方法。这种方法有时更直接、有效，但这种方式要通过模拟情境再现的方式呈现出来，耗费的成本较高，且不易操作，不容易实现，所以在企业中，采取专家访谈的萃取方法更多一些。

表 6-29　STAR 专家访谈步骤

STAR 法	提问步骤	具体问话
S 情境	你在完成这个任务时，一般是怎么做的（具体的步骤、方法或者具备的要素）?还有吗？	描述一种情况，当发生…… 周围的情形怎么样？ 你为何要这么做？ 当时是处于什么样的想法？
T 任务	员工在完成这个任务时，主要的挑战是什么？还有吗？	你当时面临的任务是什么？ 要达到什么样的标准？ 你面临的挑战主要是什么？
A 行动、步骤	应对这个挑战有什么诀窍？有哪些应该避免的误区？	你对当时的情况有何反应？ 采取了什么行动？你是什么角色？ 你在处理整个事件的过程中，采取了什么样的行动步骤？
R 结果	结果如何？这个结果产生了什么影响？	事情的最终结果如何？ 这个结果是如何产生的？ 这一事件引发什么问题或后果？ 你得到了什么样的反馈？

6.8.3 解决培训"杀手"

【案例 6-4】

某公司的培训经理张女士是在 2017 年从行政部转到人力资源部的。当时公司之所以这样安排，主要是因为她是公司领导的亲戚，在行政岗位上工作多年，自己也希望未来在企业中有所发展，以后能总揽公司的重要岗位。而培训岗位看上去专业性不强，且门槛较低，是不错的试验点。

张女士转岗到人力资源部负责培训，第一项工作就是收集培训需求，大家纷纷表示好玩、轻松、实用即可，于是她到岗后组织的第一场培训是组织全员参加了一次户外拓展。可惜在这次户外拓展中发生意外，一位员工的腿被摔断。几天后，公司领导又要求组织开展一次营销培训。本来说好邀请公司的一位资深业务经理负责讲课，可到授课的前一天，这位业务经理临时被安排出差，一时也找不到合适的人来顶替授课，被逼无奈，张女士亲自授课。可这么多年从来没有做过销售，简单是赶鸭子上架，结果可想而知。授课不到半小时，员工几乎全走光了，这时张女士感觉到了这份工作的不易。后来，经过与专业人员交流后，张女士积极参加了 TTT 培训，学后才知道，"原来培训经理是个专业性极强的岗位"。

【案例 6-4 解读】培训师岗位是专业性与实操性极强的岗位，不专业的培训师给企业带来的是灾难。同样没有工作经验与实践经验，空有理论的培训师也会给企业带来灾难。

【案例 6-5】李先生在某生物科技公司担任人力资源总监时，公司处于创业期，以开设中医药养生产品连锁门店为主。由于养生产品品类很多，且新招聘进来的门店员工有很多是非专业人士，没有中医及药学的常识，鉴于此情况，公司把门店健康顾客（导购）的培训工作看得很重，每周集中 2～3 天授课。在组织培训一个月后发现效果不明显，尤其是那些年纪较大的员工，对培训的知识点记不住，培训的导购技巧又不用，还是习惯性地用他们原来的导购技巧（很多原来是卖家电出身的）；后来，站在一旁观看的总经理张总给李总监提供了方法：①培训师不能光在课堂上讲授，要讲完一个知识点让学员上来演练或讲解、直到消化；②要给门店导购提供终端百问百答话术标准模板，不断演练，强化训练；③课后要考试、要跟踪检查，并且要不断重复开课，直到学员熟练掌握为主。

【案例6-5解读】此次经历给了李先生很好的启发。培训行业有一句经典之语：培训前激动、培训中感动、培训后一动不动。这里最重要的是第三句，如何让培训后动起来？如何让培训真正产生价值？关键是运用。当培训结束后，要给受训学员留课后作业并定期组织考试、复习，对应用的结果要有跟踪及评估。只有这样，培训才有价值。

同时，培训师应注意知识、技能、心态三者授课要区别对待，因为大脑对知识、技能、态度的加工和反应方式不同，所以教授这三类能力的方式自然也应不同。如知识要强化记忆、技能要反复练习、态度要学员体验感悟。

6.9 【HR必知】培训与开发

1. 培训与开发的流程

国内外的培训开发学者们都认为培训可分为四个步骤。这四个步骤分别是：培训需求分析、培训规划制订、培训的实施、培训效果评估。

（1）培训需求分析

培训需求分析是指在规划与设计每项培训活动之前，由培训部门、主管人员、工作人员等采取各种方法和技术，对各种组织及其成员的目标、知识、技能等方面进行系统的鉴别与分析，以确定是否需要培训及培训内容的一种活动或过程。培训需求信息的收集多采用问卷调查、个人面谈、团体面谈、重点团队分析、观察法、工作任务调查法。

（2）培训规划制订

培训规划是指对企业组织内培训的战略规划，企业培训规划必须密切结合企业的生产和经营战略，从企业的人力资源规划和开发战略出发，满足企业资源条件与员工素质基础，考虑人才培养的超前性和培训效果的不确定性，确定职工培训的目标，选择培训内容、培训方式。

制订好培训规划后，接下来的工作就是培训的实施。要做好这项工作，需注意以下几点：①领导重视。②要让员工认同培训。③做好外送培训的组织工作。④培训经费上的大力支持。⑤制订奖惩措施。这方面，国内外的研究学者关注得比较多的是采取怎样的培训方式进行培训，认为多样化的培训方式比传统的讲授式培训能达到更好的效果。

（3）培训效果评估

要研究培训方案是否达到培训的目标、评价培训方案是否有价值，判断培训工作给企业带来的全部效益（经济效益和社会效益）、培训的重点是否和培训的需要相一致。科学的培训评估对于分析企业培训需求，了解培训投资效果，界定培训对企业的贡献，非常重要。目前使用得最广泛的培训效果评估方法是柯克帕特里克的培训效果评估体系。成本—收益分析也是一个比较受推崇的方法之一，这种方法可将培训的效果量化，让企业可以直观地感受培训的作用。

2．HR 如何在培训模块自我修炼

HR 是一项实践性很强的工作，如招聘、员工关系处理、绩效考核，尤其是培训工作。如果 HR 想做好企业的培训工作或将来想转行做职业培训师，最关键的两个字就是：修炼。因为培训师是个厚积薄发的职业，需要有深厚的企业实践作为根基。要在平时授课中不断修炼自己的心性，增加知识和技能，拓宽自己知识的深度与广度。笔者最喜欢杨澜的那句"你可以不成功，但不能不成长"，借以送给广大 HR 工作者。下面几种方法供读者参考：

（1）多与同行交流；

（2）正确地做事，做有效的 HR；

（3）标杆学习法；

（4）多阅读；

（5）多听讲座、多看视频；

（6）多练习培训，只要有机会培训就放手做培训。

同时，平时要多写作，如在 HR 论坛、博客、公司报刊发表自己的原创文章，锻炼自己的写作水平与专业水平；多上台练习讲课，让自己爱上演讲，多说多练，不断修炼，不断突破。很多职业培训师都是从内部培训师训练做起的，一个职业培训师成熟前至少要免费讲 100 场才能收费。

第 7 章

人事档案的
作用与管理

本章主要介绍人事档案的作用与日常管理。

随着人事制度改革的推进，人们的就业自由度逐步提高，人才流动速度加快，越来越多的人由"单位人"变为"社会人"，由"计划人"变为"市场人"，人事档案不再对人才的流动具有强大的制约作用。但单位用人机制的市场化改革误导了一些人对人事档案的看法，滋生了"档案无用论"的看法，这在某种程度上严重制约了人事档案发挥其应有的价值。21 世纪的竞争是人才的竞争，现代管理理论强调，管理的核心是人的管理，人既是管理的主体，也是管理的客体，人必须具备一定的能力才可能完成某项管理过程。而人事档案是"人的管理"过程中基本信息的主要来源依据，它既存储了组织人力资源信息，又是管理的核心——"人"的历史和现状的一个真实反映，它真实地记述了档案人的个人经历、德才表现及发展历程，是历史地、全面地考察人的重要依据，因此我们必须重新认识人事档案，重新重视人事档案管理工作的作用和重要意义。

7.1　人事档案的概念和主要内容

7.1.1　什么是人事档案

人事档案是国家机构、社会组织在人事管理活动中形成的，记述和反映个人经历、德才能绩、工作表现，以个人为单位集中保存起来以备查考的文字、表格及其他各种形式的历史记录。准确、齐全、完整的人事档案能历史全面地记载一个人的经历、政治思想、品德作风、业务能力、工作表现、工作实绩等信息，是知人善任、选贤举能的重要工具。本部分具体介绍《干部档案工作条例》关于人事档案的管理要求，国有企事业单位和民营企业可参照开展人事档案管理工作。

7.1.2　人事档案包括哪些主要内容

根据中共中央组织部、国家档案局在 1991 年 4 月 2 日发布的《干部档案工作条例》规定，人事档案正本一般分为十大类，其内容如下。

第一类：履历材料；

第二类：自传材料；

第三类：鉴定、考核、考察材料；

第四类：学历和评聘专业技术职务材料（包括学历、学位、学绩、培训结业成绩表和评聘专业技术职务、考绩，审批材料）；

第五类：政治历史情况的审查材料（包括甄别、复查材料和依据材料，党籍，参加工作时间等问题的审查材料）；

第六类：参加中国共产党、中国共产主义青年团及民主党派的材料；

第七类：奖励材料（包括科学技术和业务奖励、英雄模范先进事迹）；

第八类：处分材料（包括甄别、复查材料，免予处分的处理意见）；

第九类：录用、任免、聘用、转业、工资，待遇、出国、退（离）休、退职材料及各种代表会代表登记表等材料；

第十类：其他可供组织上参考的材料。

人事档案副本，由人事档案正本七类主要材料的复制件及重复件构成：①正本中第一类的近期履历材料；②第三类的主要鉴定、干部考核材料；③第四类的学历、学位、评聘专业技术职务的材料；④第五类的政治历史问题的审查结论（包括甄别、复查结论）材料；⑤第七类的奖励材料；⑥第八类的处分材料（包括甄别、复查结论）；⑦第九类的任免呈报表和工资、待遇的审批材料。也就是说，人事档案副本包括除正本中的自传、党团材料和其他类以外的七大类材料。其他类别多余的重要材料，也可归入副本中。

7.2 人事档案的作用

人事档案的作用如下：

- 人事档案是员工成长的断代史。
- 人事档案是企业人力资源管理的信息基石。
- 人事档案是解决劳动纠纷的有效工具。
- 人事档案是企业选人用人时可靠的指南针。

综上所述，人事档案的作用也可用图 7-1 来表示。

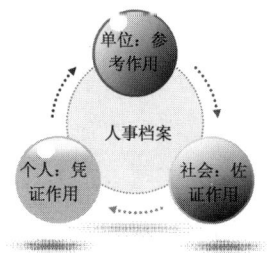

图 7-1　人事档案的作用

图 7-1 也可以用下面一段文字来具体阐述。

明内阁大学士邱濬说:"今世赖之以知古,后世赖之以知今者也。"这里指的就是档案的作用。

大文豪郭沫若在 1960 年写下《题赠档案馆》一诗,盛赞档案作用的重要。

> 前事不忘后事师,自来坟典萃先知。
>
> 犹龙柱下窥藏史,呼凤舆前听诵诗。
>
> 国步何由探轨迹,民情从以识端倪。
>
> 上林春讯人间满,剪出红梅花万枝。

中国人常说,"空口无凭,立字为据""口为空,字为宗"。

所以,可以将档案的作用简单概括为:个人凭证作用和单位参考作用以及社会佐证作用。

7.3　人事档案管理

7.3.1　干部人事档案

这里的干部人事档案是指中央及地方各级党政部门形成并管理的国家工作人员的人事档案,是组织、人事等有关部门,按照党的干部政策,在培养、选拔和任用干部等工作中,形成的记载干部个人经历、政治思想、品德作风、业务能力、工作表现、工作实绩等内容的文字材料,并按有关规定进行整理后组合起来的个人档案,是历史地、全面地考察了解和正确选拔使用国家干部的重要依据,是国家档案的重要组成部分。

7.3.2 代理人员人事档案

人事代理相关服务是基于人事档案的管理实现的。人事代理是指由政府人事部门所属的人才服务中心，按照国家有关人事政策法规要求，接受单位或个人委托，在其服务项目范围内，为企事业单位各类人员提供人事档案管理、职称评定、转正定级等全方位服务，是实现人员使用与人事关系管理分离的一项人事改革新举措。如果工作单位不能接收人事档案，一定要把人事档案放到政府人事部门所属的人才服务中心委托管理。否则，必然损害自身利益，使本应享受的上述待遇得不到应有保障。

中组部、原人事部明文规定，流动人员的人事档案要委托县级以上人才交流服务中心保管，其他任何单位不得擅自管理流动人员的人事档案。现在人才流动较为频繁，特别是到无人事档案管理职能的单位工作，应及时到人才中心办理人事代理。按照规定，符合以下条件的人员可以由单位或个人向人事部门所属人事代理服务机构委托管理人事档案：

（1）辞职或辞退的机关人员、企事业单位专业技术人员和管理人员；

（2）与用人单位解除劳动合同或聘用合同的专业技术人员和管理人员；

（3）待业的大中专毕业生；

（4）自费出国留学人员；

（5）无上级主管部门、不具备人事档案管理条件的企业聘用的专业技术人员和管理人员；

（6）外商投资企业、乡镇企业、民营科技企业、私营企业聘用的专业技术人员和管理人员；

（7）外国企业常驻代表机构的中方雇员；

（8）外省市在沪机构聘用的及本市赴外省市（境外）工作的专业技术人员和管理人员；

（9）办理了《居住证》的专业技术人员和管理人员；

（10）委托市、区、县人才交流服务机构进行人事档案代理的各类企事业单位、社会团体的专业技术人员和管理人员。

7.3.3　企业人员人事档案

人事档案的建立，是人类走向文明与进步的产物。一些资金雄厚、实力强大的知名外企、合资企业人力资源部门在我国境内招聘新的管理人才、技术人才时，非常重视人事档案的利用。因为一个跨越国界寻找经济合作，谋求最大经济效益的现代企业，深谙管理出效益的经商之道，而人才又是管理的关键因素。对一名优秀的企业人才的要求，不只局限于其工作能力，其品行、背景，以往的工作实绩等诸要素，都是考察的条件。通过出示个人的人事档案，就可以以此为凭，增加聘用企业对聘员的信任程度和认可程度。而国内大中型企业管理人员、技术人员的聘用，也是如此。

下面详细介绍如何做好企业人事档案管理。

7.4　企业人事档案管理作业流程

7.4.1　人事档案建立和整理流程

新建档案的整理，主要是指对那些从来没有整理过的、新吸收的人员的档案材料的整理，这部分档案材料原来没有完全整理，或者没有进行有规则的整理，材料零乱、庞杂，整理起来工作量大，比较复杂，而且随着各行业各单位新老人员的交替，这部分档案的整理工作将是持续不断的。

人事档案的整理步骤如下。

（1）先进行人事档案分类

按照《干部档案工作条例》和《干部档案整理工作细则》中关于正、副本十类内容的划分，人事档案正本的内容如下。

第一类：履历材料。干部履历表（书）、简历表，干部、职工、教师、医务人员、军人、学生等各类人员登记表、个人简历材料，更改姓名的材料，本人或组织写的个人成分、经历的材料。总之，凡是涉及本人基本情况的这样一些表格和文字材料均归入第一大类。

第二类：自传材料。本人写的关于自身情况的文字材料及属于自传性质的材料。此类材料一般不多。带自传和履历的简历表，以自传为主要内容的，就归在第二大类。

第三类：鉴定、考核、考察材料（主要指组织正式的考核、考察材料，考核登记表）。此类材料一般比较多，在登记目录时可以适当多留空格。包括以鉴定为主要内容的各类人员登记表，组织正式出具的鉴定性的干部表现情况材料；作为干部任免、调动依据的正式考察综合材料；考核登记表、干部考核和民主评议的综合材料。领导干部离任审计结论材料（审计结论为无问题的）。数量较多、较常见的一种是，年度考核登记表（国家公务员、专业技术人员及其他各类人员年度考核登记表），每年形成一份。近年来新出现一种表格材料：后备干部考核登记表，待担任新职务后再调整归入第九大类之下的第二小类。

第四类：学历、学位、培训和评聘专业技术职务职称材料。晋升技术职称、学位、学衔审批表以及业务考绩资料：技术人员登记表、考试成绩表、考核登记表、重要论文篇目和著作书目。

报考高等学校学生登记表、入学通知书、审查表，毕业登记证，学习（培训结业）成绩表，毕业论文（毕业论文只需归论文的第一页及最后一页，因为第一页有论文的标题，最后一页有相关组织及专家对论文的评议），学历证明材料，选拔留学生审查登记表；职称材料，主要包括专业技术职务（职称）任职资格申报表，专业技术职务（职称）考绩材料，聘任专业技术职务（职称）的审批表，套改和晋升专业技术职务（职称）审批表；业务自传、创造发明和技术革新的评价材料，科研成果、著作及有重大影响的论文（如获奖或有在全国性报纸上发表的）等目录。

第五类：政审材料。包括甄别、复查材料和依据材料，比如审查结论、复审结论、甄别平反结论或决定，通知、批复、组织的批注意见，带结论性的调查报告，证明材料，本人交代和本人对组织结论签署的意见和对有关问题的主要申诉材料；党籍、参加工作时间或更改参加工作时间等问题的审查材料，个人的政历情况说明材料。

第六类：参加中国共产党、中国共产主义青年团、民主党派的有关材料。入党入团志愿书、申请书（包括自传材料）、转正申请书，以及入党入团时组织上关于其本人历史和表现及家庭主要成员、社会关系情况的调查材料。如果缺申请书的必须补上；若写了申请但尚未批准加入的，则先可将申请书放在第十类或个人的零散材料夹（人事档案的一种辅助管理工具）中，待批准后再归入第六大类相应的位置；个人的思想汇报材料一般不存，若涉及重要情况的，则可归入第十大类中备查。

第七类：奖励材料（包括科学技术和业务奖励、英雄模范先进事迹材料）。具有县（团）级以上单位盖章、审批手续健全的各种先进人物登记表、授予先进模范称号的决定、通知、批复、授励审批表、事迹材料。由于这类材料直接关系到个人的发展及切身利益，在整理中尽量多存，有的单位整理时区级以上的奖项也都保留归档。

第八类：处分材料（包括甄别、复查材料，免予处分的处理意见）。干部违反党纪、政纪、国法的材料；通报批评材料；纪检案件材料需归档的包括处分决定、批复、通知、调查报告、复查、甄别、平反决定，本人检讨（查）、申诉，本人对处分决定签署的意见的复制件或打印件；司法案件材料需归档的包括判决书复制件及撤销判决的通知书。出于对人员负责，整理此类材料时关键掌握：凡是有结论的处分材料才保存，没有结论的则不存；解除处分的决定一定要归档、保存。

第九类：录用、任免、聘用、工资、待遇、出国、退休、退职材料及各种代表会代表登记表等材料。此类又可分为四小类：9—1 工资方面的材料为一小类，凡是与钱有关系的，比如奖金、津贴、补助等材料都放在此类，人员工资评级、定级材料，每次工资调整、每两年晋级的报批材料一定要补齐，前后接得上，不能有断档；9—2 录用、聘任、入伍、转干、转业、任免方面的材料为二小类，包括公务员过渡表、登记表，干部任职的跟踪考察材料，比如，干部任免审批表、干部任免呈报表，近几年在审批表、呈报表的后面还附有对该干部的考核考察文字材料（三人考核组形成的考核、考察材料），作为前表的附件一起归档、保存，入伍、转业、授予军警衔的必须是正式材料，而且要求保存原件，松散调动的审批材料只保存一份调动审批表，其他材料归入本单位的文书档案保存；9—3 出国、出境方面的材料为三小类，出国、出境人员审批表要求注明出去和返回的时间及出去执行何种任务；9—4 其他各种代表会登记表、离（退）休登记表材料为四小类，包括党代会、人代会、政协会议和工、青、妇等群众团体代表会，以及民主党派代表会议工作中形成的代表登记表、委员简历、政绩材料等，离休、退休、退职审批表、离休干部提高待遇呈报审批表。

第十类：其他可供组织参考的材料。例如，有残疾的体检表、残疾等级证明材料，个人的思想、工作、学习总结、检查，近期的体检表，残废登记表，死亡报告表等；人员死亡后，组织上写的悼词、生平，非正常死亡的调查处理材料，最后处理意见，说明有关情况的遗书，干部逝世后报纸报道的消息或讣告等，可集中放在第十类之后；其他一些反映个人重要情况的、不适于归入以上九大类中任何一类的人事材料，统统归入第十类。

（2）人事档案的归类

将人事档案材料分为十大类之后，即可把每份材料归入相应的类中。归类的方法主要有两种：

① 按文件材料的名称归类。凡是文件材料上有准确名称的，就可以按名称归入所属的类别中。比如，履历表、简历表归入第一类，自传归入第二类，鉴定表归入第三类。

② 按文件材料的内容及用途归类。对于只看名称而无法确定类目归属的材料，应当根据其内容归入相应的类别。如果材料内容涉及几个类目时，就应当根据主要内容归入相应类目。例如：

带自传的履历或简历表，以自传为主，归第二类。

履历表和简历表有鉴定的，以履历为主，归第一类。

有任免职务内容的干部登记表、任免呈报表所附的考察材料或主要表现情况的综合材料、提升工资级别的评级、评定军衔的鉴定表等材料，以其主要用途为主，归第九类。

政治历史问题与违纪错误混同一起给予处分的结论、调查报告、处分决定等材料，一律归第八类；凡未经给予处分，以政治历史问题为主的，归第五类，以违纪错误为主的归第八类。

（3）人事档案的排序

档案材料经过分类后，必须根据材料内容的内在联系、材料之间的有机联系或材料形成的时间顺序进行排序，并在每份材料的右上角编上类号和顺序号，在其右下角编页数。

在每份材料封面的右上角用铅笔标注上与目录相对应的类、序号，写法为"1—3""5—2""8—4"，一前数字表示类号，一后数字表示此份材料的序号。除第九类略有不同以外，其余各类材料均按此要求编排类序号。

材料排序可以依据材料形成的时间顺序和材料内容的主次关系排序。其中第一（履历）、二（自传）、三（鉴定）、四（学历）、七（奖励）、十（其他）类材料按时间排序，而第五（政审）、六（党团）、八（处分）类材料按档案材料内容的主次关系排序。其中第五（政审）、八（处分）类材料的排列顺序为：A.上级批复，B.结论或处分决定，C.本人对结论或处分决定的意见，D.调查报告，E.证明材料，F.本人检讨或交代材料等，其证明材料应根据每份材料所证明的主要问题相应集中排列。第六类材料，入团志愿书应排在入团的其他材料之前；入党志愿书应排在入党的其他材料之前，党员登记表等可按时间先后依次排序。

第九类材料可根据不同层次干部的档案材料情况，采用按时间顺序或按材料性质相对集中排序。按材料性质相对集中排序的方法是：A.工资情况的材料；B.任免材料；C.出国、出境材料；D.其他材料。每种材料再根据形成材料的时间顺序排列。

具体到每一类别需特别说明的情况如下。

第一类：履历材料。

材料排序：更改姓名的材料排在最前面，其他材料按形成时间由远到近顺序排列。

为了便于使用，在装订第一类材料时，要把近期的表放在前面，已编好的顺序号不动，待有新的近期履历表时再按顺序登记目录后调换装订。

第二类：自传材料。

带自传和履历的简历表，以自传为主要内容的，归入此类。

材料排序：按形成时间由远到近顺序排列。

第三类：鉴定（含自我鉴定）、考察、考核材料。

后备干部登记表待提任后才归档。

材料排序：按形成时间由远到近顺序排列。

第四类：学历、学位、学绩、培训和专业技术情况材料。

学习（结业）成绩表或学历证明材料，一般是教育部门认可或学习半年以上的才归档。

学生在校期间填的其他表归在第一类。

人员的创造发明、科研成果、著作及有重大影响的论文（获奖或在全国报刊上发表）的目录等也在收集归档范围。

材料排序：按形成时间由远到近顺序排列。

第五类：政治历史问题审查材料。

此类材料一般要求有健全的审批手续，一套完整的政审材料一般由六部分组成，包括：A.批复，B.结论（决定），C.本人对结论的意见，D.调查报告或综合说明，E.有关旁证，F.本人交代申诉等材料。

配偶情况登记表归入此类。

材料排序：用问题序、时间序、成套序、纲目序、材料价值序同时交叉排列。

第六类：加入党团材料。

材料排序：按分类序和纲目序相结合排列。

第七类：奖励材料。

包括具有县（团）级以上单位盖章、审批手续健全的各种科技和业务奖励、先进人物登记表、先进模范事迹，嘉奖、通报表扬等材料。

材料排序：按形成时间由远到近顺序排列。

第八类：处分材料。

此类材料要求有健全的审批手续，一套完整的处分材料一般包括五部分：A.上级批复，B.结论（决定），C.本人对处分的意见，D.调查报告，E.本人交代等。此类材料与第五类的不同点在于：此类材料除上述提到需要将有关依据性的旁证材料归入以外，一般不归调查旁证材料，调查旁证材料归纪检部门的案件档案。人员的离婚材料归入此类。

材料排序：基本上与第五类材料的排序相同，按问题序、时间序、成套序和纲目序混合排列。

第九类：工资、吸收录用、入伍、任免、出国、离退休、退职、代表登记表等材料。

出国、出境人员审批表要求注明出去和返回的时间及出去执行何种任务。

代表登记表包括党代会、人代会、政协会议和工、青、妇等群众团体代表会，以及民主党派代表会议工作中形成的代表登记表、委员简历、政绩材料等。

离休、退休、退职审批表、离休干部提高待遇呈报审批表。

材料排序：按同类合并序与时间序混合排列。先按同类合并序将材料集中分为四个小类，每小类除工资级别登记表（系综合表）排在本小类的前面外，其他各类材料均按形成时间由远到近顺序排列。

各小类的分类方法：工资方面的材料为一小类，录用、聘任、入伍、转干、转业、任免方面的材料为二小类，出国、出境方面的材料为三小类，其他各种代表会登记表、离（退）休登记表材料为 4 小类。如一小类为：9—1—1、9—1—2、3……二小类为 9—2—1、9—2—2、3……依此类推。

第十类：其他可供组织参考的材料。

因公负伤的证明材料、残疾等级材料或有保存价值的体检表；干部逝世的报纸报道、悼词（生平）、非正常死亡的调查报告（包括遗书）等。

材料排序：若有几个方面的问题的材料，则先按问题相对集中排列，然后再分别按材料形成时间由远到近的顺序排列。

（4）人事档案的编目（编制人事档案卷内目录）

按照档案材料排列的顺序和人事档案规定的卷内目录格式，逐份逐项认真填写（现在一般在电脑上制作）。

A.类名或序号。即此份人事档案材料在一个人的档案中的分类号或排列顺序号，在类序号一栏里，用"一、二、三……"表示材料的大类号，用"1、2、3……"表示材料排列的顺序号；在具体的每份档案上标识的方法是：用"类别号—该类别下的排列顺序号"组成，如 1—1、1—2、3—2 等表示，并在材料右上角（用铅笔）标注，也可盖号码章。

B.材料名称。一般照抄档案材料上的标题，没有标题的要拟定，标题太长的要简化，但必须反映材料的内容或性质特点。凡是题文不符的必须另行拟定或在备注上加以说明。

C.材料时间以落款标明的时间为准。

D.材料份数以每份完整的材料作为一份（含附件），材料页数也以每份材料（含附件）为单位计数填写。以铅笔编写在材料的右下角，有的只数不编，一般采用图书编页法，以有字的每一面为一页编页码，印有页码的材料、表格应如数填写。

E.备注注明人事档案材料的变化状况，尤其是抽出档案材料时，要注明抽出的时间及抽出的原因。

F.如果是手工填写目录，则要求字迹工整、准确、清楚、美观，不得用圆珠笔、铅笔、红色及纯蓝墨水书写，每类之后适当留空格（或每一类别单独填写一张卷内目录）。

G.卷内目录表格左上角填人物姓名，右上角填档号，如图7-2所示。

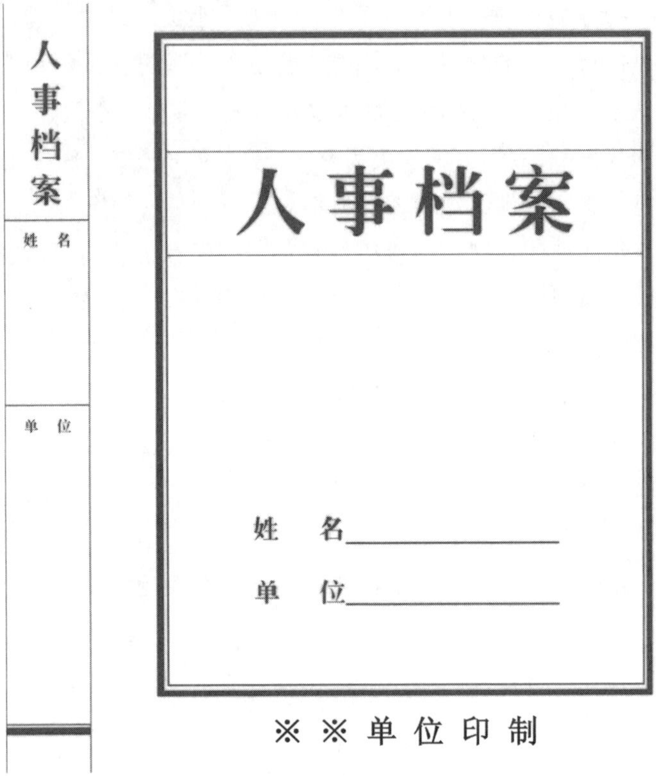

图7-2　人事档案盒封面样本

（5）人事档案的特殊处理（整理时的技术加工）

A.对材料载体变质或字迹褪变的档案要采取修复、打印、抄写、复印等方法进行抢救。凡打印、抄写的材料，必须认真细致，核对无误，注明复制单位和日期。

B.对超过16开规格的档案材料用纸要进行裁剪或折叠，但文字、照片不得损坏，要便于展开阅读。

C.对破损、卷角、折皱和小于16开规格的档案材料用纸要裱糊，所用材料要防虫、防腐蚀、自然晾干。不得在阳光下暴晒或使用高温烫烤。

D.左边无装订位置或装订位置有文字的档案材料用纸要加边。

E.去除档案里的金属物，以防止氧化锈毁材料。

F.建立档案副本的材料不够时，可选择正本中的材料进行复制，将复制件存副本，其原件必须存入正本。

（6）人事档案的装订与验收入库

人事档案必须装订成卷，根据档案材料的多少，可分册装订。装订一般有 5 点要求：

A.目录条目与材料内容核对无误，二者一一对应。

B.材料理齐，至少做到左、下两边整齐。

C.一律在左侧装订，根据所选用的装具，采用三孔或两孔一线装订法进行装订。

D.使用规定的人事档案卷盒，卷盒封面按所要求的项目填写该档案人的姓名、卷号。姓名不得用同音字或不规范的简化字。

E.人事档案整理装订成卷后，必须进行认真细致的检查，经验收合格后，方能入库。

图 7-3 所示为人事档案建立和整理流程。

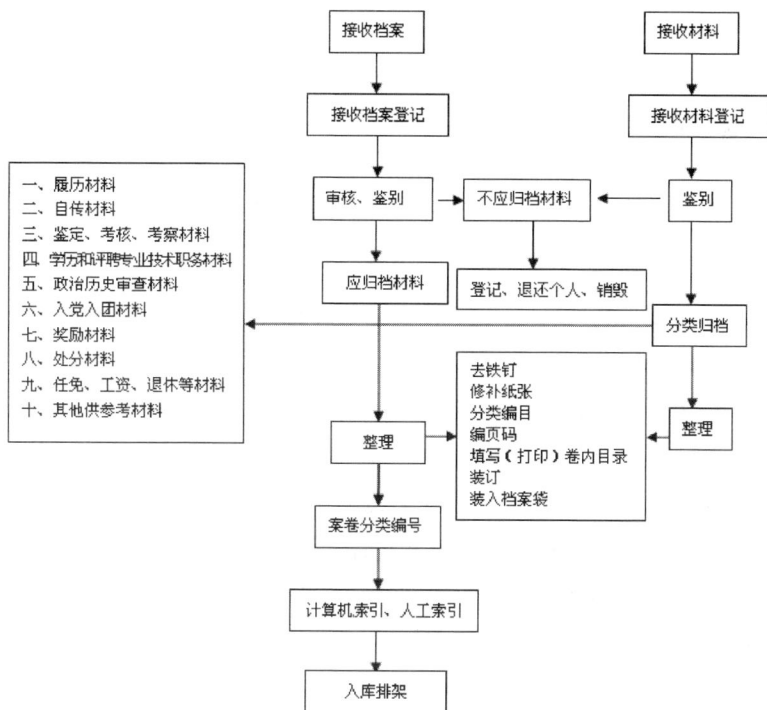

图 7-3　人事档案建立和整理流程

7.4.2　人事档案接收流程

人事档案接收流程如图 7-4 所示。

（1）对接受档案进行登记。

（2）档案材料齐全则按规定对档案进行整理。

（3）档案材料不齐全则向原单位索要材料齐全后整理。

（4）将人事档案编号入库。

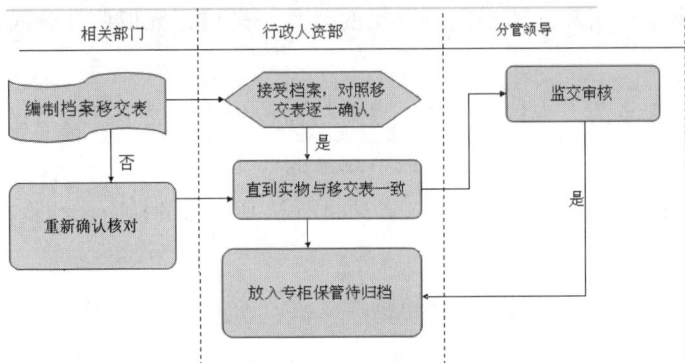

图 7-4　人事档案接收流程

7.4.3　人事档案转出流程

由于当前新的劳动管理制度和用工制度的变化，人员流动情况频繁发生，人员的主管单位也不是永远不变的，人事档案管理部门必须随着该人员主管单位的变化及时将其人事档案转至新的主管或协管单位。做到人由哪里管理，档案就在哪里管理，档案随人走，使人事档案管理的范围与人事管理的范围相一致，这就形成了人事档案的转递工作。图 7-5 所示为人事档案转出流程。

1．人事档案转递工作的基本要求

（1）安全。谨防丢失和泄密。不允许用平信、挂号、包裹等公开邮寄方式，必须经过严格密封、加盖密封章，作为机密件通过机要交通转递或由转出单位选择政治可靠的人

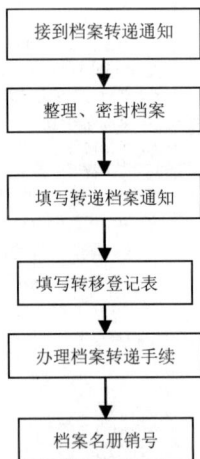

图 7-5　人事档案转出流程

员专门递送，一般不允许本人自己转递。

（2）准确。转递人事档案必须在确知有关人员新的主管单位或协管单位之后才能办理人事档案转递手续。依照县级及相当于县以上的各级党组织、人事部门可以直接相互转递人事档案的规定，尽量直接把人事档案转递至某人新的主管单位，不要转递给某人的主管单位或协管单位的上级机关或下级机关，更不能盲目转递。

（3）及时。要求人事档案的转递应随着人员的调动而迅速地转递，避免档案与人员管理脱节和"无人有档""有档无人"现象的发生。

2．人事档案转递工作的方式

（1）转入

转入是指某一人员在调到新单位后，该单位的人事档案部门接收其原单位转来或转送的人事档案材料，这是人员调动过程中一个不可缺少的环节。转入的手续一般规定如下：

A.审查转递人事档案材料通知单，看其转递理由是否充分，是否符合转递规定；

B.审查档案材料是否本单位所管的干部或职工的，以防收入同名同姓之人的档案材料；

C.审查清点档案的数量，看档案材料是否符合档案转递单开列的项目，是否符合转入要求，有无破损；

D.经上述三个步骤确认无误后，在转递人事档案材料通知单的回执上盖章，并将通知单退回寄出单位，同时将转进档案在登记簿上详细登记。

（2）转出

转出原因：此人转单位或跨系统调动；此人的职务或职位（包括提拔和免职、降职）发生变化；此人所在单位撤销或合并，此人离退休以后异地安置；此人离、退职或被开除公职；此人因犯罪被判刑，刑满释放后易地安置，或到其他单位工作；此人死亡；外单位要求转递；新近收到的不属于人事档案部门管理的档案材料；经鉴别应当退回原单位重新加工或补办手续的材料。

转出的方式：零散转出、整批转出。前者是指日常工作中经常性的数量并不很大的人事档案材料的转出，这是转出的主要方式，一般通过机要交通来完成。后者是指向某个单位或部门同时转出大批人事档案材料，经过交接双方协商，一般由专人或专车取送。

转出的手续有严格的规定。零散转出和整批转出的手续不完全一样，要严格按规定来做。对于零散转出的档案材料必须在转出材料登记簿上登记，注明转出时间、材料名称、数量、转出原因、机要交通发文号或请接收人签字；在档案底册上注销并且详细注明何时何原因转至何处，以及转递的发文号；填写转递人事档案通知单并按机要交通发文要求包装、密封，加盖密封章后寄出。

对于整批转出的档案材料，其移交手续是：首先将人事档案材料全部取出，在转出材料登记簿上进行详细登记，并在底册上注明以后，还要编制移交收据，一式两份。收据上应当注明移交原因、移交时间、移交数量、移交单位和经办人等，收据的后边要附上移交清单，注明移交人姓名、职务、材料名称、数量等，备查。

转递人事档案的一般要求：当干部职工的工作发生调动或职务发生变化后，人事部门要及时地（一般为 15 天）将档案转给有关的主管单位，要通过机要交通或派专人转递，不得邮寄，也不得交由本人自带。转出的档案必须完整齐全，经过整理装订，不得私自扣留材料或是把材料分批转出，转出的档案必须按照人事档案转递通知单的项目仔细填写，严密包封。收到档案的单位也要在回执单上签字盖章，从速退回回执单。

人事档案转出主要流程如下：

（1）接到调档函后，核实材料是否齐全，缺少材料要补齐；

（2）填写"档案转移通知单"、"人事档案转出登记表"，修改查询目录电子版和纸质目录，注明转出时间和单位；

（3）密封后，加盖公章后转出。

7.4.4　人事档案查阅流程

图 7-6 所示为人事档案查阅流程。

查阅人事档案 → 填写查阅档案审批表，相关部门领导审批 → 办理查阅登记手续 → 归还人事档案并入库

图 7-6　人事档案查阅流程

查阅人事档案有以下要求：

（1）查阅的人事档案应当在允许查阅的范围之内。

（2）查阅党委系列的人事档案的查阅人必须是中共党员。

（3）没有经过领导批准，不允许查阅同级人员的档案，下级组织或单位的人不能查阅其上级组织的档案。

（4）人事部门查阅人事档案必须有手续完备的介绍信，其他部门查阅人事档案必须有经过本单位领导签字的正式介绍信。

一般来说，查阅人事档案必须填写"查阅人事档案审批表"，办理审批手续，而且必须是两名中共党员一同查阅。任何个人不得查阅本人及其亲属的档案。

档案管理部门不负责出具证明材料。经过批准或履行一定手续后，可以摘抄或复印人事档案中的有关部分，经档案管理人员审查无误，加盖印章并注明出处。

查阅人事档案的主要流程如下：

（1）查阅人持身份证及查档审批表或单位劳资人员开具的查阅人事档案介绍信（本人不能查阅本人档案）。

（2）到档案管理部门进行查阅登记，填写"查阅登记表"。

（3）在查阅室查阅。

（4）归还人事档案。

（5）人事档案入库。

7.4.5　人事档案借阅流程

档案一般不外借，如果必须借出使用时，要说明理由，经过主管部门负责人批准，并严格履行登记手续，限期归还。下列情况可借出档案：上级机关和本单位主管部门因为审批职务任免、调动、出国、提干、享受某种待遇或进行政治审查、考察和考核时需要借用人事档案；根据需要，有人在调动工作之前，将其档案寄往有关单位审查；由于特殊需要必须借用人事档案，如图 7-7 所示。

借用人事档案有以下几条具体规定：

（1）外单位要借用人事档案，必须持手续完备的介绍信和借阅报告，由人事档案管理部门审核，经过人事部门批准后，才能借用。

（2）本单位人事部门或其他部门工作需要欲借出人事档案时，需要填写借阅单，经人事档案管理部门同意后才可以借用。

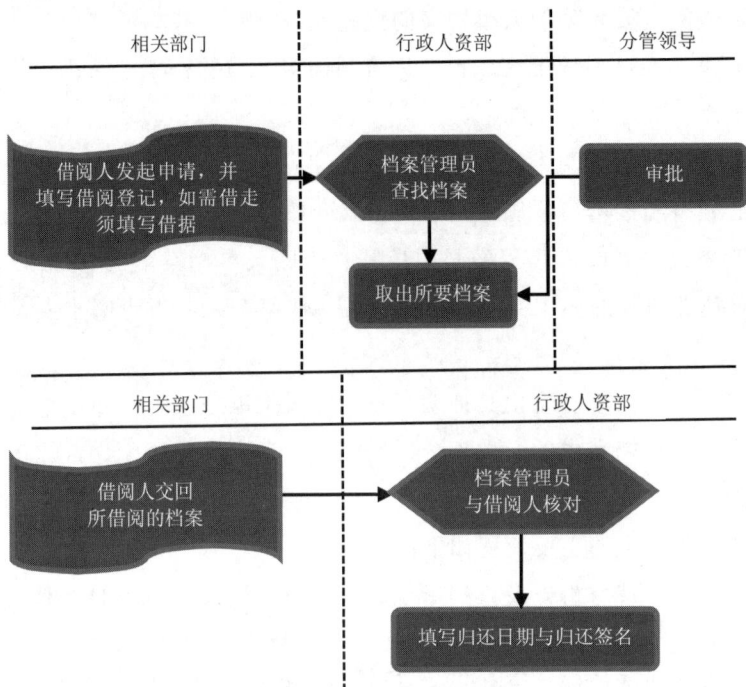

图 7-7　人事档案借阅流程

（3）借出人事档案之前，必须进行登记，除了在"借阅人事档案登记册"上逐栏登记外，还必须填写"人事档案借阅卡片"，而且需要将借阅介绍信或借阅报告一起保存，以便查询和催还。

（4）借出档案的时间不能太长，用完以后应当及时归还，如果到期仍要借用，需办理续借手续，借用者对档案要妥善保管，不允许交给无关人员翻阅，不得转借，未经批准不能复制。

借阅人事档案的主要流程如下：

（1）借阅人持身份证及借档审批表或人力资源部门开具的借阅人事档案介绍信。

（2）到档案管理部门进行登记，填写《借阅档案登记表》。

（3）借阅期限不得超过 14 天，必须按期归还。

（4）归还人事档案，在借阅登记表上签字销号。

（5）人事档案入库。

7.4.6　人事档案材料销毁流程

经人事档案部门鉴定后，确实没有保存价值的材料，应当按照有关规定做销毁处理。销毁的材料应当仔细检查，逐份登记，写清销毁理由，经主管领导批准后，方能按照销毁规定进入正式的销毁程序。经清理需要销毁的材料要妥善保管，并按档案材料销毁制度进行销毁，如图 7-8 所示。

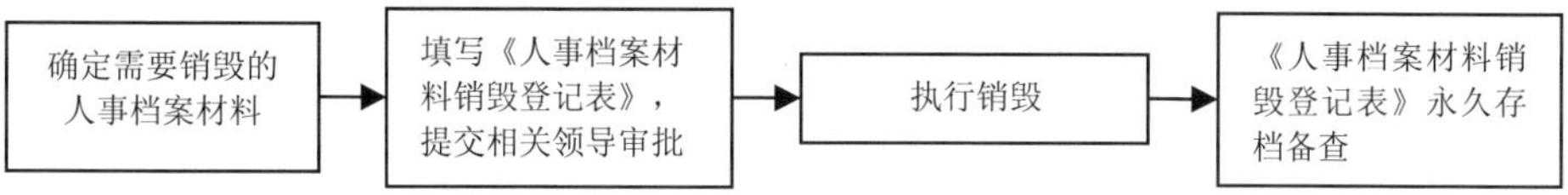

图 7-8　人事档案材料销毁流程

（1）收集的人事档案材料，经过鉴别后属于重复或不应归入人事档案的材料，以及无保留价值的材料要及时销毁。

（2）销毁的材料要进行登记，注明标题及简要内容，材料形成时间和销毁理由，经学校主管领导审批后方可销毁。

（3）任何个人不得以任何借口销毁人事档案材料；销毁材料时，必须到保密部门指定的场所进行销毁，并有两名中共正式党员负责监督销毁。

7.5　企业人事档案管理相关表格的设计

为方便企业人力资源工作者开展日常的人事档案管理工作，我们设计了一套与人事档案管理有关的表格，见表 7-1～表 7-8。

表 7-1　人事档案名册登记表

姓名	单位（或部门）	职务	档案现状	存放位置	备注

表 7-2　人事档案目录

类号	材料名称	材料制成时间			份数	页数	材料取出时间及原因
		年	月	日			
一	履历表类						
二	自传						
三	鉴定考核材料						
四	学历职称材料						
五	政治历史审查材料						
六	党团材料						
七	奖励材料						
八	违纪材料						
九	工资任免材料						
十	其他材料						

表 7-3　借用/查阅人事档案审批表

年　月　日

借用/查阅单位	
借用/查阅人	
借用/查阅时间	
归还时间	
借用/查阅何人档案	
借用/查阅理由	
借用/查阅内容	
借用/查阅人所在部门意见	
人力资源部审批意见	
分管人事的公司领导意见	

表 7-4　查阅（借阅）人事档案登记表

_____年

查（借）阅时间	查（借）阅单位	被查（借）阅人姓名	查（借）阅理由	批准人	查（借）阅人姓名	归还时间	承办人	备注

第　页

表 7-5　接收人事档案登记表

_____年

收档时间	来档部门	姓名	正本（卷）	副本（卷）	回执时间	承办人	处理结果

第　页

表 7-6　接收人事档案材料登记表

_____年

收件时间	来件部门	姓名	材料内容											总份数	处理结果	承办人
			履历	自传	考核鉴定	学历职称	党团	奖励	处分	任免	工资	出国	其他材料			

第　页

表 7-7　人事档案材料销毁登记表

序号	姓名	材料名称	材料制成时间	份数	页数	理由	批准人	销毁时间

表 7-8　人事档案转递通知单

人事档案转递通知单存根　　　　　　　　　　　　　　第＿＿＿号

已将 ＿＿＿＿＿＿＿＿＿＿＿＿＿＿＿＿＿＿＿＿＿＿＿＿＿＿＿＿＿＿＿＿

＿＿＿＿＿＿＿＿＿＿＿＿同志的档案材料共＿＿＿＿＿册转往＿＿＿＿＿＿＿＿＿＿＿＿

　　　　　　　　　　　　　　　　　　　　发出机关　　　年　月　日

- -

人事档案转递通知单

＿＿＿＿＿＿＿＿＿＿：

兹将＿＿＿＿＿＿＿＿＿等＿＿＿＿＿＿同志的档案材料转去，请按档案内所列目录清点查收，并将回执退回。

　　　　　　　　　　　　　　　　　　　发出机关　　　年　月　日

姓名	原在何部任何职	何时决定调往 何部任何职	档案正副本数目	
			正本	副本
			册	册
			册	册
			册	册

- -

回执	＿＿＿＿＿＿＿＿＿＿＿： 　　你处＿＿＿年＿＿月＿＿日转来的第＿＿＿＿号人事档案转递通知单中所开列的＿＿＿＿＿＿＿等同志的材料＿＿＿＿＿＿册，我处已于＿＿＿＿＿＿年＿＿月＿＿日收到，经清点无误，现将回执退回，请查收。 　　收件人：　　　　　收件机关盖章 　　　　　　　　　　　　　　　　　　　　　年　月　日

7.6 【疑难问题】如何使用人事档案管理降低劳动关系风险

人事档案的风险，在于能不能为办理日常工作带来便利，是不是提供留底的证明文件以避免劳动纠纷和公司赔偿。一份齐全的人事档案应当有这两个方面的用处，并防范这两个方面带来的风险。

人事档案管理工作风险在实际日常工作中的主要表现如下。

风险一：形成档案材料的部门未提供入档材料，导致人员档案材料缺漏；应归入本人档案的材料未入档，不应该入个人档案的材料装入了人员档案或擅自处理、销毁档案材料；形成档案材料的部门送交归档材料不齐全、不完整、材料手续不齐备等；干部个人上交入档材料；私自涂改、伪造的档案材料被收集归入个人档案。

风险二：出于个人私情或接受当事人好处，私自涂改、抽取档案材料；同名同姓、同音异字的材料容易混淆；应归档的档案材料丢失，造成人员档案材料不齐。

风险三：档案材料分类不准确、编排无序。

风险四：档案目录与档案材料不一致。

风险五：装订不整齐,档案材料易脱落。

风险六：档案保管条件达不到相关规定，管理手段陈旧；没有落实"六防"措施，导致档案因保管不当损坏；档案摆放无规律，不便于查找，易造成档案丢失；档案管理人员私自携带人员档案出档案室，或者私自保管他人或自己的档案；档案管理人员泄露档案内容。

风险七：违规借出档案，导致档案安全问题发生；未按规定办理档案查阅手续，以个人名义查借阅人事档案。

风险八：查阅者泄露或擅自向外公布档案内容；利用查借阅档案涂改或损毁档案材料。

风险九：借出档案未及时归还入库。

风险十：未按要求办理档案转递手续。

风险十一：个人携带档案。

风险十二：档案转递后没有及时跟踪或接收部门无回执等造成档案丢失现象。

上述任何一个风险点都可能给用人单位在劳动关系方面造成不可估量的损失，严重的还将导致法律诉讼并追究相关人员的法律责任。

那么，怎样才能防范风险呢？可以从以下几个方面做工作。

（1）针对日常工作带来便利须注意的档案风险回避：档案资料必须尽量收集齐全，特别是重要资料出现缺失问题多；档案缺失特别是重要资料缺失可能导致工作无法开展，如社会保险投保、工伤申报和结案、特殊保险的相关证件、职工晋升资质考察、职工身体健康和其他硬件条件的审查工作需要等；资料不齐全，很多日常的公司管理活动都无法开展，如员工表现和绩效表单的存档，能够为公司内招、职务评价和职位升降工作做参考。

（2）容易带来法律风险和员工意见的档案资料的准备

① 入职资格资料的存档，工作经验、学历、体检材料、离职证明附带无竞业限制等条款——本公司入职资料必须附带离职证明或前公司的工作情况自述（需对自己的自述情况负责），在试用期内发现有虚报和不实的，可以按这些资料提出解除试用；如果没有存档，就很难找到辞退依据。

② 薪资确认、福利待遇确认表单：这部分材料却缺少是后续引发工资、福利待遇、保险等纠纷的原因，尽量在入职前把相关的《薪资核定表》《福利确认表（含休息休假、特殊的工作时间安排）》和其他的待遇条件表单准备齐全并存档。

③ 竞业限制协议签订，技术性工作和涉及公司机密的管理性工作需注意的文件，注意的是竞业协议如果没有给员工支付竞业补偿金，那么签订了职工也不用遵守。

④ 职工各个月份的考勤、薪资调整和职位变动的记录必须保存；作为职工在公司工作过程中产生的档案，可以防止后期职工在待遇方面产生纠纷（提前和职工沟通好可以避免法律纠纷）。

⑤ 各项公司规章制度、企业文化、特殊工作要求等告知文件的签收存档，为后期的处分、调动保留根据。

⑥ 档案管理的保密性和调用须遵守流程，不得泄露职工私人信息，造成影响的将附带相关赔偿风险。

⑦ 档案建立和录入的准确性是最基本需要保障的一个方面，档案信息里重要信息错误对职工和公司工作开展影响都比较大，有的甚至造成职工损失，

这就是风险。比如，申报材料里面名字写错等，看似小事，但相当重要，应尽量避免出现类似错误。

7.7 【案例分析】某集团公司人事档案管理方案

人事档案是企业档案工作的有机组成部分，是公司优化人力资源配置、开发、利用的前提条件。因此，为加强企业内部人事档案管理，提高人事档案管理水平，特制订本方案。

一、人事档案管理原则及权限

1．集团公司各级管理人员，子（分）公司副总经理以上管理人员的个人档案集中纳入集团公司综合办管理。

2．各子（分）公司中层以下（含中层）管理人员的人事档案由各子（分）公司综合办负责保存和管理，未设立综合办的单位，应设一名专（兼）人管理。

二、员工档案基本内容

为使人事档案能够反映员工的个人全貌，个人材料必须做到真实准确，手续完备、齐全，字迹清楚，并具保存价值。员工个人资料应涵盖以下内容：

1．应聘人员登记表。

2．应聘人员面试评估表。

3．新员工入职手续办理清单（录用审批表）。

4．证明本人身份证件：近期照片、户口本、身份证（或暂住证）、毕业证、学位证。

5．专业资格证书、职称证书。

6．与原单位解除劳动合同关系证明。

7．就业失业登记证。

8．体检表。

9．党、团关系证明。

10．入职承诺书。

11．公司与员工签订的劳动关系合同书。

12．员工试用期满后的转正申请及批复。

13．员工信息卡。

14．员工定级表。

15．员工调动通知单。

16．员工培训审批表。

17．员工奖惩文件：

（1）表彰奖励活动过程中的审批表、文件、证书。

（2）员工因过失导致的处分决定。

18．员工考核表。

19．员工可供企业参考并具有保存价值的材料。

三、公司人事档案管理内容

为及时反映员工的工作状况，全面加强对员工的动态管理，公司人事部门必须建立有效的服务、激励、考核、检查、督促等运行机制，以达到公司人事管理规范化目的。为此，各用人单位应建立必要的名册及表报。

1．员工考勤表。

2．员工工资表。

3．员工年度参保花名册。

4．员工花名册。

5．员工绩效考核汇总表。

6．其他档案（单位委托保管档案协议书、户籍挂靠、登记表、单位户籍挂靠证等）。

7．历次面试人员简历。

8．离职员工档案，包括离职申请书、离职审批表、离职移交清单。

9．公司其他需要归档的人事资料。

四、人事档案管理办法

（一）集团公司综合办、各子（分）公司综合办对所提供员工信息的准确性、真实性、完整性负责；对公司人事档案的完整性负责。

（二）建立员工纸质档案与电子档案

1．纸质档案按照员工个人档案内容和公司人事档案内容归档。

2．电子档案归档：

（1）员工个人档案中第 4、5、6、8、9、16、19 项建立电子档案，报集团公司备案。

（2）公司人事档案中第 2、4、5 项建立电子档案，报集团公司备案。

（3）各子（分）公司建立人事档案目录，人事档案目录报集团公司综合办备案。

（4）各子（分）公司人事档案中在集团公司备案的部分有变化时，应在变化后 3 个工作日内向集团公司综合办变更备案信息。

（5）各子（分）公司人事档案管理人员变更须在集团公司报备，并提供工作移交清单。

（6）各子（分）公司结合注册地相关政策，可以对公司人事档案管理做一定的调整，但是调整内容必须按照《人资档案管理变更审批表》办理审批手续。

（7）集团公司综合办负责对各子（分）公司的人资档案管理情况进行监督检查。对未执行到位的单位提出限期整改，整改不到位，对相关责任人按公司员工管理制度予以处罚。

（8）集团公司对员工人事档案的所需表报（见附表）已制作统一格式，所属各单位在建立员工档案时按集团公司制订的表式规范填写。

五、本方案从二〇一二年二月二十日施行

7.8 【HR 必知】人事档案管理的注意事项

人事档案管理要注意的事项有哪些？

1. 查阅和借用人事档案，应遵守下列规定：

（1）一般不得查阅人事档案，如必须有关人员的情况，由档案管理人员提供。

（2）必须查阅档案时，只限于组织、人事部门派出的党员干部到档案室查阅所需情况；各党支部发展党员必须查阅档案时，支部书记和组织委员查阅。

（3）任何人不得查阅或借用本人及亲属的档案。

（4）查阅档案者，必须填写查阅什么问题，查阅日期逐项进行登记。

（5）查阅档案，必须严格遵守保密制度，严禁在档案卷内涂改，圈画及撤换档案材料，不得向无关人员泄露被查档案内容，违者应追究责任。

（6）查阅档案时，不得抄录档案内容，如有特殊情况，须经人事部门领导允许后方可抄录，抄录的材料应近期送回档案室处理。

（7）外调人员一般不得查阅档案，如特殊情况需查阅时，必须持县级以上组织、人事部门介绍信，并有两名正式党员方能查阅。

（8）档案在特殊情况下，经批准可以借出，但借出时要及时登记，按期归还，如不按时归还，要及时催收，以免遗失。

2．转递档案应遵守下列规定：

（1）档案要通过机要递送，不能公开邮寄或本人自带。

（2）档案转出要及时追收回执，以防档案丢失。

（3）收到外单位的档案，要及时核对，核对无误差后，在回执上签名盖章后退回回执。

3．凡归档的材料，均应经过认真的鉴别；属于归档的材料，必须手续完备，完整无缺；需经组织审查盖章和本人签字的，应盖章签字后才能归档。

4．凡归入档案的材料，均应按照中央组织部《关于干部档案材料收集归档的暂行规定》整理，不应归入干部档案的材料，不得入档；归档材料应做到分类准确，编目清楚，目录排列合理，标题完整，装订整齐，字迹清楚。

5．根据国家规定，有人事档案管理权限的机构可以统一保管本单位员工档案，也可委托县以上（含县）政府人事部门所属人才服务机构统一保管；没有人事档案管理权限的单位不得擅自管理员工档案，可委托政府人事部门所属人才服务机构统一保管，严禁私人保管或放在没有人事档案管理权限的单位。

6．人事档案一般不外借，如必须借出使用时，需出具单位组织部门或人事部门的介绍信，说明借档理由，经过主管部门负责人批准，并严格履行登记手续，借出时间不超过两周，外地不超过一个月。借阅人应对档案妥善保管，不得转借他人或向他人透露档案内容。

7．职工特殊变动情况下的档案管理：

（1）干部职工辞职、退职、自动离职、被辞退后未就业的，档案仍由原管理单位保管。另就业的，档案转至有关的组织、人事部门。不具备保管条件的，转相关的人才流动服务中心保管。

（2）干部职工被开除公职，未就业的，档案由原管理部门保管；另就业的，档案转由有关的部门保管。

（3）个人在受刑事处分期间，档案由原管理单位保管；刑满释放后重新安排工作的，档案由有关的单位保管或是由人才服务中心保管。

（4）干部职工出国不归、失踪、逃亡以后，档案由原管理单位保管。

8．另外强调一点，管理人事档案的档案员及其在本单位的亲属的人事档案必须由单位另行指定专人保管。

第 8 章

社会保险的作用与作业流程

本章主要涉及与劳动者切身利益密切相关的社会保险的概念、作用及《社会保险法》实施后社保改由税务统一代征，企业 HR 如何更好地做好社保相关工作。社会保险的主要作用在于为企业员工谋福利，确保员工和用人单位利益的最大化，降低用工风险，促进劳动关系和谐发展。

8.1 什么是社会保险

社会保险是国家通过立法建立的一种社会保障制度。目的在于使劳动者在因年老、患病、生育、伤残、失业、死亡等导致劳动中断或永久丧失劳动能力，无法获得劳动报酬，而劳动者和其供养的直系亲属失去生活来源时，能够从社会或国家获得物质帮助。社会保险包括基本养老保险、基本医疗保险、失业保险、工伤保险等、生育保险。是我国目前覆盖范围最广、民意基础最好，并有专门的法律法规做支撑的社保体系。

8.1.1 社会保险的特征

社会保险有五大特征：①社会保险的客观基础，是劳动领域中存在的风险，保险的标的是劳动者的人身；②社会保险的主体是特定的，包括劳动者（含其亲属）与用人单位；③社会保险属于强制性保险；④社会保险的目的是维持劳动力的再生产；⑤保险基金来源于用人单位和劳动者的缴费及政府财政的支持。

8.1.2 社会保险的基本组成

一是养老保险，养老保险是国家依法强制实施、专门面向劳动者并通过向企业、个人征收养老保险费形成养老基金，用以解决劳动者退休后的生活保障问题的一项社会保险制度。其基本待遇是养老保险金的支付，它既是各国社会保险制度中的主体项目，也是各国社会保障制度中最重要的保障项目。我国现行的养老保险体系主要由基本养老保险、企业补充养老保险（也称企业年金）、个人储蓄性养老保险三种组成。为降低单位用工成本，近年来，国家已积极出台政策，降低用工单位基本养老保险缴费费率至 16%。

二是医疗保险，医疗保险是指国家依法强制实施、专门面向劳动者并通过向企业及个人征收医疗保险费形成医疗保险基金，用以解决劳动者医疗保障问题的一项社会保险制度。其基本待遇是提供医疗保障及医疗补助。目前，我国医疗保险存在社会统筹和行业统筹（单位内部封闭运行）两种运行模式。随着社会保险社会化管理进程的加快，行业统筹（如铁路、电信、电力、冶金等）已逐渐过渡到社会统筹。

三是工伤保险，工伤保险是国家依法强制实施、面向用工单位筹集工伤保险基金，用以补偿职工因工伤事故而导致的收入丧失和医疗费用的一种社会保险制度，其实质是建立在民法基础上的一种用工单位对本单位员工工伤事故进行赔偿的制度。其基本待遇包括工伤期间的收入保障、工伤抚恤、工伤医疗保障等。工伤是职业伤害的简称，职业伤害包括工业事故伤亡和职业病。职业伤害是由生产工作环境中的不安全或危险因素直接或间接引起的事故造成的身体伤害。

四是失业保险，失业保险是国家依法强制实施、专门面向劳动者并通过向用工单位筹集失业保险基金，用以解决符合规定条件的失业者的生活保障问题的一项社会保险制度。其基本待遇是支付失业保险金及失业医疗救助等，它是市场经济条件下适应劳动力市场化发展需要，并缓和失业现象可能带来的严重社会问题的不可或缺的稳定和保障机制。

五是生育保险，生育保险是国家依法强制实施、面向用工单位筹集生育保险基金，用以解决生育妇女孕产哺乳期间的收入和生活保障问题的一种社会保险制度。其基本待遇是提供生育医疗保障、生育津贴等。2019年国家已出台政策，要求2019年底前，实现生育保险和职工基本医疗保险合并实施。

8.2 社会保险的办理流程

8.2.1 养老保险

员工基本养老保险主要经办业务有：新参保、养老保险关系的转移接续、个人账户的封存、在职转退休、退休人员丧葬抚恤金的支付、在职人员参保信息更改、退休人员信息更改等。

一、单位办理参保手续

各类企业均应按属地管理的原则，到纳税地（非纳税单位按单位地址区域）所管辖社会保险经办机构办理基本养老保险参保登记手续。新成立的单位应在单位批准成立之日起 1 个月内办理登记手续。参保单位必须为与其发生事实劳动关系的所有人员（聘用的退休人员除外）办理参保手续。

需填报的表格及附报资料：

社会保险登记表及在职员工增减异动明细表（一式两份）。在所管辖社会保险经办机构领取。

单位新开户所需材料：

《社会保险法》规定用人单位在 30 日之内有义务为员工办理社会保险，即养老保险、医疗保险、工伤保险、生育保险以及失业保险。新办理工商登记注册的单位携带以下材料办理社保开户手续：

（1）三证合一证件复印件一份；

（2）经办人身份证复印件一份；

（3）单位公章；

（4）外地驻本地分支机构或企业非法人，还应提供法人机构出具的《委托授权书》。

以上证件同时需要原件及复印件，到所在社保经办机构办理。

二、办理员工退休

1. 自查档案。提前审查员工的出生年月、参加工作时间、从事特殊工种工作时间等员工基本信息，打印《员工退休审批表》，准确掌握即将退休员工的名册。

2. 参加审档。按要求收集即将退休员工的人事档案材料，至指定地点接受社保经办机构档案审查。

3. 收集材料。档案审批通过后，填写即将退休员工的《参保人员基本养老金申领表》《员工退休审批表》，并通知即将退休员工提供身份证及银行账号复印件；若档案审批未通过，及时补充相关材料，提交社保经办机构再审。

4. 办理业务。每月提交当月退休员工的业务材料到社保经办机构，并配合办理退休审批业务。

5. 材料归档。将《参保人员养老金待遇审批表》及《基本养老保险个人账户表》等员工退休审批材料归档，并通知退休人员查收养老金。

三、基本养老金申请表模板

表 8-1 为参保人员基本养老金申请表的一个模板。

表 8-1　参保人员基本养老金申领表

填报单位名称：　　　　　　　公民身份证号　　　　　　　填报时间：　　年　　月　　日

填报单位编号：

个人社保编号			
姓名		性别	
个人身份			
出生年月　年　月	年龄　满　　岁	首次参保年月　年　月	个人账户建立年月　年　月
退休类别	□到龄退休　□特殊工种提前退休　□因病提前退休 □特殊政策提前退休　□教师提前退休		
参加工作时间　年　月	应退休年月　年　月	全部缴费年限　年　月	养老金领取年月　年　月
增加工龄月数　月	减少工龄月数　月	特殊政策提前退休年数	特殊工种累计月数　年　月
最高荣誉等级（劳模）	民族	行政职务	□正厅级　□副厅级　□正处级　□副处级 □正科级　□副科级　□科以下　□无
文化程度	□博士　□硕士　□大学　□大专　□中专 □技校　□高中　□职高　□初中　□小学 □文盲或半文盲	专业技术职称	□正高　□副高　□中级　□初级　□无
用工形式	□固定工　□合同制工 □临时工　□其他	工人技术职称	□高级技师　□技师　□高级 □中级　□初级　□无

个人详细工作经历（从计算工龄起填）

工作起止年月	工作单位名称 （含知青、部队，增减工龄的须明示）	工种、职务 名称	是否特殊工种	特殊工种性质	□特殊工种月数 □增减工龄月数
年　月至					
年　月至					
年　月至					

续表

年 月 至 年 月					
年 月 至 年 月					
年 月 至 年 月					
户口性质	□非农业 □农业	代发机构名称		代发银行账号	
发放邮寄地址				邮政编码	
健康状况		兴趣爱好		特长技能	本人联系电话
是否空巢老人	□是 □否	是否特困	□是 □否	是否已参加医疗保险	□是 □否
居住地设区市		居住地类别		居住地及邮政编码	
居住地乡镇街道		居住地社区		自管小组	优抚类别 □是 □否

工作状况：

配偶姓名：　　　　　　家庭其他联系人姓名：　　　　　　电话

单位申报意见（盖章）：　　　　　　社保经办机构意见：

经办人：　　　　　　　　　审核人：

年　月　日　　　　　　　年　月　日

表格各项参数详解：

1．表格用途

办理退休时，由单位或者个人填报。

2．业务经办资料

（1）职工本人档案资料，其内必须有招收录用、军人服役等建立劳动关系的初始文书，历年的工资变化表，身份证复印件。

（2）享受特殊待遇人员还需提供以下资料：

① 省级以上劳动模范、部队军以上授予的一等功臣、战斗英雄的，提供有效证明材料，以及人力资源和社会保障部门的有关批文；

② 高级专家退休享受增发待遇的，须持省人力资源和社会保障部门的确认批文；

③ 需延长退休的，提供干部管理权限部门的正式批文。

3．填写说明

（1）汇总单位编号、单位编号：依据单位参保时系统产生的编号为准。

（2）填报时间认当前填报的时间为准。

（3）个人社保编号：以参保时系统产生的个人编号为准。

（4）姓名、公民身份号、性别：依据本人档案、居民身份证或户口簿所示内容填写。

（5）个人身份：是指按国家公务员、职员、工人、农民、农垦职工、学生、现役军人、退役士兵、聘干、干部、军转干部、自由职业者、个体经营者、无业人员、退（离）休人员、其他。

（6）参加工作日期：是指按规定可计算连续工龄或工作年限的起始日期。

（7）首次参保年月：是指参保地区实行个人缴费后参保人员按当地规定开始缴费的日期。

（8）建立个人账户年月：是指社保经办机构为参保人员建立基本养老保险个人账户的日期。

（9）应退休年月：依据离退休人员退休的时间为准。

（10）退休类别：到龄退休、特殊工种提前退休、特殊政策提前退休等。

（11）特殊工种性质：按特繁重、高温、井下、有毒、高空划分。

（12）特殊工种月数：参保人员从事特殊工种的累计工作月数。

（13）户口性质：按非农业户、农业户分类填写。

（14）居住设区市：即在省内的离退休人员现居住地所在的设区市，或居住在省外和港澳台、境外。

（15）居住地类别：分为本企业所在县市、省内跨企业所在县市、跨省（外省）、港澳台、境外五类。

（16）居住地乡镇街道和居住地社区：只针对省内居住的离退休人员，填写时需填写省地名委所规定的乡镇街道和社区名称。省外居住的可不填写。

（17）健康状况：按健康、生活不能自理、长年有病、一般填写。

（18）优抚类别：特困、重病、低保、无填写。

（19）自管小组：即离退休人员现居住地所在的自管小组名称，没有建立自管小组的可不填。

（20）兴趣爱好：音乐、球类、棋类、钓鱼、游泳、爬山、跑步、书法、收藏、其他填写。

（21）特长技能：即离退休人员的特长技能，用文字简练表述。

（22）配偶姓名及工作状况：即离退休人员配偶的姓名和工作状况信息。工作状况按在职、无职业、退休填写。

（23）家庭其他联系人姓名、电话：即方便和离退休人员联系的家庭其他联系人的姓名、电话和地址等信息。与本人关系为以下几种：父子、母子、父女、母女、指定受益人、其他联系人、单位经办人等。

四、基本养老保险关系跨省转移接续

1．转入

（1）需提供的资料

① 原参保地社保经办机构出具的《参保缴费凭证》；

② 经申请人签字或参保单位加盖公章的《基本养老保险关系转移接续申请表》。

（2）办理流程

① 各经办机构受理企业或参保人员的接续申请：办理时限，即时办理。

② 各经办机构业务人员审核企业资料，是否齐全，填写内容是否完整，资料不齐全的不予受理并告知应提供的资料；资料齐全的办理相关手续；

对符合办理接续条件的参保人员，系统生成并打印《基本养老保险关系转移接续联系函》。通过信函邮寄方式发送至原参保所在地社保经办机构。

③ 原参保所在地收到《联系函》后，将参保人员《基本养老保险关系转移接续信息表》发回新参保地并将转移基金额转入新参保地社会保险基金专用账户。

④ 各经办机构接收原参保地社保经办机构返回的《基本养老保险关系转移接续信息表》，并将信息录入业务系统办理接续。

2. 转出

（1）需提供的资料

① 参保人员本人填写的《申领〈参保缴费凭证〉申请书》；

② 居民身份证等能反映职工户籍性质的相关证明材料。

（2）办理流程

① 企业或个人携带相关资料到参保所在地社保经办机构申请。

② 社保经办机构审核资料是否齐全，填写内容是否完整，资料不齐全的不予受理并告知应提供的资料；资料齐全的办理相关手续。

③ 参保人员向新参保所在地社保经办机构提出转移接续申请，填写《基本养老保险关系转移接续申请表》。

④ 社保经办机构接收新参保所在地社保经办机构发送的参保人员《基本养老保险关系转移接续联系函》。

⑤ 社保经办机构工作人员将"联系函"中新参保地经办机构相关信息录入业务系统。

⑥ 社保经办机构生成并打印"基本养老保险关系转移接续信息表"并加盖社保经办机构业务印章。业务系统在生成"信息表"后，将自动终止参保人员在本地的基本养老保险关系。

⑦ 社保经办机构工作人员持参保人员的《联系函》《信息表》（其中两联）、《跨省转出人员情况明细表》一式两联到财务部门办理基金划转手续。

⑧ 通过信函邮寄方式将《信息表》发送至新参保地经办机构。

五、基本养老保险关系省内转移接续

1. 转入

（1）需提供的资料

① 原参保地社保经办机构出具的《参保缴费凭证》。

② 经申请人签字或参保单位加盖公章的《基本养老保险关系转移接续申请表》。

（2）办理流程

① 各经办机构受理企业或参保人员的接续申请：办理时限，即时办理。

② 各经办机构业务人员审核企业资料，是否齐全，填写内容是否完整，资料不齐全的不予受理并告知应提供的资料；资料齐全的办理相关手续。

对符合办理接续条件的参保人员，系统生成并打印《基本养老保险关系转移接续联系函》。通过信函邮寄方式发送至原参保所在地社保经办机构：办理时限，15 个工作日内。

③ 原参保所在地收到《联系函》后，将参保人员《基本养老保险关系转移接续信息表》发回新参保机构，并将转移基金额转入新参保机构社会保险基金专用账户。

④ 各经办机构接收原参保地社保经办机构返回的《基本养老保险关系转移接续信息表》，并将信息录入业务系统办理接续。

2．转出

（1）需提供的资料

① 参保人员本人填写的《申领〈参保缴费凭证〉申请书》；

② 居民身份证等能反映职工户籍性质的相关证明材料。

（2）办理流程

① 企业或个人携带相关资料到参保所在经办机构申请。

② 社保经办机构审核资料是否齐全，填写内容是否完整，资料不齐全的不予受理并告知应提供的资料；资料齐全的办理相关手续。

③ 参保人员向新参保所在地社保经办机构提出转移接续申请，填写《基本养老保险关系转移接续申请表》。

④ 社保经办机构接收新参保所在地社保经办机构发送的参保人员《基本养老保险关系转移接续联系函》。

⑤ 社保经办机构工作人员将《联系函》中新参保地经办机构相关信息录入业务系统。

⑥ 社保经办机构生成并打印《基本养老保险关系转移接续信息表》并加盖社保经办机构业务印章。业务系统在生成《信息表》后，将自动终止参保人员在本地的基本养老保险关系。

⑦ 社保经办机构工作人员持参保人员的《联系函》《信息表》（其中两联）、

《省内转出人员情况明细表》一式两联到财务部门办理基金划转手续。

⑧ 通过信函邮寄方式将《信息表》发送至新参保地经办机构。

以下是基本养老保险关系转移接续流程表（见表8-2）及申请表（见表8-3）。

表 8-2　基本养老保险关系转移接续流程

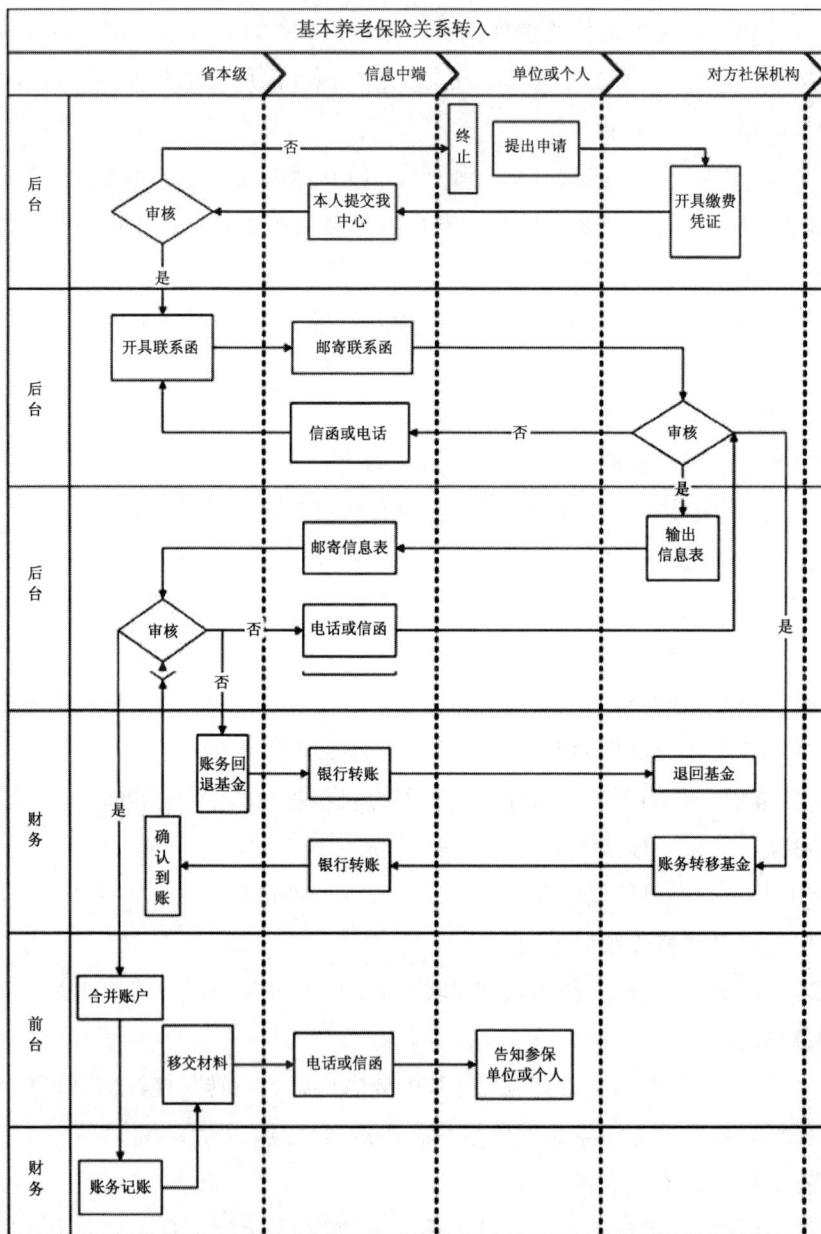

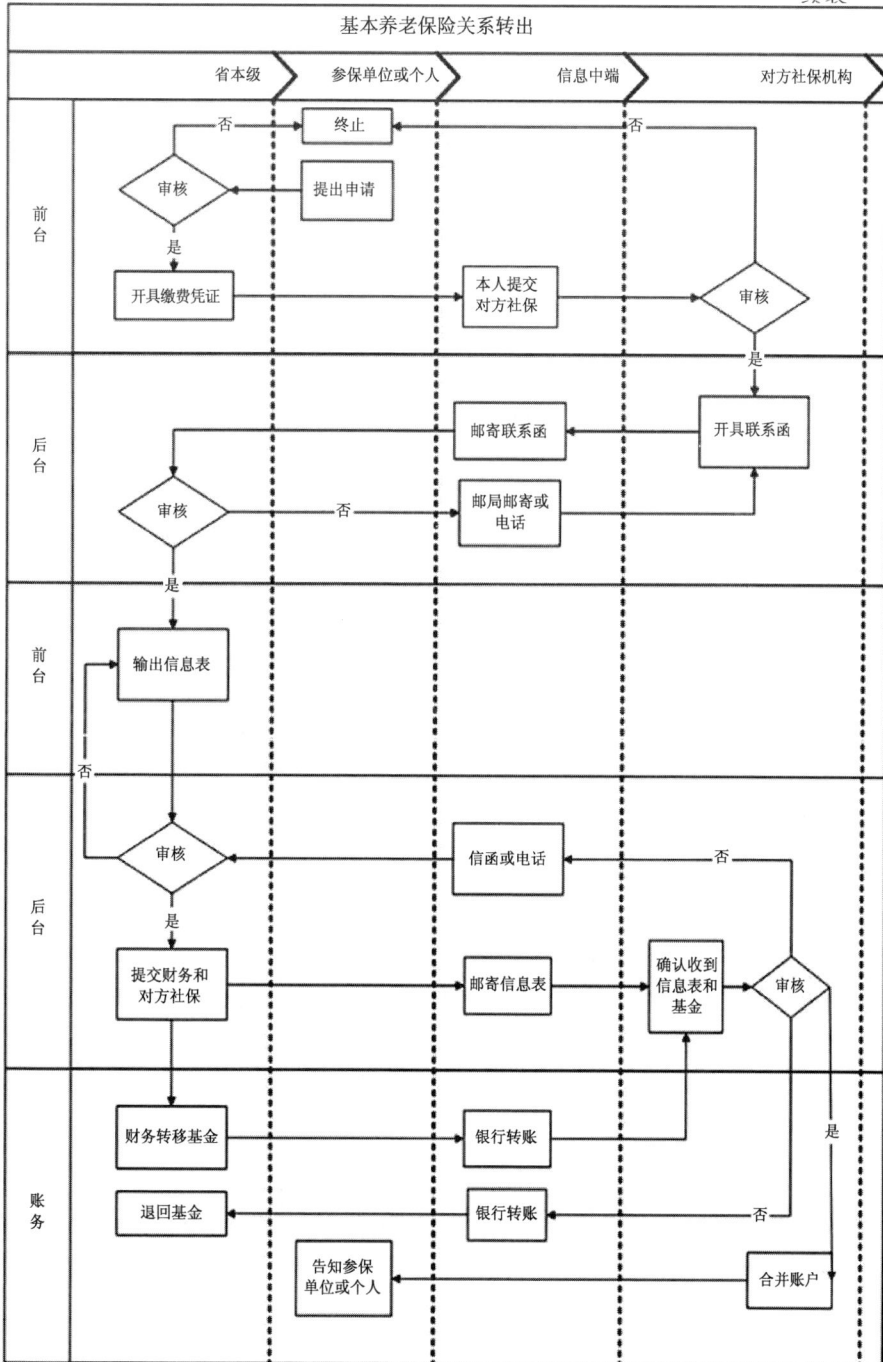

基本养老保险关系转出

| | 省本级 | 参保单位或个人 | 信息中端 | 对方社保机构 |

前台

否 → 终止
审核 ← 提出申请
否 → 终止
是
开具缴费凭证 → 本人提交对方社保 → 审核
是

后台

邮寄联系函 ← 开具联系函
审核
否 → 邮局邮寄或电话
是

前台

输出信息表
否

后台

审核 ← 信函或电话 ← 否
是
提交财务和对方社保 → 邮寄信息表 → 确认收到信息表和基金 → 审核
是

账务

财务转移基金 → 银行转账
退回基金 ← 银行转账 ← 否
告知参保单位或个人 ← 合并账户

编号：

表 8-3 基本养老保险关系转移接续申请表

姓名		性别		公民身份号码									
原个人编号													
原参保所在地区所名称	户籍所在地												
原参保缴费方式	□ 单位名称： □ 个人			原参保地社保机构名称										
本地参保缴费方式	□ 单位名称： □ 个人			原参保起止时间	年　　月—— 年　　月									
				本地参保起止时间	年　　月—— 年　　月									
参保单位或申请人（签章）：				社保经办人（签章）：										
联系电话：				社保部门负责人（签章）：										
	年　　月　　日				年　　月　　日									
（落款中的参保单位和申请人，二选一即可）													

8.2.2　医疗保险

2018 年 3 月，十三届全国人大一次会议表决通过了关于国务院机构改革方案的决定，组建中华人民共和国国家医疗保障局；5 月 31 日，国家医疗保障局正式挂牌成立。随着国家医保局这个顶层机构设置到位，各省市先后纷纷成立省市级医保局这一专业机构，在职能整合、政策制定、医疗控费方面将出现新的变化，但本节的主要内容还是在现行相关政策的基础上进行一些描述（以江西省省本级城镇职工基本医疗保险为例，各地市略有差别）。

一、业务流程

1．转诊、转院程序

（1）参保人员按照省本级转诊转院申请要求准备材料和表格（表格和所需材料要求由单位经办人至省社保中心网站 http://www.jxsi.gov.cn/下载后提供给参保人员）。

（2）单位经办人或参保人提交相关材料至前台经办人，符合申报条件的预上机登记其相应待遇（材料不齐全的，一次性告知当事人所需材料）。

（3）业务经办人初审。

（4）业务负责人复审。

（5）业务经办人上机登记转诊转院。

（6）经审核的《江西省本级转诊转院审核表》交还本人。

2．门诊特殊病申报流程

（1）参保人员按照省本级门诊特殊慢性病申请病种准备材料和表格（表格和所需材料由单位经办人至省社保中心网站 http://www.jxsi.gov.cn/下载后提供给参保人员）。

（2）单位经办人或参保人拿号后按照叫号系统到业务经办大厅前台经办人处提交各病种相关材料，符合申报条件的预上机登记其慢性病待遇（材料不齐全的，一次性告知当事人所需材料）。

（3）业务经办人或组织专家初审申请材料。

（4）业务后台及负责人复审。

（5）社保大厅前台经办人上机登记慢性病待遇。

（6）社保大厅前台经办人通知通过门诊特殊慢性病审批的，携带一张近期免冠一寸或两寸彩照和省本级医保卡至省社保中心前台领取《江西省本级基本医疗保险特殊慢性病病历处方本》；未通过审批的申报材料退回当事人。

3．零星医疗费用报销

（1）单位经办人或参保人拿号后按照叫号系统到大厅前台经办人提交零星报销材料：

① 医疗费用发票等有效收费凭据；

② 收费明细清单；

③ 出院小结（门诊为病历、处方、检验单等）；

④ 参保人身份证复印件；

⑤ 参保人银行存折（银行卡）复印件；

⑥ 填写《江西省本级医疗费用零星结算申请表》（表格在省社保中心网站 http://www.jxsi.gov.cn/下载或由单位经办人到省本级职工医保 QQ 群（群号：191557098）中下载后提供给参保人员）；

（2）前台人员审核材料齐全的，打印《江西省本级医疗保险医疗费用零星报销受理单》，经参保人确认签字后，领回执一份（若不符合申报条件的，一次性告知当事人所需材料）；

（3）前台人员录入（导入）医疗费用单据明细；

（4）业务二处审核人员依据全省医疗保险三个目录逐条审核比对费用明细，打印《江西省本级医疗保险医疗费用报销拨款单》；

（5）业务二处负责人复审、分管中心领导审定后材料移交基金管理处；

（6）基金管理处按照《江西省本级医疗保险医疗费用报销拨款单》支付待遇。

4. 职工异地安置申请核定

（1）参保人员按照省本级异地安置申请要求准备材料和表格（表格和所需材料要求由单位经办人在省社保中心网站 http://www.jxsi.gov.cn/下载后提供给参保人员）。

（2）单位经办人或参保人提交相关材料至业务二处前台经办人，符合申报条件的预上机登记其相应待遇（材料不齐全的，一次性告知当事人所需材料）。

（3）业务二处后台初审。

（4）业务二处负责人复审。

（5）业务二处经办人上机登记异地安置待遇。

二、基本医疗保险关系转移接续

1．转入

（1）参保人员随新就业单位参加城镇职工基本医疗保险的

① 携带资料

a．参保人员或新就业地用人单位代办人员填写的"基本医疗保险关系转移接续申请表"。

b．居民身份证等相关证明材料。

② 办理流程

a．企业或个人携带相关资料到参保所在地社会保险经办机构申请。

b．各经办机构业务人员审核资料是否齐全，填写内容是否完整，资料不齐全的不予受理并告知应提供的资料；资料齐全的办理相关手续。

对符合办理接续条件的参保人员，系统生成并打印《基本医疗保险关系转移接续联系函》，通过信函邮寄方式发送至原参保所在地社保经办机构。

c．原参保所在地收到《联系函》后，将参保人员的《参保凭证》和《参保人员医疗保险类型变更信息表》发回新参保地经办机构；有个人账户的，同时转移个人账户余额。

d．各经办机构接收原参保地经办机构返回的凭证、《信息表》及个人账户余额，并将信息录入业务系统，将转移的个人账户金额计入参保人员的个人账户。

（2）参保人员跨统筹地区流动就业无接收单位的

① 携带资料

a．原参保地经办机构出具的《参保凭证》；

b．居民身份证等相关证明材料。

② 办理流程

a．企业或个人携带相关资料到参保所在区（市）社会保险经办机构申请。

b．各经办机构业务人员审核资料是否齐全，填写内容是否完整，资料不齐的不予受理并告知应提供的资料；资料齐全的办理相关手续。

对符合办理接续条件的参保人员，系统生成并打印《基本医疗保险关系转移接续联系函》，通过信函邮寄方式发送至原参保所在地社保经办机构。

c．原参保所在地收到《联系函》后，将参保人员的《参保凭证》和《参保人员医疗保险类型变更信息表》发回新参保机构。

d．各经办机构接收原参保地经办机构返回的凭证和《信息表》，并将信息录入业务系统。

2．转出

（1）参保人员随新就业单位参加城镇职工基本医疗保险的

① 企业或个人携带相关资料到新就业地经办机构申请办理转入。

② 对符合办理条件的，新就业地经办机构生成《基本医疗保险关系转移接续联系函》，并通过信函邮寄方式发送至参保人员原参保的社保经办机构。

③ 各区（市）社保经办机构接收新参保所在地社保经办机构发送的参保人员《基本医疗保险关系转移接续联系函》后，核对信息并通过系统生成《参保凭证》，并填写《参保人员医疗保险类型变更信息表》。

④ 社保经办机构将《参保凭证》及《参保人员医疗保险类型变更信息表》，通过信函邮寄方式发送至新就业地经办机构。有个人账户的，办理个人账户余额划转手续，同时终止参保人员原基本医疗保险关系。

（2）参保人员跨统筹地区流动就业无接收单位的

① 携带资料

a．职工本人填写的《基本医疗保险关系转移接续申请表》；

b．居民身份证等相关证明材料。

② 办理流程

a．参保人员携带相关材料到各区（市）经办机构申请办理《参保凭证》。

b．各经办机构业务人员审核资料是否齐全，填写内容是否完整，资料不齐的不予受理并告知应提供的资料；资料齐全的办理相关手续。

对符合办理转移条件的参保人员，系统生成并打印参保凭证。凭证第一联由经办机构妥善保管，第三联交给参保人员。有个人账户的，个人账户余额按市规定一次性支付给参保人员；同时终止参保人员的基本医疗保险关系。

c. 参保人员携带《参保凭证》到新就业地经办机构申请办理参保手续。新就业地经办机构受理申请后，对符合当地参保规定的，生成并发出《基本医疗保险关系转移接续联系函》。

d. 各区（市）社保经办机构接收新就业地经办机构发送的参保人员《基本医疗保险关系转移接续联系函》后，填写《参保人员医疗保险类型变更信息表》，并将《参保凭证》第一联和《信息表》通过信函邮寄方式发送至新就业地参保机构。

e. 新就业地经办机构收到《参保凭证》和《信息表》后办理接续手续。

以下是有关基本医疗保险的表单模板（见表 8-4～表 8-12），以供参考。

表 8-4　某地区城镇职工基本医疗保险待遇一览表

个人负担百分比　定点医疗机构级别　支付标准分类				三级	二级	一级及以下
门诊	门诊医疗费用先由参保人员用个人医疗账户支付直至用完为止					
	起付标准	在职	按社平工资		8%	
		退休			3%	
	统筹支付阶段个人负担比例	<5000元	在职	28%	23%	15%
			退休	14%	11.5%	7.5%
		5000~10000元	在职	15%	10%	6%
			退休	7.5%	5%	3%
		>10000元	在职	10%	7%	4%
			退休	5%	3.5%	2%
住院	起付标准	首次	在职	按社平工资	6%	4%	2%
			退休		3%	2%	1%
		二次以上，起付标准降低1%，但最低不低于社平工资的1%				
	统筹支付阶段个人负担比例	<10000元	在职	16%	12%	8%
			退休	8%	6%	4%
		10000~20000元	在职	8%	6%	4%
			退休	4%	3%	2%
		>20000元	在职	6%	4%	2%
			退休	3%	2%	1%
家庭病床	起付标准	在职	按社平工资	3%	2%	1%
		退休		1.5%	1%	0.5%
	统筹支付阶段个人负担比例	在职		20%	15%	5%
		退休		10%	7.5%	2.5%

表 8-5 待遇申请表

□省本级企业职工医保   □省直机关事业单位医保

填表人（签字）：   年 月 日

姓 名		公民身份号		社会保障号	
个人开户银行		个人银行账号		参保人所在单位	
家庭联系人		联系电话		联系地址	
申请慢性病种					
疾病确诊医院		疾病确诊时间			
拟选择的定点治疗医院		拟选择的定点治疗科室			
专家意见					
省社保中心意见	初审意见： 复审意见： 负责人意见： （盖 章） 年 月 日				

注：申请人填写此表（每个病种一张）后，与疾病（诊断）证明书、既往就诊记录及检查结果原件和复印件，身份证复印件交单位汇总。

表 8-6 待遇申请汇总表

□省本级企业职工医保   □省直机关事业单位医保

填报单位（盖章）：   年 月 日

序号	姓名	公民身份号	社会保障号	人员类别	性别	年龄	病种名称	个人银行账户		申报资料及数量				
								开户银行	账号	门诊病历	诊断证明	出院小结	检验单据数	影像资料数
1														
2														
3														
4														
5														
6														
7														
8														
9														
合计														

负责人：   审核人：   填表人：

注：本表用于按省本级企业职工医保、省直机关事业单位医保分别汇总本单位门诊特殊慢性病申请，于每月10日前报省社保中心。

表 8-7　再次住院申请表

姓　名		性别		出生年月		医保卡号	
单　位				联系人及电话		住院号	
申请事项选择	□出院 15 日内从其他医院转入　　　　□出院 15 日内需重新入住同家医院 □因疾病需要在同一家医院进行转科治疗						
前次就诊医院				前次出院时间		本次入院时间	
前次出院诊断							
本次入院诊断							
需在同一家医院转科治疗或出院 15 日内需再次住院或从其他医院转入诊治的原因（含主诉、现病史、临床表现及本次转科、住院及转入的主要理由等）： 接诊或经治医师签章：　　　　　　　　　　　　　　　　　　科主任签章：							
患者（或家属）签名 签章： 　年　　月　　日		医院医保部门意见 签章： 　年　　月　　日			医疗保险机构审批意见 签章： 　年　　月　　日		

注：① 本申请表一式两份，由定点医疗机构和医疗保险经办机构各执一份。

　　② 本表适用于以下三种情况的江西省本级基本医疗保险患者：出院 15 日内从其他医院转入的、出院 15 日内需再次入住同家医院的、在同一家医院内因病情需要转科治疗的。

　　③ 定点医疗机构将本审批表和出院（含再次）小结随月报表一并报至省社保中心。

表 8-8　医疗待遇审核表

□省本级企业职工医保　　　　　　　　　　　　□省直机关事业单位医保

姓　名		IC卡号	
单　位		联系电话	
身份证号		就诊医院	
核实内容证明:（说明发生的时间、地点、经过） 目击证人签字:　　　　　　　　　　参保人（或家属）签字:			
医保审核意见: 当事人提供:本单位（　）、属地居委会（　）、属地派出所（　）、事故发生当地 交警大队（　）、上次入院记录（　）、本次入院记录（　）等证明材料			
证明单位意见: 　　　　　　　　　　　　　　　　签字（盖章）: 　　　　　　　　　　　　　　　　年　　月　　日			
省社保中心意见: 经办人签字:　　　　　　　　　　　负责人签字: 　　　　　　　　　　　　　　　　年　　月　　日			

注:① 本审核表一式两份,由定点医疗机构和医疗保险经办机构各执一份。

　　② 为维护医保基金的安全使用,请如实核实。

表 8-9　转诊转院审核表

□省本级企业职工医保　　　　　　　　□省直机关事业单位医保
　□省内转诊转院　　　　　　　　　　　□省外转诊转院
单位名称（章）

姓　名		性别		社会保障号	
单位类型	□企业　□个体工商户　□机关　□事业单位　□社团　□其他				
身　份	□在职　□退休				
病人住址		联系人		电话	
转出医疗机构		初步诊断			
拟转入医疗机构			级别		

病情摘要及会诊意见：

主管医师签字：　　　　　　科主任签字：　　　　　　　年 月 日

转出医疗机构医疗保险管理部门意见（章）

负责人签字：　　年 月 日

省社保中心意见：

经办人：　　　　　审核人：　　　　　年　月　日

注：① 本表一式两份，由参保人员需要转诊转院附在医院医保管理部门领取，报省社会保险管理中心后，参保人员、省社保中心各执一份。
　　② 审核编号由省社保中心编写。

江西省本级转诊转院证明书

江西省社会保险管理中心：

　　　我单位参保人员_____（社会保障号_____），于_____年_____月_____日在_____院_____科诊治，因病情需要转往_____进一步诊治，请予以审核并办理有关手续为感。

　　　注：此证明如无单位公函无效。

　　　（参保单位签章）　　　（定点医疗机构签章）

　　　　　年 月 日　　　　　　年 月 日

图 8-1　转诊转院证明书

表 8-10　医疗费用零星结算申请表

□省本级企业职工医保 　　　　　　　　　　　　　　　　　　　　　　　　□省直机关事业单位医保

医疗类别（医疗保险经办机构初审人员填写）：
□非定点医疗机构急诊和急诊转入院　　　　　□因客观原因在定点医院未实现及时结算 □已审批的省内转诊转院　　□已审批的省外转诊转院　　□未审批的省内转诊转院 □未审批的省外转诊转院　　□异地安置（门诊、门特、住院）　　□其他情况

填报人（签字）：　　　　　　　　　　　　　　　　　　　　　填报时间：

姓　名		社会保障号			
联系电话		家庭联系人		家庭联系电话	
个人开户银行		开户名		个人银行账号	
就医医院名称		就医医院级别		就医时间	年 月 日— 年 月 日
有效费用单据份数		其他医疗材料份数		医疗费用总计（大写）	

注：本表在医疗终结后由本人如实填写，交单位汇总后，随《零星报销待遇审核汇总表》一并上报省社保中心。

表 8-11　零星报销待遇审核汇总表

□省本级企业职工医保 　　　　　　　　　　　　　　　　　　□省直机关事业单位医保

填报单位（盖章） 　　　　　　　　　　　　　　　　　　　　　填报时间：　　年　　月

序号	姓名	社会保障号	人员类别	性别	年龄	转诊审核时间	医疗机构名称	医疗费起止时间	病历份数	处方份数	收据份数	收据总金额
合　计												

注：本表用于汇总本单位参保人员门诊、门诊特殊慢性病和住院医疗零星费用报销，由单位按照省本级企业职工医保、省直单位医保分别填写，每月10日前报省社保中心。

表 8-12　异地安置人员申请表

申请时间：　　　　年　　　　月　　　　日

姓名		性别		年龄		社会 保障号	
公民身份证号				工作状态	□ 在职　□ 退休		
工作单位							
安置（驻外）地点				通讯地址			
联系人		联系电话			邮政编码		
申请理由							
异地安置定点 医疗机构一		等级		异地安置定点 医疗机构二		等级	
医疗机构 所在地址		联系电话		医疗机构 所在地址		联系电话	
医疗机构（盖章）：				医疗机构（盖章）：			
所在单位意见							
	（盖章）：　　　　年　　　　月　　　　日						
江西省社会保险 管理中心意见							
	（盖章）：　　　　年　　　　月　　　　日						

8.2.3　工伤保险

2015 年 7 月，人力资源和社会保障部与财政部联合下发了《关于调整工伤保险费率政策的通知》（人社部发〔2015〕71 号），文件规定，根据不同行业的工伤风险程度，由低到高，依次将行业工伤风险类别划分为一类至八类（附表略）。不同工伤风险类别的行业执行不同的工伤保险行业基准费率。各行业工伤风险类别对应的全国工伤保险行业基准费率为，一类至八类分别控制在该行业用人单位职工工资总额的 0.2%、0.4%、0.7%、0.9%、1.1%、1.3%、1.6%、1.9%左右。通过费率浮动的办法确定每个行业内的费率档次。一类行业分为三个档次，即在基准费率的基础上，可向上浮动至 120%、150%；二类至八类行业分为五个档次，即在基准费率的基础上，可分别向上浮动至 120%、150%或向下浮动至 80%、50%。2019 年国家出台政策，延长阶段性降低工伤保险费率的期限至 2020 年 4 月 30 日。

一、工伤申请办理流程

1. 发生工伤事故后，员工本人或其同事必须马上报告用工单位，说明受伤者姓名、性别、事故发生时间、地点及事故简要经过。

2. 24 小时内用工单位必须以书面形式报告工伤保险主管部门。

3. 发生工伤事故后两周内，员工本人或代理人应向用工单位提交工伤认定办理所需的资料，用工单位审核相关材料后向工伤鉴定部门报送。相关材料如下。

（1）描述事故经过；（2）本人身份证复印件；（3）两名证明人亲自书写的旁证材料，旁证人身份证明并加盖本单位公章；（4）原始病历、诊断证明书原件和复印件；（5）《工伤认定申请表》一式三份。

属于下列情况应提供的相关证明材料：

（1）因履行工作职责遭受暴力伤害的，需提交公安机关或法院判决书。

（2）由于机动车事故引起的伤亡事故提出工伤认定的，需提交公安交通部门的责任认定书。

（3）因工外出期间，由于工作原因受到伤害的，提交公安部门证明或其他证明；发生事故下落明需认定因工死亡的应提交人民法院宣告死亡的结论。

（4）在工作时间和工作岗位，突发疾病死亡或者在 48 小时之内经抢救无效死亡的，提交医疗机构的抢救和死亡证明。

（5）属于抢险救灾等维护国家利益、公众利益活动中受到伤害的，应提交事发地县级以上人民政府有关部门出具的有效证明。

二、工伤待遇（费用）支付流程

在收到关于工伤认定的批复后，由公司或相关人员准备相关材料如下。

1．工伤费用类

（1）身份证复印件；（2）病历本原件及复印件（含长期和临时医嘱、手术记录、特殊检查、医学影像检查资料、入出院记录），医疗保险专用病历；（3）每日清单、费用总清单；（4）发票原件；（5）如有转院、旧伤复发则应提供相应申请材料。

2．工亡费用类

（1）身份证复印件；（2）死亡证、火化证、户口消除证明；（3）供养人员身份证明材料；（4）供养抚恤金申请表；（5）工亡人与供养人员关系证明。

3．伤残费用类

（1）身份证复印件；（2）劳动能力鉴定结论书。

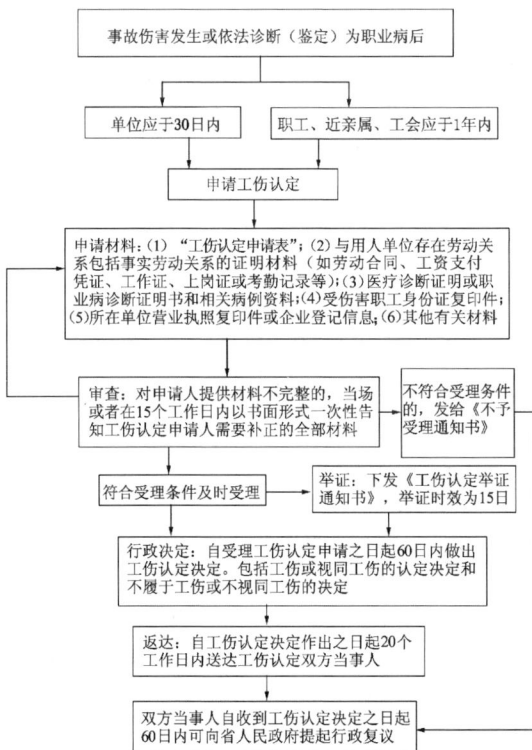

图 8-2　工伤认定简易流程

让我们先来看一下 2004～2010 年,《工伤保险条例》发生了哪些变化(见表 8-13)。

表 8-13　2004～2010 年《工伤保险条例》规定的工伤待遇对比

工伤待遇项目/支付标准		原《工伤保险条例》	新《工伤保险条例》	备注
伤残补助金	一级	24 个月本人工资	27 个月本人工资	均由基金支付,本人工资是指工伤职工因工作遭受事故伤害或者患职业病前 12 个月平均月缴费工资
	二级	22 个月本人工资	25 个月本人工资	
	三级	20 个月本人工资	23 个月本人工资	
	四级	18 个月本人工资	21 个月本人工资	
	五级	16 个月本人工资	18 个月本人工资	
	六级	14 个月本人工资	16 个月本人工资	
	七级	12 个月本人工资	13 个月本人工资	
	八级	10 个月本人工资	11 个月本人工资	
	九级	8 个月本人工资	9 个月本人工资	
	十级	6 个月本人工资	7 个月本人工资	
伤残津贴	一级	本人工资的 90%	无变化	基金支付,不低于最低工资。5～6 级,用人单位支付,伤残津贴实际金额低于职工最低月工资标准的,由用人单位补足差额
	二级	本人工资的 85%		
	三级	本人工资的 80%		
	四级	本人工资的 75%		
	五级	本人工资的 70%		
	六级	本人工资的 60%		
一次性医疗补助金和就业补助金两项合计	医疗补助金:用人单位支付		基金支付	月工资基数按上年社会平均工资计算
	就业补助金:用人单位支付		无变化	
	五级	30 个月上年度平均工资	由各省自行规定	
	六级	25 个月上年度平均工资		
	七级	20 个月上年度平均工资		
	八级	15 个月上年度平均工资		
	九级	10 个月上年度平均工资		
	十级	5 个月上年度平均工资		
一次性工亡补助金		48～60 个月的统筹地区上年度职工月平均工资	上一年度全国城镇居民人均可支配收入的 20 倍	50 个月上年度平均工资;综合保险的,为 120 个月上年度社会平均工资(含工亡补助金、丧葬补助、供养亲属抚恤金)
丧葬补助金		6 个月统筹地区上年度职工月平均工资,基金支付	无变化	6 个月

续表

工伤待遇项目/支付标准	原《工伤保险条例》		新《工伤保险条例》	备注
供养亲属抚恤金	配偶每月 40%，其他亲属每人每月 40%，孤寡老人或者孤儿每人每月在上述标准的基础上增加 10%，基金支付		无变化	核定的各供养亲属的抚恤金之和不应高于因工死亡职工生前的工资
伙食补助费	所在单位按照本单位因公出差伙食补助标准的 70%		从工伤保险基金支付，基金支付的具体标准由统筹地区人民政府规定	非全日制每月支付最低工资
交通食宿费	所在单位按照本单位职工因公出差标准报销			
工伤医疗费	根据相关标准由工伤保险基金支付		无变化	
工伤康复费				
辅助器具费				
停工留薪期工资	用人单位支付，负伤前 12 个月平均工资		用人单位支付，负伤前 12 个月平均工资	
生活护理费用	完全不能自理	上年度职工月平均工资的 50% 按月支付	无变化	工伤保险基金支付
	大部分不能自理	上年度职工月平均工资的 40% 按月支付		
	部分不能自理	上年度职工月平均工资的 30% 按月支付		
劳动能力鉴定费	首次及再次鉴定变更的由基金支付		无变化	工伤保险基金支付

以下是享受工伤保险待遇需填报的相关表格模板（见表 8-14～表 8-22），以江西省为例。

表 8-14　省本级职工工伤事故情况快报表

单位代码：

单位名称：（章）　　　　　　　　　　　　　　填表日期：　　年　月　日

事故发生时间		事故发生地点		死亡人数		
受伤人数		急救医院		急救科室		一式两联
转诊医院			治疗科室			
事故经过：						

续表

①经办机构留存②单位留存

伤 亡 职 工 基 本 情 况						
居民身份证号码	姓名	性别	年龄	工种	伤亡情况	受伤部位

单位制表人（章）　　　　　　　　　省社保中心（章）　　　　审核人（章）

单位法定代表人（章）　　　　　　　　　　　　　　　　　负责人（章）

表 8-15　省本级工伤（亡）职工登记表

单位代码：

单位名称：（章）　　　　　　　　　　　　　填表日期：　年　月　日

工伤职工基本情况	居民身份证号码		姓名		性别		年龄		一式两联①经办机构留存②单位留存
	户籍类型		工种		劳动关系类型				
	联系电话		联系地址						
	开户银行名称		银行账户						
工伤认定情况	工伤时间		工亡时间		申请工伤认定时间				
	伤害部位								
	职业病分类		职业病病种						
	工伤认定依据				工伤类别				
	工伤认定机构		工伤认定时间	年 月 日	工伤认定书编号				
	停工留薪期限		起始时间	年 月 日	终止时间		年 月 日		
就医情况	就医类别				急救医院				
	门诊医院				住院医院				
	科别				床位号				

单位制表人（章）　　　　　　　　　省社保中心（章）　　　　审核人（章）

单位负责人（章）　　　　　　　　　　　　　　　　　　　负责人（章）

表 8-16 省本级工伤职工转诊转院申请表

单位名称：

姓　　名		居民身份证号码		性　别		年　　龄	
工伤时间		伤残部位				工伤类别	
联系电话		联系地址					

工伤职工 本人申请	 　　　　　　　　　　　　本人签字：　　年　月　日
用人单位 意见	 　　　　　　　　　　　　　　　　　　（盖章） 　　　　　　　　　　　经办人签字：　　年　月　日
定点医疗 机构意见	 　　　　　　　　　　　　　　　　　　（盖章） 　　　　　　　　　　　　医师签字：　　年　月　日
省社保中 心意见	 　　　　　　　　　　　　　　　　　　（盖章） 　　　　　　　　　　　经办人签字：　　年　月　日
备　　注	

表 8-17　省本级工伤医疗待遇情况表

单位代码：

单位名称：

单位：元

居民身份证号码			姓名		性别		年龄	
医疗机构名称			医院级别		住院号			
住院日期			出院日期			住院天数		
伤害部位								
门诊诊断								
入院诊断								
出院诊断								

	项目	序号	申报金额	不支付金额	支付金额
医疗费	药品费	01			
	检查费	02			
	治疗费	03			
	手术费	04			
	医用材料费	05			
	全血及成分血费	06			
	康复费	07			
	其他	08			
	合计	09			
补助费	住院伙食补助	10		—	—
	交通、食宿费	11		—	—
支付金额合计（小写）		12			
支付金额合计（大写）		13			
开户银行名称		14		银行账户	

一式三联①经办机构留存②单位留存③工伤职工留存

单位申报人（章）　　　　　　　　申报日期

审核人（章）　　　复核人（章）　　　负责人（章）　　　省社保中心（章）

（注：表中"不支付金额""支付金额"由经办机构审核后填写）

表 8-18　省本级工伤辅助器具配置（更换）费用表

单位代码：

单位名称：　　　　　　　　　　　　　　填表日期：　年　月　日

居民身份证号码		姓名		性别		年龄	
伤残部位			配置辅助器具项目				
使用年限			配置时间				
更换时间			配置金额			元	
配置机构							
实际支付金额		大写					
开户银行名称		银行账户					
省社保中心审核意见	审核人（章）　　复核人（章）　　　　负责人（章）　　　　　　　　年　月　日						

一式三联　①经办机构留存　②单位留存　③工伤职工留存

表 8-19　省本级伤残待遇情况表

单位代码：

单位名称：　　　　　　　　　　　　　　　　单位：元

居民身份证号码		姓名		性别		年龄	
工伤时间		劳动能力鉴定时间		伤残等级			
护理等级		上年度统筹地区职工月平均工资		当地最低工资标准			

一式三联

续表

伤残津贴 计发比例		生活护理费计 发比例		① 经办机构留存 ② 单位留存 ③ 工伤职工留存
一次性伤残补助金 计发月数		一次性医疗补助金计发月数		
本人缴费 工资		解除（终止） 劳动关系时间		
退休时间		基本养老金		
开户银行 名称		银行账户		

伤残待遇				
伤残津贴	生活护理费	一次性伤残补助金	一次性医疗补助金	基本养老金差额

省社保 中心核 定意见	审核人（章）　　　复核人（章）　　　　　　负责人（章） 　　　　　　　　　　　　　　　　　　　　　　年　月　日

（注：本表由经办机构填写）

表 8-20　省本级工亡职工供养亲属抚恤金情况表

单位代码：
单位名称：

工亡职工 身份证号码			工亡职工姓名		工亡职工性别	
工亡时间			本人工资			

填表日期：　年　月　日

序号	供养亲属姓名	性别 2	居民身份证号码 3	孤寡老人 或孤儿 4	年龄 5	与工亡职工关系 6	银行名称 7	银行账户 8	抚恤金核定情况		一式三联①经办机构留存②单位留存③供养亲属留存
									支付比例 9	支付金额 10	
甲	1										
			—	—	—	—	—	—	—	—	
			—	—	—	—	—	—	—	—	
合计	人数	人									
	金额										
支付金额合计（大写）											
省社保中心审核意见											

审核人（章）

复核人（章）

负责人（章）

　　　年　月　日

（注：表中"抚恤金核定情况"由经办机构填写）

表 8-21 省本级一次性工亡、丧葬补助金情况表

单位代码：

单位名称：　　　　　　　　　　　　　　　　　　　　　　单位：元

居民身份证号码		姓名		性别		年龄	
工伤（亡）时间		停工留薪期 截止时间		一至四级工伤 人员死亡时间			
上年度统筹地区职工月平均工资							
上年度全国城镇居民人均可支配收入							
开户银行名称		银行账户					
工亡职工一次性待遇							
一次性工亡补助金			丧葬补助金				
省社保 中心核 定意见	审核人（章）　　　　　　复核人（章）　　　　　　负责人（章） 　　　　　　　　　　　　　　　　　年　　月　　日						

一式三联①经办机构留存②单位留存③工亡职工近亲属留存

（注：本表由经办机构填写）

表 8-22   省本级工伤职工异地安置就医申请表

单位名称：

姓名		性别		年龄		公民身份号码	
联系人		联系电话			联系地址		
工伤时间		工伤认定时间			工伤认定编号		
伤残部位				诊断内容			
异地医疗机构情况	异地医疗机构名称		级别	地址			电话
	医疗机构（盖章）：		年		月	日	
所在单位意见	经办人签字：		年		月	日	
省社保中心意见	经办人签字：		年		月	日	

8.2.4 失业保险

2015 年 2 月 25 日，国务院总理李克强主持召开国务院常务会议，确定将失业保险费率由现行条例规定的 3%统一降至 2%。根据《中华人民共和国社会保险法》等有关规定，从 2016 年 5 月 1 日起，失业保险总费率在该基础上可阶段性降至 1%～1.5%，其中个人费率不超过 0.5%。2019 年，国家出台政策，实施失业保险费率 1%的省，延长阶段性降低失业保险率的期限至 2020 年 4 月 30 日。

一、失业保险参保

新参保失业保险的单位应在当地失业保险经办机构办理失业登记手续，需填报的表格及附报资料如下：

（1）在失业保险经办机构领取：失业保险登记表、缴费单位月度缴费基数申报（异动）表及失业保险缴费职工花名册（一式四份）。

（2）需要的相关证件如下：

① 企业营业执照（副本）及复印件；

② 中华人民共和国组织机构代码证及复印件；

③ 地税登记证及复印件；

④ 财务报表及工资表；

⑤ 向失业办提交一份《失业保险缴费职工花名册》备案。

二、享受失业保险待遇

（1）同时具备下列条件的人员，可以领取失业保险金：

① 按照规定参加失业保险，所在单位和本人已按照规定履行缴费义务已满 1 年的；

② 非本人意愿中断就业的；

③ 已办理失业登记，并有求职要求的。

（2）非本人意愿中断就业的失业人员（可以申领失业保险金），具体有：

按照（失业保险条例）规定，包括：（一）终止劳动合同的；（二）被用人单位解除劳动合同的；（三）被用人单位开除、除名和辞退的。

（3）失业人员在主动辞职的情况下不能享受失业保险待遇。

（4）失业保险金由失业保险经办机构按月发放。失业保险经办机构为失业人员开具领取失业保险金的单证，失业人员凭单证到指定银行领取失业保险金。

对城镇户口的处理方式是：对非本人意愿中断就业而失去生活来源且缴纳满一年的，可以办理失业补助。要求在离职后一周内办理相关手续，并在 60 天内，把档案转入街道办事处，办理失业手续后，才能领取。期限是按缴费年限满一年领 3 个月、满 2 年领 6 个月，类推至满 10 年领最多 24 个月的生活补助，金额是最低工资的 75%。重新找到工作后，停止发放。

8.2.5 生育保险

根据国家最新出台的规定，从 2015 年 10 月 1 日起，将生育保险费率从不超过 1% 降到 0.5%，生育保险费由用工单位承担。2017 年 1 月 19 日，国务院办公厅下发《关于印发生育保险和职工基本医疗保险合并实施试点方案的通知》，统一参保登记、统一基金征缴和管理、三是统一医疗服务管理、统一经办和信息服务以及确保职工生育期间的生育保险待遇不变是这次两险合并试点的主要特点。本节主要内容仍以生育保险作为一个单独的险种进行介绍。

生育保险用于员工本人或配偶生育或和生育相关的活动，女职工生育医疗费包括产前检查费、接生费、输血费、手术费、住院费、药费。

（1）女职工生育报销需提供以下资料：

① 职工生育保险待遇支付申请表；

② 住院发票、门诊票据，即住院费和产前检查费；

③ 生育证明、婴儿出生医学证明复印件；

④ 职工身份证复印件；

⑤ 产检病历、住院病案首页、长期医嘱、临时医嘱、医疗费用明细单复印件（医院病案室打印）。

（2）男职工配偶申报时除提供上述资料外还需提供：

① 配偶提供无工作证明（女方户口所在地社区、村委会出）；

② 配偶身份证、结婚证复印件。

（3）其他手术（上环、取环、人流、宫外孕）待遇支付申报需提供材料：

职工生育保险待遇支付申请表、医院结算票据、诊断证明、身份证复印件、门诊病历；若发生住院费用，还需提供住院病案首页、长期医嘱、临时医嘱、医疗费用明细单复印件等。

生育保险办理程序：

（1）填写并准备申办材料，包括《省本级生育保险待遇申请单》、参保人身份证复印件、参保人银行存折（或银行卡）复印件、《（再）生育服务证》原件和复印件、结婚证复印件、出具其配偶在已报销机构确认盖章的生育医疗费用收据、收费明细清单、出院小结、相关检查报告和婴儿出生（或死亡）证的复印件。

（2）单位或个人持报销所需资料到省社保中心前台办理。

（3）省社保中心受理材料后，前台人员打出受理单据，参保人确认签字后，领回执一份。

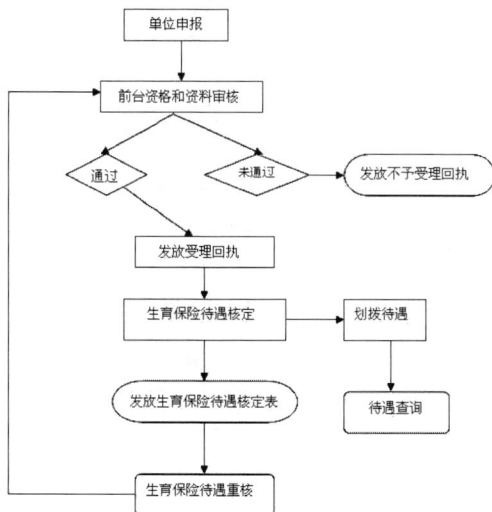

图 8-3　申领生育保险待遇的简易流程

表 8-23 和表 8-24 为出生育保险待遇中清单和结算单的模板。

表 8-23　省本级生育保险待遇申请单

单位名称（盖章）：　　　　　　　　　　　　　　　　　　　　　　　单位：天、元

参保人姓名		身份证号码		社会保障号		就医医院	
年龄		手术名称		妊娠天数		住院日期	
性别		联系电话		提交的报销单据（请务必手写清楚种类和数目）			
配偶姓名		配偶身份证号码					
开户银行		开户名		银行账号			

生育医疗费用审核支付						
	总费用	药品费	诊疗费	服务设施费	个人自负	**审核支付**
产前检查费						
终止妊娠医疗费						
生育医疗费　正常阴道产						
阴道手术产						
剖宫产						
计划生育医疗费						
生育并发疾病医疗费						
合计						

生育津贴支付						
类别	普通生育	晚育	多胎生育	难产	计划生育津贴	中止妊娠增加津贴	男职工津贴
津贴天数计算						
生育生活津贴支付额						

合计支付金额	参保职工(或委托	经办人：（章）
小写： 大写：		部门负责人：（章） 　　　　经办机构：（章）
	年　月 日	年　月　日

备注：① 此表由参保职工（或委托代理人）在生育或终止妊娠后一次性填报以申请费用结算；② 增加享受产假天数其中的几种情况并存时可多项选择，应增加天数累加计算；③ 所有生育待遇审核后将直接划拨至本表中参保人指定的银行账户中，请参保人仔细填写并签字确认。

表 8-24　生育保险待遇结算单

单位名称（盖章）：　　　　　　　　　　　　　　　　　　　　　　　单位：天、元

参保人姓名		身份证号码		社会保障号		就医医院	
年龄		手术名称		妊娠天数		住院日期	
性别		联系电话		提交的报销单据（请务必手写清楚种类和数目）			
配偶姓名		配偶身份证号码					
开户银行		开户名		银行账号			

生育医疗费用审核支付						
	总费用	药品费	诊疗费	服务设施费	个人自负	审核支付
产前检查费						
终止妊娠医疗费						

续表

生育医疗费	正常阴道产						
	阴道手术产						
	剖宫产						
计划生育医疗费							
生育并发疾病医疗费							
合计							

生育津贴支付

类别	普通生育	晚育	多[N]胎生育	难产	计划生育津贴	中止妊娠增加津贴	男职工津贴
津贴天数计算							
生育生活津贴支付额							

合计支付金额			经办人：（章）
小写：	参保职工（或委托人）：（章）	部门负责人：（章）
大写：		经办机构：（章）
	年　月　日	年　月　日

备注：1. 此表由参保职工（或委托代理人）在生育或终止妊娠后一次性填报以申请费用结算；

2. 增加享受产假天数其中的几种情况并存时可多项选择，应增加天数累加计算；

3. 所有生育待遇审核后将直接划拨至本表中参保人制定的银行账户中，请参保人仔细填写并签字确认。

8.3 【疑难问题】如何解决工伤、带病入职的用工风险

1. 风险提示

（1）若用人单位招录了患病员工，则解除合同条件会更为严格，《劳动法》第二十九条规定，劳动者患病或者负伤，在规定的医疗期限内，用人单位不得解除劳动合同。而按照《劳动合同法》的规定，劳动者患病或者非因工负伤，在规定的医疗期满后，不能从事原工作，也不能从事用人单位另行安排的工作的，用人单位可以解除劳动合同，并且应当向劳动者支付经济补偿金。

（2）如招用存在职业病的员工，付出的代价将会更高。因为按照《职业

病防治法》的规定，员工在工作中发现患有职业病，如果最后的用人单位有证据证明员工职业病是先前用人单位的职业危害造成的，由先前的用人单位承担责任。否则，由现在用人单位承担责任。

（3）同时也会给其他员工身体健康带来一定风险（如录用有传染病的员工，导致其他员工或客户受到影响）。

2．风险评析

实践中许多用人单位都会要求员工提供健康证明，故本风险发生率并不高，但如果要求员工提交的是一年内有效的健康证，由于时间较长原因，无法有效防止员工带病入职。

3．实务参考

（1）要求员工提供县级以上人民医院或公司指定医院的体检证明。

（2）为保证体检证明的时效性，体检证明最好是入职前一周内进行。

（3）根据《就业促进法》的规定，乙肝携带者视同为健康人群，不得以身体不健康为由不予录用，否则就是就业歧视（食品等行业除外）。

8.4 【案例分析】

8.4.1 新入职员工发生工伤应该如何处理

员工发生工伤的情况在所难免，为避免此情况，降低公司用工风险和用工成本，保障员工的合法权利，按照国家相关规定，公司须依法为员工缴纳相应的社会保险（包括工伤保险等）。但在实际用工过程中，往往会发生一些特殊情况，导致员工无法享受到相应的待遇，此时员工的合法权益应如何保障？公司又应该承担怎样的责任呢？我们一起通过下面的案例来进一步了解。

【案例8-1】

员工赵某于2016年9月3日与A公司签订《劳动合同书》，合同约定期限自2016年9月3日到2018年9月2日，试用期为两个月，月工资为4 000元。合同签订后，赵某按照约定到公司上班，不料第一天上班时发生了意外，受伤住进了医院，A公司为赵某支付了该段期间全部医疗费。2017年6月23日，赵某经当地人力资源和社会保障局认定为工伤，后鉴定为工伤九级伤残。

2018 年 5 月赵某由于个人原因回老家进行了第二次手术，同时自行垫付了住院医疗费用。

赵某认为，自己已经与 A 公司签订了劳动合同，建立了劳动关系，并按照合同约定提供了劳动，A 公司理应承担缴纳社会保险的义务，但由于公司未给本人缴纳工伤保险，因此当工伤发生时，公司应该承担工伤保险应承担的相应责任。于是要求 A 公司承担一次性伤残补助金、一次性伤残就业补助金、一次性工伤工医疗补助金、二次手术的医疗费及到外地就医的交通费等各项费用。同时，公司与本人约定的月工资 4 000 元是试用期工资，只是正常工资的 80%，因此在转正后其正常工资应为 5 000 元，在计算各项社会保险时的计算基数也应该按 5 000 元计算。

A 公司认为，公司严格按照《劳动合同法》的规定与员工订立的劳动合同，也从未逃避缴纳社会保险的义务，只是由于情况特殊，在还未来得及办理缴纳社保操作时员工就发生了工伤，随后公司也为员工补缴了该月的社会保险，但是由于政策限制，员工无法享受社会保险相关待遇，在这种情况下公司也不应承担社会保险应承担的一切费用。此外，员工到外地就医从未得到过相关部门的审批，不符合工伤治疗程序。而关于员工的工资，公司当初与员工约定的月工资就是 4 000 元，因此应以此数额计算。

【案例 8-1 分析】

上述案例是一起典型的由于特殊客观因素致使公司无法为员工缴纳社会保险，最终导致员工无法正常享受保险待遇的事件。本案双方当事人看上去都有合理的理由去解释各自的观点，似乎都有道理，然而究竟哪方才是正确的？

首先，关于社会保险的缴纳问题。从操作角度看，一般来讲公司都会在规定的时间节点前分批向社保部门报增员，为员工缴纳社会保险，从员工入职到缴纳保险这段期间会产生一段无社保的真空期。本案中，赵某就是在这段时间发生了工伤问题。根据《工伤保险条例》第 62 条二、三款规定："依照本条例规定应当参加工伤保险而未参加工伤保险的用人单位职工发生工伤的，由该用人单位按照本条例规定的工伤保险待遇项目和标准支付费用。用人单位参加工伤保险并补缴应当缴纳的工伤保险费、滞纳金后，由工伤保险基金和用人单位依照本条例的规定支付新发生的费用。"虽然，相关法律规定并没有将不能参加工伤保险的原因进行细分，然而只要是在参加工伤保险期间职工发生工伤的，相关待遇的支付责任都是由人单位承担。即使用人单位及时到社保部门为员工进行了补缴操作，也只能保障补缴社保后员工发生工伤费用。因此，针对上述问题，用人单位从操作角度入手，可以做两方面的工作，一方面可以在员工入职前提前要求员工准备好办理社保所需的材料，在员工入职时尽快办理社保缴纳手续；另一方面可以适当暂缓用人时间，分批安排员工在可以办理社保缴纳的时间段同时办理签订劳动合同等入职手续。当然，公司也可以通过为"真空期"员工购买一定的商业保险来弥补这期间员工无社保的问题。

其次，关于员工异地就医问题。《工伤保险条例》第 30 条四款规定："职工住院治疗工伤的伙食补助费，以及职工经医疗机构出具证明，报经办机构同意，工伤职工到统筹地区以外就医所需的交通、食宿费用从工伤保险基金支付，基金支付的具体标准由统筹地区人民政府规定。"可见，员工主张的交通、食宿费用是建立在一定客观条件上的，本案中如果赵某主张要求公司承担这些费用，需要针对上述问题进行举证，证明其到外地就医履行了审批手续，而且相关费用与就医存在因果关系。另需说明的是，对于交通费的要求，各地往往也会涉及具体的规定，如交通费不包括飞机票、列车头等坐票等，这在仲裁过程中也需要用人单位及员工了解并注意。

最后，对于员工提出的工作保险计算基数的问题，也就是员工的工资问题。员工主张公司与其约定的工资只是试用期工资，是转正后工资的 80%，关于这一问题，我们可以关注《劳动合同法》。《劳动合同法》第 20 条规定："劳动者在试用期的工资不得低于本单位相同岗位最低档工资或者劳动合同约定工资的百分之八十，并不得低于用人单位所在地的最低工资标准。"换言之，本条规定是对试用期工资最低标准做出的要求，没有直接说试用期工资等同于 80% 的转正后正常工资。因此，如果本案中的赵某主张其正常工资应该是 5 000 元的话，最有说服力的证据应该参考其与用人单位订立的《劳动合同》，或者关于薪资为正常工资的 80% 的依据，否则公司主张的工资数额将会被仲裁采信。

有关员工发生工伤，还有一些问题需要注意：一是员工入职时社保的衔接问题，公司应尽量完善操作流程，避免"真空期"发生意外；二是员工可享受到的工伤待遇，并不是我们想象的理所应当的各种费用，应当注意费用的关联性、合理性；三是对于复计算过程中的基数等问题，需要用人单位与员工及时做出有效的约定，避免理解上的分歧。如果用人单位及员工能达到上述要求，那么双方便能极大程度上避免在实际用工过程中由于工伤产生的劳动纠纷。

8.4.2　员工自愿放弃缴纳社保应该如何处理

【案例 8-2】

王某于 2014 年 9 月 20 日应聘至某公司业务部门任客户经理，任职期间，公司按时为其发放薪资，但其本人拒绝缴纳社保，并签署《自愿放弃缴纳社保声明书》。王某突然于 2018 年 12 月 2 日起擅自不来公司上班，公司人力资源部及有关领导多次电话短信联系王某前来办理离职手续并交接工作，王某均置之不理，不予回复。2018 年 12 月 17 日，该公司人力资源部以王某违反公司制度为由（连续旷工 12 天），对其做出除名处理。

但该公司发现：

1. 王某电脑中所有涉及公司业务的材料均被删除。

2. 王某任职期间，违反公司流程，在未与客户签订合同的情况下就给客户开票 161 万元，造成公司税务损失达 12 万元多。

【案例 8-2 分析】

1. 该公司可采取哪些措施联系王某，告知其被除名并要求办理离职及工作交接？可以采取邮件、短信、挂号信通知王某回来办理手续。如果邮寄不到或者无有效地址，可以在报纸发布公告。

依据相关法律规定及司法实务经验：①相关文字形式材料应当送至对方经常居住地或户籍所在地，并保留邮寄凭证或者邮件投递附件。②最好使用邮政快递方式将书面解除劳动合同通知书及工作交接通知寄给王某，要求勾选收件回执并保留好快递单和收件回执及通知书复印件。收件地址应当为员工签名确认的入职登记表或劳动合同中留下的联系地址，快递单上应当注明通知书详细名称。③对其社保关系、未发工资暂时不转不发，并说明不回公司上班的严重后果。

2. 该公司可采取何种法律手段挽回或减少王某造成的经济损失？可以向公安机关报案，同时可以提起劳动仲裁，或者提起民事诉讼，向王某索赔。依据《〈劳动法〉有关劳动合同规定的赔偿办法》第 4 条的规定，劳动者违反规定或劳动合同的约定解除劳动合同，对用人单位造成损失的，劳动者应赔偿用人单位下列损失：

（一）用人单位招收录用其所支付的费用；

（二）用人单位为其支付的培训费用，双方另有约定的按约定办理；

（三）对生产、经营和工作造成的直接经济损失；

（四）劳动合同约定的其他赔偿费用。

另外第 5 条规定，劳动者违反劳动合同中约定保密事项，对用人单位造成经济损失的，按《反不正当竞争法》第 20 条的规定支付用人单位赔偿费用。

在证据充足及公司制度规定的前提下，该公司可以适当扣除（在此，员工违规造成的损失，是因为公司制度有缺失，所以只能扣部分工资，全额赔偿是不合理的）王某未发工资作为处罚；同时可以以给公司造成重大损失为由，通过劳动仲裁与其解除劳动关系（予以辞退），并不给经济补偿金；最后，该公司还应当更加完善、强化自身相关管理制度，弥补制度缺失。

同时，依据《民法通则》《合同法》相关规定及民商事交易规则内容，该公司可以在证据充足的前提下，对王某提起"无权代理造成损失"的诉讼，追索合法赔偿。

也可以与对方客户进行专项协商，重新达成协议。依据《民法通则》《合同法》相关规定及民商事交易规则内容，声明之前资金流向的真实情况（因王某的无权代理行为形成事实上的表见代理），要求双方在此基础上重新达成协议，最大限度维护公司的合法权益。

3. 若王某以"未缴纳社保"为由向有关部门提出申诉，请问该公司如何进行有效抗辩？该公司在此案中对此无合法抗辩理由。此案中，公司未为王某缴纳法定的社保，没有理由抗辩"未缴社保"，王某可以要求该公司给补偿金。

（1）依据《中华人民共和国社会保险法》的相关规定，未缴纳社会保险费是明显的违法违规行为，虽然在此双方签署《自愿放弃缴纳社保声明书》，但是仅属于违反法律强制规定的民事协议，在此无效。

（2）此纠纷不属于受《劳动争议调解仲裁法》调整的"劳动争议"，司法实务中，劳动者以"未缴纳社保"为由申请劳动仲裁、诉讼的，仲裁委和法院都不会受理。如果以此为由向人社部门举报或者投诉，应当得到受理；如果查明王某没有在其他单位缴纳社会保险并且没有超过 2 年时效的，应当支持。

综上所述：若王某以"未缴纳社保"为由向有关部门提出申诉，除非超过法定的两年时效期间或者王某已经在其他单位缴纳（不含工伤保险），该公司不能进行有效抗辩。

（注意：从法理上讲，社会保险费的征收和缴纳行为属于行政管理行为，在社会保险费的征收和缴纳过程中形成的法律关系是国家与用人单位及劳动者之间的管理与被管理的行政关系。不为职工缴纳社保违反的是行政管理法规；参加社会保险及缴纳社会保险费是用人单位及劳动者对国家所履行的义务，因此，该公司与王某的相关协议均无效。如果员工申述未缴保险，公司补缴，并不能有效抗辩。理应由劳动保障行政部门责令该公司（用人单位）纠正。另外，《劳动保障监察条例》第 20 条规定："违反劳动保障法律、法规或者规章的行为在 2 年内未被劳动保障行政部门发现，也未被举报、投诉的，劳动保障行政部门不再查处。"前款规定的期限，自违反劳动保障法律、法规或者规章的行为发生之日起计算；违反劳动保障法律、法规或者规章的行为有连续或者继续状态的，自行为终了之日起计算。当然，要求单位办理和补缴社会保险费有没有时效，理论和实务也有争议。

8.5 【HR 必知】养老保险缴费的有关规定

1. 养老保险缴费不满 15 年的有关规定

按照《国务院关于完善企业职工基本养老保险制度的决定》规定，达到法定退休年龄但累计缴费不足 15 年的，不发给基础养老金，个人账户储存额一次性支付给本人，终止基本养老保险关系。实践中，确有部分参保人员因缴费不足 15 年，无法按月领取养老保险待遇，其养老问题没有得到有效保障。为此，本决定在现行规定的基础上，总结各地实践经验，对达到法定退休年龄但缴费不足 15 年的人员，增加了两个待遇领取渠道：

一是可以缴费至满 15 年，按月领取基本养老金。关于继续缴费，一种办法是延后缴费，另一种办法是一次性缴纳。由于各地差别较大，本决定没有规定继续缴费的具体方式。

二是可以转入新型农村社会养老保险或者城镇居民社会养老保险，按照国务院规定享受相应的养老保险待遇。至于如何转入新型农村社会养老保险或者城镇居民社会养老保险，如何享受养老保险待遇，涉及各项制度之间的统筹衔接，在缺乏充分的论证和取得足够的实践经验之前，法律不宜马上做出具体规定，因此只有原则性地规定。

2．人力资源社保系统全国统一咨询电话

人力资源社会保障系统全国统一咨询服务专用号码为12333，主要用于人力资源和社会保障政策业务咨询、政务公开、投诉举报、社保账户查询等服务。

第 9 章

人力资源管理的相关制度

规章制度的制定与检查实施，是人力资源部门的重要工作，但许多 HR 从业者不具备制定人力资源制度的能力，或者说制定出来的人力资源相关制度不规范、不科学，往往导致歧义，甚至引发纠纷或者存在隐患。

一般 HR 在制定人力资源制度时会遇到以下问题：

（1）公司规章制度如何分类？又各有什么用途？

（2）如何设计与制定人力资源相关的规章制度？它的流程与步骤又是什么？

（3）设计与制定人力资源规章制度时如何规避用工风险与劳动纠纷？

（4）公司制定的人力资源制度哪些是有效的？哪些是无效的？

（5）人力资源工作者如何利用好相关规章制度？

（6）有没有通用的制度版本或流程、表单？

也许有些人就会说，制定公司人力资源规章制度还不简单，不就从网上抄一些下来就行，其实不然，每个公司有每个公司的特性，具体情况也不一样。就如同样一副药方，对有些患者来说有效，而对别的人来说就没有效果。因此说，规章制度没有最好，只有适合自己公司的才是最好的。

其实，制定适合自己公司的规章制度也不难，某些 HR 之所以认为难，可能是制定与设计规章制度的基本流程与原则没有掌握；可能是不熟悉《劳动合同法》或其他人力资源相关规定，导致制定的规章制度与《劳动法》、有关国家法律规定相违背；也可能是没有用心去熟悉公司的情况或缺乏一般文书写作的基本训练，有些人天生就对写作恐惧。

本章主要对广大 HR 在工作中遇到的以上问题，尽可能进行详细阐述，以模板、工具、流程、表单的形式展现，供大家学习参考。

9.1　公司规章制度的作用与设计流程

公司规章制度的作用有很多，首先规章制度应服务于标准化管理，即制度可以规范员工的行为、规范企业管理；其次是标杆管理和政策应对，让员工知道应该做什么，不应该做什么，一些事件的考核标准是什么，等等。

9.1.1　公司规章制度的作用

公司规章制度作为法律的延伸与具体化，充分保障了公司生产、经营的有效、有序。具体来说规章制度的作用可分为如下四种，如图 9-1 所示。

1. 规章制度是制定和规范企业行为、员工行为的标准和依据

公司的规章制度是规范企业行为和员工行为的标准和依据，公司有了规章制度，才能让员工有法可依，让企业有章可循。

【案例 9-1】员工损坏商品，公司没规定如何赔偿？

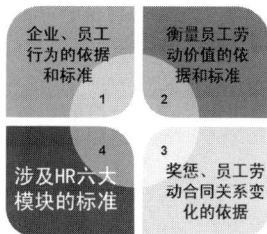

图 9-1　规章制度的作用

某连锁性质企业，一名店员上班搞卫生期间，不慎将门店柜台上一个贵重的茶壶打碎，价值 10800 元。公司要求职员照价赔偿，而员工说自己又不是故意的，况且自己一个月工资才 3 000 多元，宁愿辞职不干。公司又没有相应的规章制度，不知道此种情况如何处理，最后这件事情不了了之，公司自己买单。

【案例 9-1 解读】一般此类情况的处理：①公司有具体的规章制度的，按规章制度处理，但必须合理；②根据《工资支付暂行规定》第十六条规定，因劳动者本人给用人单位造成经济损失的，用人单位可按照劳动合同的约定要求其赔偿经济损失。经济损失的赔偿，可从劳动者本人的工资中扣除，但每月扣除的部分不得超过劳动者当月工资的 20%。若扣除后的剩余工资低于当地月最低工资，则按最低工资标准发放。

因此说，此案例中公司应在门店管理规定里明确此类情况，商品打碎怎么办，员工赔偿比例是多少，最高赔偿限额又是多少，既要有标准，又要人性化。一个员工月工资 3 000 多元，赔偿 10800 元的损失费的确很有压力。

2. 企业规章制度是评价和衡量员工劳动价值的标准和依据

在一个企业里凭什么给员工发不同等级的工资，它的依据是什么？员工又如何晋升？员工月考核又怎么来做？年终奖又如何来发？这些都必须依靠公司相应的人力资源制度来规范。这样才能保障公平性，维持企业的良性循环。

【案例 9-2】企业领导随口定薪，结果不堪重负

某公司 2015 年公司年亏损 800 万元，几近倒闭。在危难之际，公司通过猎头招聘一名营销常务副总，希望其能让公司起死回生，公司老总答应给此营销副总每月底薪 1 万元，公司总业务提成 1%，同时让其持有公司 20%的股份。谁知到 2017 年，由于外界环境利好，公司于 2017 年销售额突破 2 亿元，净利润 1 000 万元。按照这种算法此营销副总年薪+分红为：1 万元/月 × 12 个

月+2 亿元×1%提成+1 000 万元×20%的分红=412 万元。此时公司老总傻眼了，企业近一半的利润被此营销副总拿走了，不给吧，又怕别人说公司不讲信誉；给吧，确实相当心痛呀。后来此公司老总就想方设法让营销副总走，营销副总就是不走，待在公司也不干活，反正有公司 20%的股份，每月还有 1 万元的底薪。

【案例 9-2 解读】此案例中的老总是典型的不懂人力资源规划与财务测算，企业没有相应的薪酬体系，属于拍脑袋做决定型。这也是很多中小企业领导的通病，议价工资，公司没有科学的薪酬体系，想给员工发多少就发多少，想扣员工工资就扣员工工资，没有制度，没有标准。

【案例 9-3】没有标准的年终奖如何执行？

某房地产公司，公司老总多次在会议上给下属员工讲：大家好好干，公司不会亏待大家，并承诺年底公司拿出公司净利润的 8%作为员工的年终奖。结果在大家的共同努力下，公司年销售额 5 亿元，净利润 5 000 万元左右，按照承诺，公司拿出 400 万元用于发放公司员工年终奖。可发年终奖时，老总犯难了，公司没有明确规定这 400 万元年终奖怎么发，营销部说营销部的功劳最大，没有我们销售哪来的业绩；工程管理部说没有我们工程管理、质量管控，你们销售部的房子能卖出去吗？项目管理部又认为项目管理部的功劳最大；连行政人力资源部也说自己部门功劳最大，没有人员、没有后勤保障，哪能做好业绩。

最后老总没办法，年终奖按人头、职务级别平均发放；结果发放完年终奖后，有好几名高层管理者和部分员工因此而离职。

【案例 9-3 解读】公司应有明确、科学的薪酬标准和年终奖发放标准，避免像此案例中的情况出现。做到有法可依、执法合理，切实保障劳动者的合法利益，做到公平公正。

3. 规章制度是企业内部奖惩和处罚、解除和终止劳动关系的标准和依据

（1）管理的随意性、主观性和强迫性不仅不利于经营管理的开展，而且使劳动关系变得复杂，风险更大。企业制度是企业内部奖惩和处罚、解除和终止劳动关系的标准和依据，公司制度的制定一定要遵循《劳动法》《劳动合同法》等法律的规定，如《劳动合同法》第 39 条规定，员工有如下情形之一，用人单位可解除劳动合同：

①在试用期被证明不符合录用条件的；②严重违反用人单位规章制度的；③严重失职，营私舞弊，给用人单位造成重大损失的；④劳动者同时与其他

用人单位建立劳动关系，对完成本单位工作任务造成严重影响，或者经用人单位提出，拒不改正的。

（2）员工处罚管理规定的定量与定性。对于职工触犯刑律的，直接交由司法机关依法惩处。对于违反企业内部纪律或规章的，建议其处罚方式视情节轻重区别对待：批评教育→违纪违规情况记入其档案→一定时期内不提升职务→合同期满不再续签劳动合同，直至解除劳动合同。对因其有意违纪违规给企业造成经济损失的，可视情节轻重采取扣减一定时间内的绩效工资、减缓工资提升，直至解除劳动合同的处罚方式。

【案例 9-4】因"重大过失"解聘员工，遭员工投诉

陈某为某外企的采购主管，在一次采购物品时花了 10 000 元，而市场上同类产品的一般价格仅为 7 000 元。公司认为陈某存在营私舞弊行为，给公司造成重大损失，于是决定立即解除与陈某的劳动合同，并要求陈某补偿购买物品的差价 3 000 元。陈某不服，认为自己并没有拿回扣，虽然存在采购该物品价格过高给公司带来损失的事实，但公司的规章制度并没有规定什么样的损失属于"重大损失"，而且对于这么大的外企来说根本不算什么"重大损失"，因此陈某向劳动仲裁委员会提出仲裁申请，要求认定该外企违反规定解除劳动合同。对此，你怎么看？

【案例 9-4 解读】根据《劳动合同法》第 39 条规定，员工存在严重失职，营私舞弊，给用人单位造成重大损失的，可以解除劳动合同。"给用人单位造成重大损失"，那么什么样的损失属于"重大损失"？根据原劳动部《关于〈劳动法〉若干条款的说明》第 25 条规定，所谓"重大损失"由企业内部的规章制度来规定，因为企业类型各有不同，对重大损失的界定也千差万别，故不便将重大损失统一解释。若由此发生劳动争议，可以通过劳动仲裁委员会认定。

在本案例中，公司的做法显得有点过于草率，首先，因为所采购物品存在价格差别就认定陈某拿"回扣"，显然理由比较牵强，价格的市场波动，经销商层级，同类产品附加服务不同都可能造成价格差异。其次，购买物品的事实给公司造成的损失能否归咎于陈某？显然陈某作为采购主管，其工作职责就是采购公司所需物品，但是该项采购是经公司领导层审批以后确定的，即使陈某负有责任，也不是全部责任；更重要的是该外企中并没有规定什么样的损失属于"重大损失"，因此最后被认定为公司违法解除劳动合同。

4. 规章制度是涉及 HR 管理六大模块中的标准和依据

人力资源管理已经突破了传统的模式，把人上升到人力资源甚至人力资本的角度进行配置和管理，实现对人力资源的有效管理和配置，构建一个有效的人力资源管理平台和体系成为企业 HR 工作的重点。作为这个有效体系的构成部分，HR 各大模块体系的完善和工作的展开显得尤为重要！

【案例 9-5】员工因违反公司考勤制度取消年终奖

某公司员工熊女士去年向公司请了 5 次病假，累计病休了 56 天。2018年 2 月发放 2017 年年终奖时，公司依据经全体员工讨论通过并公示后的《考勤纪律管理制度》第 13 条"职工当年休病假累计超过 30 天，不享受年终奖"，没有发给熊女士 2017 年年终奖。熊女士不服，认为公司这样做太不公平，于是向有关部门提出了劳动仲裁。对此你怎么看？

【案例 9-5 解读】根据最高人民法院《关于审理劳动争议案件适用法律若干问题的解释》第 19 条规定，"用人单位根据《劳动法》第四条规定，通过民主程序制定的规章制度，不违反国家法律、行政法规及政策规定，并已向劳动者公示的，可以作为人民法院审理劳动争议案件的依据。"因此，该公司的《考勤纪律管理制度》符合法律规定。根据规定，熊女士不再享有公司年终奖，其要求公司支付年终奖的诉讼请求，可不予支持。

此案例胜诉得益于相关规章制度的完善，在这里要提醒各位 HR，奖金发放制度须广泛征集尤其是中高层领导意见，通过民主程序确定，并向劳动者公示，这样能够规避风险。

9.1.2　公司规章制度制定与设计的程序

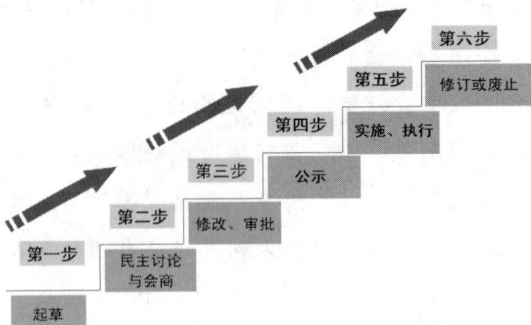

图 9-2　公司规章制度设计流程

从图 9-2 可以看出，规章制度制定的工作步骤如下：

第一步：起草

首先要对制度的需求进行识别与确认，并要明确制度要解决的问题，再到公司内部进行调研访谈（可采用观察法、访问法、会议法、查阅资料法、问卷调查、头脑风暴等方式进行），听取公司对口部门、工会，或员工代表的意见。

第二步：民主讨论、会商与会签

制度初稿完成后要组织对口部门会商或提交职工代表大会或全体职工讨论，提出修改意见或方案；修改确认无意见后，组织相应部门领导会签。

第三步：修改、审批

将经过各部门会商修改后的草案打印成文上报公司高层或主管领导进行审批。

第四步：公示

规章制度公示与告知的方法与技巧，如图 9-3 所示。

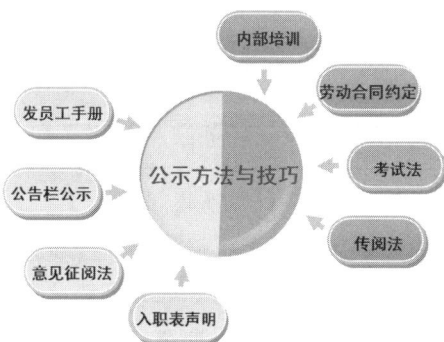

图 9-3　制度公示方法

尽量避免如下公示方法（大型集团或在外地分子公司多的情况下除外）：

（1）网站公布；

（2）电子邮件告知；

（3）公告栏、宣传栏张贴。

从举证角度考虑，不推荐网站公布法、电子邮件通知法、公告栏张贴法，因为这三种公示方式都不易于举证，因为员工可以以"我没有电脑、我没条件上网、收不到邮件、没注意公告栏里的东西"等为借口，而失去公示的有效性。

公司制度性质的文件下发后，要通知相关部门组织学习或直接进行宣讲、培训及考试，如担心某些员工说没时间看，或者在网上公示后，员工说没注意到；建议人力资源部在下发文件或培训宣讲后，要求员工签字确认。

表 9-1 为员工的"签阅确认函"示范文本。

表 9-1　规章制度培训或签阅确认函

《××公司××管理制度》签阅确认函
《××公司××管理制度》中所有制度条款均依××公司目前实际情况、生产运营状况而定，作为员工在本公司工作的行为规范，请各位员工认真阅读，签字确认，并遵守执行。在日常工作中，人力资源部将严格按照各项制度要求执行监督与考核。

　　本人确认，我已经仔细阅读 《××公司××管理制度》的全部内容，对其中的各项条款均已了解和认同，我承诺：遵守各项制度规定，按照要求履行自己的工作职责，努力工作，坚守承诺！

员工签名表

所属部门	员工签名	所属部门	员工签名
……		……	
备注			

年　　月　　日

第五步：实施、执行

当制度下发后，无论是普通员工还是管理者，都要严格执行。

早些年笔者工作过的一个公司在笔者进公司之前是没有考勤制度的，员工上班处于"放羊"状态。笔者进入公司后，做的第一个制度就是《考勤管理规定》。颁布执行一周后，效果不理想，原因有二：第一，原来员工自由散漫惯了，对指纹打卡不习惯；第二，公司管理层尤其是经理以上管理层仍然不打卡。后来，笔者直接找到总经理说明考勤管理的重要性，并要求公司上下人员包括高层领导都要打卡；幸好当时的那位总经理非常支持笔者的工作；第二天在会议上重申公司所有员工，无论管理层还是普通员工都要打卡，否则按考勤制度处理，并且总经理自己带头坚持每天打卡。同时，笔者自己每天早上亲自在考勤机旁边检查与提醒。过了近半个月，公司几乎所有人都能遵守考勤管理制度，员工上班的精神面貌也比以前改进了很多。

因此，公司制度的执行一定要上下统一，坚持公平、公正。

第六步：修订或废止

经过一段时间，或者为了顺应企业内外部的变化，或者由于规章制度在执行过程中出现不合理的地方，要对原有规章制度进行补充或修订。

规章制度废止有两种情况：第一，对原制度进行重新修订后，原制度废止；第二，对不能适应公司发展现状的制度进行废止。对公司规章制度的废止同样需要公示或通知。

第七步：存档

所有规章制度的起草、会商、审核、审批及正式文件都属于与规定有关的资料，需要整理和归档保存；包括已废止的规章制度也需要在人力资源部存档，一旦遇到涉及关于规章制度方面的劳动争议，就可以取之举证。因为很多大型公司有很多规章制度，到后来员工往往忘记某些制度的细节，甚至连编写制度的部门都有可能忘记自己编写的制度细节，所以说规章制度的存档非常重要，同时存档时最好是领导审批签字的文件原件。

第八步：结束

规章制度管理是一个动态变化的过程，一般阶段性地结束。如以某工作任务为前提设计的人力资源制度如月度、季度绩效考核管理制度，当此工作任务结束时此管理规定废止、结束；再比如很多公司的薪酬管理制度是以财年为单位的，当新的财年来临，原有的薪酬部分条例自动废止而结束。

9.1.3 公司制度的制定原则及风险防范

1. 要制定好公司的制度需要做好以下几件事情（见图 9-4）：

（1）制度设计要符合业务流程，做到事事有人管；

（2）制度设计要符合企业的思想（文化），反映企业行为；

（3）制度设计考虑企业、员工的综合利益；

（4）制度执行要坚决，有原则，做到公平、合理；

（5）公司管理是一个动态的过程，不合理的制度要及时修改。

2. 公司规章制度设计的几个原则（见图 9-5）：

（1）要把制度设计的对象假定为"坏人"

犹如监狱的设定前提是假定社会上是有人会犯罪的；犹如现在酒驾行政拘留规定设定的前提就是假定司机开车会出现酒驾现象，把制度设计的对象想象成"坏人"。制度的目的就是规范员工的行为，引导员工养成好的行为习惯。一个好的制度使坏人没有时间做坏事，长此以往"坏人"就会变成好人；一个坏的制度会使好人有机会做坏事，长此以往好人也变成了坏人。

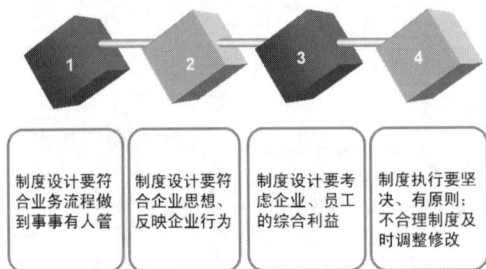

图 9-4 制度设计注意事项

图 9-5 规章设计原则

某单位的一名会计业务能力非常强，三年时间从主办会计升到财务总监。公司老总对其非常重视与信任，后来老总基本不过问财务方面的事情。有一天老总的爱人到公司发现这名财务总监从自己的钱包里拿钱出来给员工报账，觉得奇怪，就让外面的会计师事务所来公司查账。查账的结果发现这名财务总监三年共贪污了 38 万元。

以上案例中出现的情况，说明此公司的财务制度与流程不规范，缺乏监管机制；同时说明企业领导管理不力与监控不严。长此以往，让下属有做坏事的机会。

所以说制度的设计原则是想象你的对象是"坏人"，要做好防控，做好预判。在制度执行过程中要检查落实，严格执行，越相信谁就越要检查谁，有时员工只会做你检查的事，不会做你期望做的事。

（2）合法合理

要符合《劳动合同法》第 4 条的规定，用人单位在制定、修改或者决定有关劳动报酬、工作时间、休息休假、劳动安全卫生、保险福利、职工培训、劳动纪律以及劳动定额管理等直接涉及劳动者切身利益的规章制度或者重大事项时，应当经职工代表大会或者全体职工讨论，提出方案和意见，与工会或者职工代表平等协商确定。这是企业规章制度能够被法律认可的大前提。因此说公司制度的设计必须合法合理，条款内容符合法律法规，这样才能避免不必要的纠纷。

（3）制度设计要人性化、民主化、公平公正

首先，人力资源制度设计要在规范的基础上，体现人性化。我们在国外

发现许多花园或草坪的路是从花园或草坪中间穿过去的，而中国大部分花园或草坪的路是设计在四周，这样一来许多过路人为了图方便、赶近路，就从草坪中间直接踏过去，从而践踏了花园或草坪中的植物；而国外小路的设计就很好地避免了这一点，因为他们考虑到了人性化。

其次，公司制度的设计必须民主化，《劳动合同法》第 4 条规定，用人单位在制定、修改或者决定有关劳动报酬、工作时间、休息休假、劳动安全卫生、保险福利、职工培训以及劳动定额管理等直接涉及劳动者切身利益的规章制度或者重大事项时，应当经职工代表大会或者全体职工讨论，提出方案和意见，与工会或者职工代表平等协商确定。在规章制定和重大决策决定实施过程中，工会或者职工代表认为不合适的，有权向用人单位提出，通过协商予以修改完善。用人单位应当将涉及劳动者直接利益的规章制度和重大事项决定公示，或告知劳动者。

由此可见，劳动法赋予了劳动者对公司制度的公平性、民主性有监督和建议权，对于公司不合理的规定甚至霸王条款，有权建议公司及时予以规范及修正。

（4）制度设计要主题鲜明，要标准化

企业倡导什么、反对什么，规章制度的制定应该明确指出，作为引导员工行为的规范。

例如，考勤制度就应该是引导员工积极的考勤行为，对不规范的考勤行为（如迟到、旷工、擅离岗位等）进行禁止或相应处罚。

制度的制定一定要标准化、科学。标准是在一定范围内获得的最佳秩序。只有标准化，规章制度才能统一，才能合乎流程，简单实用。标准化包括制度内容的标准化、体式结构以及行文、发文、存档等方面的标准化。

（5）具有可操作性

可以这么说，国内很多企业的规章制度形同虚设，原因有二：第一，不具可操作性，不具体、不量化、口号多，重形式少实际操作内容；第二，执行过程中缺少监督与过程监控。比如，很多企业规定“员工不遵守执行领导合理指示的视为一般违纪”，何谓“合理”？各有各的说法，实际可操作性极差。企业一旦按照此条款操作，往往引发劳动争议。因此，规章制度的条款需要可操作性强的表述。

笔者在某一连锁性质公司工作时，公司董事长张智平先生对规章制度的可操作性要求非常强，要求所有制度尽量细化、可操作性、可量化，同时必须有考核有监督，否则制度做了等同于没做，比如《连锁门店管理制度》量化了门店人员每日的工作流程（时间安排、工作内容、工作顺序），而每件事又做了具体的操作指引，比如搞门店玻璃门卫生：规定用水，首先用肥皂水或一定比例的苏打水，再用清水；用抹布，第一次用湿毛巾，第二次用玻璃刮板，第三次用带绒干毛巾；擦玻璃时应横向三下，再竖向三下。要求擦拭后玻璃门干净无尘，无手印。监督与检查人为店长，公司行政部、连锁管理部监督、抽查。

（6）完备性与逻辑性

完备性的意思是，公司规章制度尽可能多地考虑公司生产经营、员工管理中可能发生的情况，避免发生情况后"无法可依"；很多公司制定制度时不严谨，比较随便，导致制度朝令夕改，今天做的制度明天又重新改过；同时，公司的发展是一个动态的过程，制定制度时应尽可能地考虑公司生产经营、员工管理过程中的各种问题及预测未来可能发生的问题，让制度具备完备性、预测性。让规章制度的适用时间更长、适用范围更广。同时任何规章制度都有可能存在漏洞，就像国家的宪法、刑法都存在某些漏洞，导致部分人钻空子；因此，当异常问题发生时，应尽快修改完善相应制度，让制度升级。

逻辑性，是指规章制度应有逻辑，避免出现前后矛盾。某些情况如奖惩方面应该有某些递进关系，如在奖惩制度中，对于大错不犯小错不断的员工，应采用逻辑递进的惩罚模式，能够较好地达到治病救人的效果。比如，在考勤管理规定里可规定：公司员工在本月累计迟到 3 次内，每次扣款 10 元；本月累计迟到 3 次以上、5 次以下的，每次扣款 20 元；本月累计迟到 5 次以上的，每次扣款 30 元。

3．如何设计制度避免劳动纠纷或用工风险

劳动规章制度违反法律、法规，包括内容违法、制定程序违法、公示程序违法。不合法的劳动规章制度，用人单位要承担相应的法律责任。

（1）在仲裁或诉讼中不能作为审理劳动争议案件的依据

根据《最高人民法院关于审理劳动争议案件适用法律若干问题的解释》第 19 条的规定，规章制度必须符合"民主程序制定""合法""公示"三个条件，才可作为人民法院审理劳动争议案件的依据。不合法的劳动规章制度，在仲裁或诉讼中不能作为审理劳动争议案件的依据。

（2）要承担给劳动者造成损害的赔偿责任

按照《劳动合同法》第 80 条规定，规章制度违反法律、法规规定的，由劳动行政部门责令改正，给予警告；给劳动者造成损害的，应当承担赔偿责任。

（3）劳动者可以随时解除劳动合同

根据《劳动合同法》第三十八条规定，用人单位直接涉及劳动者切身利益的规章制度违反法律、法规规定的，由劳动行政部门责令改正，给予警告；给劳动者造成损害的，应当承担赔偿责任。

由此可见，在设计与制定公司规章制度时，应遵守一定的程序与方法。

① 必须严格依据国家的法律法规来制定公司的各类规章制度，制度的编写人必须懂法。

② 劳动规章制度制定和修改应严格履行"民主程序"，并保留职工代表大会或者全体职工讨论、协商的相关书面证据。

③ 严格履行"公示程序"，在规章制度公示或告知时选择易于举证的公示或告知方式，并保留公示或告知的书面证据。

9.2　公司规章制度的内容

企业的规章制度一般分为五个部分（见图 9-6）。

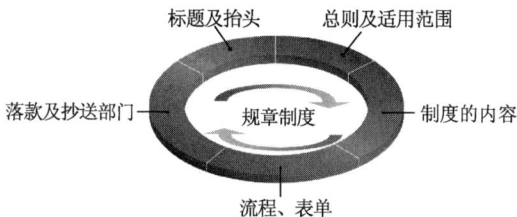

图 9-6　企业规章制度内容

第一，标题及抬头：包括制度名称、发文号、文件重要程序（如机密、一般）。

第二，制度的总则及适用范围：包括总则/通则、制定制度的目的及背景、适用范围、考核条例等。

第三，制度的内容：此部分为制度的内容部分，包括制度的基本内容、程序步骤、处罚条例等。

第四，制度的操作流程、表单：制度内容涉及的流程、表单及工具，通常以附件形式。

第五，制度的落款及抄送部门：制度的落款（单位、时间）、会签部门、审批人及抄送部门、印刷份数等。

根据制度的内容结构，现给出两个制度撰写的文本模板供读者参考使用，见表9-2。

表 9-2　招聘管理制度模板

制度名称	××公司招聘管理制度	编制部门	
		执行部门	
发文号	××公司人字〔2014〕0001号	文件机密性	一般

<table>
<tr><td colspan="4" align="center">第一章　总则</td></tr>
<tr><td colspan="4">第1条　目的
（略）
第2条　适用范围
（略）
第3条　责任划分与分工
（略）</td></tr>
<tr><td colspan="4" align="center">第二章　××××</td></tr>
<tr><td colspan="4">第4条　招聘需求与招聘计划
　　1.　略
　　2.　略
　　3.　略
　　……
第5条　招聘渠道与招聘方式
　　1.　略
　　2.　略
　　3.　略
　　……
第6条　招聘实施
　　1.　略
　　2.　略
　　3.　略
　　……</td></tr>
<tr><td colspan="4" align="center">第三章　流程与表单</td></tr>
<tr><td colspan="4">第××条　招聘流程图
　　（略）
　　附表：
　　表单一（略）
　　表单二（略）
　　表单三（略）
　　……</td></tr>
</table>

编制日期		审核日期		批准/签发人	
抄送部门			印制份数		

也有很多企业做成红头文件式的正式规章制度下发，模板如下。

╳╳有限公司/集团

╳╳公司/集团〔2019〕001 号   签发人：

╳╳公司╳╳规章制度

第一章　总则

第一条：（略）

第二条：（略）

第三条：（略）

……

第二章　╳╳╳

第╳╳条：（略）

第╳╳条：（略）

第╳╳条：（略）

……

第三章　╳╳╳

第╳╳条：（略）

第╳╳条：（略）

第╳╳条：（略）

……

第╳╳章 …… 附则

略

附件 1：（略）

附件 2：（略）

附件 3：（略）

╳╳公司/集团

╳年╳月╳日

主题词：╳╳管理制度

抄　报：╳╳部门

抄　送：╳╳部门

╳╳公司/集团   ╳年╳月 ╳日印发

9.3 考勤管理规定

9.3.1 考勤管理规定内容

一般考勤管理的工作流程如图 9-7 所示。

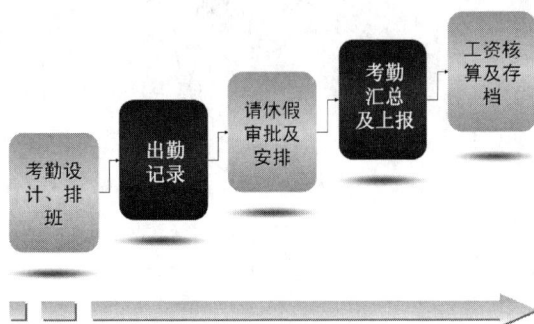

图 9-7 考勤管理流程

由以上流程可以看出，一般考勤管理制度应包括如下方面：考勤方式（手工签到、指纹打卡、智能考勤卡等）、出勤时间、迟到与早退的奖惩办法、旷工处理办法、请休假审批流程、加班考勤办法、节假日安排、医疗病假休假、弹性工作时间、综合工时制、考勤统计、薪资计算考勤标准、考勤的相关流程及表单，等等。

相关表单有："请假审批表""加班审批表""考勤异常审批表""公事外出登记表""月度考勤统计表""工资出勤核算表"等。

下面列举几个考勤管理方面的表格，仅供参考。

1. 休假请假单模板（见表 9-3）

表 9-3 公司休假（请假）单

填表日期：　　月　　日

请假人		部门			工号	
工作交接人				紧急联系人		
请假时间及天数	自　　年　　月　　日　　时至			年　　月　　日　　时		
	计　　天　　时					
请假事由						
部门领导签字			人力资源部签字			

2．考勤异常说明单模板（见表 9-4）

表 9-4　打卡异常备案表（说明单）

填表日期：　　月　　日

姓　名		部　门		工　号	
未打卡日期		年　　月　　日			
未打卡时间		□上午　　　　□下午			
未打卡原因					
直接上级审批			分管领导审批		
副总经理审批			总经理审批		

注：本表经部门主管签字后，上交人力资源部备案、汇总。

3．员工出勤月报表（见表 9-5）

表 9-5　公司员工出勤月报表

工号	姓名	应出勤天数	实际出勤天数	事假	病假	公假	婚假	丧假	产假	轮休	迟到早退	旷工	加班时数	其他	备注

部门考勤记录员：　　　　　　部门负责人：　　　　　　人力资源部：

9.3.2　考勤管理规定设计时要注意的几个问题

1．打卡方式的选择与考勤时间的设置

原始的打卡方式是手工签到，适用于几人至十几人的小公司，随着公司人数的增加，可采用 ID 考勤卡、指纹打卡、智能打卡等方式签到。

考勤时间根据公司具体情况规定，如深圳、广东、北京大部分公司上班时间为朝九晚五；考勤时间又可分冬令时与夏令时；更有部分企业或特殊岗位是轮班制，有的人上白班，有的人上夜班（如物业保安、生产企业一线工人等）。

打卡计时方式有：标准工时制、不定时工时制、综合计算工时制三种。标准工时制就是每天工作 8 小时，每周工作 40 小时，工作时间超过标准时间就是加班，休息日、节假日安排劳动也是加班；不定时工时制就是上班无固定时间要求，所以不定时工作制也不存在加班问题；综合计算工时制，一个周期内平均工作 8 小时/天，40 小时/周，一个周期超过标准时间属于加班，节假日安排工作也是加班。

附：与工时、加班有关的法律

《中华人民共和国劳动法》

第三十六条 国家实行劳动者每日工作时间不超过八小时、平均每周工作时间不超过四十四小时的工时制度。

第三十七条 对实行计件工作的劳动者，用人单位应当根据本法第三十六条规定的工时制度合理确定其劳动定额和计件报酬标准。

第三十八条 用人单位应当保证劳动者每周至少休息一日。

第四十一条 用人单位由于生产经营需要，经与工会和劳动者协商后可以延长工作时间，一般每日不得超过一小时；因特殊原因需要延长工作时间的，在保障劳动者身体健康的条件下延长工作时间每日不得超过三小时，但是每月不得超过三十六小时。

2. 打卡异常的处理

例如，员工在上班途中遇到突发情况（如灾害天气、遇劫匪）或外联人员外出公干不能返回公司打卡的情况处理，指纹打卡员工手指脱皮怎么处理，员工忘记带卡或者员工打了卡不显示怎么处理，公司晚上临时通知员工加班，第二天上班晚到情况怎么处理。诸如此类，都应一一想到，越详细越好管理，同时适当体现公司制度的人性化。

个人认为打卡异常的处理一定要以事实为依据，公平公正，合情合理；既不能让员工钻空子，同时又要对特殊情况做特殊处理。同时，打卡异常的处理最好在考勤管理规定里加以明确，切记不要依据人力资源部个人的意见处理。

笔者在某公司做人力资源总监时遇到这样的情况：一名员工早上上班，由于当时外面下着大雨，加之当天早上她送小孩上学，时间晚了，她骑着电动车急着赶往公司打卡，在途中不幸摔伤，差点与一辆大货车相撞，导致左腿粉碎性骨折，结果此名员工在医院休了一个月。

后来笔者向公司领导反映，申请将公司考勤制度适当放宽，稍微人性化一些，如遇到突发情况可电话报备，经部门领导或人力资源部门核实可视为考勤正常。

这件事给我们一定的警示，公司在设计考勤制度时一定要考虑到员工可能的突发情况与困难，适当给予人性化关照。因为制度是企业文化的一种延伸，它不仅是一种管理手段，更是一种管理理念。

3．员工加班、请假、旷工的奖罚与界定标准

考勤管理规定应明确员工加班、请假、旷工、迟到、早退的奖罚标准，以避免在核算员工工资时产生不必要的纠纷，因为员工对薪资是最敏感的。员工经公司审批的加班，应当按标准支付员工加班工资。

4．如何界定员工迟到、早退、旷工，又如何区分请病假与请事假

迟到、早退、旷工界定的实例参考如下。

（1）员工均需按时上、下班，工作时间开始后 30 分钟内到岗者为迟到。

（2）工作时间终了前 30 分钟内下班者为早退。

（3）凡发生下列情况均以旷工处理：

未经请假或请假未批准或假满未经续假而擅自不到岗；用不当手段，骗取、涂改、伪造休假证明；不服从合理的工作调动，经教育仍不到岗；打架斗殴，违纪致伤造成休息；员工当月内迟到、早退合计每 3 次以旷工半日论；迟到、早退超过 30 分钟者，按旷工半日论；迟到、早退超过 2 小时者，按旷工一天论。

【案例 9-6】病假工资按事假工资扣吗？

王某在上海某单位任职，月薪 8 000 元。2017 年 8 月，由于本人身体原因请假半个月，休完病假；又因家里父亲住院请事假一个月在医院照顾父亲。半个月的病假和一个月的事假，单位分别扣了小王半个月和一个月的工资，分别扣除了 4000 元和 8 000 元。小王认为单位扣发的工资不对，但是具体应该扣发多少工资，他自己也说不明白。请问劳动者因为病假或事假不能提供正常劳动的，用人单位应该如何支付其工资？

【案例 9-6 解读】根据原劳动部《企业职工患病或非因工负伤医疗期规定》，医疗期，是指企业职工因患病或非因工负伤停止工作治病休息不得解除劳动合同的时限。企业职工因患病或非因工负伤，需要停止工作医疗时，根据本人实际参加工作年限和在本单位工作年限，给予 3 个月到 24 个月的医疗期。关于具体数额，根据我国《劳动保险条例》规定，医疗期在六个月以内者，按其本企业工龄的长短，病伤假期工资数额为本人工资 60%~100%；连续医疗期在六个月以上者，数额为本人工资 40%~60%。需要注意的是，各地的具体计算方式可能不大相同，但无论何种计法，根据原劳动部《关于贯彻执行〈中华人民共和国劳动法〉若干问题的意见》规定，职工患病或非因工负伤治疗期间在规定的医疗期内病假工资可以低于当地最低工资标准支付，但不能低于最低工资标准的 80%。

员工请事假的日扣薪标准为：月基本工资/20.9 天；请病假的日工资发放标准为：当地最低工资标准×80%/20.92 天。

本案例中，王某的事假工资，用人单位可以扣发一个月事假工资 8 000元；但病假工资应支付当地最低标准工资的 80%，2018 年上海最低工资标准为 2420 元，那该用人单位应该补发王某半个月病假工资为：2420×80%×50%=968（元）。

5．国家节假日、公假及带薪假的规定

公司规定法定节假日、公假要以国家劳动合同法及最新国家法定节假日标准为依据；同时许多公司都规定在公司工作满××年可以享受带薪年假及探亲假，这也是作为留住员工的一种福利方式。

（1）法定假安排

《劳动法》第四十条规定，用人单位在下列节日期间应当依法安排劳动者休假：（一）元旦；（二）春节；（三）国际劳动节；（四）国庆节；（五）法律、法规规定的其他休假节日。

以 2019 年公假安排为例（含双休日）：元旦放假 3 天，春节 7 天，清明节 3 天，五一劳动节 3 天，端午节 3 天，中秋节 3 天，国庆节 7 天。

（2）产假安排

最新《女职工劳动保护规定》第 7 条规定，女职工生育享受 98 天产假，其中产前可以休假 15 天；难产的，增加产假 15 天；生育多胞胎的，每多生育 1 个婴儿，增加产假 15 天。

女职工怀孕未满 4 个月流产的，享受 15 天产假；怀孕满 4 个月不满 7 个月流产的，享受 42 天产假；怀孕 7 个月以上终止妊娠的，可休产假 98 天。

但随着国家二胎政策的放开，全国有 25 个省份陆续将产假延长至 128～158 天，广东、甘肃、黑龙江、海南及河南产假将近半年，西藏基本可以休一年。按《女职工劳动保护规定》，产假期间的生育津贴，对已经参加生育保险的员工，按照用人单位上年度职工月平均工资的标准，由生育保险基金支付；未参加生育保险的员工，则按产假前的工资标准由用人单位支付。

（3）婚假安排

根据《婚姻法》以及《计划生育条例》的规定，职工结婚可享受以下待遇：

① 按法定结婚年龄（女 20 周岁，男 22 周岁）结婚的，可享受 3 天婚假。

② 符合晚婚年龄（女 23 周岁，男 25 周岁）的，不再享受晚婚假，只有 3 天法定婚假。

③ 结婚时男女双方不在一地工作的，可视路程远近，另给予路程假。

④ 在探亲假（探父母）期间结婚的，不另给假期。

⑤ 婚假包括公休假和法定假。

⑥ 再婚的可享受法定婚假，不能享受晚婚假。

（4）带薪年休假

根据《职工带薪年休假条例》第 3 条规定，职工累计工作已满 1 年不满 10 年，年休假 5 天；已满 10 年不满 20 年，年休假 10 天；已满 20 年，年休假 15 天。而《企业职工带薪年休假实施办法》第四条规定，年休假天数根据职工累计工作时间确定。职工在同一或者不同用人单位工作期间，以及依照法律、行政法规或者国务院规定视同工作期间，应记为累计工作时间。

【案例 9-7】年休假是否可以跨年度安排？如未安排是否可主张补偿，如何计算？

朱师傅于 2010 年进入 A 公司担任生产班长一职，截至 2017 年，朱师傅累积工作年限为 17 年，由于生产任务重，2016 年一直没有时间安排年休假。A 公司与朱师傅商量，并征得其同意后，将 2016 年的 10 天年假挪到 2017 年调休。2017 年 12 月 11 日，朱师傅申请自 12 月 14～29 日期间休 15 个工作日，并在请假事由中注明为 2017 年的年休假。休完年休假的工作日（即 2018

年 1 月 2 日），朱师傅办理了离职手续准备前往海南女儿家休闲养老。双方因 2016 年 10 天的应休未休年假工资的支付发生纠纷，朱师傅于是前往市劳动保障监察大队投诉。

A 公司认为《职工带薪年休假条例》中明确规定，员工满 15 年未满 20 年职工，享受年假 10 天，朱师傅超出的 5 天假应算 2016 年的补充年假，只须补偿其余下的 2016 年 5 天未休年假工资即可，且朱师傅在工作期间已给付工资，所以只须按 200% 的日标准给予其支付。朱师傅认为自己当初在申请年休假时明确提出申请 2017 年的年休假，公司给予批准了，表示其申请的 15 天假期中 10 天是 2017 年年休假，另外的 5 天应当是公司的福利，不应从 2016 年的年假中扣除，故公司应支付其 2016 年 10 天的应休未休的年假工资，支付标准为日工资的 300%。

市劳动保障监察大队根据调查结果，认为 A 公司根据生产经营需要并征得朱师傅的同意，将其 2016 年的 10 天年休假调整安排至 2017 年，这是符合法律政策的，由于该公司规章制度并未规定职工享有额外休假福利，2017 年朱师傅申请的 15 天年休假，宜认为是 2017 年的 10 天年休假和已被跨年安排的 2016 年 5 天年休假，而且《企业职工带薪年休假实施办法》明确规定，日工资收入 300% 包含了用人单位支付的日常工作期间的工资收入，因此市劳动保障监察大队向 A 公司发出责令改正通知书，责令其按 200% 的日工资标准支付朱师傅余下 5 天应休未休的年假工资。

【案例 9-7 解读】1. 根据《企业职工带薪年休假实施办法》第 9 条规定，用人单位确因工作需要不能安排职工年休假可跨 1 个年度安排年休假，但应征得职工本人同意。

2. 用人单位经职工同意不安排年休假或者安排职工年休假天数少于应休年休假天数，应当对职工应休未休年休假天数，按照其日工资收入的 300% 支付未休年休假工资报酬，其中包含用人单位支付职工正常工作期间的工资收入。

9.4 出差管理制度

员工出差，是指员工临时被企业派遣外出办理工作事务的一种工作方式。长期驻外的情况称为外派。

9.4.1　出差管理制度的内容

员工出差制度内容包括：员工出差的范围界定、出差申请流程办理、出差费用报销范围及标准、出差交通工具的选择、出差手续的办理流程、出差考勤的处理、出差意外防控等。

出差制度最重要的内容是差旅费报销。差旅费是职工临时到常驻地以外地区公务出差，所发生的交通、住宿、伙食补贴等。在出差管理制度中应按照分地区、分级别、分项目的原则制定差旅费标准，并根据经济社会发展水平、市场价格及消费水平变动情况适时调整。国家对公务员、企事业单位的差旅费管理有明确的规定，其他单位可参照财政部印发的《中央和国家机关差旅费管理办法》。

公司日常出差管理制度相应表单有：《员工出差申请表》《员工出差报告》《员工出差意外防控或突发情况上报表》《员工出差费用报销单》等。

下面列举几个表格模板，供读者参考。

（1）公司员工出差申请表模板（见表 9-6）。

表 9-6　公司员工出差申请表

填表时间：　　　年　　月　　日

姓名		部门职务		出差期间工作代理人姓名		工作代理人交接确认	
预计出差日期	自　　年　　月　　日　　时起至　　年　　月　　日　　时止（共计：　　　天）						
拟定出差路线							
出差事由及目的							
出差预期达到的效果或绩效							
所需支持条件							
差旅费预算	万　　　仟　　　佰　　　拾　　　元整（¥：　　　元）						
暂支差旅费	万　　　仟　　　佰　　　拾　　　元整（¥：　　　元）						
预支差旅费用形式	□现金　　　□自带汇票　　　□其他						
往返拟乘交通工具	□飞机　　□火车　　□汽车　　□轮船　　□其他_____ 是否需要订购车票：□是　　　□否						
部门经理			人力资源部				
财务部			总经理				
返回销假	年　　月　　日　　时（由考勤人员填写）						

注：本表签完字后，请交人力资源部存档，出差人员应于出差前三天填写好《出差申请表》，办理出差登记手续和工作交接手续，凡过期或未填写出差申请表者视为旷工处理，不予报销出差费用，特殊情况须报总经理审批。

（2）公司员工出差费用报销单模板（见表9-7）。

表 9-7　公司员工差旅费用报销单

姓名：		部门：		职务：				时间：	
月　日		地点		车费	伙食费	住宿费	补贴	其他费用	合计
		起	讫						
凭证附件　　　张				报销总计（大写）					
预支			退回公司						

总经理：　　　　　财务总监：　　　　　审核人：　　　　　经办人：

9.4.2　出差管理制度应考虑的几个问题（见图 9-8）

1．出差审批及考勤管理

员工出差前必须按规定填写"出差申请表"，经审批批准后，通知部门考勤员或人力资源部开始按员工出差处理考勤。出差完毕到人力资源部销差，填写出差工作报告。如员工出差遇到法定假或周末，是否考虑补休或是否作加班处理这些问题，应该在员工出差管理规定中做出相应规定。

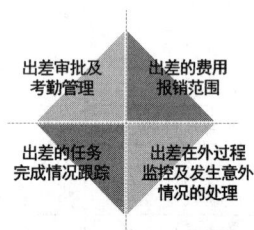

图 9-8　出差管理应考虑的问题

2．出差的费用报销范围

出差管理规定应明确员工出差的差旅费标准、餐费报销标准、交通费标准及其他津贴；可按员工级别、出差目的地分成不同等级的费用报销标准；同时应明确员工在出差过程中哪些费用可报，哪些费用不可报。如员工在出差、住宿过程中发生的洗衣费、娱乐费、私人开销可不报销。

3．出差在外过程监控及发生意外情况的处理

公司应与出差在外的员工部门领导最好每天保持联系，这不仅是工作业

务上的需要，更重要的是预防员工在外发生意外，解决员工在出差过程中遇到的困难。所以员工出差管理规定应对员工在出差过程中遇到突发情况的处理方式做出规定。假如发生员工出差 48 小时无法联系的，包括家人和朋友也联系不上的，则可以按照员工意外处理方式进行处理（报警或其他方式），直到出差员工有下落为止。

一次笔者公司的一名刚毕业的大学生小李出差在外，不慎被小偷偷走了钱包和手机，钱包里的现金、银行卡和身份证全部丢失，两天都没有联系上他。后来笔者通过当地的一名经销商找到小李，得知情况后，笔者当即安排当地的经销商借了八百块钱给他作为返回的路费，并安排当地经销商协助小李处理出差中未完成的业务。小李回公司后，非常感激笔者，同时他也备感公司的温暖与关怀。

人力资源管理者应代表公司对出差在外的员工给予关怀，一个电话问候，或一次简单的家访，把企业的关爱送给出差员工的家人。这样一是让出差员工感受到企业的温暖，对工作更负责；二是让出差员工的家人更支持他的工作。这样一来就进一步体现了人力资源部门的价值。

4．出差的任务完成情况跟踪

员工出差是有一定目的性的，出差回来最好要求员工有书面出差小结或直接向部门领导汇报，对在外出差时间较长的员工要求每天发信息或电话向部门领导汇报（很多销售型公司对驻外的业务员经常采用这种方式，如用当地的座机给公司打电话汇报工作）。如此一来，出差管理规定方能真正发挥管理与规范员工出差行为的作用。

9.5 考核管理制度

员工考核：所谓员工考核是指按照一定的标准，采用科学的方法，衡量与评定员工完成岗位职责任务的能力与效果的管理方法。

9.5.1 员工考核管理的概念

1．对员工进行考核，从管理者的角度看，主要有两大基本目的。

（1）发掘与有效利用员工的能力；

（2）通过考核，对员工给予公正的评价与待遇，包括奖惩与升迁等。

绩效管理在企业中具有以下功能（见图9-9）。

图 9-9　绩效考核的功能

2．员工考核内容

（1）德：即考核员工的思想政治表现与职业道德。

（2）能：主要包括员工的基本业务能力、技术能力、管理创新能力等。

（3）勤：是指员工的工作积极性和工作态度。

（4）绩：主要指工作业绩。包括可以量化的刚性成果和不易量化的可评估成果。

（5）廉：是员工的行为操守，是开展工作的人格保障。

员工考核从周期层面来划分，又可分为员工月度考核、季度考核、年度综合考核等。从定性与定量方面，又可分为定性考核与定量考核两种。员工考核主要有三个组成部分：业绩考核、能力考核、行为考核。

9.5.2　员工考核制度应包括的内容

员工考核制度应包括考核目的、考核原则、考核用途、考核周期、考核维度、考核指标如何设计、考核工具的选择、考核程序、考核对应工资基数、绩效反馈及如何开展绩效调研与绩效面谈、绩效改进和绩效运用等。

（1）考核用途：①月度绩效奖金的发放；②季度绩效奖金的发放；③年度绩效或年终奖的发放；④薪酬等级的调整；⑤岗位晋升及调整；⑥员工培训安排的依据；⑦先进评比。

（2）考核工具的选择：绩效考核方法和工具包括上级领导直接打分考核、360度、MBO、关键事件法、KPI、BSC、OKR等，在员工能力、品德方面还可考虑员工核心胜任力模型、心理测评、北森测评等。选择哪种绩效考核工具，要根据每个企业的实际情况而定，也可以综合运用几种考核工具。

（3）考核维度：看从哪个角度去考核员工，如员工性格测评（九型人格、DISC、MBTI 职业性格测评）、员工能力考核，所谓能力考核指被考核人完成各项专业性活动所具备的基本能力和岗位所需的能力。

（4）绩效考核原则（见图 9-10）。

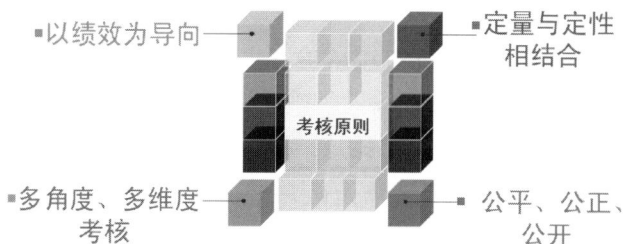

图 9-10　绩效考核原则

（5）绩效面谈：绩效面谈是绩效管理中的一个重要环节，也是促进绩效考核顺利开展及保障绩效考核真正落地的重要环节。根据工作的进展程度，绩效面谈可以分为：初期的绩效计划面谈、进行中的绩效指导面谈、末期的绩效考评总结面谈。

9.5.3　员工考核管理制度的设计应注意的问题

1. 明确绩效考核的目的，不要为了考核而去考核

很多公司看到别人公司在做绩效，自己公司也跟着做绩效，先是 360 度打分，发现这种打分方式存在打人情分问题；又改为 KPI 关键指标，后发现公司后台信息水平不支持，KPI 需要的数据较多，既而又转去用领导直接考核法。国内也有相当数量的企业在用平衡计分卡，但真正用得好的企业不多，究其原因笔者认为有三点：①目的不明确；有些企业实施平衡计分卡仅仅是为了企业上市的需要或企业并购的需要，而不是为了切实改善企业的绩效水平，这一点在国企尤为显现。②从方案设计者来说，要求平衡计分卡设计者本身对指标的设计能力、企业发展战略、企业的运营能力都要非常清楚，同时和企业高层、中层管理者及员工沟通非常重要。而大部分企业的平衡计分卡的实际操作由第三方来完成或由人力资源部单纯来完成。③实施平衡计分卡是一个系统的工程，需要公司信息化较高，需要公司领导及各部门整体配合，同时要求员工素质较高及公司的规章制度相对比较完善。

很多公司不清晰考核的目的，为了考核而考核，重绩效考核而轻绩效管理，没有做绩效面谈与员工沟通，不懂得如何分解绩效考核指标，导致在推行过程中遇到重重阻力，在员工看来，绩效考核就是变相降工资。关于绩效考核具体如何操作请参考本书第四章。

【案例9-8】做绩效等于减薪？

某公司 2017 年前实行月固定工资制，2018 年 3 月新来一位人力资源经理，这位人力资源经理发现公司每月给员工发放固定工资，不利于调动员工积极性，尤其是一线销售人员。于是向企业领导建议开展绩效考核，把员工原来的工资拆分为基本工资+浮动工资+福利，举例说，原来某员工月工资4 000 元，拆分后基本工资3000 元，绩效考核1000 元；公司绩效考核实行的是打分制，100 分为满分。结果这套方案一推出，就受到除老总以外几乎全体员工的反对，原因很简单，这是变相降工资，因为一个员工表现再好，考核也最多得满分，况且大部分情况是拿不到满分的。最后的结果是，这名人力资源经理在公司工作不到两个月就离职。

【案例9-8解读】由案例可以看出，人力资源管理者在做考核制度及考核方案时，应首先明确公司绩效考核的目的，充分了解公司的企业文化，营造良好的绩效文化及沟通文化。新推进绩效考核方案最好安排在年底或年初加薪时同步进行，并且要充分取得部门管理干部的支持。

2. 如何确定考核制度的公平公正、科学合理

这是设计与制定考核制度的核心，要确保考核制度对内具有公平性、竞争性；这样才能发挥激励作用，激发员工潜能，提高员工绩效。同时，我们发现在实际操作中，虽然保证了绩效考核体系的公平性，但得出来的绩效考核结果未必是公平的；因为在绩效考核时，绩效考核不可避免地带有考核者的主观看法。因此，要保证得到公正的考核结果，除了要保证考核体系的公平，还要加强对考核者的培训，使其能够秉持公正性进行考核。

【案例9-9】销售业绩考核是否考虑销售文员？

某贸易型公司，以销售为主导，销售部组织架构设销售经理、业务员和销售文员。人力资源部在设计销售人员绩效考核时规定，销售经理个人业绩提成 3%，月绩效考核 1000 元（主要包括下属团队业务水平、个人管辖区域渠道开拓、团队业务回款等），业务员业绩提成 1%，销售文员没有提成，也不做绩效考核，只拿固定工资。导致销售经理不愿带团队，因为团队的业绩与自己关系不大，与其带团队还不如自己花点时间去跑业务；同时，销售文员动力不足，整个销售部门才两个文员，天天忙得要命，销售业绩好坏与自己没有关系，反正干多干少一个样，客户打电话来有时也懒得接。

【案例 9-9 解读】 此绩效考核方案明显欠公平与科学性，首先销售经理下属的业绩一定要算销售经理的业绩，这样才能促使经理去带下面的团队，去指导下面的业务员开展工作；其次，部门销售文员应与部门销售业绩挂钩，把销售文员作为销售部销售工作的一部分，形成全员营销的氛围，有时二线的工作比一线的工作更具有价值。

3．绩效考核制度具体操作中劳动法规风险的防范

（1）在进行考核前，要将制定好的绩效考核制度公示告知全体员工，最好能让员工签字确认。

（2）在绩效考核制度中可明确：考核目标制订完毕则要让被考核者即目标完成人以书面形式确认；如果被考核员工犯错误或绩效下降，则需要员工对此进行工作改进的说明。

（3）绩效考核最终要达到量化的数据，这种量化的数据的主要依据是工作中的关键事件证据与目标。

（4）在必要时可以将考核结果进行内部公布，以达到强化考核结果与考核制度的目的。

（5）绩效考核要以员工确认的岗位说明书为重要的衡量标准，绩效考核不能脱离实际。

9.6　培训管理制度

9.6.1　培训制度的内容

员工培训管理制度是对员工培训工作进行规范和管理的制度，主要涉及培训计划制订、培训组织实施以及培训效果评估三方面。培训管理制度的内容可以根据企业自身的具体情况而定，一般包括总则、适用对象、职责分工、培训计划、培训组织与实施、不同培训对象及内容、培训师资、培训教材、培训费用、培训评估、培训结果运用等。

培训规范一点的公司，往往还涉及培训体系的建设、商学院建设等规章制度，如商学院有关规章制度包括商学院的定位、目标与组织机构、人才培养目标、运作模式、课程开发体系与培训讲师体系如何建设、精品课程如何打造、商学院如何做出特色、实效等。

同时培训制度可明确员工培训（尤其是外派培训、进修）服务期协议，以减少公司培训费用的损失，防止员工培训完或进修完就离职，这也是《中华人民共和国劳动合同法》明确规定的。

相关表单有：《培训计划表》《培训签到表》《培训申请表》《培训费用预算表》《培训服务协议》《培训评估表》《学员反馈表》《讲师等级评定表》《讲师培训清单表》等。

下面列举几个表单，仅供参考。

（1）公司部门培训需求调查表模板（见表9-8）。

表 9-8　　××公司部门培训需求调查表

部门		填表人		填表日期	
计划培训项目	管理与领导能力类	1. 沟通技巧			
		2. 领导力			
		3. 教练式管理			
		4. MTP 中层管理培训			
		5. 部属培育与有效激励			
		……			
	企业文化与自我发展类	1. 公司发展史与企业文化宣讲			
		2. 员工手册			
		3. 职业生涯规划			
		4. 时间管理、目标制度			
		……			
	专业技能类	1. 销售技巧			
		2. 渠道开发与经销商管理			
		3. 财务预算与全面监控管理			
		4. 生产与质量管理培训			
		……			
	制度规范类	对公司已下发的规章制度的学习			

续表

部门培训需求调查	管理与领导能力类	1.
		2.
		3.
		4.
		……
	企业文化与自我发展类	1.
		2.
		3.
		……
	专业技能类	1.
		2.
		3.
		4.
		……
	制度规范类	
	培训方式	1. 内部讲师
		2. 外聘讲师
		3. 外派培训
	培训时长	1. 半天
		2. 1 天
		3. 2 天
		……
	培训周期	1. 1 次/周
		2. 1 次/月
		3. 1 次/季
		……

填表说明：①请您根据实际需求填写；②如篇幅有限，可另附纸说明。

（2）公司培训费用申请表模板（见表 9-9）。

表 9-9 公司培训费用申请表

课程名称： 申请 年 月 日

部门	培训人数	培训时间	□讲授课题 □教材及物料	时长 数量	费用 费用	计（元）	盖章（签字）

续表

部门	培训人数	培训时间	□讲授课题 □教材及物料	时长 数量	费用 费用	计（元）	盖章（签字）
		总计费用					
财务部		人力资源部		单 位			

（3）在职学员培训意见调查表模板（见表9-10）。

表9-10　在职学员培训意见调查表

说明：1. 本表请受训学员翔实填写，并请于结训时交予主办部门。

2. 请将选答题目号码勾在括号栏内。

3. 请你给予率直的反映及批评，这样可以帮助我们对培训计划将来有所改进。

（1）您对本次课程的满意程度？

□ 很满意　　□ 满意　　　□ 一般　　　□ 不太满意

好的方面：＿＿＿＿＿＿＿＿＿＿＿需改进的方面：＿＿＿＿＿＿＿＿＿＿＿

（2）您对本次培训师的满意程度？

□ 很满意　　□ 满意　　　□ 一般　　　□ 不太满意

好的方面：＿＿＿＿＿＿＿＿＿＿＿需改进的方面：＿＿＿＿＿＿＿＿＿＿＿

（3）您对本次培训时间安排的满意程度？

□ 很满意　　□ 满意　　　□ 一般　　　□ 不太满意

好的方面：＿＿＿＿＿＿＿＿＿＿＿需改进的方面：＿＿＿＿＿＿＿＿＿＿＿

（4）在本次培训课程中，您最感兴趣的三个环节依次是：

①＿＿＿＿＿＿＿＿＿　　②＿＿＿＿＿＿＿＿＿　　③＿＿＿＿＿＿＿＿＿

（5）您对本次培训整体评价

□ 很满意　　□ 满意　　　□ 一般　　　□ 不太满意

好的方面：＿＿＿＿＿＿＿＿＿＿＿需改进的方面：＿＿＿＿＿＿＿＿＿＿＿

（6）参加此次培训感到有哪些受益？

① □ 获得适用的新知识。

② □ 可以用在工作上的一些有效的方法及技术。

③ □ 将帮助我改变我的工作态度。

④ □ 帮助我印证了某些观念。

⑤ □ 给我一个很好的机会，客观地观察我自己以及我的工作。

（7）您还希望公司提供哪方面的培训？

＿＿＿＿＿＿＿＿＿＿＿＿＿＿＿＿＿＿＿＿＿＿＿＿＿＿＿＿＿＿＿＿＿＿＿＿

＿＿＿＿＿＿＿＿＿＿＿＿＿＿＿＿＿＿＿＿＿＿＿＿＿＿＿＿＿＿＿＿＿＿＿＿

＿＿＿＿＿＿＿＿＿＿＿＿＿＿＿＿＿＿＿＿＿＿＿＿＿＿＿＿＿＿＿＿＿＿＿＿

（4）新员工入职培训记录表模板（见表9-11）

表 9-11 新员工入职培训记录表

培训课题	新员工入职培训	培训方式	□讲授 □自学
培训内容	员工自我介绍及介绍同人 本部门及本岗位工作内容 《公司企业文化》 《办公室管理手册》 《员工考勤与休假管理制度》 《新员工入职指南》 《员工薪酬、福利制度》 《财务制度说明》等		
本人已认真阅读/学习上列公司规章制度并完全理解和接受，本人承诺在公司工作期间严格执行上述规章制度，如有违反，同意接受相应的处罚。			
序 号	受训人签名	部 门	日 期

（5）新员工培训成绩评核表（见表9-12）

表 9-12 公司新员工培训成绩评核表

填表日期： 年 月 日　　　　　　　　　　　　编 号：

姓 名		部 门		学 历	
培训时间		培训项目		老 师	
新进人员对所施予培训工作项目了解程度如何					
对新进人员专业知识（包括技术、职业操守）评核					
对新进人员学习态度，工作积极性考评					
新进人员对各项规章、制度了解情况					
新进人员提出改善意见评核，以实例说明					
分析新进人员工作专长，判断其适合工作为何，列举理由说明。					
辅导员（师傅）对该新进人员综合考核评语：					

总经理签字：　　　　　　部门经理签字：　　　　　　评核者签字：

下面再给大家讲解《劳动合同法》有关培训服务协议方面的规定：

第二十二条　用人单位为劳动者提供专项培训费用，对其进行专业技术培训的，可以与该劳动者订立协议，约定服务期。劳动者违反服务期约定的，应当按照约定向用人单位支付违约金。违约金的数额不得超过用人单位提供的培训费用。用人单位要求劳动者支付的违约金不得超过服务期尚未履行部分所应分摊的培训费用。用人单位与劳动者约定服务期的，不影响按照正常的工资调整机制提高劳动者在服务期期间的劳动报酬。

【案例 9-10】违反培训服务协议是否要赔偿？

张先生在一家软件企业担任人力资源总监时，2016 年 3 月单位客服部新进一位部门副经理李女士，劳动合同签订时间是 2016 年 3 月 1 日至 2017 年 12 月 31 日。后来公司委派李女士去上海参加外派培训，为期半个月，总花费 25 800 元；公司与李女士签订了一份期限是 2017 年 4 月 1 日至 2018 年 12 月 31 日的培训服务协议。

请问李女士于 2018 年 5 月由于个人原因提出离职，需要承担什么责任？赔偿违约金额是多少？

【案例 9-10 解读】李女士劳动合同虽已满，但培训服务期未满，且已与公司签订培训服务协议，是需要承担违约金的。违约金核算公式：培训违约金=培训费总额÷总服务期×未履行时间。李女士约定的培训总服务期 21 个月，已经履行服务时间 13 个月，还有 8 个月未履行，最后李女士支付的违约金是：25 800÷21×8=9 828（元）。考虑到李女士为公司做出的成绩，最后公司决定，实际收取李女士违约金 3 000 元。

9.6.2 员工培训管理中涉及的问题

员工培训管理制度建立的目的在于明确培训申请审批程序、控制培训费用支出、加强档案管理，提升员工培训管理工作效率。主要涉及以下问题，见表 9-13。

表 9-13 员工培训管理涉及的问题

问题 1	培训对象不明确；培训讲师不专业；工具、表单不完善；同时未对培训审批人员权限进行统一规定，导致培训工作过度开展或是参加人数不足，没有达到预期培训目标
问题 2	没有对培训费用的支出范围进行明确规定，缺乏培训费用使用监督办法和培训费用报销责任制度，容易产生舞弊行为，培训费用随意性大；而有的公司压根就没有培训经费或者培训经费由领导随意拍板
问题 3	未通过考核或观察等手段评估员工对培训成果的运用能力并归档整理，导致无法充分发挥培训档案对培训工作调整、员工培养方向确定的作用
问题 4	培训不系统，缺乏科学性，培训计划制订不全面，培训计划执行不坚决；培训组织工作缺乏持续性、严谨性，想到哪做到哪；尤其是中小企业，把培训工作当作时髦

9.7　人员调动调整制度

9.7.1　人员调动调整制度的内容

（1）公司内部人员调动主要包括三种：调岗（晋升、降职）、借调、轮岗，如图 9-11 所示。人员调动与调整制度主要涉及员工的升迁、降职、借调或部门岗位轮岗的情况，目的是适应公司的发展，把合适的人放到合适的岗位，或临时性的工作安排需要，同时为提高员工任职能力，做到适才适用。

图 9-11　员工调动类型

（2）人员调动调整制度的内容应包括：员工调动类别、调动原则、调动原因、调动程序与手续办理流程、员工升迁任命程序、借调程序、对应薪资调整规定等。

（3）相应的表格及流程有：《员工调动审批表》《员工任命书》《岗位调动物品、工作移交情况表》《员工借调流程图》《员工调动流程图》等。

下面列举几个表格供参考：

表 9-14 为员工调动审批表。

表 9-14　员工调动审批表

申请公司/部门		申报日期	
调动员工姓名		所属公司/部门	
调动类别	□ 调动（期望到岗日期：　　年　月　日） □ 借调（借调期限：从　　年　月　日起至　　年　月　日止） □ 轮岗（期望到岗日期：　　年　月　　日）		
原工作岗位		新工作岗位	
原岗位薪资		调整后岗位薪资	
调动原因：			
调出部门领导意见	签字：		
调入部门领导意见	签字：		
集团人力资源部意见	签字：		
分管领导意见	签字：		

表 9-15 为调动通知函。

表 9-15　调动通知函

<table>
<tr><td colspan="2" align="center">**调动通知函**</td></tr>
<tr><td colspan="2">　　_____（调出方）　、　_____（调入方）　：</td></tr>
<tr><td colspan="2">　　关于_____同志的《员工调动审批表》已审批完毕。</td></tr>
<tr><td colspan="2">　　经集团公司领导研究决定，同意_____同志从_____调动（借调）</td></tr>
<tr><td colspan="2">至_____，并于____年____月____日（前）到_____报到，担任_____</td></tr>
<tr><td colspan="2">_____岗位工作。</td></tr>
<tr><td colspan="2">　　接到本函后，双方人事部门请严格按照《集团公司内部员工调动管理办法》办理。</td></tr>
<tr><td colspan="2">　　特此通知</td></tr>
<tr><td colspan="2" align="right">××集团公司人力资源部
年　　月　　日</td></tr>
</table>

表 9-16 为调动手续办理表。

表 9-16　调动手续办理表

姓名			所属部门		办理时间		
序号		应办理事项			经办部门	经办人签字	备注
1		原经办工作交接清楚，资料物品等移交完毕（由部门领导指定移交物品）			原工作单位		
		（1）					
		（2）					
		（3）					
		（4）					
		（5）					
		（6）					
		（7）					
		（8）					
2		归还所借档案资料等			行政部		
3		归还所领应收回的办公室用品、各类工具、仪器和设备			行政部		
4		结清借款、应扣款、报账单据等相关财务事宜			财务部		
5		交回工作牌及考勤卡			人事部		

备注：① 借调人员不需按此表办理移交手续。

　　　② 此表供调出方人事部门使用。

9.7.2　制定人员调动调整制度应注意的事项

1．员工岗位调动尤其是调任第二家公司，工龄如何计算？

例如员工在 A、B 公司间调动，被调动员工需与原用人单位签订《解除劳动合同书》，与新用人单位重新签订劳动合同。

《中华人民共和国劳动合同法实施条例》第 10 条规定，劳动者非本人原因从原用人单位被安排到新用人单位工作的，劳动者在原工作单位的工作年限合并计算为新用人单位的工作年限。原用人单位已经向劳动者支付经济补偿的，新用人单位在依法解除、终止劳动合同计算支付劳动者经济补偿的年限时，不再计算原用人单位工作的年限。

2．在员工调岗前应与员工做好沟通，征求员工个人意见，在公司与劳动者有合同约定岗位及薪酬情况下不得随意调动员工岗位及调整员工薪酬。

尤其是外派、外调、轮岗、借调等，要综合考虑员工的家庭因素、个人因素，看员工是否适合调动，如许多集团公司在外地有子公司，在外派员工时应征得员工的意见；同时在调岗时除降职外一般不宜下调员工薪资。

根据《劳动合同法》第 3 条第二款规定，依法订立的劳动合同具有约束力，用人单位与劳动者应当履行劳动合同约定的义务。如果未经劳动者同意，单位擅自变更劳动者岗位工资及奖金数额，属于变更了劳动合同内容的一种违约行为。

【案例 9-11】公司私自调整员工岗位是否违约？

熊某是一家医药销售公司部门副职。与公司签订的劳动合同约定：熊某任销售部副经理，月基本工资为 3 500 元，奖金视个人业绩在 1 000 元至 4 000 元之间。最近，因熊某与部门经理发生矛盾并发生肢体冲突，公司决定将熊某调整到综合部做主管工作。而该岗位的月奖金只有 800 元，基本工资也下调为 3000 元。公司的做法合法吗？

【案例 9-11 解读】一般情况下，公司有权决定调整职员的工作岗位，但前提是该工作岗位与奖金数额未写入合同之中。根据《劳动合同法》第 3 条第二款规定，依法订立的劳动合同具有约束力，用人单位与劳动者应当履行劳动合同约定的义务。如果未经劳动者同意，单位擅自变更劳动者岗位及奖金数额，属于变更了劳动合同内容的一种违约行为，如果熊某诉诸法律会得到法律支持。

一些用人单位常常把调岗、调职、调薪视为企业单方的自主权，认为法律干涉不了。有的甚至以"三调"作为"逼迫"职工辞职的一种手段，侵犯劳动者的合法权益，这种做法是不可取的。

【案例 9-12】符女士与某饭店签订了 3 年期劳动合同，约定符女士为饭店行政经理，月薪 5000 元。2017 年 1 月 12 日，饭店将符女士调到前台任领班经理，原待遇不变。因前台领班有时需要值夜班，而原来行政经理是上白班，她觉得调岗后会非常辛苦，加之符女士家小孩读书要接送，符女士不同意岗位调整，向上级领导反映意见未果后，遂提出辞职并要求饭店支付其经济补偿。饭店认为其有用工自主权，根据员工的工作能力、表现调整员工岗位不违法，并拒绝补偿。

【案例 9-12 解读】符女士的工作岗位已经写入双方所签订的劳动合同之中，属于明确的合同条款。而饭店单方面对符女士的岗位进行调整，违反了劳动合同约定。根据《劳动合同法》的规定，用人单位未按照劳动合同约定提供劳动条件的，劳动者可以解除劳动合同。由于用人单位的原因，劳动者提出解除劳动合同的，用人单位应当根据劳动者的工作年限，按每满一年支付一个月工资的标准，支付劳动者经济补偿金。符女士于 2015 年 1 月进入饭店工作，至双方解除劳动关系之日，累计工作 2 年时间，公司应向其支付 2 个月的工资作为经济补偿金。

3. 公司在制定调动与调整制度时应向员工征求意见，并做到合理、公正，制度审批后应公示。

【案例 9-13】制度未经员工民主程序评定是否有效？

许小姐是一家培训公司职员，劳动合同约定许小姐做公司销售顾问工作。公司有一项特别的制度，职员在年度考评总成绩倒数第一（列入末位者），将被公司安排做杂务工，月薪当然成倍减少。这一规定经过公司高层会议专门决定并写入公司制度中。在几年来的执行中，所有的年考核末位者均顾及脸面而自动辞职，根本没有人肯做杂务工。显然，公司对末位者调岗又降薪成为逼其自动辞职的一种手段。许小姐在去年的考评中，总成绩是倒数第一，许小姐对自己去年考核"前景"非常担忧。请问，公司的这项制度规定合法吗？

【案例 9-13 解读】该公司以制度形式规定"年度考核末位者，调岗又降薪"是否有效，应从以下两个方面来认定。

一方面是根据《劳动合同法》第 4 条第二款规定，用人单位制定规章制度，必须经过三个重要程序：一是应当经"两会"讨论；二是协商确定；三是公示或告知劳动者。若如许小姐所言，公司的这项制度只是由高层领导会议决定，这在程序上明显违法。

另一方面是被调岗降薪的职工与单位所签订的劳动合同是否已经约定工作岗位和工资标准，如果有约定，单位单方调岗、降薪是违约行为。许小姐当初与公司与签订的劳动合同中已约定许小姐"做销售顾问工作"，除非许小姐有不胜任本职工作情形，否则如果公司单方擅自对许小姐调岗是一种违约行为，许小姐可依法维权。

另外，有些公司习惯制定"末位淘汰"考核制度，这是违反法律规定的。除非单位制订了明确的岗位工作标准，经考核不符合工作标准要求的员工才可以辞退，并且要有具体的书面材料备案，以便在以后员工提起劳动仲裁时作为证据。

9.8 入离职管理规定

9.8.1 入职管理规定

1．重要性

入职：是指员工被单位录用，接到录取通知并按时到录取公司办理入职手续，双方正式建立劳动关系。

入职管理规定是规范入职员工行为的准则及员工入职手续办理的指引。一个好的入职程序可以给新员工留下良好的印象，让新员工感觉到公司正规、有秩序，也会让新员工感觉受到被重视，从而增强员工在公司的归属感。

2．入职管理规定内容

入职管理流程如图 9-12 所示。

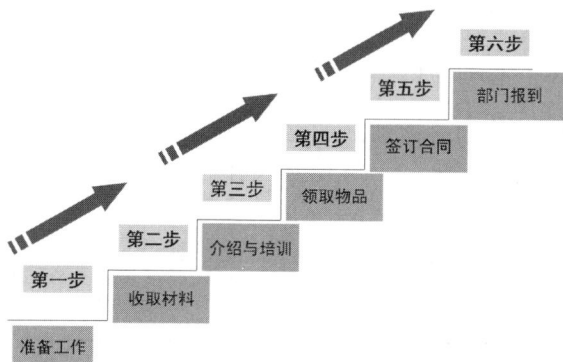

图 9-12　入职管理流程

入职管理制度内容可包括：员工入职报到所需材料、报到手续办理流程、新员工入职培训事项、员工工资福利确定、公司相关制度与企业文化告知、试用期限告知、新员工劳动合同签订、商业保密协议与入职承诺书的签订等。

附：新员工应递交的入职材料如下。

新员工应递交的相关入职材料	
需递交复印件	1. 身份证　2. 毕业证书　3. 学位证书　4. 职业资格证　5. 其他复印材料
需递交的原件	1. 离职证明　2. 体验报告　3. 个人照片　4. 社保及公积金转出手续单　5. 个人工资银行卡号　6. 原企业培训服务期责任说明　7. 公司规定上交的其他材料

相关表格有：《员工入职手续清单》《员工入职登记表》（入职登记表模板请参考第三章内容）《试用期面谈记录表》《新员工培训记录表》《试用期员工评估表》《新员工档案表》。

表 9-17 为"员工入职手续清单"。

表 9-17　员工入职手续清单

个人资料	姓名		性别	
	部门		职位	
	直接领导		员工代码	
入职前确认以下项目				
序号	项目	确认状态	负责人	签字
1	入司日期			
2	向公司同事介绍			
3	介绍管理层			
4	照片收集			
5	身份证、学历证复印件			
6	履历表			
7	胸卡、工号、工服办理			
8	参观部门			
9	新员工培训			
10	确定调档时间			
11	岗位职责说明			
12	名片、文具等物品领取			
13	办公桌、食宿安排			

我已办理入职手续，于×年× 月×日开始在公司上班。

新员工签字：　　　　　　时间：

下面再列举××公司入职廉政承诺书。

××公司入职廉政承诺书范本

为加强公司廉洁自律和作风建设，防止发生各种谋取不正当利益的违法违纪行为，规范员工的各项活动，保障顺畅、公平的工作秩序，根据公司规定及相关法律，我承诺以下廉政责任：

第一条 我承诺在入职公司后遵循自愿、诚实守信原则，并保证在工作期间不会为获取不正当的利益，损害公司利益行为。

第二条 我保证在职期间按照公司制度及有关法律法规的规定、程序开展业务活动，本人郑重承诺：

1. 认真履行岗位职责，热情礼貌，廉洁从政，秉公办事。

2. 严格遵守廉政建设责任制和公司的各项规章制度，不"吃、拿、卡、要"。

3. 本人在职期间，绝不利用职务之便或其他方式收受或索取任何贿赂（包括现金、有价礼券、实物等各种形式）。

4. 不报销应属于个人支付的费用；不利用职务之便为本人、亲友及他人谋取非法利益。

5. 不用公款相互吃请或为自己非业务工作上吃喝。

第三条 我同意，如违反以上约定一旦查实，公司有权终止本人劳动合同，同时本人愿意按照公司有关廉政建设的相关规定承担全部责任，除了退回所收贿赂（或非正当收入部分）外，还愿意接收相当于所收贿赂（或非正当收入部分）价值双倍的罚款，相关的责任由我承担；涉嫌犯罪的，愿意接受移交司法机关追究刑事责任。

特此承诺！

承 诺 人：

部　　门：

日　　期：

9.8.2　离职管理规定

1. 重要性

员工离职是指员工离开公司，与公司解除劳动合同的行为。无论是员工主动申请离职还是劳动合同到期抑或是公司主动开除员工，企业和员工都必须依法操作、认真对待；对于企业而言，人力资源管理者在处理企业劳动关系管理时，离职是最后一个纠错的机会；正确地操作员工离职，可以避免发生劳动争议事件。这样一来，离职管理规定就显得尤为重要，必须规范、全面。

很多员工往往与公司的合作是相聚甚欢，分手难；入职时说尽公司好话，离职时把公司说得一文不值。作为人力资源管理者，在处理员工离职时应当依法办理，细致全面地做好员工的离职面谈及离职交接工作，一来可以避免劳动争议；二来可以使离职员工工作衔接有序。因此，离职规章制度越细致、越严格，离职手续办理就会越规范，就越能防止劳动争议事件的发生，千万不可轻视离职管理工作。

2．离职管理规定内容

离职管理规定内容应包括员工离职的种类（自动请辞、公司辞退或开除、旷工自离等）、离职申请和解除或终止通知、离职面谈、员工离职手续办理流程、离职物品及工作交接、离职表审批权限及责任人、保险关系转移、工资结算方式、员工离职应注意的事项及离职保密条例等。

离职手续办理的步骤如下（见图9-13）。

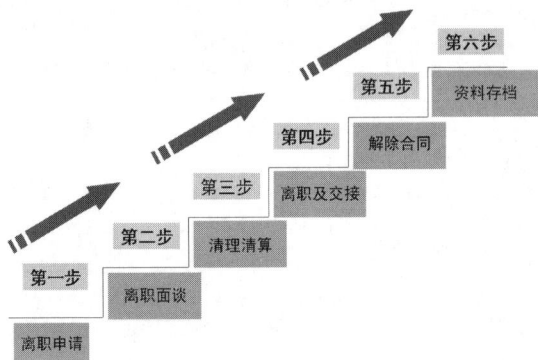

图 9-13　离职管理流程

附：**与员工离职管理规定有关的法律法规**

《中华人民共和国劳动合同法》

第三十九条　劳动者有下列情形之一的，用人单位可以解除劳动合同：

（一）在试用期间被证明不符合录用条件的；

（二）严重违反用人单位的规章制度的；

（三）严重失职，营私舞弊，给用人单位造成重大损害的；

（四）劳动者同时与其他用人单位建立劳动关系，对完成本单位的工作任务造成严重影响，或者经用人单位提出，拒不改正的；

（五）因本法第二十六条第一款第一项规定的情形致使劳动合同无效的；

（六）被依法追究刑事责任的。

第四十条　有下列情形之一的，用人单位提前三十日以书面形式通知劳动者本人或者额外支付劳动者一个月工资后，可以解除劳动合同：

（一）劳动者患病或者非因工负伤，在规定的医疗期满后不能从事原工作，也不能从事由用人单位另行安排的工作的；

（二）劳动者不能胜任工作，经过培训或者调整工作岗位，仍不能胜任工作的；

（三）劳动合同订立时所依据的客观情况发生重大变化，致使劳动合同无法履行，经用人单位与劳动者协商，未能就变更劳动合同内容达成协议的。

第五十条　用人单位应当在解除或者终止劳动合同时出具解除或终止劳动合同的证明，并在十五日内为劳动者办理档案和社会保险关系转移手续。

劳动者应当按照双方约定，办理工作交接，用人单位依照本法有关规定应当向劳动者支付经济补偿的，在办理工作交接时支付。

用人单位对已经解除或终止的劳动合同文本，至少保存二年备查。

9.8.3　入离职管理制度如何避免用工纠纷

员工在离职过程中，或多或少会出现一些纠纷，对于 HR 来说，有些情况是必须了解的，一方面可以维护公司的利益，另一方面让离职过程中的问题顺利解决。

因此在制定公司员工入离职管理制度时就应认真研究与解读《劳动合同法》，把握好细节，防范于未然。

【案例 9-14】员工突然离职公司是否可以要赔偿？

某公司员工小张，在公司工作已近 1 年（还在合同期），小张于 2018 年 4 月 25 日突然提出离职申请，并于当天辞职。公司规定每月的 15 日发放上月工资，按公司规定转正后正式员工离职必须提前一个月，否则扣押剩余工资，作为公司的补偿。但员工小张要求公司发放其剩余工资。请问此种情况公司 HR 如何处理？

【案例 9-14 解读】首先，员工手册规定扣押剩余工资的做法不合法，剩余工资应当依法支付。

其次，公司 HR 应当先与离职员工和具体的用人部门进行沟通交流，了解员工离职的真实原因，以及这名员工是否做好离职交接，是否因紧急离职给公司造成损失。确定上述原因及情况后，再制订具体的应对策略。

最后，公司 HR 可向待离职员工提出两项方案。一是员工选择按照员工手册的规定提前一个月提出书面申请，并在尽快做好工作交接后，公司可提前办理离职手续，并在离职时支付剩余工资。二是员工选择违法解除劳动合同强行立即走人，公司按照规定支付剩余工资，但在离职后公司可提起劳动仲裁，要求员工赔偿给公司造成的各项经济损失。

9.9 【疑难问题】如何利用公司规章制度避免用工风险和劳动纠纷

9.9.1 案例问题 1：人事经理没签劳动合同，企业应付双倍工资吗

李某于 2015 年 8 月进入某公司担任人事经理职务，未与公司签订劳动合同，至 2018 年 2 月用人单位因故与李某解除了劳动关系。李某以公司未与自己签订劳动合同为由，要求公司支付其在单位工作期间的双倍工资。请问李某能否得到法律的支持？

【案例解读】本案例的焦点是用人单位和李某不签订书面劳动合同的行为是否适用《劳动合同法》第八十二条规定。

公司人事经理是特殊的群体，其对劳动法律、法规的熟悉程度远远高于一般的员工。本案例中李先生为用人单位的人事部经理，主持单位人力资源方面的全面工作，工作职责即代表公司依照法律法规处理劳动者的劳动合同履行方面的事宜，避免用人单位因违反法律法规被追究法律责任。签订书面合同为李先生的工作职责之一。李先生入职后，应依职权签订所在单位与本人的劳动合同，但李先生并未履行，所以由此产生的法律责任应由李先生自己承担。因此，本案例中李先生要求用人单位赔偿双倍工资的要求一般较难实现。

9.9.2 案例问题 2：仅凭考勤打卡记录上显示的员工晚走时间，就可以认定该员工加班吗

某公司销售部新进员工小李，一段时间每天至晚上八点才下班，公司总经理一次下班晚走，看到销售部的灯开着，推门发现小李还在办公室工

作，于是第二天在公司晨会上表扬了小李。此后的半个月，小李每天都在办公室"工作"至九点才下班，并保留指纹考勤记录，至月底时，小李向人力资源部提出要加班工资。第二天，人力资源经理符××刚好有事晚上七点半才下班，路过销售部推门进去发现小李躲在办公室玩网游。原来小李新租的宿舍没有电脑、也没有网络，于是下班后利用办公室电脑玩游戏。人力资源部符经理便对小李教训了一番，并说像这种情况怎么能算加班？怎么能给加班工资？小李解释说此次只是例外，前段时间的确是在加班。请问像此种情况仅凭考勤打卡记录显示的员工晚走时间，是否可以界定员工加班？

【案例解读】仅凭打卡记录不能作为加班的充分依据。因此公司在制定加班管理制度时，应做员工加班应经审批的程序性规定，以内部规章制度的形式固定下来，并向员工宣讲。

9.9.3　案例问题 3：如何解聘私自在外"兼职"的员工

公司是否可以直接解聘私自在外"兼职"的员工？

【案例解读】在下列情况下可以解除在外兼职的员工：

（1）存在员工在其他单位兼职的事实。

（2）用人单位能够证明任何下列情形之一：

① 员工兼职对完成本单位的工作任务造成严重影响；

② 经用人单位对员工的兼职行为提出批评指正，拒不改正的。

我国有关劳动方面的法律、法规虽然没有对"兼职"做禁止性的规定，但作为劳动者而言，完成本职工作是其应尽的义务。从事兼职工作，在时间上、精力上必然会影响本职工作。作为用人单位来讲，对不能全心全意为本单位工作并严重影响完成工作任务，经批评指正仍不改正的人员，有权与其解除劳动合同。

企业需要注意的事项如下：

（1）对员工兼职的事实，用人单位负有举证责任。

（2）"严重影响"强调了只有对本职工作的影响必须达到"严重"的程度，用人单位才可以解雇兼职员工。

（3）"拒不改正"强调了程序，即用人单位必须先提出改正建议，如果劳动者仍不改正，用人单位可以行使解雇权。

因此，公司不能直接解聘在外"兼职"的员工，应先向员工提出改正建议，出具书面通知，同时必须有证据证明员工在外兼职。

9.9.4 案例问题 4：员工私自串岗擅动工厂机械设备受伤，算工伤吗

2018 年 5 月某奶粉生产公司员工王某，作为综合部行政文员，上班期间因事情不多，到生产车间找朋友赵某聊天，后王某对生产车间的设备好奇，遂私自启动了电源开关。结果王某左手被卷进机器里，被送往医院抢救后左手截肢，最终花费医疗费 4 万多元。事后王某家属向单位要求支付王某医疗费、营养费、残疾赔偿金、家庭抚养费，共计 22 万元。请问该公司是否应该给李某支付相关费用？

【案例解读】只要是在单位受伤就算工伤，哪怕是自杀，单位也要承担一定的责任，不过相对赔付的比例会小点，因为员工个人也有责任；但公司如果有工伤保险的话就好办了，公司可以为员工做工伤理赔。此案例中工人违反管理规定，可按厂规处理，串岗时管理人员未制止，管理者疏忽，也可处分。最后，经协商该公司赔偿王某 8 万元作为补偿与人道主义关怀。

我们从此案例中可以得到教训，HR 应建议公司为员工除购买社会保险、工伤险外，还应购买部分商业意外险，尤其是对生产型企业、物流企业、建筑企业等具有高风险工种的员工，一定要为其购买工伤保险及商业意外险，所需保费不多，但关键时候能给公司减轻不少损失。

9.9.5 案例问题 5：如何做好高薪员工的辞退

某公司是一家中型房地产企业，2016 年因为接到了一个大的项目，急缺土建工程师，所以在当年 9 月份，以 30 万元的高薪挖了一名符合条件的工程师李某，签订了 3 年的合同。可到 2018 年 8 月，工程已全部完工，土建工程师已没有具体工作，领导的意见是干养着这么一个吃粮大户，实在有些吃不消，让人事部经理辞退这名工程师。由于合同期限未到，这名人事经理不知采取何种方法来终止劳动合同。

【案例解读】严格意义讲，此案例不应涉及终止劳动合同，可采用"协商"

"提前通知""严重违反规定"等形式解除劳动合同，具体思路如下：

1. 双方协商，《劳动合同法》第 36 条规定："用人单位与劳动者协商一致，可以解除劳动合同。"意思是说，用人单位在任何情况下，只要与劳动者达成一致，双方签字同意，都是可以解除劳动合同的。公司领导和 HR 部门可以与该工程师协商，一是工程全部完工，现在没有具体工作，公司内部也没有合适的岗位；二是在职期间，公司给予了比市场更高的薪水，于公于私都没有亏待他；三是公司也要考虑人力成本，其他部门和同事都眼看着目前该员工"没事干还拿高薪"，很难服气。

2. 依法补偿。《劳动合同法》第 40 条规定："有下列情形之一的，用人单位提前三十日以书面形式通知劳动者本人或者额外支付劳动者一个月工资后，可以解除劳动合同：……（三）劳动合同订立时所依据的客观情况发生重大变化，致使劳动合同无法履行，经用人单位与劳动者协商，未能就变更劳动合同内容达成协议的。"

也就是说，公司可以以该项目已经全部完成为由，也就是客观情况发生重大变化，无法履行劳动合同，与该工程师协商解除劳动关系；如果与该工程师协商无果，公司只需额外支付该工程师一个月工资或以书面形式提前一个月告知，即可解除与该工程师的劳动合同。

3. 处理注意事项，类似这样的以项目为目的的员工，签订的劳动合同最好是"以完成一定任务为期限的劳动合同"，不能是常规的以固定时间为期限的劳动合同。同时，在处理此事件时要注意双方的名声，无论是公司本身，还是工程师，都没必要因此而影响自己对外的形象，一方面工程师能够拿如此高薪，说明其也有相当的素质和能力，即使离开，也不愁没有下家；对于公司而言，两年多的高薪都支付了，最后离职协商这点小钱就没有必要再纠结了。

【HR 必知】熟识规章制度，规避用工纠纷

制度与文化是企业最基本的两种管理手段。一个优秀的企业一定是一个制度完善、管理规范、文化共享的企业。有人力资源管理专家说：企业的制度是西药，文化是中药，中西合璧方能发挥最大效果。中国企业有自身固有的特点，加之人的基本劣性贪、嗔、痴，以至于有人说中国企业的员工是世界上最难管理的员工。因此管理制度是企业依法开展工作的必备工具，是员工行为规范的依据与标准。无规矩不成方圆，无法则不立。

同样作为人力资源工作者，人力资源相关制度是我们依法开展人力资源管理工作的必备工具，让我们做到有法可依，有标准可参照，有工作流程可依靠。

作为人力资源工作者，必须熟识《劳动法》《劳动合同法》及公司各项人力资源相关制度，在制定规章制度时应符合法律要求，如有拿捏不准的，可以向外部的律师或人力资源专家请教，这样才能有效规避用工风险，减少用工纠纷。

此外，HR还应该利用好员工手册，它是宣导公司制度与文化，文档留存、举证的一种重要手段。

员工手册的作用是很重要的。它是企业文化的直接表现形式，企业人事管理等公司制度的汇总，企业管理者可以通过员工手册来规范员工的行为，从而使员工的行为符合企业文化的要求。员工手册的内容可分为八个部分：①导言部分；②公司发展史与企业文化；③工作规范及劳动纪律；④薪酬（福利）制度；⑤考核制度；⑥员工职业生涯规划；⑦公司沟通与激励机制；⑧确认回执及意见书等。

因此，人力资源部可利用好员工手册，在员工入职时或平时工作中下发，加以宣导、培训、考试。让员工熟悉公司人事制度，也很好地宣扬了公司的企业文化，一举双得。

总之，人力资源规章制度是 HR 开展工作的依据和利器，要熟练运用，灵活驾驭，让更多的公司资源为我所用，依章办事，尊重事实，发挥人力资源最大化的效果。

同时，HR 在工作中要不断提升自我能力，修炼人格与气度，既要精通专业内的事情，又要修炼好专业外的功底。用和君咨询公司董事长王明夫的话说："人的态度决定命运、气度决定格局、底蕴的厚度决定事业的高度。一个人的态度、气度和底蕴的厚度，犹如莲之根本；虽然看不见摸不着，却决定了我们的人生能否最终开放出成功的花朵。人生如莲，三度修炼，日积月累，功到自然成。"愿我们所有的 HR 人员都能如莲花般朵朵绽放、光彩照人！

第 10 章

eHR 系统简介

10.1 eHR 系统实施价值

eHR（Electronic Human Resource）是电子化人力资源管理系统的英文缩写，通俗来讲就是人力资源管理软件。它是企业通过信息技术，对人力资源的选、用、育、留各个方面进行管理（记录、分析和处理）的一种软件，其目的是通过提高企业人力资源管理水平，打造高绩效组织，充分发挥人力资源的效益，使人力资源更有效地服务于企业目标。

eHR 系统实施价值如图 10-1 所示。

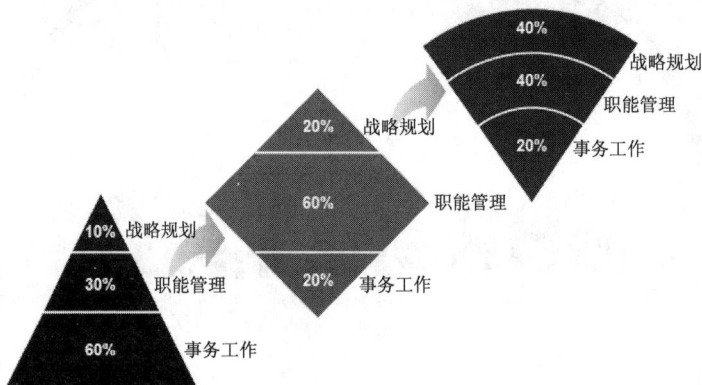

图 10-1 eHR 系统实施价值

1. 战略规划，体现价值

eHR 系统的应用，让 HR 从事务性工作中解脱出来，得以加强专业职能，有更多的时间从企业战略层面思考问题。充分利用 eHR 系统数据进行分析，评估人岗匹配度及组织的承载力，制订人力资源战略规划，搭建并执行人力资源管理体系，能够实现人才供给，支撑企业总体经营目标实现，从而真正体现 HR 的管理价值。

2. 建立 HR 大数据，保证数据安全

HR 数据积累与财务数据同样重要，随着企业信息化程度越来越高，HR 数据逐渐成为企业管理的基础数据，不仅 HR 部门内部薪酬、绩效、培训需要数据共享，而且财务、生产、办公等管理系统都离不开 HR 数据的支撑。传统的人力资源管理模式采用的是手工模式来办理人力资源业务，其人员信息数据分散在各个 HR 模块管理人员手中，数据难以有效共享，且遇到 HR

主管人员变动，数据极易丢失。eHR 系统可以有效解决数据共享，结合数据中心管理，确保 HR 数据安全。

3．规范人事流程，提升管理水平

使用 eHR 系统可以根据企业管理状况设计多种人事业务流程，使人事业务流程按要求、按次序来完成多个环节的审批工作；同时还可以监控流程流转的整个过程，及时进行流程的提醒、纠错，极大地提高人事流程的效率，降低管理风险，提升管理水平。

4．加强人才管理，助推企业发展

通过人才测评、绩效管理、继任发展等系统，可以快速发现高潜能、高绩效人才，帮助 HR 及用人部门领导重点关注，为这些人才提供更有针对性的培训及发展规划。找到并留用好关键人才，企业持续发展就能够得以保障。

5．提高工作效率，减少重复劳动

eHR 可将数据库中与人力资源管理有关的信息全面联系起来，实现工资、考勤等工作自动核算，减少信息处理中的大量重复性劳动。而且员工还可以通过系统自助与人力资源管理进行互动，主动获取考勤、考评、薪资、培训记录等信息，完成在线申请休假、销假等工作，显著提高了人力资源管理的工作效率。

6．eHR 助力实现集团管控

集团型企业由于存在多元化、跨地域、跨产业经营，而且下属企业的管理处于不同发展阶段，要按照职责分工和业务流程进行个性化管理，人力资源管理的复杂性和工作量大大超越单体企业。人力资源管理信息化是实现集团人力资源管控的有效手段，也是大势所趋。

10.2　实施 eHR 系统的条件及管理效用简述

1．实施 eHR 系统的条件

在现代企业管理中，可以说任何企业都会有对 HR 信息化的需求，但企业规模、所属行业等情况的不同，实施 eHR 所带来的价值体现也会不同。企业实施 eHR 系统需要具备怎样的条件？我们从以下几个方面来分析。

（1）企业规模

和国家按行业、人员数量、营业额等因素综合评估企业规模有所不同，企业人数的多少，决定了 HR 管理的工作量。人力资源信息化的企业规模具体指的就是员工总数及 HR 工作人员的数量。一般来说，HR 人数和员工数的配比是 1∶70，HR 能够为企业员工提供较为完善的 HR 专业服务。员工总数 300 人以上，HR 工作人员 3 人以上的企业，单纯通过增加 HR 人数保证 HR 服务质量，投入的成本和效益不成比例，达到这个规模的企业可以考虑用 eHR 软件辅助 HR 日常工作。

（2）HR 专业性

除了企业规模，我们还要从 HR 应用的专业性来考虑 eHR 系统的实施。实施 eHR 前，先要了解自身人力资源管理的专业水平，哪些工作是实施 eHR 能解决的，哪些是重要且急迫的，哪些是目前时机还没到的，要排定优先顺序，不要一股脑儿地全上，造成人力物力的浪费。现在的专业 eHR 软件都可以按模块来进行选购，一般来说第一阶段先实施基础模块，比如，人事、薪酬、报表、管理平台；待应用成熟后，第二阶段再考虑招聘、培训、考核、考勤等其他模块；第三阶段实施测评、能力素质模型、人力资源规划等。每个阶段实施的时机非常重要，要在管理能力基本成形的前提下实施，若基础还没有达到则不要贪大求全。

（3）企业信息化应用水平

管理软件的应用需要一定的信息化基础，如，计算机、网络环境、服务器和机房的配置情况，操作系统、数据库、基本办公软件的应用情况，工作人员对信息化的应用能力，以及企业是否拥有一支信息设备的维护队伍等。

2．实施 eHR 信息化，对企业管理带来的改变和影响

现代人力资源管理将越来越复杂，使用传统管理方式显得难以应对，而 eHR 则能为企业特别是大中型企业提供一个完整的人力资源解决方案。企业通过实施 eHR 信息化，将给人力资源管理带来非常大的改变和影响。主要体现在以下方面。

（1）转变人力资源管理部门的角色

在人力资源管理业务流程中包括员工招聘、人员培训、薪酬福利、绩效考评、激励、沟通、职业生涯规划、离职退休等大量事务性工作，这些事务占据了 HR 管理者大量时间，手工操作不仅效力低，而且容易出错。eHR 能为员工提供自助服务平台，为管理者提供决策支持系统。员工可以通过网络自行修改个人信息，查询薪资情况，提交各种申请；管理者可通过网络查询所需的人员信息和统计报表，批复申请，在线交流等。通过对事务性工作的自动化处理，人力资源部门有可能摆脱繁杂的行政作业，转而把把目光投向竞争策略的制订和为决策部门提供管理咨询等战略性人力资源管理工作。

（2）提高人力资源管理工作质量

目前，我国大多数企业，特别是国有大中型企业，在人力资源管理方面存在管理成本高，效率低，信息、共享差，人才引进、开发和使用缺乏统一规划，人才流失严重等问题。通过加强人力资源管理信息系统的开发和应用，将能够促进公司进一步优化组织结构，重新设计岗位部门，大幅度提高人力资源管理的效率，降低管理成本。通过引入人力资源状况分析系统，实时掌握公司人力资源结构、分布和余缺情况，直接为人员的选聘提供依据，进一步拓宽人才的引入渠道，为公司的发展提供强有力的人才支持。帮助根据公司发展战略需要，确定人才培训和开发的方向和思路，从而确保公司的人才培训和开发工作服务于公司的战略目标。能够改善公司的薪酬体系和激励系统，特别是对骨干人才的激励，能够充分调动各方面人才的积极性，有效地防止骨干人才的流失。能够让公司高层管理者迅速、准确地获得有关人员管理的信息，明了公司的人员状况、人才需求标准，有利于提高管理人员的管理水平。能够让员工通过人力资源管理信息系统方便地获得有关自己的考勤、薪资、培训记录等信息，提高人力资源管理工作的透明化程度。

（3）使企业实现全面人力资源管理成为可能

eHR 从全面人力资源管理的角度出发，利用网络技术为 HR 管理搭建一个标准化、规范化、网络化的工作平台，在满足部门业务管理需求的基础上，还能将 HR 管理生态链上不同的角色联系起来，企业各级管理者及普通员工都参与到 HR 的管理活动中，成为企业实现全面人力资源管理的纽带。

（4）推动人力资源管理模式创新

eHR 在电子商务的支持下，充分利用人才网站、猎头公司、咨询公司、培训机构等人力资源服务商的专业和资源优势，将招聘、培训、岗位分析、薪酬设计、绩效评价等人力资源管理各项职能外包，实现人力资源管理的社会化和虚拟化。利用 eHR 开展工作的 HR 专业服务机构将在为大量企业研究解决 HR 问题的实践中不断积累经验，逐渐成为人力资源管理创新的重要力量。人力资源管理信息化的过程，也是推动企业梳理现有人力资源管理体系甚至系统地建立新体系（包括人力资源战略、方法、制度、模刊、流程乃至具体的表格等），即人力资源管理流程再造的过程。

10.3 国内 eHR 软件发展历程

国内人力资源管理软件从 20 世纪 90 年代中期起步，到现在也有二十多年时间，随着计算机硬件性能和网络环境的提升，经历了从量变到质变的过程。eHR 软件的演变大致可以分为五个阶段。

第一个阶段为 1995 年以前的萌芽期。由于当时的信息化刚起步，各单位陆续采购了电脑及打印机、复印机等办公自动化设备，通过 Word、Excel 或 WPS 等工具，给工作人员定薪、加薪，做人事统计报表或开具证明等。用户多是用这些软件做些辅助性的管理。少部分有能力的用户利用数据库，自己开发简单的软件用于人事信息查询和统计。在这个阶段，国内的财务管理软件才刚起步，还没有出现专业的 eHR 软件。

第二个阶段为 1995～2000 年，国内开始出现专门的 eHR 软件，可以称为 eHR 软件的起步期。这段时间，随着计算机应用的普及，部分单位建成了局域网。eHR 软件的应用以单机版为主，少数单位应用局域网的网络版。这时的 eHR 软件功能相对简单，主要是为满足人事信息管理，部分单位利用 eHR 软件计算和发放工资。为了统计行政、事业、企业各单位的人员情况，国家人事部每年要求各个用人单位提交人事报表，并且按照人事部要求的电子文档格式上报，这促使了金益康、宏景世纪等 eHR 软件提供商的诞生。其中宏景 HR 软件产品中的报表功能，成为 eHR 软件中的代表功能和经典应用，至今仍影响着 eHR 软件行业。

第三个阶段为 2001～2005 年的转型期。这个阶段软件的应用环境发生了较大变化，随着以联想为代表的国内硬件厂商的崛起，计算机和服务器越来越普及，互联网应用也达到了高潮。企业陆续成立独立的人力资源部，按模块建立 HR 管理团队开展工作。eHR 软件的主要特点是，更多的专业 eHR 软件提供商开始出现，C/S 结构的软件功能逐渐成熟。并随着互联网的应用，产品出现了 CS+BS 的应用，并逐渐向 B/S 结构的大型 eHR 软件转型，支持大型数据库，功能涵盖人力资源管理的各个方面，成为这个时期产品的发展方向。

第四个阶段为 2006～2010 年的成长期。这个阶段的关键事件是 2006 年颁布的新《劳动法》和 2007 年爆发的金融危机。新《劳动法》的颁布，用法律条文规定了企业在人力资源管理方面必须实现的具体工作，明确了企业的责任，由此增加的工作量大大刺激了人力资源工作者对 eHR 软件的需求。金融危机的爆发，企业外部经营环境恶化，促使大多数企业的人力资源政策转变，管理者纷纷转向企业内部挖掘潜力，人员裁撤与调岗、薪酬与绩效的调整、关键人才的招募与聘用等操作，让企业管理者对人力资源管理产生了更多的依赖。劳动法和金融危机让人力资源管理在企业中的作用更加显现，让企业管理者更加重视人力资源管理者的声音和需求，并增加投入，eHR 软件获得了一个极为有利的成长环境。eHR 软件厂商经过多年的摸索，基本形成了两种成长模式：一是走产品路线，软件厂商专注 HR 管理技术的发展趋势，重视用户需求满足度，eHR 软件更为成熟，功能贴近用户需求；二是走商务路线，借助公司品牌影响力，业务和售前人员对用户进行 HR 理念的宣传，激发用户对公司 eHR 软件的等同联想。应该说在这个阶段，eHR 软件厂商的这两种发展模式在一定程度上都得到了用户的认可，在各自的领域获得了或多或少的项目。但不同的成长模式，决定了 eHR 软件厂商的发展，也影响着 HR 项目的结果。

第五个阶段为 2010 年至今的成熟期。这个阶段的成熟分两个层面，一是，eHR 软件经过二十多年的发展和部分专业 eHR 软件厂商坚持不懈的努力，软件功能对 HR 工作的实现趋于成熟，面对集团型企业 BS 架构的 eHR 软件成为主流应用；二是，随着人力资源从业者的专业度不断提升，管理者对人力资源的战略价值的认识提高，企业对 eHR 的选择越来越趋于成熟，更加理性地关注 eHR 软件对需求的满足度。这个阶段，对走产品路线的 eHR 软件厂商越来越有利。经过之前四个阶段，走产品路线成长模式厂商的项目效果逐渐体现，其产品与企业 HR 管理共同成长，不断推出适合企业 HR 管理所需的新功能，支持 HR 管理由业务支撑转向对企业战略支撑，保证了企业在 eHR 软件上的投资效益。而走商务路线的厂商，尽管在前几个阶段获得了不少大型企业的 HR 项目，但产品功能与其承诺始终无法对应，项目验收交付率低，不少企业被迫进行 eHR 软件的二次选型，造成软件采购与维护成本居高不下。

10.4　eHR 系统研发厂商介绍

目前，eHR 系统的研发厂商主要分为两大类：综合类 eHR 系统软件厂商和专业类 eHR 系统软件厂商。

综合类国外 eHR 系统软件厂商典型代表有 SAP 和 ORACLE 等，综合类国内 eHR 系统软件厂商典型代表有用友、金蝶、浪潮、东软等。

专业类软件厂商典型代表有宏景世纪、铂金、万古、朗新等。

在专业软件厂商中，基于云技术的代表厂商有美国的 WORKDAY 和中国的北森测评，采用 SAAS 模式应用，笔者认为未来有可能成为主流模式。

10.5　eHR 系统的选型

选择合适的 eHR 系统，需要企业制订正确的选型策略，遵循规范的选型流程以及设计完善的供应商评价体系。这不仅能帮助企业避免选型陷阱，有效规避投资风险，还能大大缩短企业的选型周期，降低选型成本。为此，我们总结出七个步骤，供企业选型时参考。

选型步骤一：确定项目组及目标

eHR 系统是人力资源管理业务与 IT 技术的融合，在进行选型时需要考虑的因素很多。一般来说，我们建议用户成立一个 3～7 人组成的选型项目组。

项目组成立后的首要任务，是要立足企业实际，设定 eHR 项目的建设目标。在选型开始前没有明确的目标，将会导致项目组浪费大量时间对一些并不适合的产品与供应商进行评估，甚至导致选择不合适的合作伙伴。

确定项目目标，需要项目组与企业高层管理者、HR 管理人员、部门经理、普通员工甚至外部用户等企业内外部与业务相关的不同角色进行充分沟通来完成。只有这样，才能确定满足自身需要的合理目标。

选型步骤二：确定项目预算

确定项目预算是比较困难的。企业拟定预算的方法有：一是通过了解供应商的一般报价标准来拟定；二是通过向其他已经实施 eHR 系统的同行了解项目成本情况。

比较规范的做法是，在与供应商沟通前，先要了解企业过去在 IT 系统上的投资策略，以便评估企业在 IT 系统建设不同环节上的投资意愿。与此相对应，在拟定预算时，要特别注意将费用至少划分成两部分，即软件系统费用、实施费用。软件费用一般指软件许可费用及每年的升级维护费用；实施费用则包括了软件配置、数据转换、培训以及定制开发等方面的费用。

选型步骤三：确定项目建设模式

对于 IT 部门力量比较强大的企业而言，随着 eHR 系统选型工作的不断推进，项目组成员经常会在自行开发还是外包给专业 eHR 供应商之间艰难选择。这是一场非常耗费精力的争论，选型流程走到这一步，企业不应让这种争论继续下去，否则因为这个因素的不确定将使得后续选型工作远离制订的目标。

是自行开发还是外包？可以通过回答以下几个问题来确定答案：内部是否能为 eHR 项目提供所有必需的 IT 资源；HR 部门是否有足够的精力与专业知识来完成系统分析与设计工作，并自始至终能指导 IT 部门的开发工作；与企业其他业务系统相比，IT 部门将赋予 eHR 项目怎样的优先权；HR 部门能否得到 IT 部门及时、高质量的服务；是否有很多特殊要求以致外部供应商提供的 eHR 系统不能通过实施配置来满足企业 70%以上的需求。

虽然有些企业已经自行开发了一些简单的人事管理系统，但外包给专业厂商是目前以及未来的主流趋势。

选型步骤四：选供应商编发 RFP

在对供应商进行初选时，项目组应该着手准备 RFP（需求建议书）。RFP 是企业为确保供应商理解项目的需求，并在此基础上提供项目建议书，编制而成的需求规范。RFP 不能确保企业据此就能获得理想的 eHR 解决方案，但却可以帮助企业发现那些接近自身需求的系统。编制 RFP 的过程实际上也是企业进一步明确自己的目标与需求的过程，并以此建立起企业与供应商深入沟通的桥梁。RFP 可节省选型时间，并使得各供应商之间的比较变得更容易，可以避免一些潜在疏漏。因此，编写 RFP 十分必要。

一般而言，RFP 主要应包括以下几部分内容：企业情况概述、HR 管理现状，项目的建设目标、实施范围、需要支持的员工数量、需要支持的 HR 用户数量，功能需求描述、性能要求，现有 IT 基础设施环境描述、技术要求，项目进度要求，对供应商的报价要求等，供应商已实施过的主要用户名单及联系方式（至少 10 家以上，需要包括一批与项目组要求的规模接近或业务背景类似的用户），供应商答复 RFP 及提交项目建议书的注意事项。

一旦完成了 RFP 编写，就可以将其发送给那些经初选认定的具备竞标资格的供应商，并给这些供应商预留 2～4 周时间回应 RFP。在此期间，供应商会不断对 RFP 提出一些疑问，必要情况下，项目组需要就此对 RFP 进行修改，并以正式的形式统一通知所有参与竞标的供应商。

选型步骤五：评估方案建议书

供应商在正式提交方案建议书之前，企业需要制订评估建议书的标准。通常的做法是，可以创建一个电子表格，将 RFP 中涉及的所有关键条目提取出来分类排列，根据其对企业的重要程度而指定不同的分值权重。需要指出的是，价格的灵活性往往比较大，在后期的商务谈判过程中一般都会有所变动。但报价必须在建议书里予以明示，因为这个报价将会成为未来进行价格谈判的参考依据，不至于使供应商毫无根据、漫无边际地进行价格调整。

接下来是系统演示，这为企业与供应商创造了面对面沟通的机会。在这个阶段，企业应该掌握系统演示的主动权，准备好在适当的时候就一些关键问题进行提问。对供应商系统演示效果的评估主要基于 RFP 阶段的评估标准。全部系统演示过程结束后，企业对每一家供应商及其提供的 eHR 解决方案就有了直观认识。

选型步骤六：拜访供应商用户或软件测试

在与胜出的供应商进一步接触之前，项目组应该从这些供应商提供的用户名单中挑选并联系 2～3 家典型用户。与典型用户联系之前，项目组需要准备一系列有针对性的问题，问题可以围绕该典型用户的 eHR 系统应用背景、系统功能、实施效果、系统维护与应用情况、系统对需求变化的适应性、后续服务水平以及对该供应商的综合评价等方面展开。

拜访用户这一环节对于有些项目来说难度较大，费用开销也较大。那么，搞一次关键需求测试应该是一个比较理想的替代方案。供应商按照企业预先提供的测试用例进行测试，进一步确认产品的各项性能指标，如易用性、开放性、稳定性、安全性等。这一环节的关键点是让使用该模块的工作人员参与进来，共同参与评判，防止软件选型后，他们以各种理由拒绝使用软件。尤其是企业的薪酬、绩效等关键业务部门，他们往往在系统选型前已经在应用一些小软件，至少也在用 Excel 处理一些业务，一旦所选软件不符合他们的意愿，他们可能会找出种种理由排斥使用新软件，而坚持继续使用自己的小软件，这往往是 eHR 系统应用走向失败的一个很关键的原因。

选型步骤七：调整方案最后决策

通过与供应商及其用户的现场沟通，项目组将会对 RFP 再次进行补充与调整，确保在前面各个环节产生的关于技术环境、系统功能、系统性能、实施计划、报价以及售后服务等方面的各项议题得到充分考虑，并要求供应商在方案调整中进行答复或确认。除了报价之外，供应商对其他部分内容都能相对容易地做出最大限度的承诺。

对供应商及其用户的拜访结束后，项目组事实上已经对供应商做出了大致的排名。如果这些供应商在最后一次方案调整中没有出现明显失误，经过对方案的再次评估后，上述排名的印象基本上不会变化。

如果排名第一的供应商明显优于其他几家，则可以邀请该供应商进行合同谈判。但这并不代表其他几家供应商完全丧失了机会，在前面的合同谈判不顺利时，可以在其他几家供应商中重新进行选择，因此在没有正式签署合同之前，不要将机会的大门对其他供应商过早关闭。

读者意见反馈表

亲爱的读者：

感谢您对中国铁道出版社有限公司的支持，您的建议是我们不断改进工作的信息来源，您的需求是我们不断开拓创新的基础。为了更好地服务读者，出版更多的精品图书，希望您能在百忙之中抽出时间填写这份意见反馈表发给我们。随书纸制表格请在填好后剪下寄到：北京市西城区右安门西街8号中国铁道出版社有限公司大众出版中心 王佩 收（邮编：100054）。或者采用传真（010-63549458）方式发送。此外，读者也可以直接通过电子邮件把意见反馈给我们，E-mail地址是：1958793918@qq.com。我们将选出意见中肯的热心读者，赠送本社的其他图书作为奖励。同时，我们将充分考虑您的意见和建议，并尽可能地给您满意的答复。谢谢！

- -

所购书名：_____

个人资料：

姓名：_____ 性别：_____ 年龄：_____ 文化程度：_____

职业：_____ 电话：_____ E-mail：_____

通信地址：_____ 邮编：_____

- -

您是如何得知本书的：

□书店宣传 □网络宣传 □展会促销 □出版社图书目录 □老师指定 □杂志、报纸等的介绍 □别人推荐
□其他（请指明）_____

您从何处得到本书的：

□书店 □邮购 □商场、超市等卖场 □图书销售的网站 □培训学校 □其他

影响您购买本书的因素（可多选）：

□内容实用 □价格合理 □装帧设计精美 □带多媒体教学光盘 □优惠促销 □书评广告 □出版社知名度
□作者名气 □工作、生活和学习的需要 □其他

您对本书封面设计的满意程度：

□很满意 □比较满意 □一般 □不满意 □改进建议

您对本书的总体满意程度：

从文字的角度 □很满意 □比较满意 □一般 □不满意
从技术的角度 □很满意 □比较满意 □一般 □不满意

您希望书中图的比例是多少：

□少量的图片辅以大量的文字 □图文比例相当 □大量的图片辅以少量的文字

您希望本书的定价是多少：

本书最令您满意的是：

1.

2.

您在使用本书时遇到哪些困难：

1.

2.

您希望本书在哪些方面进行改进：

1.

2.

您需要购买哪些方面的图书？对我社现有图书有什么好的建议？

您更喜欢阅读哪些类型和层次的书籍（可多选）？

□入门类 □精通类 □综合类 □问答类 □图解类 □查询手册类

您在学习计算机的过程中有什么困难？

您的其他要求：